国家卫生和计划生育委员会"十三五"规划教材
全国中等卫生职业教育教材

供中等卫生职业教育各专业用　　第3版

就业与创业指导

主　编　温树田

副主编　孙秀明　王冬梅

编　者（以姓氏笔画为序）

王冬梅（安徽省皖北卫生职业学院）

孙秀明（山东省莱阳卫生学校）

肖孟春（江西省赣州卫生学校）

郭亚恒（河南省郑州市卫生学校）

郭庆山（河南省新乡卫生学校）

常平福（甘肃省中医药大学）

温树田（吉林省通化市卫生学校）

人民卫生出版社

图书在版编目（CIP）数据

就业与创业指导 / 温树田主编 . —3 版 . —北京:人民卫生出版社，2017

ISBN 978-7-117-24267-7

Ⅰ.①就… Ⅱ.①温… Ⅲ.①职业选择 – 中等专业学校 – 教材 Ⅳ.①G717.38

中国版本图书馆 CIP 数据核字（2017）第 155817 号

| 人卫智网 | www.ipmph.com | 医学教育、学术、考试、健康，购书智慧智能综合服务平台 |
| 人卫官网 | www.pmph.com | 人卫官方资讯发布平台 |

就业与创业指导
第 3 版

主　　编：温树田
出版发行：人民卫生出版社（中继线 010-59780011）
地　　址：北京市朝阳区潘家园南里 19 号
邮　　编：100021
E - mail：pmph @ pmph.com
购书热线：010-59787592　010-59787584　010-65264830
印　　刷：三河市国英印务有限公司
经　　销：新华书店
开　　本：787 × 1092　1/16　　印张:18
字　　数：449 千字
版　　次：2003 年 1 月第 1 版　　2017 年 8 月第 3 版
　　　　　2023 年 1 月第 3 版第 5 次印刷（总第 22 次印刷）
标准书号：ISBN 978-7-117-24267-7/R · 24268
定　　价：35.00 元
打击盗版举报电话:010-59787491　E-mail:WQ @ pmph.com
（凡属印装质量问题请与本社市场营销中心联系退换）

出版说明

　　为全面贯彻党的十八大和十八届三中、四中、五中全会精神，依据《国务院关于加快发展现代职业教育的决定》要求，更好地服务于现代卫生职业教育快速发展的需要，适应卫生事业改革发展对医药卫生职业人才的需求，贯彻《医药卫生中长期人才发展规划(2011—2020年)》《现代职业教育体系建设规划(2014—2020年)》文件精神，人民卫生出版社在教育部、国家卫生和计划生育委员会的领导和支持下，按照教育部颁布的《中等职业学校专业教学标准(试行)》医药卫生类(第二辑)(简称《标准》)，由全国卫生职业教育教学指导委员会(简称卫生行指委)直接指导，经过广泛的调研论证，成立了中等卫生职业教育各专业教育教材建设评审委员会，启动了全国中等卫生职业教育第三轮规划教材修订工作。

　　本轮规划教材修订的原则：①明确人才培养目标。按照《标准》要求，本轮规划教材坚持立德树人，培养职业素养与专业知识、专业技能并重，德智体美全面发展的技能型卫生专门人才。②强化教材体系建设。紧扣《标准》，各专业设置公共基础课(含公共选修课)、专业技能课(含专业核心课、专业方向课、专业选修课)；同时，结合专业岗位与执业资格考试需要，充实完善课程与教材体系，使之更加符合现代职业教育体系发展的需要。在此基础上，组织制订了各专业课程教学大纲并附于教材中，方便教学参考。③贯彻现代职教理念。体现"以就业为导向，以能力为本位，以发展技能为核心"的职教理念。理论知识强调"必需、够用"；突出技能培养，提倡"做中学、学中做"的理实一体化思想，在教材中编入实训(实验)指导。④重视传统融合创新。人民卫生出版社医药卫生规划教材经过长时间的实践与积累，其中的优良传统在本轮修订中得到了很好的传承。在广泛调研的基础上，再版教材与新编教材在整体上实现了高度融合与衔接。在教材编写中，产教融合、校企合作理念得到了充分贯彻。⑤突出行业规划特性。本轮修订紧紧依靠卫生行指委和各专业教育教材建设评审委员会，充分发挥行业机构与专家对教材的宏观规划与评审把关作用，体现了国家卫生计生委规划教材一贯的标准性、权威性、规范性。⑥提升服务教学能力。本轮教材修订，在主教材中设置了一系列服务教学的拓展模块；此外，教材立体化建设水平进一步提高，根据专业需要开发了配套教材、网络增值服务等，大量与课程相关的内容围绕教材形成便捷的在线数字化教学资源包，通过扫描每章标题后的二维码，可在手机等移动终端上查看和共享对应的在线教学资源，为教师提供教学素材支撑，为学生提供学习资源服务，教材的教学服务能力明显增强。

人民卫生出版社作为国家规划教材出版基地,有护理、助产、农村医学、药剂、制药技术、营养与保健、康复技术、眼视光与配镜、医学检验技术、医学影像技术、口腔修复工艺等 24 个专业的教材获选教育部中等职业教育专业技能课立项教材,相关专业教材根据《标准》颁布情况陆续修订出版。

全国中等卫生职业教育
国家卫生和计划生育委员会"十三五"规划教材目录

总序号	适用专业	分序号	教材名称	版次
1	中等卫生	1	职业生涯规划	2
2	职业教育	2	职业道德与法律	2
3	各专业	3	经济政治与社会	1
4		4	哲学与人生	1
5		5	语文应用基础	3
6		6	数学应用基础	3
7		7	英语应用基础	3
8		8	医用化学基础	3
9		9	物理应用基础	3
10		10	计算机应用基础	3
11		11	体育与健康	2
12		12	美育	3
13		13	病理学基础	3
14		14	病原生物与免疫学基础	3
15		15	解剖学基础	3
16		16	生理学基础	3
17		17	生物化学基础	3
18		18	中医学基础	3
19		19	心理学基础	3
20		20	医学伦理学	3
21		21	营养与膳食指导	3
22		22	康复护理技术	2
23		23	卫生法律法规	3
24		24	就业与创业指导	3
25	护理专业	1	解剖学基础 **	3
26		2	生理学基础 **	3
27		3	药物学基础 **	3
28		4	护理学基础 **	3

续表

总序号	适用专业	分序号	教材名称	版次
29		5	健康评估 **	2
30		6	内科护理 **	3
31		7	外科护理 **	3
32		8	妇产科护理 **	3
33		9	儿科护理 **	3
34		10	老年护理 **	3
35		11	老年保健	1
36		12	急救护理技术	3
37		13	重症监护技术	2
38		14	社区护理	3
39		15	健康教育	1
40	助产专业	1	解剖学基础 **	3
41		2	生理学基础 **	3
42		3	药物学基础 **	3
43		4	基础护理 **	3
44		5	健康评估 **	2
45		6	母婴护理 **	1
46		7	儿童护理 **	1
47		8	成人护理(上册)– 内外科护理 **	1
48		9	成人护理(下册)– 妇科护理 **	1
49		10	产科学基础 **	3
50		11	助产技术 **	1
51		12	母婴保健	3
52		13	遗传与优生	3
53	护理、助产	1	病理学基础	3
54	专业共用	2	病原生物与免疫学基础	3
55		3	生物化学基础	3
56		4	心理与精神护理	3
57		5	护理技术综合实训	2
58		6	护理礼仪	3
59		7	人际沟通	3
60		8	中医护理	3
61		9	五官科护理	3
62		10	营养与膳食	3
63		11	护士人文修养	1
64		12	护理伦理	1
65		13	卫生法律法规	3

续表

总序号	适用专业	分序号	教材名称	版次
66		14	护理管理基础	1
67	农村医学	1	解剖学基础 **	1
68	专业	2	生理学基础 **	1
69		3	药理学基础 **	1
70		4	诊断学基础 **	1
71		5	内科疾病防治 **	1
72		6	外科疾病防治 **	1
73		7	妇产科疾病防治 **	1
74		8	儿科疾病防治 **	1
75		9	公共卫生学基础 **	1
76		10	急救医学基础 **	1
77		11	康复医学基础 **	1
78		12	病原生物与免疫学基础	1
79		13	病理学基础	1
80		14	中医药学基础	1
81		15	针灸推拿技术	1
82		16	常用护理技术	1
83		17	农村常用医疗实践技能实训	1
84		18	精神病学基础	1
85		19	实用卫生法规	1
86		20	五官科疾病防治	1
87		21	医学心理学基础	1
88		22	生物化学基础	1
89		23	医学伦理学基础	1
90		24	传染病防治	1
91	营养与保	1	正常人体结构与功能 *	1
92	健专业	2	基础营养与食品安全 *	1
93		3	特殊人群营养 *	1
94		4	临床营养 *	1
95		5	公共营养 *	1
96		6	营养软件实用技术 *	1
97		7	中医食疗药膳 *	1
98		8	健康管理 *	1
99		9	营养配餐与设计 *	1
100	康复技术	1	解剖生理学基础 *	1
101	专业	2	疾病学基础 *	1
102		3	临床医学概要 *	1

续表

总序号	适用专业	分序号	教材名称	版次
103		4	药物学基础	2
104		5	康复评定技术 *	2
105		6	物理因子治疗技术 *	1
106		7	运动疗法 *	1
107		8	作业疗法 *	1
108		9	言语疗法 *	1
109		10	中国传统康复疗法 *	1
110		11	常见疾病康复 *	2
111	眼视光与	1	验光技术 *	1
112	配镜专业	2	定配技术 *	1
113		3	眼镜门店营销实务 *	1
114		4	眼视光基础 *	1
115		5	眼镜质检与调校技术 *	1
116		6	接触镜验配技术 *	1
117		7	眼病概要	1
118		8	人际沟通技巧	1
119	医学检验	1	无机化学基础 *	3
120	技术专业	2	有机化学基础 *	3
121		3	生物化学基础	3
122		4	分析化学基础 *	3
123		5	临床疾病概要 *	3
124		6	生物化学及检验技术	3
125		7	寄生虫检验技术 *	3
126		8	免疫学检验技术 *	3
127		9	微生物检验技术 *	3
128		10	临床检验	3
129		11	病理检验技术	1
130		12	输血技术	1
131		13	卫生学与卫生理化检验技术	1
132		14	医学遗传学	1
133		15	医学统计学	1
134		16	检验仪器使用与维修 *	1
135		17	医学检验技术综合实训	1
136	医学影像	1	解剖学基础 *	1
137	技术专业	2	生理学基础 *	1
138		3	病理学基础 *	1
139		4	影像断层解剖	1

续表

总序号	适用专业	分序号	教材名称	版次
140		5	医用电子技术 *	3
141		6	医学影像设备 *	3
142		7	医学影像技术 *	3
143		8	医学影像诊断基础 *	3
144		9	超声技术与诊断基础 *	3
145		10	X 线物理与防护 *	3
146		11	X 线摄影化学与暗室技术 *	3
147	口腔修复	1	口腔解剖与牙雕刻技术 *	2
148	工艺专业	2	口腔生理学基础 *	3
149		3	口腔组织及病理学基础 *	2
150		4	口腔疾病概要 *	3
151		5	口腔工艺材料应用 *	3
152		6	口腔工艺设备使用与养护 *	2
153		7	口腔医学美学基础 *	3
154		8	口腔固定修复工艺技术 *	3
155		9	可摘义齿修复工艺技术 *	3
156		10	口腔正畸工艺技术 *	3
157	药剂、制药	1	基础化学 **	1
158	技术专业	2	微生物基础 **	1
159		3	实用医学基础 **	1
160		4	药事法规 **	1
161		5	药物分析技术 **	1
162		6	药物制剂技术 **	1
163		7	药物化学 **	1
164		8	会计基础	1
165		9	临床医学概要	1
166		10	人体解剖生理学基础	1
167		11	天然药物学基础	1
168		12	天然药物化学基础	1
169		13	药品储存与养护技术	1
170		14	中医药基础	1
171		15	药店零售与服务技术	1
172		16	医药市场营销技术	1
173		17	药品调剂技术	1
174		18	医院药学概要	1
175		19	医药商品基础	1
176		20	药理学	1

** 为"十二五"职业教育国家规划教材
* 为"十二五"职业教育国家规划立项教材

前　言

　　本教材是根据教育部颁发的《全国中等卫生职业学校专业教学标准》精神，以培养初级卫生专门人才适应当前卫生人才市场的需求为目标而修订编写的，供中职各专业教学使用。

　　2003年，在国内没有同类教材的情况下，我们团队的全体创作成员编写出卫生职业教育的第一本《就业与创业指导》。从第1版问世，经过第2版的修订，现在已经13个年头了。在这漫长的岁月里，《就业与创业指导》得到了国内各兄弟院校的大力支持和学生的欢迎，收到了很好的教学效果，对学生在毕业后的就业和创业提供了一定的帮助。

　　本教材根据"十三五"期间中职专业学生的就业与创业形势，结合教育部和全国卫生职业教育教学指导委员会对中职教育的要求重新编写。第3版《就业与创业指导》根据新的教学大纲和教学计划调整了第2版的部分教学内容，使这门课程的设置更加适应中等卫生职业学校在招生分配制度改革后的市场要求；是对实施"自主择业"和"双向选择"的政策进一步贯彻和落实；是对当前大众创新，万众创业的热潮的最好参与。由于是新课程，其理论的系统性、实践性、科学性都在逐步地完善和规范中。所以在编写时，我们努力地理解新教学大纲和教学计划的精神，围绕培养目标的要求，积极挖掘就业与创业中的规律和毕业生在人才市场就业时所需要的能力，为即将进入人才市场竞争的莘莘学子提供就业与创业的基本理论、基本知识、基本技能等方面的知识和方法，培养和增强他（她）们的就业与创业能力。为他们解答实际问题，找出具体办法，提供有效帮助，以达到成功就业的目的。

　　本书共分八章。依次为：职业基础、就业与创业、就业制度、就业准备、就业方法、就业实践、就业与创业法律法规、创业实践。书末附有关就业的政策、法规、条例，便于学生学习时参考。

　　本教材按54学时编写。在实际教学中，各专业可以按教学大纲的要求，根据实际需要，取舍内容。教学方法可以采用课堂教学、讲座、多媒体、社会实践等多种形式。

　　编写过程中参考了国内大量同类书籍，并得到了江西省职业技术学院的大力支持，在此深表感谢。由于编写水平有限，经验不足，书中难免疏漏，请诸位同道不吝赐教，使之日臻完善。

温树田

2017年2月

目　录

第一章　职业基础

学习目标

1. 掌握职业生涯设计的步骤。
2. 熟悉职业分类、发展和职位的分类。
3. 了解职业的概念、特点和功能。

　　职业是劳动者能够稳定从事的有酬工作而获得的劳动角色。职业是人生的最重要组成部分，人的一生与职业有着密切的关系，无论是为了生存，还是为了发展，选择职业就意味着选择自己的未来和人生。每个从事医药行业的中职学生都希望在职业活动中找到适合自己的职业岗位，充分发挥自己的聪明才智，实现自己的人生目标。因此，同学们了解职业的基础知识，为正确选择职业做好充分准备。本章主要介绍职业的特点、职业的功能、职业分类与职位分类以及职业生涯等基本知识，以提高学生对职业的认识，提高对职业选择的掌控能力，在自己的职业生涯中奉献出青春和智慧，取得人生的最大成功。

励志格言

　　　　合抱之木，生于毫末；九层之台，起于垒土；千里之行，始于足下。

——老子

课堂思考

　　某卫生学校护理专业的学生小白今年实习结束，并参加了护士执业资格考试，经过努力取得340分的成绩顺利通过考试，但目前，没有得到国家颁发的护士资格证书。恰巧，当地招考事业单位编制的护理人员，小白兴致勃勃地去报名。但是，招考部门告诉她："只招收有护士资格证的，只有成绩单不行。"这样她只好等到明年才能报考。那么，小白现在应该做些什么呢？

第一节 职 业 概 述

一、职业

(一) 职业的概念

职业是指人们所从事的不同类别的、有经济收入的社会劳动。"职"是职责、责任的意思，"业"即业务、事业，是指具有某种独特性的工作，它是人们生活方式、经济状况、文化水平、行为模式、社会地位的综合反映，其本质则折射出人与社会的关系。

(二) 职业的产生

职业是随着人类文明的进步和社会的发展而出现的职业活动，它与社会分工的关系密不可分，职业随着社会分工的产生而出现，随着社会分工的发展而变迁，只要有社会分工的存在，职业就会存在并发展。社会分工是职业产生的基础和必要的条件。

在原始社会初期，由于社会分工尚未形成，当时并无"职业"之说。随着社会生产力的发展，人们的需求日益提高，于是出现了农业与畜牧业的分工(称第一次分工)；随后，手工业也从农业中分离出来(称第二次分工)；而私有制的产生、阶级的出现又导致了体力劳动和脑力劳动的分工(称第三次分工)，至此人类完成了三大社会分工。人们在社会生活中不得不对社会承担一定的职责，从事专门的业务，并以此来区分于其他人，于是形成了"职业"。

随着社会的不断发展，生产力的提高，科学技术的进步，职业的规模和种类也越来越多，职业在不断地分化、重组，新的职业层出不穷，传统的职业有些面临着消亡，职业的更新和演变趋势由单一基础向专业化、复合型转化，由封闭型向开放型转化，由传统工艺型向信息化、智能型转化，由继承型向知识创新型转化。所以，今天的职业岗位更多的需要复合型、开放型、智能型、创新型的人才，只有这种新型的人才才能更好地胜任各种新职业的岗位要求。

总之，职业由三个最基本的要素构成：一是劳动；二是有固定的报酬收入；三是要承担一定的职责，并得到社会的承认。

二、职业的特点

根据职业产生发展的历史及其对人类社会发展的影响，职业具有以下特点：

(一) 差异性

职业是社会生产力发展的产物，职业充分体现了社会分工，这种社会分工是有类别的，包括门类的差别和层次的差别，例如：教师、医生和护士等是门类的差别。教师有：教授、副教授、讲师、助理讲师；医生有：主任医师、副主任医师、主治医师、医师；护士有：主任护师、副主任护师、主管护师、护师和护士，这些都是层次的差异。人们各自从事不同的职业，成为每个人在社会生活中不同身份、不同地位、不同角色的标志。从社会需要的角度来看，职业没有高低贵贱之分，但是，现实生活中由于对从事职业的素质要求不同，以及人们对职业的看法或社会舆论评价的不同，于是职业便有了层次之分，这种职业的不同层次往往是由不同职业的体力、脑力劳动的付出、收入水平、工作任务的轻重、社会声望、权力地位因素决定的。

（二）经济性

职业是有报酬或经济收入的社会劳动，人们在承担职业岗位职责并完成工作任务之后，劳动者应从中得到报酬，获得收入，职业劳动因为工作岗位的不同、劳动复杂程度不同、劳动科技含量的不同，所获得的报酬也不同。劳动者通过职业所获得的报酬，一方面是社会、企业及用人单位对劳动者付出劳动的回报和代价；另一方面，劳动者以此维持家庭生活，这也是保持整个社会稳定的基础。职业既是人们谋生的手段，也是人们为社会做贡献的岗位。

（三）时代性

职业具有鲜明的时代性，在人类社会的发展的历史长河中，既有过时的职业被淘汰，也有不同的新职业顺应市场需求不断产生出来，新旧更迭，以新代旧。近年来不仅有高新技术产业中的软件业、电子信息业、自动控制以及咨询服务业，而且还有家喻户晓的职业，如电商、微商等新兴职业，而且这种职业岗位上就业的专兼职人数越来越多。据统计，每年大约有500多种旧职业被淘汰，同时又有600多种新职业产生。因此，职业的时代性特征始终融入人们的社会实践中。

（四）技术性

随着社会的发展，社会分工的细化，职业种类越来越多，职业的差别越来越大，呈现出多样性的技术要求，任何的一个职业岗位，都有相应的职责要求和技术水准，职业的科学技术含量越来越高，因此，在从事某一职业之前，必须经过一段时间，针对某一特定的职业进行专业知识教育，并进行专门技术培养和操作规程的训练，如在各类职业学校、高等院校等接受专门教育或参加专门的职业培训，现在很多岗位对学历证书、职业资格证书、专业技术证书、上岗培训合格证书、专业工作年限等，都有具体的规定，只有达到起点要求才能上岗。

（五）选择性

人们可以有不同的职业理想，有选择职业的权利而职业对求职者也有相当的要求，这就是职业的选择性。职业有选择性，即求职者对职业岗位的选择，也有岗位对求职者的要求。各种职业对求职者都有一定的要求，如思想品德，年龄性别，学历技术以及技能和文化程度，身体状况和心理素质等方面的要求，某些特殊的职业各方面的条件要求就更高，更严格。每个医护生要根据自己的自身情况选择适合自己的工作岗位，实现职业生涯的伟大理想。

三、职业的功能

人类的一切活动，都会打上职业的烙印，任何一个人的生活都离不开职业，因为它不仅对社会的发展起着重要的推动作用，而且对个人来说也具有重要的意义。

第一，职业是经济收入来源。人们通过参加一定的职业岗位上的职业劳动来换取劳动报酬，从而满足自身及家庭成员生存的需要，这是职业最基本的功能。

第二，职业是个人发展手段。职业是个人从事的特定工作，当一个人所在的职业岗位与其兴趣、能力相吻合时，就能发挥和调动个人劳动贡献的积极性，同时，通过长期的职业活动，人的个性和能力也逐渐得到强化和完善，使个人能立足于社会，取得社会认可，从而实现自身的全面发展。

第三，职业使个人有成就感。在现实生活中，每个劳动者都是社会的一分子，既为社会创造财富，同时也享受着社会所提供的便利和服务，从而使个人获得心理上的平衡，达到乐业的境界和获得幸福的体验。

第四，职业是社会贡献途径。职业是个人在社会劳动体系中从事劳动的场所，职业不仅

3

为人们的生存提供经济支持,同时也与人们的理想联系在一起,人生理想的实现,需要通过从事某种职业,通过在具体的工作岗位上的创造性劳动来展示自己的智慧和才华,实现自己的人生抱负和理想,从而实现自己的人生价值,如果离开了具体的职业,所有的创造、贡献、理想和人生价值便成了空中楼阁,无法实现。因此,职业的本质体现了人与人之间的社会关系,职业一方面满足了自己谋求生计的需要;另一方面也成为个人为人类、为社会做出贡献并实现自我价值的主要方式。

 就业经历

大中专毕业生必须具备职业化素质

职业化就是在职场上大家都遵守的道德标准和行为准则。也是为了达到职业要求所需素质和追求成为优秀职业人的历程。

职业知识和技能并不是职业化的全部内容,职业化人才素质包括诚实守信、爱岗敬业、规范守纪、团队协作、求实创新等品质,是职业人对其职业的价值观和态度。

侯树人先生在 1998 年 3 月 14 日《湖南日报》上撰文说他在德国经历了一次终生难忘的小事,原文如下:

那时我在德国汉堡租了一套房屋,一个星期六,我发现洗手间的屋顶有点滴水珠,很慢很慢地小水珠从顶上滴落。因是周末,租房公司无人上班,我只好打电话到值班室,想请他们星期一上班尽早派人来修理。但值班人员却认真得可爱,赶紧找了周末须发双倍工资的修房公司维修工来现场检查。检查结果,可能是楼上住房浴缸破漏,有水浸过地板。不巧的是周末楼上人家外出,无法开门检查,修理工只好临时决定请开锁公司来开锁。而专门为人开锁的公司有条款规定,打开他人住房必须有警察在场,所以这位修理工只好先报警,再找到开锁公司。没料到警察为慎重起见,还另外请调了消防队的一辆消防车,以免开锁公司若耽误过长时间仍不能打开房门时,消防队员便可以登梯越窗而入。看到他们如此兴师动众,我有些于心不忍,问他:难道不可以关一关自来水的闸门。他说,那不行的,那要影响与你共用一根管子的另外两位住户洗手间的用水,绝对是不允许的。说话间,警车飞驰而到,消防车紧跟随后,上面的警员全副装备,如临大敌。租房公司、修理公司、开锁公司的人员协调行动,一阵忙乎,水珠很快地消失了……事后,据保守的估计,租房公司为这几滴水珠付出的直接费用近千马克,大约相当于我付给该公司的一个月的房租。

由这个故事,德国人的职业素质可见一斑。

近年来,我国的一些企业也非常重视对员工的职业化教育,如用友软件、联想集团等都组织员工进行入职培训,其中一部分重要的内容就是职业化教育。如海尔集团的服务承诺就体现了海尔专业、负责、规范的职业形象,从而得到广大用户的认可。

 课堂思考

今年,某卫生学校护理专业的毕业生小周通过护士执业资格考试,并在当地一诊所找到工作。她每天除为病人进行输液和发药的护理工作外,无太多的事情可做,小周闲暇之余该做哪些职业规划和准备呢?

第二节 职 业 分 类

一、职业分类

(一) 职业分类概述

职业分类是指采用一定的标准和方法,依据一定的分类原则,对从业人员所从事的各种专门化的社会职业进行全面、系统地划分与归类。职业分类是劳动力社会化管理和教育培训及就业工作的基础,是进行劳动力合理流动、合理配置和职业指导工作的依据,同时为国民经济信息统计和人口普查提供服务。因此,任何一个国家的职业分类都会影响并制约其国民经济各部门管理活动的成效。

根据不同的标准,社会中众多的职业可以分成许多不同的类型,但现代社会比较常见的职业分类方法是按照职业活动及职业角色比较接近的程度,将众多的职业分成若干大类、中类、小类和细类。这种职业分类不考虑从业者所在的工作单位是属于全民所有制、集体所有制,还是个体经营者或其他非公所有制,不考虑其用工形式是固定工或是临时工,也不考虑其行政隶属关系。对于脑力劳动者,一般要考虑其所具备的技能、学识、经历,以及职务上所承担的责任;对于体力劳动者,一般要考虑其劳动作业程序、使用的工具设备及原料、生产的产品、提供服务的种类及服务的类型等。

(二) 国际职业分类概况

国际劳工组织于 1958 年所制订的《国际标准职业分类》共包括 8 个大类、83 个小类、284 个细类、1506 个职业项目,总共列出职业 1881 个。这对各国所制订适合国情和需要的职业分类起着重要的参考作用,但它不能代替任何一个国家的职业分类。不同的国家由于在自然环境、经济发展水平、科学技术水平等方面存在着很大的差距,因此每个国家的职业结构各自有各自的特点,其职业分类的标准、内容和方法也不尽相同,各国的职业分类也各有特色。

(三) 我国职业分类概况

我国的职业分类领域虽尚属起步阶段,与发达国家相比有一定的差距,但自新中国成立以来,国家有关部门为满足国民经济发展与社会人口普查及劳动人事规划指导等方面的需要,依据我国国情和社会主义社会的性质、特点,对职业分类进行了大量的调查研究,制定出了有关职业分类的标准和政策。

1995 年 5 月,劳动和社会保障部、国家质量技术监督局、国家统计局联合向全国颁布了《中华人民共和国职业分类大典》,它的颁布和执行标志着我国职业分类进入了一个新阶段。它参照国际标准职业分类,与国家标准《职业分类与代码》分类相兼容,并在其基础上进行了延拓细化。该典从我国实际出发,在充分考虑经济发展、科技进步和产业结构变化的基础上,突破了以往以行业部门为主体和一个行业部门一个类别的分类模式,按照从业人员的工作性质的同一性基本原则,对我国社会职业进行了科学的划分和归类。该典将我国职业分类的总体结构分为大类、中类、小类和细类(职业)等 4 个层次,依次体现从粗到细的职业类别,根据我国国民经济发展现状,借鉴国际标准职业分类体系,我国职业划分为 8 个大类,66 个中类,413 个小类和 1838 个细类。其中 8 个大类分别是:①国家机关、党群组织、企业、事业单位负责人;②专业技术人员;③办事人员和有关人员;④商业、服务业人员;⑤农、林、牧、渔、水利业生产人员;⑥生产、运输、设备操作人员及有关人员;⑦军人;⑧不便分类的其他从业人员。《中华人民共和国职业分类大典》是目前我国包含职业最全面的工具用书。它较为准确地描述了每个职业的工作内容及活动范围,比较全面、客观地反映了现阶段我国社会的职业结构状况,对人们求职择业和进行职业指导都有重要的参考价值。

职业分类不是一成不变的,是随着社会经济的发展而不断变化。21 世纪我国的职业分类在经历社会主义市场经济高速发展的洗礼之后,必将朝着更加科学的方向发展。

二、职业分类的发展

职业的分化与职业管理是随着社会发展变化而相互作用的一对矛盾,随着职业的发展变化,要求社会形成与之相适应的管理体系,从而在客观上促进了职业分类的产生和发展。从世界经济发展的历史来看,很多国家和地区都十分重视职业分类工作,国际劳工组织早在1958 年就出版了供各国参考的《国际标准职业分类》,并于 1968 年和 1988 年进行两次修订。美国、加拿大、英国、德国、日本等发达国家也都制定了符合本国国情的职业分类,广泛运用于经济信息交流、人口统计、就业服务、职业培训等领域。1995 年我国根据自己的国情颁布了《中华人民共和国职业分类大典》。实践证明,职业分类具有重要的意义。

第一,职业分类对促进社会发展具有积极的作用。职业分类是一个国家形成产业结构概念和进行产业结构、产业组织及产业政策研究的基础,影响并制约着其国民经济各部门管理活动成效,对于社会各行业的发展有着十分重要的指导意义。具体来说,一方面,职业分类体系反映了社会发展的客观要求,是一个随着社会发展不断完善的过程;另一方面,职业分类工作能进一步地促进社会的发展。比如,随着社会发展的需要和发达国家先进的管理理念引入,“社会工作”作为一个崭新的职业在我国应运而生,在职业分类体系中,开始有了“社会工作”的一席之地。这必将会促进社会工作的职业标准、职业资格认证和注册等工作的进一步完善,并且会吸引更多的人从事社会工作,使中国化的社会工作专业理论和实务得到长足的发展,最终促进社会的进步和发展。

第二,职业分类为国家的人力资源开发与管理工作奠定了基础。职业分类为职业教育和培训及就业服务提供条件,是完善国家职业资格证书制度的重要基础工作,是劳动力管理科学化、规范化、现代化的基础。职业分类的不断完善,确立了各类人才的社会地位,直接促进某个新的职业和行业的发展,为人才发展开辟了新的通道,有利于人力资源的开发和利用。

第三,职业分类为人的职业发展提供了更为科学的依据,对引导人们的职业准备、职业选择和职业发展等职业生涯管理活动具有极为重要的作用。职业分类对每个工作职位进行详细的工作描述,对每一种职业的名称、职责以及每一种工作的完成程序提供了详细的资料。比如,它会列举工作对人的兴趣、资质以及教育程度的要求,工作对人的身体要求,工作所内含的环境条件,对于希望从事某一种职业的人来说所必须做好的各种职业准备等。因此,职业分类是现代人培养自己的职业技能、择业就业和职业发展不可缺少的参照体系。

三、职位分类

(一) 职位概述

职业分类只是划分了职业的种类,而在职业的内部还有各种各样不同的工作岗位,这种工作岗位称职位,所以还存在着比职业分类更加细化的职位分类。

所谓职位分类,就是首先将用人单位的全部职位按其业务性质和内容划分为若干职系,然后再按照每一职位的责任、难易程度、劳动强度、工作环境以及所要求的知识、技能和经验水平,将其划分为若干个等级,并通过职位规范明确、详细规定每一职位的任务、责任、权力以及所需的资格,最后将各个职位归入适当的职级。具体来说,职位分类包括这几个方面的含义:一是职位就是工作岗位,它是因工作需要而设立的;二是职位是责任、权力、利益三者的有机统一体,这也是职位的本质内容,既没有无责任的职位,也没有无利益的职位;三是职位有高低之分。例如"会计"这一职业可分为高级会计师、会计师、助理会计师、会计员等四个职位。

对于求职择业者来说,了解职位分类有着更重要的实际意义,一是职位分类使不同职业和不同职位的职业层级清晰,这种分类能够比较准确地在同种职业中再划分出职责、职权、报酬、待遇等均有差别的具体工作岗位;二是职位是一定数量的人员任职的工作岗位,是具体工作任务、责任和权力构成的统一体;三是职位的设置是以"事"为中心,以"事"定人,主要是由任职者在一定的劳动时间内能完成多少任务为标准的,在一定的组织中或一定的区域内,同种职业的职位数量以及全部职业的职位数量都能够准确地计算出来,从而了解社会人才的需求状况。

(二) 职位分类与职位系统

1. **职位分类** 每种职业的职位都有高低之分,这里仅以部分职业为例,列举职位分类的层次。

(1) 科学研究职业:可分为研究员、副研究员、助理研究员、研究实习员职位。

(2) 经济业务职业:可分为高级经济师、经济师、助理经济师、经济员职位。

(3) 工程技术职业:可分为高级工程师、工程师、助理工程师、技术员职位。

(4) 政工人员职业:可分为高级政工师、政工师、助理政工师、政工员职位。

(5) 卫生技术职业:可分为主任医师、副主任医师、主治医师、医师、医士职位。

(6) 护理卫生技术职业:可分为主任护师、副主任护师、主管护师、护师、护士职位。

(7) 农艺技术职业:可分为高级农艺师、农艺师、助理农艺师、农业技术人员职位。

(8) 兽医技术职业:可划分高级兽医师、兽医师、助理兽医师、兽医技术人员职位。

(9) 会计职业:可划分为高级会计师、会计师、助理会计师、会计员职位。

(10) 统计职业:可划分为高级统计师、统计师、助理统计师、统计员职位。

(11) 高级技术教师职业:可分为教授、副教授、讲师、助理讲师职位。

(12) 中等专业学校教师职业:可分为高级讲师、讲师、助理讲师、教员职位。

(13) 中学教师职业:可分为中学高级教师、中学一级、二级、三级教师职位。

2. **职位系统** 政府机构职位划分就是用法律性文件规定的机构的行政地位。它主要用于党政系统,通过职位划分明确其领导或从属关系,以及相应的政治、生活待遇,以保证机构有序、高效地运转。

机构职位主要通过不同的级别来实现。我国政府机构的级别表现主要有以下6个层次:

(1) 国务院:即中央人民政府,是我国最高权力机关的执行机关,是最高国家行政机关,国务院对全国人民代表大会负责并报告工作;在全国人民代表大会闭会期间,对全国人民代表大会常务委员会负责并报告工作。这表明了国务院在我国国家机关系统中的地位。国务院设总理1人,全面领导国务院的工作;设副总理若干人,协助总理工作;设国务委员若干人,协助总理工作,受总理委托,负责某些方面的工作或专项工作,并且可以代表国务院进行外事活动。国务委员的国家行政职位相当于副总理级。国务委员既可以专职,也可以兼任部长或委员会主任。

(2) 部、委(省、自治区、直辖市)级:国务院各部设部长1人,副部长若干人。各委员会设主任1人,副主任若干人。省、自治区、直辖市人民政府设省长(或市长、区主席)1人,副省长(或副市长、区副主席)若干人。

(3) 直属局级(相当于副部级):这里的直属局指国务院下辖的直属机构,如国家海洋局、国家统计局、国务院法制局等。这些直属机构在级别上,稍低于各部、各委员会,高于各部、各委员会的下设司局,相当于副部级。各局设局长1人。

(4) 司、局(省、自治区、直辖市的厅、局)级:国务院各部、各委员会下设司、局,各省、自治区、直辖市设厅、局或者委员会。各司、厅、局或者委员会设司长(或厅长、局长、主任)1人,副司长(副厅长、副局长、副主任)若干人。地方各级人民政府实行首长负责制。各厅、局长,委员会主任由各级政府首长提名,经本级人民代表大会常务委员会通过,报上一级人民政府批准任命。

(5) 处(县)级:省、自治区所属县(市)和直辖区的人民政府设县(市、区)长1人,副县长、副市长、副区长若干人。其级别分别相当于处级、副处级。

(6) 科(县的局)级:县、市、市辖区人民政府各工作部门一般称局、委、科、办,各部门的负责人分别称局长、主任,在局、委、办内部,一般设有股或科(实际上相当于股)。

另外,我国县以下还设有基层行政区域单一乡镇,乡是广大农村地区的基层行政建制。镇是非农业人口占相当比例的小城市型的基层行政建制。乡设乡长1人,副乡长若干人;镇设镇长1人,副镇长若干人。其级别相当于县人民政府所属工作部门的局、科级。

四、职业与职位的关系

(一) 职业与职位的联系与区别

在当今社会快速激烈变革的时代,职业的发展是一项重要的社会变化。经济高速增长,科学技术日新月异,加上社会的综合与协调发展,都推动了社会职业不断加快发展的趋势,职业与职位都发生了天翻地覆的变化。从职业和职位的基本概念可见,两者既有联系,又有区别。联系在于职业是职位划分的基础,有职业,就有职位划分的存在,职位是对职业数量的定位。两者的区别主要体现在职业是一种社会劳动,职位是具体的工作岗位;职业从社会需要角度看无贵贱之分,而职位有高低之别,同一职业,则有多个职位。

(二) 职业的发展与职位的变化

1. 当代社会分工日益精细,新的职业种类不断出现 以知识为基础的专业、工种不断出现,大有后浪推前浪之势。目前,我国的第一产业(农、林、畜牧、渔)和第二产业(工业与建筑业)中的社会职业以消亡变动和重组为主,第三产业(商业、金融保险、房地产、交通运输、卫生体育、教育和文化艺术、广播电视、旅游饮食、通信等服务业)正在迅猛发展,与第三产业有关的职业也将继续得到长足发展。劳动和社会保障部最近发布了第八批新职业,其中有珠宝首饰评估师、手语翻译员、孤残儿童护理员等。自2004年8月建立新职业定期发布制度以来,已发布了八批86个新职业。目前劳动和社会保障部认定的职业已达1979个。据统计,全国已有1182万人参加职业技能鉴定,其中925万人获得国家职业资格证书。

新职业的出现体现了中国社会生活的变化和进步。如宠物健康护理员、宠物驯导师、宠物医师、房地产经纪人、体育经纪人、咖啡师、信用管理师、黄金投资分析师、商务策划师、形象设计师等职业,对生活在20世纪的中国人来说是陌生的,它们似乎是在西方发达国家才有的职业,如今它们已走入中国人的日常生活之中。这些新职业的产生说明我国的职业结构正在发生变化,从传统的第二产业为主,逐渐向以第三产业为主的发展,职业的发展特点和趋势,有利于扩大就业的空间,畅通成才的渠道,提高职业化、专业化水平,给人们提供就业的广阔舞台,创造良好的发展机遇。同时,可以通过新职业的开发,引导教育培训改革,提高劳动者素质,扩大就业和再就业。

2. 不同类别职位数量的比例发生日益频繁的变化 具体表现为一些职业的职位经常性增多,另一些职业的职位在快速地减少,新职业的不时出现使新职位要占去社会总职位数的一定比重,旧职业的淘汰会使其职位完全消失。因为在职位数量比例发生变化的情况下,再加上不同职位本身的职业层级和职业声望也会发生变化,所以以职位目标不是绝对化的。

3. 现代社会产业结构剧烈变化 分布在第三产业中的职位比重在不断地增加改革开放后,我国第三产业的发展赶上并超过第一、第二产业,第三产业是具有生命力的产业,新的职业的产生、分布大多数来源于此,第三产业中的绝大多数行业发展迅猛,尤其是一些新兴行业,如信息服务业、租赁业等,可为社会提供更多的空额职位。

4. 出现体力劳动脑力化及专门职业化的趋势 由于社会机械化、自动化的普及,使越来越多的劳动的体力消耗减少,脑力劳动的消耗的比重增加,出现体力劳动脑力化的趋势,同时专门职业种类和就业人数也有不断增加的趋势。当前,我国在全社会实行学历文凭和职业资格证书并重的制度,对于某些特定行业来说,仅有学历文凭还是不够的,还必须具备职业资格,诸如律师资格证书、教师资格证书、医师资格证书、护士资格证书、会计资格证书等。

5. 现代职业的专业性、技术性、技能性等特点越来越强,随之对职业人员的要求也不断变化 社会越来越需要具有多种知识和多种技能的劳动者,以适应职业和职位变动的新要求,同时,现代职业也不仅把人作为一种"工具"或作为一种劳动手段,它越来越重视发挥人的聪明才智和潜能,在创造社会财富的同时,促进人自身的发展,我们必须努力提高自己、完善自己,以适应社会职业的发展和职位变动的需要。

 轶事集萃

我国古代职业分类

根据《周礼·考工记》记载,我国古代职业有六种,即:王公、士大夫、百工、商旅、农夫与妇工。现在人们常说的"三百六十行",源于《清稗类钞·农商类》一书。我国唐代的"三十六行"主要有:肉肆行、宫粉行、海味行、鲜鱼行、文房用具行、汤店行、药肆行、扎作行、陶土行、仵作行、茶行、竹木行、酒米行、铁器行、针线行、巫行、棺木行、皮革行、故旧行、酱料行、柴行、网罟行、花纱行、杂耍行、彩舆行、鼓乐行等。

 课堂思考

小杨是某卫生学校护理专业的应届毕业生,由于学习成绩优秀,技能操作出色,通过考试被市中心医院录用为普通外科的见习护士。进入医院后,她对新的环境感到陌生,对科里的工作也是手忙脚乱,不知怎么做才好。您认为小杨怎样才能顺利地度过试用期?

第三节 职 业 生 涯

一、职业生涯概述

(一) 职业生涯

职业生涯,是指一个人一生的工作经历中所包括的一系列活动和行为,也可以说是人的一生所从事的工作和走过的工作历程。

我们生活在一个人才竞争日益激烈和变革的时代,不仅社会在变革,每个人也在不断地进行自我变革,时代给人们提出了职业选择和职业准备的任务,传统、消极的被动适应与终身制的职业观念已经过时了,当今时代需要积极的、能动的自我职业管理。职业生涯规划与管理不仅是现代管理的重要思想,更是自我变革的重要手段之一,也是每个青年人、每个职场人士充分开发自己的潜能,并自觉地进行自我管理的工具,为了有效地实现自我价值并保证能在事业上取得更大的成就,任何人都需要对自己所从事的职业、工作组织和单位及工作职位上的发展道路,进行全面的规划,确立目标,并为实现各阶段的事业目标而自觉地进行有关个人的知识、技术与能力等方面的人力资本投资和储备活动。因此,随着社会职业的发展,人们已经不再是如何获得一个工作岗位而已,而是如何通过自我认识与了解,开发潜能,发挥专长,实现个人的兴趣和能力与工作岗位匹配,提高人力资源的利用率,是个人成才之方略,也就是所谓的职业生涯规划。

(二) 职业生涯规划

职业生涯规划,也称职业设计或职业计划,是指个人制定的职业目标,确定实现目标的手段的不断发展过程,是个人一生中职业发展的战略思想和计划安排。择业者或已就业者都可以通过职业生涯规划,明确职业定位和目标指向,进而确立职业发展计划和努力方向,提高自身的核心竞争能力,赢得择业、就业和职业发展的主动权。

二、职业生涯规划步骤

职业之路是人生之路,寻找属于自己的路,在长途跋涉中,需要配置、协调各种资源,如人力、物力、技术、信息、时间等,每个人都希望在自己的职业生涯中,能够最大限度地发挥自己的潜能,在事业上取得更大的成就,有效地实现自我的人生价值,这是个人进行职业生涯设计的内在原因。如果一个人对自己的职业发展有充分的设想,并能按照这个设想实现自己的职业目标时,就会有很高成就感和满意度,从而激发自己更有效地工作。职业生涯规划基本步骤如下:

(一) 自我认识,自我评估

充分、正确、深刻地认识自身条件,只有认识自己、了解自己,才能对自己的职业做出正确的选择,才能选定适合自己发展的职业生涯路线,才能对自己的职业生涯目标做出最佳的选择。自身评估是衡量自身素质条件,主要是指对自己的性格、兴趣、特长、知识、技能、核心能力(职业能力)、智商、情商、思维、道德水准以及缺陷(不足)等作出判断。这一步解决第一个问题——"我是谁?"认识自己、了解自己是自我定位和自我觉醒的基础,只有知道"我是谁",才能知道我能做什么。

（二）职业认识

在众多的职业中，挑选出若干个自己比较感兴趣的职业，重点了解它们的工作性质、工作内容、知识要求、技能要求、性格要求、工作环境、工作角色等。可以通过文字资料、网上查询、访问身边的工作人员等渠道进行了解，最好是能够亲身体验，仔细比较，了解自己与职业要求的差距，以防在职业方向选择发生错误，从而减少时间成本。这一步解决第二个问题——"我适合做什么？"或"我想做什么？"一个人对职业的了解认识越深入越透彻，就越能克服不良的择业心理，结合自身特点，科学地认识和评价职业，尽早找到一份真正适合自己的职业。

（三）了解行业环境

行业环境因素主要包括：组织环境、政治环境、社会环境、经济环境等。了解行业环境因素对自己职业生涯发展的影响，在制订个人的职业生涯规划时，要分析行业环境条件的特点、行业环境的发展变化情况（尤其是需求情况）、自己与环境的关系、自己在这个环境中的地位、环境对自己的要求以及对自己的有利条件和不利因素等。这一步解决第三个问题——"环境支持我做什么？"或"我可以做什么？"只有对行业环境因素充分了解，才能做到在复杂的环境中避害趋利，使职业生涯规划具有实际意义。

（四）职业的选择

职业选择正确与否，直接关系到人生事业的成功与失败。根据有关资料统计，在选错职业的人群当中，有80%的人在事业上是失败的。由此可见，职业选择对人生事业发展是何等的重要。如何选择正确的职业呢？至少应该考虑这四个问题：一是性格与职业是否匹配；二是兴趣与职业是否匹配；三是特长与职业是否匹配；四是内外环境与职业是否相适应。解决第四个问题——"我能做什么？"

在进行职业选择时，首先分析职业环境情况，了解可能的就业机会和挑战，配合自己的能力和专长，可以产生出若干可供选择的职业，然后，加上自己的价值观和个人的偏好，从中作出选择。这样的选择，既合乎环境和社会的客观情况，又满足了自己的主观愿望。

（五）确定职业发展目标和制订实现目标的措施

"树立目标"可以成为追求成就的推动力，有助于排除不必要的犹豫，一心一意致力于实现目标。要实现既定目标，行动是关键环节。没有达成目标的行动，目标就难以实现，也就谈不上事业的成功。关于目标，可分短期目标（1~2年）、中期目标（3~5年）和长期目标（6~10年）。实现目标的具体措施，主要包括工作、学习、教育培训、实践等，必须要有具体的计划与明确的措施。解决第五个问题——"我的职业生涯规划是什么？"或"我要做什么？"

（六）评估与反馈

评估择业和职业发展计划的实施情况。评估的信息可作为重要的反馈，作为下一步调整职业生涯规划和职业发展主要参考依据，职业发展阶段性评估有助于根据内外环境的变化，因时因地因己地不断修正目标，及时调整自己的前进路线和步伐。

在知识经济和市场竞争激烈的时代，进行职业生涯规划，不仅能帮助个人寻找到一个满意的职业，更重要的是有助于自己真正了解自己，增强个人的竞争优势，掌握职业环境变化和需求，设计出合理的、可行的职业生涯发展方向和路线，充分发挥个人的潜能，最终实现自己的人生目标。

三、影响职业生涯规划的因素

在职业生涯规划过程中,不能一味地进行封闭式的"自我设计",除了考虑自身的愿望和兴趣爱好以外,还必须考虑社会需求、发展趋势和职业职位的要求。每个人的择业求职一般要受国家宏观局势、产业结构调整和职业发展趋势的影响,个人的兴趣、个人发展必须与组织的发展相结合,必须与社会发展的需要相结合。

如果一个人以自我为中心、片面强调自我的某一方面,就会忽视或不顾及其他因素,采用一种封闭式的一厢情愿的方式,其职业设计肯定不是一个理性的成功的设计。只有坚持以市场需求为中心,个人开放思维和心态,以社会价值标准为依据,将个人兴趣爱好、客观环境、社会发展的需求有机结合起来,才能形成一个合理、成功的职业生涯规划。因此,必须注意以下三个因素:

1. 职业生涯规划必须适应社会发展和市场的需求以及职业发展的变化趋势。

2. 职业生涯规划要符合社会现实条件,脱离社会现实的空中楼阁式的"自我设计",只会导致失败和挫折。

3. 个人目标与社会目标的一致性,更多具体表现为个人职业选择与组织发展目标的一致性,其目的是既能使个人成才,又能满足组织的需求。

四、职业生涯设计中常见的问题

在现实社会中,许多人存在职业定位不清、职业发展目标和职业发展道路不明的问题,不了解自己是否具有或适宜培养怎样的核心竞争能力,导致自己在就业市场和职场中缺乏竞争力。关键要注意以下 3 个问题:

1. 职业定位 职业定位是考虑人、环境、职业与成功的职业生涯之间的关系,定位是自我定位和社会定位两者的统一,一个人只有在了解自己与了解职业的基础上才能够给自己做出准确定位。

2. 职业发展目标 社会的发展带给每个人自主职业发展的可能和空间,但同时个人对职业的适应性问题也变得越来越复杂,职业适应不良的问题越来越普遍。明确自己选择的职业目标,这是个人职业生涯规划的核心,职业目标的选择关键要根据自己实际、适合自身的发展以及社会发展的需求。职业生涯规划是一个有机的、动态的过程,在职业生涯的早期,人们一般都会有一个职业发展目标和实现目标的计划与措施,但在实际工作的过程中,人们的每一次经历、每一种职业的体验以及由于年龄的增长而引起的价值观和需要的变化,都会导致对自我的重新认识,从而会修正自己的职业定位和职业目标,因而职业规划和发展路线就会相应地发生变化。

3. 职业发展道路 职业的成功是我们每个人梦想的目的地,为了到达这个美好之地,我们需要寻找一条适宜的路线,这就是我们的职业发展道路。职业发展道路是一个人确定职业目标后的基本发展路径,例如中等职业学校毕业后是继续到高校深造积累更多的知识资本,还是选择就业积累经验资本?是走专业技术发展之路,还是走行政管理之路?是先就业后择业再创业,还是白手起家大展宏图?如此等等。职业发展的起点和方向不同,职业发展的道路就不同,所以职业生涯路线的选择是职业发展的关键环节,也是人生发展的重要环节。

就业经历

职业生涯规划写作范例一
我要成为一名优秀的护理部主任
×××

我的职业目标：

我是2003年入学的护理专业的中职生。俗话说"立志是事业的大门，工作是登堂入室的旅程，旅程的尽头是成功在等待"。在制订自己的职业生涯规划之时，我把所学的专业及自己的实际情况分析了一下，综合起来设计了一个人生道路具体的职业目标——能够在第一线救死扶伤的护理人员；刻苦学习，努力工作，成为一名优秀的护理部主任。

分析自身条件：

我活泼可爱、温柔善良、热情随和、乐于助人、富有同情心、勤快、能吃苦、肯干、有较强的语言表达能力和理解能力、组织能力，既定的目标不会轻易放弃。但是我的工作效率还不够快，这是应该克服的缺点。

职业选择的分析：

医护人员是社会必不可缺的。最近十多年来，人们的生活水平不断地提高，饮食质量不甚讲究，反正是美味的都端上桌，连国家保护的野生动物都不放过，此时，各种疾病都冒出来了。就拿一场突如其来的"非典"来说吧，祸及多少人？吓倒了多少人？这都需要我们的医护工作者为他们解除痛苦，把他们从死亡边缘救回来。可见健康是何等的重要。

我出生于一个农民的家庭，深深地理解到如果患了疾病得不到恰当的治疗，会留下无法想象的苦果。我性格比较温和，乐于助人，重友谊，处事稳重，沉得住气，反应迅速，领悟力强、有较强责任心，比较关心社会问题，是一个好发表意见和见解的人，身体健康，是学校篮球队的主力队员。对护理技术人员的要求是：①良好的修养；②健康的身体素质；③沉着冷静、敏捷果断的工作作风；④有敏锐的观察能力和较强的变应能力。我具备以上职业要求所需的心理和身体等基本素质。同时也为了减轻父母的负担，经过百遍思考最终选择了护理专业。

环境支持我干什么：

现在社会的人才竞争越来越激烈，许多单位要求高文化、高素质的优秀人才。我现在就读的是一所重点中专学校，设备、师资都是一流的，加上学校的校园文化、体育活动非常丰富，这些将为我学习医学知识，提高自身的综合素质提供了良好环境和条件；再者我现在是学校影响较大的学生社团——记者团的负责人，此职有利于我锻炼组织管理、人际交往、沟通协调等方面的能力。家长非常支持我所选择的专业，为我解除了后顾之忧。我的文化基础比较好，加上学习刻苦，将以优秀的成绩拿到毕业证。中专毕业后，报考脱产护理大专，继续到高等院校深造，预计2008年大专毕业。据调查资料显示，目前我国需要大量的护理人员，就广州市而言，今年就需要二万多名护士，所以护理人员是当前和今后都非常紧缺的人才，护士职业也会成为社会较热门的职业，所以我对护士职业充满憧憬和信心。

职业策略和发展目标：

(1) 职业态度——积极向上的敬业态度，对工作具有高度的责任心。

(2) 尊重他人，热情待人，树立远大理想。

(3) 建立融洽的人际关系，提高沟通、合作能力。

(4) 树立更新的科学服务理念，不断地学习新技术。

阶段职业规划：

现在我的发展目标已确定。我要为我的目标而努力拼搏。我为自己设计了15年的职业生涯规划方案，为了能够成功实现目标，设计了具体阶段的计划，现归纳如下：

第一阶段(工作1~3年内)：大专毕业后应聘一家规模中等的医院做一名普通的护士，在第一年内考取护士执业资格证，第三年取得"护师"职称。非常熟练掌握护理操作技术，积累工作经验，具备较强的工作能力，成为医院的护理技术骨干；发挥我的篮球特长，利用工余时间协助本单位的工会组织组建、训练医院女子业余篮球队，提高水平后可对外比赛。

第二阶段(工作4~6年内)：跳槽到一家大医院工作，参加成人高考，报考护理本科(在职学习)，三年后本科毕业，与同事团结协作，工作勤恳，技术高超，向病人提供优质的服务，成为一名优秀的护士和护理技术骨干，提升为护士长；政治上要求进步，参加医院的业余党校的学习，向党组织递交入党申请书，争取加入共产党，更好地为人民服务；继续发挥我的篮球特长，为医院多做贡献。

第三阶段(工作7~9年内)：继续努力学习，参加在职研究生学习，学习"医院管理"专业，并取得"主管护师"职称，做一个非常优秀的护士长，自己所负责的病区成为医院的示范病区，向兄弟科室推广先进的、科学的管理经验，撰写论文在省级、国家级的刊物上发表，并代表本院外出参加学术会议。

第四阶段(工作10~15年)：艰苦拼搏，研究生毕业，取得"副主任护师"职称，工作更上一层楼，精湛的护理技术、良好的道德风范、一丝不苟的工作作风、科学的管理水平赢得了同事、领导、病人的好评，提升为护理部主任。

收获在于过程中，我的职业生涯计划制订出来了，我有了具体的目标，从此不再慌乱和浮躁，同时要做到终身学习，不落后于时代，不使自己掉队。我要用一辈子的劳动和智慧，全心全意为人民服务，实现一个共产党员的奋斗目标，铺就一条灿烂的人生之路。

小资料

职业兴趣根据不同的标准，可以分为不同的类型。根据《加拿大职业分类词典》，结合我国的实际情况，将兴趣类型与相应职业列举如下，以供参考。

表2-1　十种兴趣类型与其相应职业

兴趣类型	相应职业
兴趣类型1： 愿与事物打交道	制图、勘探、工程技术、建筑、会计、出纳等

续表

兴趣类型	相应职业
兴趣类型2： 喜欢与人交往	推销员、服务员、教师、秘书、公关人员、行政管理人员等
兴趣类型3： 喜欢做有规律的工作	图书管理、档案管理、邮件分类、打字、统计、办公室工作等
兴趣类型4： 喜欢从事社会福利事业	律师、咨询人员、科技推广员、医生、护士、福利机构工作者、社会工作者等
兴趣类型5： 喜欢做组织和领导工作	行政工作人员、企业管理干部、学校辅导员等
兴趣类型6： 喜欢研究人的行为	从事心理学、教育学、人类学、行为科学等研究工作，心理咨询、精神病医师、人力资源管理等
兴趣类型7： 喜欢从事科学技术事业	从事物理学、化学、生物学、地质学、工程学的研究工作等
兴趣类型8： 喜欢抽象的和创造性的工作	科学研究工作和实验室工作等
兴趣类型9： 喜欢操作性技术工作	飞行员、驾驶员、机械制造、机床操作、石油、煤炭开采等
兴趣类型10： 喜欢细微具体的工作	园林、美容、美发、室内装饰、手工制作、机械维修、厨师等

以上的兴趣类型和相应职业的分析也不尽其然，一个人对某一特定职业感兴趣，只是干好这项工作的前提，并不意味着一定能胜任或一定能干好这一工作，但可以肯定地说，如果说一个人对某种职业兴趣索然，那么，他要干好这项工作的可能性就更小了。因此，职业定位必须准确。

 轶事集萃

成功时的危险

有一位年轻的登山新手，准备去攀登瑞士境内的阿尔卑斯山。这是他第一次攀登真正意义上的高山，所以他邀请了两名经验丰富的向导陪同。

那真是一段危险陡峭的山路，但是有一前一后两名优秀向导的保护，他并没有觉得自己有什么危险。他们攀登了很长的山路，就在他们筋疲力尽气喘吁吁之时，顶峰就在眼前了。走在前面的向导愿意让新手第一个站在山巅，享受一览众山小的感觉，于是挪向一边，让年轻的登山者走在前面。在荣誉的魔力下，爬到峰顶的年轻登山者，竟然忘了山峰上随时可能刮起猛烈的阵风，他兴奋地跳起来欢呼自己的胜利。就在这时，向导赶上前来，一把把他拉倒在地。

"跪到地上，快！"他厉声说道，"你现在所处的这个位置上，没有什么姿势是安全的，除非跪在地上"。

有太多的时刻，我们想要高高地站起，享受属于我们的成功与荣耀。可就是在这些时刻，我们最容易消失在狂风之中。

小结

　　职业是人们所从事的不同类别的、有经济收入的社会劳动。职业具有类别性、经济性、专业性和技术性。职业是社会生产力发展到一定阶段的产物。职业的发展和职位的变化,将给人们提供更广阔的就业、择业、创业的舞台,创造良好的发展机遇,展示人生与社会的美好前景。

　　知己知彼,方能百战不殆,一份完整的、理性的职业生涯规划,有利于中职学生确定最佳的职业奋斗目标,并为实现这一目标而努力。

 思考与训练

1. 什么是职业?简述职业的特点和功能。
2. 了解职业分类、发展和职位的分类,对求职择业有何帮助?
3. 你如何进行自己的职业定位?
4. 你如何规划你的职业生涯?

（温树田）

第二章 就业与创业

学习目标

1. 掌握毕业生就业市场及就业途径。
2. 熟悉现行就业制度及相关政策。
3. 了解就业与创业指导的意义。

目前,中等职业学校的毕业生已经从被分配的客体逐步转变为就业的主体,因此,求职择业乃至创业成为青年学生成才的关键而就业就是你对未来发展成才道路的选择;创业是你对未来发展空间的开拓。所以,了解就业政策,端正就业态度,掌握就业方法,树立创业的意识,不断提高适应社会的能力,已经成为每位学生的必修课。本章重点介绍就业和就业指导的基本概念以及开展就业指导的意义,介绍我国的基本就业制度和就业市场,以及创业的基本知识。

励志格言

天行健,君子以自强不息。

——《周易》

课堂思考

小李是今年卫校药剂专业应届毕业生,在学校毕典礼后召开的人才招聘会上,有许多药厂和药店对小李的简历进行查阅和面谈后有聘用意向。你认为小李同学去这些单位应聘还是自主创业?

第一节　就业与创业指导概述

一、就业

就业是指人们在一定客观条件下所进行的选择和从事某种职业的社会活动。是劳动者与生产资料相结合,从事相对稳定的社会劳动并取得劳动报酬或经济收入的职业活动。

就业一般应具备四个基本条件:第一,要从事与生产资料相结合的社会劳动,即从事某种职业,把个人的劳动融入社会之中;第二,必须合理合法,得到社会的认可;第三,要有一定的报酬或经济收入;第四,要有相对的稳定性。凡是具备这4个条件者,就表明已经就业。凡不完全具备以上四个条件者,不能认定为就业。

二、就业指导

就业指导也可称"择业指导"、"职业指导"或"职业辅导",是为学生选择职业、准备就业以及在职业岗位上进步、发展而提供知识、经验和方法技能的指导。一方面是向学生传递就业信息,为青年学生顺利就业提供多方面的服务;另一方面是要帮助和教育学生结合自身特点和社会职业的需要,树立正确的职业理想和职业观念,增强学生提高职业素质和综合职业能力的自觉性,帮助学生在适应社会、融入社会的同时得到发展,实现人生价值和社会价值。

(一) 就业指导的任务

就业指导是一项内容丰富、系统性和针对性较强的工作。因此,对学生的就业指导应该全面、系统、具体、有针对性。从现阶段来看,就业指导的任务包括以下几个方面:

1. 思想指导　思想指导是就业指导的中心,它主要是结合就业的实际,通过择业标准、岗位选择、求职道德和敬业成才的指导,帮助学生树立正确的世界观、人生观和价值观,树立正确的择业观。

2. 心理指导　心理对人的行为活动具有指导意义。在即将毕业,面临职业选择的时期,来自家庭、学校、社会以及人际关系等方面的影响常常使得青年学生的心理活动变得更加敏感,各种因素交互影响构成青年学生更为复杂的心理世界,产生各种各样的心理问题。心理指导是针对青年学生在选择职业的过程中所出现的焦虑郁闷、消极依赖、自卑失望、盲目乐观和怯懦、冷漠等心理障碍,运用心理学原理和方法帮助其进行自我心理调适,使之形成良好的择业心态。

3. 信息指导　信息指导是帮助学生收集、查询、筛选供需信息,及时利用和交流就业信息,及时反馈学生使用信息的情况和社会对人才的要求等信息。筛选、整合、利用信息是信息指导的主要任务。

4. 方法指导　方法指导的目的是使学生能运用恰当的方法取得就业的成功。方法指导,一是要帮助学生认识自己的特点,如专业、爱好、特长、身体状况、工作能力等,客观地把握自己,确定适宜的就业目标,以便在不同需求形势下选择适合自己的工作;二是要帮助学生掌握自我推荐的方式、应聘和面试的方法,使其克服各种困难和挫折,少走弯路;三是要帮助学生树立竞争意识和机遇意识,以在求职就业活动中保持主动。

(二) 就业指导的方式

为了使就业指导开展得生动活泼、富有成效,就要采用多种方式。一般来讲,以下几种方式是常见和有效的:

1. 就业教育　就业教育是用教与学、讲与听、问与答的形式从正面进行灌输和引导,解答学生在就业过程中所面临的问题。具体方式有开设就业指导课程、开办就业问题讲座和培训、请有成就的校友、就业工作专家或企事业单位负责人从不同的侧面作报告等;组织参观与专业相关的企事业单位;观看生动感人具有说服力的影视作品;组织进行"模拟面试"、"自我推荐演讲"等。让学生了解就业形势、就业方针、社会对人才的要求、就业必须具备的条件和能力以及就业工作的程序等,为今后就业打下良好的基础。

2. 自我评价　自我评价是学生在就业活动中对自身的准确定位。清晰、准确、客观的自我评价可以帮助学生树立信心、找准方向、减少失误,把握就业的主动权。自我评价的内容,包括学生的知识结构、能力水平、社会交往、性格与气质特征、兴趣爱好、特长与优势、缺点与不足等。自我评价的方式包括自我总结,同学、家长、老师、管理人员等与毕业生的交谈和观察,问卷调查,心理测试等。

3. **收发信息** 收集信息是通过多和渠道,将就业信息特别是用人单位的需求信息(职位、应聘人员必备条件、联络方式等)收录集中。发布信息是以专栏、报刊、广播、简报、音像资料、计算机信息网络等形式及时公布。收集是发布的基础,发布是收集的目的,收集和发布信息目的是提供时实有效的就业信息,供学生就业时选择、使用。就业信息主要有:

(1) 就业政策:就业政策是国家根据一定时期社会生产力的发展和社会对人才需求的情况及就业任务而制定的就业行为准则,包括就业体制、范围、程序、时间等。如国家对于个体、联营、股份制、外商投资、港澳台投资企业就业的政策规定;鼓励青年学生参军的政策、规定等。了解和掌握一定时期国家的就业政策,就可以避免或减少就业的随意性和盲目性。

(2) 就业形势:一定阶段的社会政治经济文化形势,决定了对专业技术人员数量、规格和质量的要求,直接影响学生的就业。因此,了解和分析社会政治经济文化形势的发展趋势,自觉地把自己的择业意愿放在社会发展的现实中是成功就业的关键因素之一。目前,我国正处于经济快速增长和社会主义市场经济建立和发展的时期,经济和社会的发展需要大量的人才,尤其是加入 WTO 后和西部大开发战略的实施、国家产业结构的进一步调整等,对人才的需求会越来越多,对人才的要求会越来越高。对于卫生事业而言,与医疗卫生领域最为相关的 WTO 协议有:关税与贸易总协定(GATT)、服务贸易总协定(GATS)、实施卫生和植物卫生措施协定(SPS)、技术性贸易壁垒协定(TBT 协定)和与贸易相关知识产权协议(TRIBS 协定)。随着以上协议或协定的不断实施,我国现行的单一由政府举办的公立医疗机构的医疗服务体系将会进行战略性调整,以公立医疗机构为主体、私营与个体医疗机构、中外合资合作医疗机构、股份合作制、股份制等非公立医疗机构等多种所有制与经营方式并存,公平竞争、共同发展的医疗服务体系新格局将逐步形成。因此,将公立医疗机构作为唯一就业选择的观念是不切合实际的,也是不明智的。

(3) 人才需求信息:社会的人才需求状况、用人单位的需求信息和不同类型的企业、事业单位对人才规格和素质的要求等共同构成人才需求信息。

(4) 就业指导信息:就业指导机构对毕业生就业形势的分析和就业指导专家或就业指导老师对职业选择的方法、技巧等发表的观点,提出的建议等一般可统称为就业指导信息。毕业生基本上是从学校到学校,接触社会、接触用人单位的机会较少,多数同学又来自农村,机会就更少。因此,毕业生的就业信息来源,主要通过学校提供。

4. **就业咨询** 就业咨询包括择业咨询和心理咨询。择业咨询是针对毕业生进行的,涉及的内容一般包括求职择业的方针、政策、基本程序、自我评价、求职技巧和心理调适。心理咨询的目的是培养学生具有良好的心理状态、健康的心理品质和较强的心理承受能力。

三、就业的权利和义务

毕业生和用人单位是两个独立的行为主体,从法律的角度来讲是平等的。了解毕业生和用人单位在活动中的权利、义务,对于青年学生自觉承担义务、合法维护自身的权利,对成功就业是十分重要的。

(一)毕业生的权利和义务

1. 毕业生的权利

(1)了解就业政策就业规定的权利:毕业生的这项权利是学校的义务。学校有责任、有义务把国家的就业政策和有关规定向毕业生进行宣传和教育。

(2)自主选择职业和用人单位的权利。

(3)了解用人单位真实情况的权利:用人单位的基本情况包括生产经营、工作环境、生活条件和工资待遇,以及用人单位的规模、地点和工作岗位、使用要求和意图等情况。

(4)对已签订的就业协议违约的权利:毕业生与用人单位签订就业协议书后,由于某些特殊的原因和情况的出现,使毕业生不能或不适合到已签订就业协议书的用人单位工作,毕业生本人可以提出违约。但是,违约会打乱用人单位录用毕业生的计划,给用人单位带来一定的经济损失,违约权利的行使要依照就业协议书中违约条款的规定进行,同时还要承担相应的违约责任。如对用人单位进行经济补偿、接受学校规定的违约处罚等。毕业生拥有违约的权利,并不意味提倡盲目应聘、轻率地签订就业协议,尤其在日益规范的就业活动中,违约总是与一定的代价相联系的。

(5)对用人单位违约要求赔偿损失的权利:毕业生与用人单位签订就业协议书后,用人单位由于各种原因,不能履行就业协议而提出违约。用人单位违约会对毕业生的心理造成一定的影响,对就业选择造成较大的损失,可能会因为错过再次选择的机会而长期不能就业。因此,用人单位不但应该承担违约责任,还应该给予一定的经济赔偿。

在就业活动中,招聘与应聘两方是信息不对称的两方,处在应聘地位的毕业生,常常处于信息不对称的弱势方,当用人单位违约时,毕业生应主动向学校相关部门报告,通过学校向用人单位追偿违约金,保护自己的正当权利。要使自己的这项权利能够得到的保障,可以在签订协议书时对违约责任、赔偿金额等进行约定。

2. 毕业生的义务

(1)服从国家需要的义务:虽然毕业生在择业过程中享有相当大的自主权利,但服从国家的需要,为国家服务是每一个公民的义务。因此,当国家重点建设项目或某些行业急需人才的时候,有义务服从国家的需要,为国家的重点建设工程或项目服务。

(2)诚实地介绍自己的义务:按照诚实守信的原则,毕业生在向用人单位介绍自己的情况时,应实事求是、如实地介绍,不得隐瞒和弄虚作假,否则虽然被用人单位录用,也会失去用人单位的信任或者发生争议。

(3)履行就业协议的义务:就业协议签订生效后就成为毕业生的就业计划,因此,毕业生应自觉遵守就业协议的规定和合法约定,做好履行就业协议的各项准备工作,按照规定的时间到用人单位报到,履行就业协议的承诺。

(二)用人单位的权利和义务

1. 用人单位的权利

(1)有权依据需要录用:有权根据本单位用人需求的实际情况,自主考核、选择、录用毕业生。

(2)有权要求提供材料:有权要求毕业生提供真实的个人材料。毕业生的个人材料一般包括自荐书、身份证、学生证、各种获奖证明、外语、计算机等级证明和职业技能鉴定等级证明等。

（3）有权要求提供证明：有权要求学校为毕业生提供与就业相关的证明。学校对学生进行了实际的教育培养，学生的思想品德、学业成绩、实际工作能力等方面情况的提供，主要应来源于学校。因此，由学校所提供的证明材料较之毕业生的自荐材料而言，客观公正，可信度更高，更具有说服力和权威性。

2. 用人单位的义务

（1）真实介绍情况的义务：向学校和毕业生如实、客观地介绍本单位的情况及对毕业生的要求和使用意图。

（2）做好接收工作的义务：做好接收毕业生的各项工作，包括向上级主管部门上报审批用人计划、落实毕业生到单位报到后的工作岗位、培训计划及生活起居等。

（3）履行协议约定的义务：履行与毕业生签订的就业协议中规定或合法约定的义务。合法约定是用人单位对毕业生的一种承诺。

（三）毕业生签订就业协议应注意的几个问题

为了规范就业活动，保证用人单位和毕业生在就业活动中的合法权益，落实用人单位和毕业生的权利和义务，防止用人单位和毕业生在双向选择过程中的随意性；同时，也为了毕业生就业主管部门编制毕业生就业计划、学校制定毕业生就业方案等需要，毕业生通过双向选择落实了就业单位，就必须与用人单位签订就业协议书，并由毕业生、用人单位和学校分别在就业协议书上签字、盖章。为此，毕业生在签订就业协议书时应注意以下几个问题：

1. 了解和掌握国家的就业政策和学校的就业规定　政策和规定是指引毕业生择业的方向、规范毕业生择业行为的要求，只有掌握了相关政策和规定，择业的方向才能明确，择业的行为才会有效，择业的目标才能选对。

2. 要对用人单位有一个全面了解不草率行事　既要了解用人单位的历史、现状和发展前景，了解其用人的意图，又要了解是否有利于自己才能的施展，还要了解用人单位对毕业生有哪些要求、自己能否胜任用人单位安排的工作岗位等。

3. 要对协议认真阅读了解掌握并学会运用条款　仔细阅读协议书中的有关条款，了解条款的内容和含义，学会运用条款。

4. 要及时和用人单位签订就业协议书　通过双向选择，毕业生与用人单位达成一致意见后，应及时签订就业协议书。在与用人单位正式签订就业协议书时，要注意使用原件，复印件无效；在"应聘意见"栏中明确表明自己的应聘意见和要求；与用人单位有其他事项约定的，应在"备注"栏中注明，并以双方签字为准。就业协议书是学校编制毕业生就业计划的依据，所以，本着诚实守信的原则，每个毕业生只能与一家用人单位签订，任何人都不可与多家用人单位签订多头就业协议。

5. 注意约定条款的合理性和有效约束　在与用人单位约定违约责任、赔偿金额等时，用人单位也可以要求毕业生在违约时承担相应的违约责任和给予一定的经济补偿。因此，对约定的条款要注意其合理性和本人能否承受。与用人单位约定的条款，必须要有毕业生和用人单位双方的签字，否则当发生争议时，由于没有双方的签字，条款无法认定而难以发生作用。

小资料

中国职业分类

目前劳动和社会保障部认定的职业分为八大类:第一大类是国家机关、党群组织、企业、事业单位负责人;第二大类是专业技术人员;第三大类是办事人员和有关人员;第四大类是商业、服务业人员;第五大类是农、林、牧、渔、水利业生产人员;第六大类是生产、运输设备操作人员及有关人员;第七大类是军人;第八大类是不便分类的其他从业人员。

 课堂思考

中职卫校检验专业学生小红今年 7 月将进行生产实习,她打算在实习期间不仅要好好地学习专业知识和技能,而且,要对明年毕业时需要的就业知识进行了解。你说小红为了明年的毕业要了解哪些就业知识呢?

第二节 就 业 制 度

一、就业制度及变更

(一)就业制度的概念

就业制度是指国家关于劳动者合法获取就业机会、维护社会就业行为的根本规定。任何社会的就业,都必然会受到一定的社会环境的影响和制约。特定社会的政治、政策法规、经济状况等多方面因素,构成了一定时期的就业环境,形成了一定时期的就业制度。

(二)就业制度的变更

新中国成立以来,我国的就业制度大致经过了以下 4 个阶段:

1. 固定工制度 从新中国成立初期到 1980 年,我国实行的是国家包揽的固定工制度,其具体内容是:对城镇劳动者(包括大中专学校的毕业生),国家包揽其就业。以行政手段,实行统一计划,统一用工,实现劳动者全面就业,劳动者一经录用,即成为固定工,用人单位无权辞退固定工。对农村的劳动者,国家采取了交付土地使用权,使其专门从事农业经营的政策。

2. "三结合"的就业制度 由于包揽就业的做法使国家越来越难以承受社会就业的压力,因此,1980 年 8 月,国家明确提出了"在国家统筹规划和指导下,实行劳动部门介绍就业、自愿组织起来就业和自谋职业相结合"的"三结合"的就业制度。对城镇劳动者,国家改变了过去统包统配的一些做法,待业人员不是完全由国家分配工作。对农村劳动者,要求其在完成承包农业经营任务的前提下,准许"离土不离乡,就地转移"就业。

3. 劳动合同制度 "三结合"就业制度的实行,对缓解政府的就业压力,调动劳动者的劳动积极性,起到了很大作用,但在执行过程中,在相当大的程度上仍未摆脱国家包揽就业的格局。劳动合同制是通过签订合同的形式,确定劳动者和用人单位双方的义务、责任、权利和合同期限的就业制度。

4. 市场就业制度 从 1995 年开始,我国实行了市场就业制度。市场就业制度是劳动力纳入市场,使劳务市场成为沟通劳动力供需双方的渠道,劳动力供需双方直接见面、互相选择,并以合同方式维系双方关系的新型就业制度。

随着我国经济体制改革的全面展开,政治体制改革的不断深入和发展,从总体上来讲,我国劳动人事制度的改革也在不断深入,进入了一个深入发展的新阶段。如政府机构要转变职能,精简机构,提高效率,与国际接轨,推行国家公务员制度;国有企业要实行灵活多样的用工制度,推广劳动合同用工制度,逐步打破不同所有制企业职工的固定身份界限,促进劳动力资源的合理配置;事业单位要在国家有关法律规范下,逐步实现单位自主用人,个人自主择业。新的就业制度逐步形成,毕业生只有全面了解国家的就业制度,才能树立正确的就业观念,从而顺利就业。

二、现行就业制度

(一)国家公务员制度

现代国家公务员制度是建立在民主政治、法治社会和科学管理基础之上的制度。中国国家公务员制度,是关于政府机关从事公务人员管理的法律化、正规化和标准化的多种规范性和规定性的总和,是一套完整的国家行政机关工作人员录用、考核、职务任免升降、培训、工资保险福利、申诉控告、退休以及公务员管理结构和监督等管理行为的规范和准则体系。

(二)劳动合同制度

随着改革开放的不断推进,劳动用工制度受到党和国家的高度重视。1983年2月,原劳动人事部发布《关于积极试行劳动合同制度的通知》,提出今后无论是全民所有制单位还是区、县以上集体所有制单位在招收普通工种或技术工种工人的时候,都必须与被招用人员签订劳动合同。1986年,国务院发布了一系列旨在建立"劳动合同制"的就业制度的文件。规定企业在国家劳动工资计划指标内,招用常年性工作岗位上的工人,除国家另有特别规定外,统一实行"劳动合同制","企业招用一年以内的临时工、季节工,也应当签订劳动合同",国家机关、事业单位和社会团体在常年岗位上招用的工人,应当比照该规定执行。通过签订合同形式,确定劳动者和用人单位双方的义务、责任、权利和合同期限。

1995年《劳动法》的正式实施,建立起与社会主义市场经济体制相适应的新型劳动用工制度,从根本上改变了以往计划经济条件下企业劳动用工依靠行政手段分配、管理的体制,使企业和劳动者可以在真正平等的基础上实现双向选择,从而使劳动关系双方真正成为平等的主体,保证了劳动者和用人单位的平等主体地位,为培育和发展劳动力市场建立统一、开放、竞争、有序的劳动力市场运行机制创造了条件,为劳动力资源的合理配置,为国民经济持续、快速、健康发展,为社会主义市场经济体制的建立和发展创造了条件。

随着各项改革的深入、科技进步、经济全球化的影响、经济结构的调整、劳动力资源的重组与流动,必然伴随下岗、分流及再就业等问题。同时,解决城镇及农村初、高中学生就业,必须对其进行职业技术培训,提高素质后就业,亦即"先培训后就业"。因此,国家实行劳动预备制度也是十分必要的。劳动力下岗再就业制度和劳动预备制度,是我国劳动就业制度的重要组成部分。

(三)市场就业制度

随着改革开放,出现了人才流动。所谓人才流动,是指以专业技术人员和管理人员为主体的各类人才根据个人的择业愿望,通过人才流动服务机构登记、交流,从一个单位(地区)调整到另一个单位(地区)工作。人才的合理流动,对于促进经济社会发展,促进人事制度的改革以及实现人才的自主择业权和单位的自主用人权等具有重要意义。

人才流动中的流动人员主要是指:辞职或被辞退的机关工作人员;企事业单位专业技术人员和管理人员;与用人单位解除劳动合同或聘用合同的专业技术人员和管理人员;待业的大中专毕业生;自费出国留学人员;外国企业常驻代表机构的中方雇员;外商投资企业、乡镇企业、民营科技企业、私营企业等非国有企业聘用的专业技术人员和管理人员。

人才流动具有社会性、多样性、灵活性等特点,主要形式有:辞职、辞退、聘用、兼职等。人才流动可以改变人事行政隶属关系,如辞职、辞退;也可以不改变人事行政隶属关系,如兼职。无论人才以何种形式流动,都要在有利于国家经济社会发展的前提下,合理有序的进行。

从1995年以来,随着社会主义市场经济制度的建立,我国的就业制度也发生了较大的转变,开始实行市场就业制度。市场就业制度的基本内容包括:①国家出让劳动者就业的承揽权,劳动力纳入市场,使劳务市场成为沟通劳动力供需双方的渠道;②劳动力供需双方直接见面、互相选择,并以劳动合同方式维系双方关系;③劳动者在国家法律许可的范围内,自己开创事业。国家给劳动者提供优惠政策,并创造宽松的经营环境。

(四)市场经济体制下的毕业生就业制度

1. 毕业生就业制度　随着我国经济体制改革的不断深入和社会主义市场经济的发展以及劳动人事制度的改革,毕业生分配原则和机制也发生了较大的变化。当前,毕业生就业坚持"公开、公正、择优、自愿"的原则。就业制度为"市场导向,政府调控,学校推荐,学生和用人单位双向选择"。

2. 就业途径　自实行"供需见面,双向选择"的就业制度以来,毕业生实际上被推到了市场化就业的轨道,并逐步形成了多种就业途径。

(1)即时就业:毕业前,毕业生通过学校推荐,参加各种招聘会和人才交流会,签订就业协议而就业。

(2)延时就业:毕业生在毕业前夕,由于暂时未能找到满意的工作单位或由于其他原因,暂缓找单位或先回家庭所在地,然后再就业。

(3)自主创业:毕业生毕业后不是向社会"寻求"工作,而是用自己所学知识进行自主创业,通过科技创新、社会服务或某一方面特长与他人合作创办公司。自主创业不仅解决了自己的就业问题,而且也可以为他人创造就业机会。

此外,有的毕业生暂不就业,选择继续学习,提高学历层次,增强竞争实力。

3. 计划经济体制下毕业生就业制度存在的问题　新中国成立以后,我国在较长时期内实行的是高度集中的计划经济体制,因此,大中专毕业生就业均实行的是国家统一分配制度,即由国家负责按计划分配的"统包统分"制度。随着我国经济体制改革的不断深入和社会主义市场经济的发展以及劳动人事制度的改革,这种分配制度的弊端逐渐显露出来,主要表现在:

第一,影响了学生学习求知的积极性。由于学生"进了学校门,就是国家人",无论学习成绩的优劣,毕业时都由国家统一分配工作,使一部分学生缺乏学习压力和动力,竞争意识、择业观念淡薄,"60分万岁"的思想在一些学生中很有市场。

第二,影响了学校办学的积极性。由于实行包分配的制度,学校对提高教学质量缺乏内在动力和紧迫感。使得学校只管培养,不问社会需要,不管"产品销路"如何,缺乏竞争机制和主动适应社会经济和发展需要的动力和活力。

第三,影响了用人单位择优选用人才。用人单位对接收毕业生只能被动接受。这样不利于用人单位尊重知识,珍惜人才。往往造成用人单位急需的未列入计划,而计划分配来的又不十分需要的状况。

随着社会主义市场经济的逐步建立,人才资源的配置也必须以市场为主导,作为主要人力资源的大中专毕业学生,其分配制度与新的经济体制不适应的局面也必然要进行改革。青年学生应该按照市场经济的规律去选择自己的职业、选择自己的人生道路。

 轶事集萃

乐观让你走向成功

一位踌躇满志的青年来到一家企业应聘,他向主持聘任的一位老者打听:"你们这里如何?"老人家反问:"你的家乡如何?"年轻人答:"糟透了!我很讨厌。"老人家接着说:"那你快走,这里同你的家乡一样糟。"

后来,又来了另一位青年问同样的问题,老先生也同样反问,年轻人回答说:"我的家乡就和这里一样美丽,我很想念家乡的亲人、家乡的山山水水和家乡的风土人情……"老人家便说:"这里也同你的家乡一样的好。"旁听者觉得诧异,便问老先生为何前后说法不一致。老先生说:"当你以乐观的态度去看一件事,你就会形成一种健康向上的心态,你便会看到许多优点;以悲观的态度,你便会形成颓废、消沉的心态,在你看来,你所面对的人和事都是一无是处,充满缺点和不足。企业的发展需要乐观、积极向上的精神。"这位老先生就是这家企业的总经理。

后来的这位青年人就成为这家公司的幸运儿。

 课堂思考

小黄同学是今年护理专业毕业生,为给家里减轻经济负担,很想马上找到和自己所学专业相关的工作,可是她并不知道怎样才能到卫生机构工作。请您帮助她设计顺利进入就业市场的计划吧!

第三节 就业市场

一、毕业生就业市场的概念

就业市场是毕业生和用人单位供需见面、双向交流、双向选择的场所。在就业市场中,毕业生通过自我推荐、求职竞争,选择自己理想的职业和工作单位;用人单位通过宣传自身优势吸引人才,选聘人才。

二、毕业生就业市场的种类

根据就业市场的外在表现形式,可将就业市场分为有形就业市场和无形就业市场。

(一)有形就业市场

有形就业市场是指有明确场所、举办时有特定的参加对象的开放市场。有形就业市场

主要有以下几种形式:

1. 学校举办的就业市场　为本校毕业生服务的就业市场(或称为双向选择会、供需见面会、招聘会、毕业成果展示会等)。

2. 校际联办的就业市场　由两所或若干所学校联合举办。这种联办就业市场可以增大就业市场规模、吸引更多的单位参加、减少投入、提高签约率,有利于学生扩大选择范围。

3. 分类举办的就业市场　各地毕业生就业主管部门从为用人单位和学校两方面服务考虑,从提高市场效能出发,为不同专业门类的毕业生所举办的分专业科类的就业市场。

4. 单位举办的就业市场　它是由企业、事业单位所举办的、为本单位选拔人才而举办的就业市场。

5. 特殊行业的就业市场　它是为特殊行业招聘应届毕业生而举办的就业市场。如从毕业生中选拔公安干警、政府公务员等。

(二) 无形就业市场

无形就业市场是指不受时间、地点场所限制而由毕业生和用人单位自行选择的就业市场。如大中专学校毕业学生就业信息管理和决策支持系统、毕业生生源信息库、用人信息库,全国就业信息网络等。学校、用人单位建立的自己的网站或网址,可提供更加广泛丰富的信息供学生、用人单位查询。毕业生个人也可以将自己的个人详细资料做成个人主页,在专用信息网络上发布,供用人单位查询和选择。这种利用计算机建立毕业生就业信息网络、进行信息交换并实现信息资源共享的目的的就业市场,既省时又省力,可以大大提高就业工作效率。

三、毕业生就业市场的特点

毕业生就业市场作为一种专业知识人才市场,具有与一般劳动力市场不同的特点,主要表现:

(一) 广泛性

毕业生就业涉及毕业生、学生家长、用人单位和学校的利益以及社会人才资源的合理配置,关系学校、社会的稳定和发展,关系毕业生的发展和成长。因此,党和政府高度重视这一工作,从中央到地方政府都相继制定和出台了各种政策和相关规定,规范毕业生就业工作。

(二) 群体性

毕业生就业是作为毕业生群体的一种群体行为。每年全国各级各类学校有数百万应届毕业生需要落实就业岗位,一般要求他们要在半年内落实工作单位。如果半年内落实不了就业单位,将可能面临待业,造成毕业生的就业心理压力增大,这也是毕业生就业不同于社会其他成员零散的和个别的就业的一个重要特点。

(三) 时效性

毕业生就业一般应该在学生毕业的当年内完成。各级主管就业的部门对每年的毕业生就业市场的运行日程都有一个大致的计划和安排,从学生取得毕业资格开始与用人单位双向选择,到毕业生落实就业单位,以及未能落实或重新落实单位都有具体的时间安排。在规定的时限内毕业生如果不能完成就业,就要离开毕业生就业市场而转到其他就业市场寻求就业岗位。

(四) 多样性

毕业生就业市场可大可小,可有形或无形,可以是综合的或分类的,可以是区域的或部门的,可以是公开的或不公开的等,形式多样灵活。

（五）初级性

毕业生就业市场是劳动力市场的重要组成部分,目前正处在发育、探索阶段,也可以说是初级市场。毕业生面临初次择业,缺乏求职经验,需要进行就业指导。

（六）竞争性

毕业生具有学历整齐、年龄相仿、经历相同、水平相当的特点,因此,在同一时空条件下进行就业选择,竞争也就特别激烈。

四、毕业生就业市场的运用

从以上所归纳的毕业生就业市场的特点可以看出,毕业生就业市场既给毕业生就业带来了机遇也带来了挑战,作为毕业生,要充分把握毕业生就业市场的特点,正确运用毕业生就业市场,使自己在激烈的竞争中掌握主动。在运用毕业生就业市场时,应该注意以下几点:①了解市场用人"行情",做到心中有数;②明确择业的权利和义务,正确估价自身的优势和不足,做到扬长避短;③遵守就业市场的运行规则和公共道德;④在市场竞争时,既要充分保护自己的竞争权利,又要尊重他人权利,维护他人的选择机会,做到竞争得力、得当、品德高尚;⑤从客观实际出发调整自己的主观意愿.有所得有所失,有所为也有所不为,做到期望适度,选择得当。

总之,只要遵从市场规律,遵照国家方针、政策,遵守市场规则,做到主观愿望符合客观实际,就能在激烈的人才市场竞争中实现自己求职择业的目标。

此外,毕业生就业市场的运作要遵循"自主、竞争、公平、公开"的原则,供需双方在市场中独立自主进行就业洽谈,实行公平竞争和公开协商。毕业生就业市场运作的结果是签订就业协议书。确保就业协议书的法律地位是保证毕业生就业市场正常运作的关键。就业协议书要经过签证和批准两道程序。签证包括两个方面,即学生身份的签证和就业协议书的合理合法性签证。就业协议书还必须得到负责毕业生就业工作的行政主管部门(如省市教委或教育厅)的批准,这是保证毕业生顺利就业的必要的行政手段,尤其是在当前社会人事、户籍等制度没有完全进行配套改革的情况下,需要用行政手段保证就业协议的执行,以维护市场运作的结果。

随着近年来毕业生就业形势的趋紧,以提供就业岗位和就业信息为主要功能的各级各类就业市场发展较快,在一些地区和行业,由于缺乏宏观管理和规范,一些单位和个人随意开办就业介绍机构、借机牟取私利、发布虚假不实信息等,严重干扰了大中专毕业生就业市场的正常秩序,加重了毕业生就业的成本和负担,侵害了毕业生的权益。因此,在进入学校以外的就业市场或计算机网络提供的虚拟的就业市场参加就业应聘时应该特别小心。

 就业经历

创新的奇迹

世界巨富、旅馆大王希尔顿说过:"一块价值 5 元的生铁,铸成马蹄铁后可值 10.5 元,倘若制成工业上的磁针之类就值 3000 多元,而制成手表发条,其价值就是 25 万元之多了。"细细玩味,真乃投资、经商的金玉良言。

沈阳有个以识破烂为生的人,名叫王洪怀。有一天他突发奇想:收一个易拉罐,才赚几分钱。如果将它熔化了,当金属材料卖,是否能多赚些钱? 于是他把一个空罐剪碎,熔化成一块指甲大小的银灰色金属,然后花了 600 元在市有色金属研究所做了检测,人家告诉他,这是一种很贵重的铝镁合金。他算了一笔账:当时市场上的铝锭价格,每吨在 1.4 万元至 1.8 万元之间,每个空易拉罐重 18.5g,5.4 万个就是一吨。

卖材料比卖废罐要多赚六七倍的钱。于是他决定回收易拉罐熔炼。为了吸引人们交售空罐,他把回收价从每个几分提到一角四分,又将回收价和指定收购点印在卡片上,向所有收破烂的同行散发。

过了一周,王洪怀骑着自行车到指定地点一看,大吃一惊:很多货车在等待他,车上装的全是空易拉罐。这一天。他回收了 13 万多个,足足二吨半。王洪怀立即办了一个金属再生加工厂。就这样,他在一年内,用空易拉罐炼出了 240 多吨铝锭,3 年赚了 270 万元,他也从一个"拾荒者"一跃成为百万富翁。

课堂思考

小蒋是卫校医学美容专业毕业生,先后在上海知名医学美容院工作学习。因为她是北方人不适应南方的气候,离家较远,经常想家。所以,她很想回到家乡创业。那么,她如何选择创业的项目,又怎样进行创业呢?

第四节 创　业

一、创业的概念

创业就是开创崭新的事业。创业是指一个发现和捕捉机会并由此创造出新颖的产品,服务或实现其潜在价值的过程。创业必须要贡献出时间和付出努力,承担相应的财务的、精神的和社会的风险,并获得物质的回报,个人的满足和独立自主。创业主要包括以下内涵:

1. 创业就是创造　在创业的过程中创造出某种新事物,这种新事物必须是有价值的,不仅对创业者本身,而且对其开发的某些目标对象也是有价值的。这里所指的目标对象因行业或所创造事物的不同而不同。

2. 创业需要时间　要完成整个创业过程,要创造新的有价值的事物,就需要大量的时间;而要获得创业的成功,没有持之以恒的努力是不可能的。

3. 创业存在风险　风险是我们日常生活中经常遇到的,在经济学中的风险是一个中性词,并不是如人们想象的那样可怕。创业的风险有多种形式,它依赖于创业的领域,然而,创业风险通常是指来自财务上的、精神方面的、社会方面的以及家庭方面的等。

4. 创业获得回报　创业者通过创业获得独立自主及社会的认可度和个人的满足感。创业的过程充满了激动、艰辛、痛苦、忧郁、苦闷和徘徊,以及坚持不懈的努力,并收获由渐进的成功而带来的无穷的欢乐与分享不尽的幸福,这是一个真正的创业者所追求的精神境界。

二、创业的动力

有创业的想法和明确创业的动力,在创业过程中,树立信心,坚定信念,克服创业中的困难,才能取得创业的成功。创业的动力是多方面的,也是复杂的。有的人为了追求金钱而创业;有的人为了追求自由而创业;有的人为了摆脱困境而创业;有的人为了实现自己的人生理想而创业……如此种种难以枚举。

有人对英国800家赢利小企业主进行关于是什么激励他们创业的调查中显示:98%的回答者将“个人获得成功的满足感”列为第一重要推动力,其中70%的人认为是非常重要的因素。88%的人将“按自己方式做事”,87%的人将“做长远规划的自由”列为重要或非常重要。仅有15%的人认为“给后代留下什么”是非常重要的。货币收益是创业的重要推动力,但是,在创业者心目中并非是最重要的。如果仅仅认定创业者的创业是为了金钱的话,显然缺少对创业和创业家的了解。

就创业的动机而言,伊查克·爱迪思在他的《企业生命周期》一书中写道:“创业者也不想破产。但投资回报率只是一条限制条件,而不是决定因素。尽管没有投资回报率最终会让企业破产,但投资回报并不能催生一个企业。”“一门心思扎在钱眼里或只想着投资回报率的创业者很有可能大失所望,可能在企业产生赢利之前他就已经退出角逐了。你不可能总指望财源滚滚。创业的主张要变成可操作的内容,在这一过程中,就难免失误,也就是说很可能就要赔钱。对创业者而言,即便当时没有利润也在所不惜,如同养育一个孩子就是要求你去照料他,有病没病都一样,生活中并不是什么时候都只有微笑。”爱迪思的思想无疑对那些将要投身于创业又在思索自己的创业动机和原因的人是有所帮助的。

法国著名作家雨果说过:“填饱胃,塞满肠,饱食终日,这当然也算人生一事,因为这就是动物性。然而人可以把自己的希望提得更高一些。”前苏联文学家高尔基也说过:“一个人追求的目标越高,他的才力就发展越快,对社会就越有益。”在确定自己的创业动因时,超越自我与相信自己同样重要。

三、创业的要素

(一) 创业者

创业,不仅需要必要的资金投入,需要好的技术和市场,更需要创业者的独特的个人品质,创业者的素质与能力是创业成功的第一要素。创业者一般应具备以下基本特征:

1. 风险意识　创业具有一定的风险,创业者需要承担一定风险,创业者只有具有了风险的意识,才能够在创业初始就能够合理地规避风险。也只有具有了一定的风险意识,才能够使新产品、新技术或新的服务走向实际化运作,才能够使新企业度过艰难的创业过程而迅速成长,走向成功。此外,创业者还必须具有敢为“天下先”的冒险精神。看准的事业敢于尝试,不怕挫折,奋力进取,敢于走前人没有走过的路,敢于做前人没有做过的事,是成功创业者共有的特征。而缩手缩脚,胆小怕事,光说不做的人,并且事事都害怕失败,没有勇气面对困难,因循守旧的人,他们虽然也可以领取营业执照,进入创业者的行列,但很快就会被淘汰出局,不能走向创业成功。

2. 教育背景　教育对创业者的创业及创业成功是非常重要的。但受教育的程度与是否独自创业和能否创业成功又不是完全成正比的。我国学者田千里在其《老板论》中写道:

29

"从正常情况看,老板接受教育程度的分布曲线是两头小,中间大。即高中以下文化程度的创业者比重较高,但因缺乏基础教育,失败的可能性较大,特别是公司进入较大规模后,失败的可能性更大。而硕士以上,特别是博士,创业的激励因素大大降低,冒险性与实干能力下降,加上已有的社会地位,所以这些人创业的机会很小。但这些人一旦创业,成功的比例则相对较高。"随着改革开放的不断深入,知识经济时代的到来,人们的思想观念进一步转变,同时,科研院所与国有企业失去了原有的魅力,创业者的学历有了明显提高并出现进一步提高趋势。

3. 吃苦精神 勤奋、吃苦、执着、奉献是创业者的共同特征。创业是一个创造的过程,人的创造力与人的"智商"有很大的关系,一般来讲,智商高的人要比智商低的人更富于创造力。但是,创业的过程中,不仅需要创造力的作用,更重要的是创造性的实践,因此,创业的成功需要坚韧不拔的志向,顽强拼搏的毅力,吃苦耐劳的精神,甘于奉献的勇气。智力较高,并同坚韧不拔的性格联系起来,要比智力很高,但坚韧性不强的人取得的成就更杰出。美国学者赫德森认为:"如果一个人拥有掌握某个知识领域所需要的起码智力,那么他会在该领域创造性地工作,若还是平平常常,起决定作用的将是非智力因素。"

4. 良好品德 作为一个立志创业的人,首先应该立德。没有一个好的品德、或创业仅仅是为了自己的个人私利,肯定不会创立起事业,即便能够把企业办起来,甚至也"辉煌"一时,但终归昙花一现,是短命的。

5. 战略眼光 大多数创业者都比其他人更能够寻找或捕捉并把握住商业机会。爱迪思认为:"创业者就像一位预言家,他是在对自己已经感知、而潜在的顾客自己都未必察觉的需求做出预言。因此,创业者所关心的是市场应该卖什么,而不是它正在卖的东西。"

6. 雷厉风行 对于生命而言,时间是最宝贵的资源。因为,时间是一维的、永远向前和不可逆的。成功,无论是结果还是过程,都是一定空间下的时间概念,一是速度性,二是持续性。成功的创业者一旦捕捉到良好的创业时机,便抓住不放,立即投入。

7. 勤奋执著 正像爱迪思所说"创办一家成功的企业所需要的远不只是好的主意、有市场、有资金。新创企业所需要的是一旦公司诞生就成为义无反顾的"产品斗士"。世界富豪艾富赖得·佛勒认为:"任何一个有雄心的年轻人,都能走上成功之路,但必须要勤奋;不但要手脚勤奋,更要勤动脑筋。"创业者在创业初期以及发展阶段往往比其他人以及他们的雇员多工作许多小时。

8. 自信敏锐 创业者往往拥有比常人更强的自信心。自信对创业者至关重要,特别是在创业初期,困难重重,当你信念就要崩溃的时候,一定要告诉自己,再坚持一下,成功常常就在这"再坚持一下"。通往成功的道路难免没有各种风险及不确定性的因素,作为创业者必须头脑灵活,思维敏锐,在信息不完全,时间紧迫等特殊情况下做出最优决策。

9. 关心政治 经济与政治是密不可分的,因此,创业者应该关注政治,具备政治思维的广度和深度,能够吃透国情并善于运用政策。

(二) 技术

技术是将知识运用到实践中的手段、途径、工具或方法。创业者就是要寻找能够满足社会需要的技术,并将技术付之应用,去不断地满足社会的需要。不少创业者就是凭着一项适宜于市场的技术而创造出一番大的事业的。但是,如果选择的技术虽然符合实际,在创业之初,甚至显得十分火爆,由于这样的技术,已趋于普通,很快就会度过技术的生命周期,就会影响创业的成功。技术的选择,比较合适的是选择成长阶段的技术,选择在市场中已经显现出应用前景,但还没有应用的技术,或是技术在市场上刚刚出现。即技术只需超前于市场半步。因此,创业者应该以市场需要为选择技术的出发点。"要开发卖得出去的产品",这是日本学者对技术选择的最直白的注脚。

(三)资本

创业资本又称"风险资本""风险投资"。创业资本是由创业资本家(或其他出资人或出资方式)出资,投入到新企业或刚刚诞生的还处在创业阶段的新创企业,并极大地期望高回报由承担一定风险的权益资本。从创业的角度看,创业资本是创业的关键要素,要想创业,除了具备创业者的素质和选择合适的技术项目外,还需要具有一定的资金。没有资本,纵然再好的技术,远大的志向,创业也只是空想。

(四)市场

企业的存在是因为能满足市场的需要,如果没有市场的需求,那么,新创的企业就没有生存的价值,自然也就不能生存。在竞争激烈的市场环境下,创业者若不能开拓好市场并管理好市场,即便拥有最好的技术或比较雄厚的资金,也可能导致创业夭折。对于一个成功的创业者来讲,树立和坚持"创造市场"的理念是十分重要的。

对于创业的要素,还有很多的内容蕴含其中,但就其主要内容而言,是创业者、技术、资本、市场这四个要素。理解这四个要素,就把握了创业行为的主要层面。

 轶事集萃

哪些行业明天更灿烂

汽车业:需求增长迅速

从需求角度看,我国汽车工业的增长速度将保持在13%以上的较高水平,其中轿车需求增长率将保持15%以上的增长速度,并成为汽车工业快速增长的支撑力量。

房地产业:改善成为热点

我国要实现城镇人均10m^{2}居住面积(或人均15m^{2}使用面积)的小康目标,我国将兴建约20亿m^{2}的城镇住宅,与此同时还将兴建80亿m^{2}的农村住宅,改造24亿m^{2}城镇住宅和25%的农村住宅,这些都将形成对房地产业的巨大需求。

电信业:规模容量更大

电信服务业以高于25%的速度增长,并成为第三产业增长的主要带动力量。

机械工业:将超前发展

国民经济各部门的扩张和发展都要求机械工业提供相应的设备作为中间投入,并要求机械工业在一定程度上超前发展。

旅游业:资源、客源均有潜力

首先是旅游市场潜力巨大,旅游业增长速度将保持在15%以上的较高水平,并成为国民经济一个新的增长点。

信息产业:工业增长的领头羊

国家已经将推进国民经济和社会信息化作为未来5至10年的中心任务之一,这将为信息产业的高速发展带来难得的机遇和动力。该行业还将继续充当工业增长的领头羊。而电子及通信产品制造业是信息产业发展的重要力量。

小结

　　本章从就业和就业指导的基本概念以及开展就业指导的意义,以及创业的基本知识等宏观方面进行了描述。对毕业生就业的权利和义务以及用人单位的权利和义务做了较为翔实的阐述。并就毕业生签订就业协议应注意的几个问题进行了讲解。对国家现行的就业制度如国家公务员制度、劳动合同制度、市场就业制度、市场经济体制下的毕业生就业制度等做了介绍。对就业市场进行了分类,将就业市场分为有形就业市场和无形就业市场。在创业部分列举了创业者、技术、资本、市场四个要素,供学生学习参考。

 思考与训练

　　1. 应具备哪些基本条件才算就业?

　　2. 在签订就业协议书时应该注意哪些问题?

　　3. 浅谈现行毕业生就业制度——"市场导向,政府调控,学校推荐,学生和用人单位双向选择"的积极作用。

　　4. 创业的要素中你认为哪些是重要的? 为什么?

　　5. 如何理解创业的回报既有物质的,也有精神的?

(温树田)

第三章　就业制度

学习目标

1. 掌握就业制度及分类。
2. 熟悉到各种单位就业。
3. 了解当前就业形势。

经过 30 多年的高速发展,中国经济必须要加快转变发展方式、调整经济结构、推动产业转型。在这一过程中,我们的思维方式、关注点也要随之转变,对主要经济指标要有一个全新的认识。李克强总理说:"对于老百姓而言,第一位的就是就业,必须高度关注就业问题。就业下滑,经济增速即便再高也没有意义。"

励志格言

天将降大任于斯人也,必先苦其心志,劳其筋骨,饿其体肤,空乏其身,行拂乱其所为。

——《孟子·告子下》

课堂思考

某卫生学校护理专业的学生小红以前一直上学,对外面的世界知之甚少,对当前的就业形势不是很清楚,明年就要毕业了,问她毕业了怎么办,就说没想过,到时候问爸妈。如果是你,你会怎么做呢?

第一节　就业形势

一、就业形势

2014 年全国毕业生人数达到 727 万,2015 年毕业生人数达到 749 万,2016 年毕业生人数达 756 万! 就业情况不乐观,大中专毕业生面临的就业形势非常严峻。

国外最新报告显示,中国实际失业状况,要比官方的统计数据,以及各界观察人士所认为的更加严峻。在一定程度上,就业问题可能成为中国经济转型过程中的关键制约因素。中国不充分就业指标自 2012 年以来已翻了三倍。官方公布的"城镇登记失业率"并未涵盖实际处于失业状态而未主动申报的人口,更没有包括进庞大的农民工群体。中国疲弱的劳动力市场或许解释了中国为什么决定打开信贷阀门并重启旧增长引擎,以稳定全球第二大经济体。数据显示尽管大规模的下岗并没有发生,但工作小时数不足的"隐形失业"人数却有所上升,隐性失业问题严重。为了避免出现大规模集中失业的现象,为了让工厂照常运行,在某些情况下,员工被要求只工作一半的时间,收入也是原来的一半。

（一）就业形势主要表现

1. 内外经济增速趋缓,将对就业产生一定影响。中国经济整体仍处下滑周期中,经济发展速度的放缓和结构的调整,客观上会对劳动者就业结构产生影响,同时也会对就业总体规模产生挤压效应,对劳动者就业产生影响。尤其是传统支柱产业企业改革的重组加快、淘汰落后产能、部分行业持续低迷及产能过剩将造成结构性失业和转型性失业,就业难度加大。国际经济发展形势仍然不确定,风险和变数依旧较多,欧美主要经济体面临着财政紧缩、主权债务风险上升等诸多问题,新兴经济体面临着经济结构调整、出口下滑等问题,世界经济艰难复苏,影响着出口型经济及就业的发展。

2. 市场预期和企业转型升级对就业的影响依然较大。一是企业转型升级的步伐缓慢。一些中小企业、民营企业技术创新的能力还比较薄弱,产品结构转型的步伐比较缓慢,受国内外市场竞争、产品技术含量、附加值等因素的影响,企业不得已实施低价竞争策略,部分企业过分控制人工成本,支付给员工的工资待遇偏低,导致员工流失;二是部分企业对近期的生产形势不够乐观,裁员频繁,急于消解成本压力,这在一定程度上伤害了员工对企业的感情;三是部分企业的社会责任感比较欠缺,长期沿袭的"需要就招工、不需要就解雇走人"的用工模式伤害了劳动者的感情,让他们没有安全感和稳定感。

3. 社会对于毕业生学历层次的需求越来越高。目前我国中高层次的人才严重短缺,社会对高层次的复合型、外向型和开拓型人才的需求日益迫切,呈现对人才结构的需求层次重心上移的趋势。在毕业生就业中研究生已越来越"抢手",本科生还能基本平衡,专科生则较明显地呈现供过于求的趋势,中专生没有优势。学校、科研单位、大机关、大公司已经基本上以接收硕士生博士生为主,甚至连一些中小型单位都开始希望多接收研究生。这种社会现象致使现在不少用人单位存在"人才高消费"的错误观念,盲目追求高学历人才,因而对毕业生的需求出现扭曲,人为地制造了就业难。

4. 毕业生的就业期望值居高不下,仍然是目前学校毕业生就业工作中的主要难题。毕业生们普遍感到"找不到理想的单位",而同时有许多基层一线的用人单位急需人才但又招聘不到毕业生,这就反映出毕业生求高薪、求舒适、求名气的心态仍较普遍,目前90后、95后毕业生中以事业发展为重的并不占多数,而是普遍希望能到大城市、大机关、大公司、大企业等大单位工作,希望能去的单位名声好、工作条件好、生活待遇好、离家比较近等。

大多数毕业生想留在大城市、沿海城市和省会城市工作,然而目前实际最需要毕业生的却恰恰是边远地区、中小城市、艰苦行业的基层一线中小型单位,这些地区和单位人才奇缺,非常希望能接收到毕业生,但年年要人却年年要不到人,没有多少毕业生愿意到这些地方去,分配去的毕业生也容易流失。

5. 毕业生的能力素质与用人单位的要求存在较大差距。现在用人单位对学校毕业生的敬业精神、职业道德、思想道德觉悟和能力素质水平都提出了越来越高的要求,看重"人品"和能力,对专业反而越看越淡。不少单位已经开始对接收毕业生持"宁缺毋滥"的态度。因此,学生干部和学生党员以及综合素质好、动手能力强、敬业精神好以及有各种特长的毕业生越来越受欢迎。现在就业形势是十分严峻的,即将进入就业市场的学生应有足够的思想准备。

根据不同的就业形势,国家每年都出台了相应的就业政策和措施,为引导、协调、安排毕业生就业提供了有力保障;同时,随着社会的迅速进步,知识经济的突起,各种经济成分的共同发展、社会对人才的需求量愈来愈大,非公有制企业、乡镇企业、广大基层和欠发达地区更为毕业生提供了施展才华的广阔用武之地。国家政策大力扶持的就业项目有"预征入伍""部队士官招聘""西部计划""大学生村官计划""三支一扶"等。另外,国家积极鼓励毕业生自主创业,我们可以在一定的条件下,找准商机,自主创业,自谋出路,解决自己就业的同时,为社会提供了新的就业渠道。

(二) 行业分析

得益于"互联网 + 联的跨界结合理念的不断推广,互联网 / 电子商务、基金 / 证券等新兴服务业的就业形势相对较好;但能源 / 矿产等传统服务业和加工制造业的就业形势相对较差。

较好的行业主要包括互联网 / 电子商务、基金 / 证券、保险、教育 / 培训等行业,这些多属于互联网、金融及教育等新兴服务业,随着大数据技术的不断推广和"互联网 + 传统行业"的跨界融合,加大了对高新科技人才的需求量。

就业较差的行业主要包括会计、航空 / 航天、能源 / 矿产、跨领域经营和电气 / 电力等,这些行业主要为传统服务业和加工制造业,经过就业市场的长期发展,人才存量及供给量较多,但由于行业经济增速的放缓以及面临改革转型,对于人才的招聘需求有限,因此形成就业岗位供不应求的紧张局面,造成较大的求职竞争压力,就业形势相对严峻。

此外,游戏行业的招聘也相对较热。"游戏行业近年来创造出很多新的岗位,有些听上去还有点另类。"比如"游戏解说员"。因为互联网时代企业更重视用户体验而设置的,也更接地气。

金融、房地产 2016 年的招聘可能相对平稳。而制造业、贸易、服装等行业可能遇冷。这与'互联网 + 联时代有关,比如贸易行业,因为出现互联网平台、信息不对称少了,供需双方可以直接找到对方,处在中间环节的行业、企业便会受到影响。

(三) 如何应对

1. 认真做好职业生涯规划,做好就业与创业准备 首先,要树立正确的职业理想。一旦确定自己理想的职业,就要依据职业目标规划自己的学习和实践,并为获得理想的职业做好积极准备;其次,正确进行自我分析和职业分析。通过科学认知的方法对自己的兴趣、性格和能力等进行全面分析,认识优势与特长、劣势与不足。

2. 提高社会适应能力,提升就业能力 一些企业在挑选和录用毕业生时,同等条件下,往往优先考虑曾经参加过社会实践,具有一定组织管理能力的毕业生。这就需要我们在就业前就注重培养自身适应社会、融入社会的能力。

3. 转变就业观念 我们应从实际出发,树立先就业后择业的就业观。目前二三线城市急需实用人才,民营中小企业等还存在大量的用人要求,我们还应树立基层意识,事业意识和奋斗意识,到基层锻炼自己,挖掘潜能,还可以将眼光投向西部,西部地区锻炼成才,逐步树立起"先就业、后择业、再创业"就业观,现实出发选择自己的求职道路。

二、中职医学生就业形势

近年来,随着市场经济的不断深入、社会对人才要求的不断提高以及学校招生规模的扩大,中职医学类毕业生就业难的问题日渐突显出来。

中职学生呈现以下几个特点:①部分学生(主要是父母强迫就读医学类)有不同程度的厌学情绪,学习积极性不高,学习成绩差;②相当一部分学生不知道自己来到学校该做什么,将来要做什么,没有明确的目标;③学生纪律差、难管理,有的同学在初中就有许多不良的习惯,如抽烟、喝酒、逃课、打架等,到中职学校旧习难改;④少部分学生有不同程度的自卑感,认为自己是失败者,自己与其他人比没有竞争力,从而自暴自弃。诸如此类的问题不仅使学校教学及日常管理面临着许多难题,也使就业推荐工作面临着巨大的考验。

近年来医学生就业情况是就业率高但就业质量不高。毕业生大部分已经就业,就业主要是卫生院、私人诊所、社区服务机构,药店,医药公司等,少量护理专业的学生在外地医院就业,还有很大一部分学生改行、创业或待业。许多学生工资待遇不理想,多次变换工作。

医学这一特殊职业具有很多特殊性,学习时间较长;需要临床实践;一旦上岗,在职时间很长,人才流动性偏低等。因此有的医院和医疗机构出现了医生、护士等医护人员饱和。招聘门槛逐步提高。有的重点医院,对学历要求极为严格,造成了某些本科生、专科生无业可就的局面。学历较低的学生只能去市级、县级,甚至村级医院和诊所。

中职毕业生就业期望值偏高。毕业生意向就业倾向于县级医疗机构以上的大城市、大医院就业,而对县、乡镇及民营私立医院就业关注度低。中职生在择业上往往好高骛远,期望值偏高,没有清楚地认识到自己是一名中职生,必需从基层做起。因此造成就业受挫,难以找到自己满意的工作,产生心理失衡。

随着社会的进步,人们对健康的日益关注,老龄化及二胎等现实,社区服务、家庭护理及临终关怀等新型卫生服务,医学毕业生将有就广阔的舞台,广大毕业生应该清楚认识未来的就业形势,更新就业观念,脚踏实地,择业创业,在现代社会中找到适合自己的位置。

 就业经历

职场故事:80后"暖男"护士　从被拒绝到被"点单"

提起"白衣天使",人们脑海中浮现的往往是温柔靓丽的女护士。事实上,随着现代医疗服务多元化需求日益增大,男护士也成为护士队伍中不可替代的一支生力军,可谓"须眉不让巾帼"。我们跟随长沙市中心医院ICU(重症监护室)男护士何林的步伐,零距离感受到了"暖男"护士的专业与柔情。

从纠结到爱上护士工作。

"爷爷,您想不想吃点东西?是不是想家人啦?"何林拿着沟通板边翻边和意识清楚但语言功能尚未恢复的周爷爷进行交流。见周爷爷朝着"想家人"几个字点头,何林马上俯下身子,告诉他家属会准时过来探视,周爷爷开心地笑了。

随后,何林来到邻床,准备给一位昏迷的重症肺炎病人修剪趾甲。他先到床头,跟这位老人打了个招呼。随后,用摇手将床尾稍稍摇起来一点。何林先用乙醇棉签给趾甲剪消了毒,然后精心地剪起来,几分钟后,老人的趾甲变得整齐干净了。"病人本身已经遭受了病痛之苦,要尽量提高他们的生活质量,让他们过得有尊严。"何林说。

1983年出生的何林是龙山县人,护理学专业毕业,2010年进入长沙市中心医院ICU,成为首批男护士之一。"其实刚开始当护士的时候比较纠结,总感觉怪怪的。"何林说这种感受绝大多数男护士都有过。由于部分病人或家属的不理解,总认为"男护士粗手粗脚的,肯定照顾不好",会给他们脸色看,有的甚至直接拒绝。他还回忆起了一个记忆深刻的经历。几年前,科室转来一位患急性白血病的中年男子,病情危重,家属听说是派一位男护士护理,当场就回绝了。这让何林很尴尬,但他并没有生气。当他看见病人要翻身或其他需求时,马上会出现并协助完成,动作麻利,热情细致。过了几天,家属对这位男护士刮目相看,就此前的冒犯向他表达了歉意。后来,这位病友外出检查,家属点名请何林陪同。近两年,因为过硬的业务能力和颇具亲和力的形象,何林被病友"点单"的次数越来越多,他自己对这份工作也越来越喜欢。

"暖男"护士阳刚大气又细腻周到。

"每过两小时帮病人翻一次身,每天至少要帮病人擦两次身子。我们的日常工作比较琐碎具体,专业和耐心是最起码的要求。"高大帅气的何林说。

ICU 主要救治危重病人,加班加点成为工作常态。工作时间长,劳动强度大,男护士的优势便凸显出来。2014 年 8 月,一位高危心脏病人突然出现心脏骤停,何林和其他 3 名护士立即轮番给病人做心肺复苏,经过两个多小时的努力,终于将病人成功抢救过来。"当时幸亏有林哥一起加入,光靠我们女同胞还真有点吃不消。"在病房,一同参与了那次抢救的护士刘秀艳感叹。经常与何林等男护士一同协作的 ICU 医生说,何林工作起来干净利索,既有阳刚大气的一面,也不失细腻周到,被大家称"暖男",很受欢迎。

 课堂思考

某药剂专业的毕业生小华今年毕业,老家是河南新乡的,前不久找到一家河南郑州的大型连锁药店的工作,这是他第一份工作,公司人事部说让小华办理人事代理。请问小华现在应该怎么做呢?

第二节 就业制度

就业制度是国家关于劳动者合法获取就业机会、维护社会就业行为的根本规定。任何社会的就业,都必然会受到一定的社会环境的影响和制约。特定社会的政治、政策法规、经济状况等因素,构成了一定时期的就业环境,形成了一定时期的就业制度。我国现行毕业生就业制度主要包括自主择业制度、人才聘用制度、人事代理制度、准入制度等。

一、自主择业

1993 年中共中央、国务院颁布《中国教育改革和发展纲要》,确定毕业生就业制度改革目标为:改革高校毕业生由国家安排就业,多数学生"自主择业"的就业制度。自主择业的特点是:大部分毕业生将按照个人的能力进入市场参与竞争,用人单位用工作条件和福利待遇吸引学生,学校的职责主要是为自主择业的毕业生提供就业服务。

双向选择、自主择业的就业政策逐步建立和完善是经济体制改革,尤其是社会主义市场经济体制建立和发展的需要,它打破了计划分配模式所造成的人才浪费现象,使得毕业生可以根据社会的需要和个人的选择就业,从而极大地调动了毕业生的积极性;打破了学生在学校学好学坏一个样的现象,调动了学生学习的积极性和适应社会发展需要的主动性;也在一定程度上打破了用人单位对这项改革消极等待的现象,激发了用人单位主动引进人才的竞争意识。但随着我国经济进一步发展,这种竞争机制引入到学生就业体系使得毕业生就业成了社会的难题。

二、聘用制度

人才聘用制度是我国国有企业、事业单位人员选拔任用、聘任聘用的一系列规章制度的总称。其核心内容是以公开、平等、竞争、择优为导向,建立有利于优秀人才脱颖而出、充分施展才能的选人用人机制。

国有企业人才聘用制度,随着就业制度的改革,我国国有企业已经建立了企业等专业技术人员和管理人员双向选择的人才聘用制度。凡聘用,都要签订劳动合同,企业与员工发生争执时,由有关部门按照劳动合同予以协商解决。

事业单位聘用制是指事业单位与工作人员通过签订聘用合同,确定双方聘用关系,明确双方责任、权利、义务的一种人事管理制度。通过实行聘用制,转换事业单位的用人机制,实现事业单位人事管理由身份管理向岗位管理的转变,由行政任用关系向平等协商的聘用关系转变。事业单位实行聘用制必须坚持单位自主用人、个人自主择业、政府依法监管和公正、平等、竞争、择优的原则。 事业单位聘用工作人员,必须在确定的编制数额和人员结构比例范围内进行。事业单位实行聘用制,应当根据工作需要,按照科学合理、精干效能的原则,确定专业技术人员、管理人员和工勤人员岗位,按岗聘用,竞争上岗。

通过推行此项制度,转换单位的用人机制,实现人事管理由身份管理向岗位管理转变,由单纯的行政管理向法制管理转变,从而实现用人上的公开、公平、公正,促进单位自主用人,保障职工自主择业,维护单位和职工双方的权益。

三、代理制度

(一) 概念

人事代理是指各级政府人事行政部门所属的人才流动服务机构依据国家有关人事政策法规,接受用人单位或个人委托,对其人事业务实行集中、规范、统一的社会化管理和系列服务的一种人事管理方式。

(二) 人事代理的作用

实行人事代理制度,割断了以人事档案为核心的人才对单位的依附关系。"单位人"变为"社会人",对用人单位和个人都有好处,用人单位对人才具有使用权,事务性的人事业务委托人才机构代理,对不适用的人才按规定解除聘用合同,有利于用人单位择优汰劣充分实现人才的优化配置。实现人才资源与其他生产要素的最佳组合。

(三) 人事代理的主要内容

1. 人才人事政策咨询与人事策划。
2. 人才招聘与人才引进。
3. 应届大中专毕业生人事代理。
4. 技术职称初定及职称评审申报。
5. 人事关系和人事档案保管、晋升档案工资、连续计算工龄。

6. 办理在职流动人员关系接转手续。

7. 集体户关系挂靠。

8. 聘用合同鉴证。

9. 协调人才流动争议。

10. 开展岗位及专业技能培训。

11. 按照有关协议,向社会推荐委托单位的辞职、解聘人员重新就业。

12. 代办社会养老保险和住房公积金。

13. 代办出国(境)政审。

14. 人才租聘业务。

15. 流动党员管理。

16. 用人单位或个人需要的其他人才人事服务。

(四) 人事代理办理程序

1. 委托个人提供有关材料 应届大中专毕业生应提供《报到证》《就业协议书》《毕业生人事档案》等材料;在职流动或待业个人应提供辞职、解聘、待业有关证件及个人人事档案等材料。

2. 填写《代理人员情况登记表》。

3. 签订《人事代理合同书》。

四、准入制度

(一) 就业准入

就业准入,是指根据《劳动法》和《职业教育法》的有关规定,对从事技术复杂、通用性广、涉及国家财产、人民生命安全和消费者利益的职业(工种)的劳动者,必须经过培训,并取得职业资格证书后,方可就业上岗。实行就业准入的职业范围由劳动和社会保障部确定并向社会发布。

例:《护理人员执业资格准入管理制度》(仅供参考)。

1. 严格执行《医疗机构管理条例》《中华人民共和国护士管理条例》等法律法规和相关政策。

2. 应聘护士要具备:有效《护士执业证、副证书》《护士资格证书》《毕业证》,身份证。

3. 应聘的护理人员要求:本注册年度继续教育学分达标。

4. 应聘的护理人员要求:本注册年度传染病培训达标。

5. 护理人员在医院入职及离职时,要在规定时间内,办理行医地点变更、注销等执业资格变更手续。要严格持证上岗。

6. 严格执行医院卫生技术人员执业资格准入管理制度,做到依法聘人、依法行医、依法治院。医院护理部无非法聘用无证人员现象。在严格执行岗位责任制和诊疗技术规范的同时,做到护理人员人人知晓执业行为规范,依法执业,持证上岗。

(二) 职业资格证书制度

职业资格证书制度是劳动就业制度的一项重要内容,也是一种特殊形式的国家考试制度。主要内容是指按照国家制度的职业技能标准或任职资格条件,通过政府认定的考核鉴定机构,对劳动者的技能水平或职业资格进行客观公正、科学规范的评价或鉴定,对合格者授予相应的国家职业资格证书的政策规定和实施办法。

职业资格证书是表明劳动者具有从事某一职业所必备的学识和技能的证明。它是劳动者求职、任职、开业的资格凭证,是用人单位招聘、录用劳动者的主要依据,也是境外就业、劳务输出法律公证的有效证件。

《劳动法》第八章第六十九条规定:"国家确定职业分类,对规定的职业制定职业技能标准,实行职业资格证书制度,由经过政府批准的考核鉴定机构负责对劳动者实施职业技能考核鉴定"。《职业教育法》第一章第八条明确指出:"实施职业教育应当根据实际需要,同国家制定的职业分类和职业等级标准相适应,实行学历文凭、培训证书和职业资格证书制度"。这些法律条款确定了国家推行职业资格证书制度和开展职业技能鉴定的法律依据。

开展职业技能鉴定,推行职业资格证书制度,是落实"科教兴国"战略方针的重要举措,也是我国人力资源的一项战略措施。这对于提高劳动者素质,促进劳动力市场的建设以及深化国有企业改革,促进经济发展都具有重要意义。

职业资格证书分为《从业资格证书》和《执业资格证书》。职业资格证书在中华人民共和国境内有效。证书由人事部(现已并入人力资源和社会保障部)统一印制,各地人事(职改)部门具体负责核发工作。

1. 执业资格证 国家对特殊行业规定资格准入的凭证,即无此证书不能从事这一行业,这种资格归行业主管部门管理。比如注册会计师(CPA)归财政部,医师执业资格归卫生和计划生育委员会。

2. 专业技术人员职业资格证(白领) 与职称有对应关系的,传统的"职称"是口头的说法,标准的说法是"专业技术职务任职资格",是国家职业资格证的一种。过去,国家职业资格证书主要是国家人事部(面向专业技术人员)和国家劳动保障部(面向社会人员);目前,国家人事部和国家劳动保障部已合并,成为国家人力资源和社会保障部,"国家职业资格"开始回归其本意。故目前的职称实质上就是专业技术人员职业资格,专业技术人员职业资格证(白领)与职称的对应关系是:高级职称相当于国家一级职业资格证;中级职称相当于国家二级职业资格证;初级职称相当于国家三级职业资格证。政策上需要先取得资格,单位才聘任。

3. 技能人员职业资格证(蓝领) 与职称没有关系,主要是技能工人,包括国家四级职业资格证和国家五级职业资格证。

例如:由卫生和计划生育委员会颁发执业资格证书有:①执业医师;②执业药师;③执业护士;④注册营养师。

 就业经历

美女护士的"双面人生"

芦佳玉,22岁,一个90后的阳光女孩。感觉和杂志封面里的人儿一样,1米75的高挑身材,俊俏精致的面容,非常靓丽。小芦供职于太原市第二人民医院,是一名儿科护士。穿上工作服之后,小芦开始了紧张而又忙碌的工作。

"儿科护士的工作相对其他护士要更加细心,有耐心。现在家里孩子宝贝得很,每次给孩子扎针都得格外小心。有时是正常的输液反应,孩子哭闹,家长就把气撒到我们身上,心里也委屈,只能耐心给家长解释,家长最终表示歉意,心里也就好些了。我本身其实特喜欢小孩,看到孩子们健康出院,心里也特别高兴!"芦佳玉说。

工作之余,小芦还经常被邀请作为平面模特。"男朋友特别支持我,常说女朋友喜欢的事儿必须支持,鞠躬尽瘁死而后已,哈哈!"小芦拿出手机聊天记录得意地秀起来。

用她自己的话说,平时闲暇偶尔客串一下平面模特,其实不是太计较钱多与少,主要是想用镜头把自己这一段美好的青春留下来!

小资料

中国含金量最高的十大资格证书

1. 国家司法考试

报名条件:高等院校法律专业本科毕业,或者高等院校非法律专业本科毕业,并具有法律专业知识。

考试科目:理论法学、应用法学、现行法律规定、法律实务和法律职业道德。

考试时间:每年9月的第3个周末,考试分为两天进行,分别考查四个试卷。

推荐理由:高薪行业入职门槛,司法行业从业者必备证件,初任法官、初任检察官、和取得律师资格必须通过国家司法考试。

2. 注册会计师证

报名条件:具有专科以上学历,或具有会计或者相关专业中级以上技术职称。

考试内容:专业阶段考试有会计、审计、财务成本管理、公司战略与风险管理、经济法、税法6个科目;综合阶段考试科目为职业能力综合测试。

考试时间:一般为每年10月。

推荐理由:注册会计师证被认为是财会领域第一黄金职业,目前我国缺口仍然很大。

3. 特许金融分析师

报名条件:基本要求为大学毕业。

考试内容:考试分为三个等级,知识领域包括道德和专业准则、量化方法、经济学、财务报告及分析、证券投资等。

考试时间:第一次考试每年6月和12月各一次,第二级、第三级考试每年均于6月同时举行一次。

推荐理由:长久以来特许金融分析师一直被视为金融投资界的MBA,在全球金融市场更为抢手,是国际通行的、最具权威的金融分析领域的行业标准。

4. 中国精算师

报名条件:分为准精算师和精算师。报考准精算师要具有本科以上学历,申请精算师需要具备中国准精算师资格。

考试内容:精算理论和技能,考试要求以精算实务为主,设计财务会计制度、社会保障制度、保险法规等。

考试时间:每年两次,5月、10月各一次。

推荐理由:精算师的执业生涯被喻为:"金域中的金领"。我国精算人才稀缺,有预测称,我国未来十年急需5000多名精算师。

5. 一级建筑师

报名条件:每年对专业、学历和取得学位或学历后从事建筑设计的最少时间都有详细的要求,例如:建筑学硕士或以上毕业从事建筑设计的最少时间为2年,建筑学学士毕业的为3年。

考试内容:《设计前期与场地设计》《建筑设计》等9科。

考试时间:一般为每年5月

推荐理由:注册建筑师考试,是在建筑设计类单位内仔细相关业务的人员需要考取的资格类证书。一级建筑师考试难度大,但薪资待遇在业界有目共睹。

6. 一级建造师

报考条件:凡遵守国家法律、法规,具备以下条件之一者,可以申请参加一级建造师执业资格考试:

(1) 取得工程类或工程经济类大学专科学历,工作满6年,其中从事建设工程项目施工管理工作满4年。

(2) 取得工程类或工程经济类大学本科学历,工作满4年,其中从事建设工程项目施工管理工作满3年。

(3) 取得工程类或工程经济类双学士学位或研究生班毕业,工作满3年,其中从事建设工程项目施工管理工作满2年。

(4) 取得工程类或工程经济类硕士学位,工作满2年,其中从事建设工程项目施工管理工作满1年。

(5) 取得工程类或工程经济类博士学位,从事建设工程项目施工管理工作满1年。

考试内容:建筑工程经济、建筑工程管理项目、建筑工程法规及相关知识、工程管理与实务等。

考试时间:一般为每年9月。

推荐理由:拥有一级建造师的执业资格,是担任大型工程项目经理的前提条件。

7. 执业医师考试

报考条件:

(1) 具有高等学校医学专业本科以上学历,在执业医师指导下,在医疗、预防、保健机构中试用期满1年的。

(2) 取得执业助理医师执业证书后,具有高等学校医学专科学历。在医疗、预防、保健机构中工作满2年的;具有中等专业学校医学专业学历,在医疗、预防、保健机构中工作满5年的。

另外,具有高等学校医学专科学历或者中等专业学校医学专科学历,在执业医师指导下,在医疗、预防、保健机构中试用期满1年的或者以师承方式学习传统医学满3年或者经多年实践医术确有专长的,也可参加执业医师资格考试。

考试内容:根据不同的医学方向考试内容有变化。

考试时间:实践技能考试一般在每年7月,综合笔试一般在每年9月。

推荐理由:执业医师资格证是判断医师是否具有从医资质的最主要标准,没有获得执业师资格证的所谓"医师"属于"非法行医"行为。

8. 教师资格证

考试内容:自2015年起,教师资格证采取全国统一考试的形式。考查综合素质、教育教学知识和能力、学科教育知识和能力,采用机考＋笔试＋面试的形式。

考试时间:统考后,每年上下半年各一次。

推荐理由:教师资格证是教育行业从业教师的必备证书,随着国家科教兴国战略的进一步实施,教师的工资相待遇将被逐步纳入国家工作人员统一管理,这意味着教师的工资将得到很大提高。实现与国家公务员收入差距之间的不断缩小。

9. 人力资源管理师

报考条件:共设4个等级,分别为人力资源管理员(国家职业资格四级)、助理人力资源管理师(国家职业资格三级)、人力资源管理师(国家职业资格二级)、高级人力资源管理师(国家职业资格一级)。报考条件各不相同,一般要求有从业经验。

考试内容:考核技术知识和技能操作。涉及人力资源规划、职业生涯设计、薪酬福利设计与管理、劳动关系管理等相关内容。

考试时间:每年2次,分别在5月和10月。

推荐理由:人力资源管理是如今少数几个行情持续看涨的职业之一。

10. 心理咨询师

报考条件:心理咨询师分为一、二、三级。报考标准条件不同:一般要求具有心理学、教育学、医学专业的教育背景。

考试内容:

(1) 基础知识:基础心理学、社会心理学、变态心理学、健康心理学等。

(2) 操作技能:心理诊断技能、心理测验技能、心理咨询技能。

考试时间:每年2次,一般在每年5月和10月。

推荐理由:随着国内对于心理健康的关注度的提高,心理咨询行业将越来越受到重视,这方面的人才也将被广泛需求。

 课堂思考

某卫生学校助产专业的学生小娟即将毕业,准备去某县级公立医院工作,请问她都需要了解什么信息?

第三节　分　类　指　导

医药卫生类学校的毕业生,主要面向医疗卫生机构就业。医疗机构是指依法设立的从事疾病诊断、治疗活动的卫生机构总称,包括医院、卫生院、疗养院、门诊部和诊所等。医疗机构按所有制形式划分,可分为公立医疗机构、民营医疗机构、个体诊所和其他。我们了解各类医疗机构的性质和用人制度,对规划自己的职业生涯和就业具有指导作用。

一、公立医院就业

公立医院是指政府举办的纳入财政预算管理的医院,也就是国营医院、国家出资开办的医院。公立医院分3个等级:一级是社区医院;二级是县级医院;三级是市级医院。公立医院是中国医疗服务体系的主体,是体现公益性、解决基本医疗、缓解人民群众看病就医困难的主体,矛盾问题比较集中。要加强其公益性,就要扭转过于强调医院创收的倾向,让其成为群众医治大病、重病和难病的基本医疗服务平台。

长期以来,中国公立医院"管办不分""政事不分"以及现有的编制管理方式等受到外界诟病。公立医院行政化色彩浓厚被认为是阻碍医改的一大问题,"去行政化"则被广泛认为是医改的必由之路。十八届三中全会后确逐步取消学校、科研院所、医院等单位的行政级别。

人力资源和社会保障部将研究制定高校、公立医院不纳入编制管理后的人事管理衔接办法。这意味着公立医院不纳入编制管理已成定局。所谓"不纳入编制管理",就是取消事业单位编制,但保留事业单位性质。而之所以要保留事业单位性质,主要是考虑到高校、公立医院的公益属性,不能完全推向市场化,还要由财政进行差额拨款。在全部取消事业单位编制之后,未来高校和公立医院将会实行全员合同聘任制。深圳市新建市属公立医院已不再实行编制管理,取消公立医院行政级别。

公立医院的招聘将按照合同聘任制办法实行。基本程序:

(一)成立聘用工作组织,制定聘用工作方案。聘用工作组织由聘用单位分管负责人及其人事部门、纪检监察部门负责人和工会会员代表组成。聘用专业技术人员的,还应当聘请有关专家参加。

(二)事业单位制定的聘用工作方案应当报行政主管部门和同级政府人事行政部门备案。同级政府人事行政部门应当加强监督。

(三)公布聘用岗位、岗位职责、聘用条件、聘用待遇、聘期及聘用方法等事项。

(四)通过本人申请、公开招聘(笔试、面试、体检、考查)等形式产生应聘人选。

(五)聘用工作组织对应聘人员进行考试或者考核,择优确定拟聘人选,公示拟聘结果。

(六)聘用单位决定受聘人员,公布聘用结果。

(七)订立聘用合同。

二、民营医院就业

民营医院是指由社会出资以营利性机构为主导所办的卫生机构;也有少数为非营利机构,享受政府补助。20世纪80年代,民营医院已经在中国医疗行业中出现。2001年中国开放医疗市场,鼓励发展民营医疗机构,民营医院开始在社会上大量出现。自2009年新医改以来,一系列政策鼓励社会资本进入医疗服务领域,民营医院进入的政策壁垒逐渐消除。2013年10月14日国务院印发《关于促进健康服务业发展的若干意见》,这是新一届政府继新医改以来又一重大举措,尤其是医疗服务政策在放宽市场准入、非公立医疗机构和公立医疗机构同等对待方面提速明显。民营医院有望迈进快速发展期。2014年4月,国家发展改革委、卫生计生委、人力资源社会保障部联合发出《关于非公立医疗机构医疗服务实行市场调节价有关问题的通知》,放开非公立医疗机构医疗服务价格,鼓励社会办医。

近年来,政策支持不断加强,将持续利好民营医院,民营医院发展迅速,但与政府制定目标相距仍远,增长空间大,资本助力行业加速成长,投资风险和机遇并存,机构投资者热捧医院和医院管理类企业,医院并购活跃,低门槛的"特色专科"仍为主要经营项目,拓展新的发展方向将成为趋势。在政策环境利好而医疗服务供需又极不平衡的情况下,我国掀起了投资医院的热潮。在强大资本的推动下,民营医院的发展有望提速。

国务院于 2013 年 11 月印发《关于促进健康服务业发展的若干意见》,首次提出"健康服务业"的概念,指出健康服务业包括医疗服务、康复保健、健身养生等众多领域,并且明确今后一个时期的主要任务将是推进健康养老服务、中医医疗保健服务等多样化的健康服务。健康服务不同于医疗服务,是基于医疗服务的前移和后延。"前移"可以涵盖健康咨询、家庭保健、中医保健等新兴服务而"后延"则可以包括术后康复、月子中心、老年人慢性病管理和康复护理等领域。相对于医疗服务,这些领域技术壁垒不高,启动资金要求较低,服务性强且是大型公立医院无暇顾及的,因而在政策支持下有望快速增长,市场会进一步扩大。

一般企业员工招聘的五大流程:

1. 招聘需求分析和招聘计划制订。

2. 招募 内部公开招聘、媒体广告、人才招聘会、人才中介、网络招聘和院校招聘等。

3. 甄选 初步筛选、笔试、面试、心理测试、评估中心法(文件框测试、无领导小组讨论、角色扮演、案例分析、管理游戏、演讲等)。

4. 录用 过程包括培训、试用、正式录用。

5. 招聘评估 对招聘的全过程进行评估,发现问题,反馈优化。

三、个体诊所就业

诊所,又名诊疗所,泛指规模较医院小的医疗所。诊所是为病人提供门诊诊断和治疗的医疗机构,不设住院病床(产床),只提供易于诊断的常见病和多发病的诊疗服务。医学类型分:中医诊所,西医诊所,中西医结合诊所。截至 2015 年 9 月卫生和计划生育委员会数据:19.4 万城镇诊所,64.6 万乡村卫生室。诊所在我国的作用十分显著,由于我国农村人口较多,分布不均匀,社区人口众多。所以发展乡村诊所和社区诊所既划算又惠民。

未来诊所发展以"新型诊所"为主流:未来 10 年,中国的诊所以 6000 家/年以上的速度增长,10 年后中国将新增 6 万家以上新型诊所及 6000 家以上的民营医院(80% 以上为专科医院)。未来诊所向连锁方向、互联网方向发展。中国的诊所正在从含苞待放到百花齐放大步迈进! 到诊所就业大有可为!

人员要求:

1. 至少有 1 名取得执业医师资格,经注册后在医疗、保健机构中执业满 5 年,身体健康的执业医师。

2. 至少有 1 名注册护士。

3. 设医技科室的,每医技科室至少有 1 名相应专业的卫生技术人员。

四、其他岗位就业

除了到医院就业以外,医学类专业的同学还可以有很多不错的发展方向。比如,基层医疗工作单位、医药公司、医疗器械公司、药店、保险公司、健康管理中心、医学编辑等。

要拓展就业领域,不必拘泥于专业对口,毕业生可以选择医学专业相近或相邻的新兴行业工作,如制药公司、生物医药公司、保健、康复、美容、家庭护理、临终关怀、养老院等单位;

还可以到一些相关职业和交叉学科的领域工作,如保险公司的医药核赔师等。另外,在医疗保险、医疗咨询、医疗器械推广等方面的成功人士,也不乏医学专业毕业生。

现在国家政策非常好,鼓励创新创业。大中专学生自主创业的,可以贷款创业,且有优惠政策。有很多90后学生自己创业。

就业经历

河南小伙不到18岁南下深圳打拼,25岁中专生成为市场总监

深圳这座年轻的城市,每年都会吸引数以万计的年轻人前来寻梦。他们中有的历经艰辛,成就了一番事业;有的经历波折,铩羽而回;还有的前途未卜,仍然在默默打拼,河南小伙孙相军应该算是第一类人。不到18岁就来到深圳打拼,25岁当上顺电市场部门总监,他的经历更能成为千万打工者奋斗的样本。

2004年,快要中专毕业的孙相军从老家河南南下深圳,因为没有钱,他只求找到一份能够包吃包住的工作。然而找工作的过程并不顺利,很少有工厂愿意接收一个还没有满18岁、也没有拿到毕业证书的年轻人。孙相军处处碰壁:找工作被骗,在路上被打劫,寄人篱下,露宿街头,吃尽了苦头。

刚来到深圳时,孙相军和最要好的两个同学借住在别人家中,三个没有任何背景、也没有多少积蓄的年轻人自动地组成一个"抗风险体",只要其中一个人挣到钱,三个人便一起花。孙相军还记得,自己这9年来只向家中要过一次钱,正是这600元支撑着他们度过了最艰难的一段时间。不过,随着另外两个同学先后回老家,孙相军不得不在深圳独自打拼,大约有一个多月的时间,他白天工作,晚上在公园的长廊上过夜。

像很多年轻的打工者一样,孙相军先后换过很多份工作:从富士康生产线上的机械操作工,到酒楼的服务生、楼面经理,卖场的营业员……在一家通信企业工作的时候,他一度被提拔为组长,不过这个怀揣梦想的年轻人很清醒地认识到,如果要从组长做到经理,还需要10年时间,10年对于一个急于要改变自我命运的人来说,太漫长。他说,自己并非吃不了苦,而是一直在寻找一个最能实现自我价值的岗位。

孙相军说,自己最大的优点是勤奋,善于把握机会。而他的这个优点在进入顺电后被完全地激发了出来。

2007年,孙相军在顺电当上了营业员,负责销售灯泡等照明设备。因为照明设备靠近手机柜台,他一有空闲时间便过去"取经"。年轻人喜欢手机多数是玩玩而已,但孙相军更有一种钻研的精神,他说自己总不能卖灯泡卖一辈子,而消费电子产品层出不穷,这能让他不断接触到最新趋势,时刻保持学习的劲头。

一个好的营业员要用业绩来说话,凭着不服输、喜欢跟人沟通的精神,孙相军一直是销售部门的佼佼者,也因此一路晋升为副主管、主管和店长。他说,自己也没有什么秘诀,不过是做好差异化的服务,不放过细节,因此赢得了不少回头客。

在顺电中心城店做主管时,孙相军常常要和其他连锁卖场的销售人员竞争同一个订单。他还记得,当年有一家服装企业下了一个60万元的电脑采购订单,为了拿到这个单子,他费了不少心思。他想,如果比价,顺电不是苏宁、国美的对手,既然比不了价格,那么就从服务入手。孙相军每次和企业采购人员见面,聊得更多的是细节服务,像旧电脑如何维护、新货到后如何进行摆放他都为客户一一考虑到。最终,孙相军如愿拿

到了这张订单,他总结说,虽然大客户在乎价格,但他们更担心质量,与其不断地谈折扣,还不如用好的服务来满足客户。

当年和孙相军一起南下深圳的 160 多名同学,如今留在深圳发展的只有两三个,而在这 9 年间,孙相军也通过自己的努力成为了顺电市场部门总监,负责顺电在全国 40 余家分店的品牌策划和市场推广工作。他谦虚地说,自己不是有多强的能力,不过是见得多、想法多。最重要的是,自己的进步与顺电的人才培养体系密不可分。在 2011 年,孙相军脱产参加了顺电人才培训班,这个培训班主要是为了在企业内部选拔优秀人才,当时身为主管的他在这次培训中收获颇多。结束培训后,他也顺利升任中心城店门店经理,这也为后来任职市场部门总监打下了良好的基础。

孙相军现在已经学会放平心态,从头做起。他坦言,现在自己肩上的担子很重,因为学历不够,想要落户深圳也成了问题。为此他在繁忙的工作之余修读了一门市场营销的课程,这让他获益良多。回想当初刚来深圳的艰辛,孙相军觉得,若没有那时的付出,也不会有现在的收获。他说,自己希望未来 5 年能在深圳置业,给刚出生的孩子创造最好的生活环境。

"我相信,在深圳总会有一片天空是自己的。"

 小结

本章分析了当前的就业形势及医学类学生的就业形势,转变就业观念,提高就业能力,树立先就业后择业的就业观。介绍中国就业制度,包括自主择业、聘用制度、代理制度和准入制度等。对医学生到各单位就业进行了分类指导。

 思考与训练

1. 当今的就业形势是什么样的?我们应该如何应对?
2. 什么是人事代理?人事代理主要有哪些好处?
3. 什么是准入制度?你准备考取哪些资格证书?请列出具体计划。
4. 一般单位招聘的流程是如何进行的?

(郭亚桓)

第四章　就业准备

04章

学习目标

1. 掌握求职材料的编写、准备及注意事项。
2. 熟悉求职登记表、推荐表的书写要求。
3. 了解就业前需要做的心理、信息、资料准备。

　　"选择职业就是选择将来的你自己"，中等卫生职业学校的学生从学校步入社会，是人生中一个重要的转折点。"双向选择，自主择业"就业制度的实施，我们可以根据自己的理想、兴趣、能力、特长等来竞争就业。然而要想在激烈的竞争中脱颖而出，绝非易事，知识、能力、素质等综合素质固然重要，择业前的就业准备也不容忽视。择业是一场竞争，任何竞争的成功者都是有准备的竞争者。我们想取得成功，必须在择业前做好充分的准备。本章讲的就是就业前的心理准备、信息准备、资料准备，这些准备对择业成功起着至关重要的作用。

励志格言

自信是成功的第一秘诀。

——爱默生

课堂思考

　　1. 在学校举办的小型招聘会上，毕业生小李的父母在招聘会还没有开始时，就提前到会场打听单位的情况。招聘会开始很久以后，小李才姗姗而来，并由家长陪同前往用人单位摊位前面谈。面谈过程中，小李发言还没有他父母的多，结果谈了一家又一家，最终一无所获。

　　思考：小李的问题出在择业过程中过分依赖父母。其实，依赖他人是难以选择到一份满意的工作的。现在的毕业生中，独生子女所占的比例非常大，他们的生活一帆风顺，没有经历过什么挫折，再加上父母的过分呵护，客观上也培养了他们的依赖心理。这些毕业生大多缺乏主见，自我意识模糊，在择业中常常会茫然不知所措，自己独立进行择业决策的能力差，以至在人才市场上，父母代替子女，亲友代替本人与用人单位洽谈的场面屡见不鲜。难怪有用人单位对依赖性过强的毕业生说："你本人都要靠别人来推销，企业还能靠你来推销产品吗？"

　　2. 毕业生小马学习成绩和其他方面条件都不错，在就业的初期满怀信心。但由于

48

专业冷门等原因,找过几家用人单位都碰了壁,结果产生了自卑感,在后来的择业过程中表现得越来越差,陷入恶性循环不能自拔,以至到了新的用人单位,只能被动地问人家:"学某某专业的要不要",其他什么话都不敢讲,最终未能落实就业单位。

　　思考: 小马的失败是由于自卑心理造成的。在择业遭遇挫折后,一蹶不振,对自己评价过低,丧失应有的自信心,择业时缺乏主动争取机遇的心理准备,不敢主动、大胆的与用人单位交谈,也就不能很好地表达自己。越是躲躲闪闪、胆小、畏缩,越不容易获得用人单位的好感。这种心理严重妨碍一部分毕业生正常的就业竞争,使得原本在某些方面比较出色的毕业生也陷入"不战自败"的困惑。

　　上述两同学求职失败的主要原因是由于她们在求职时没有做好充分的心理准备而导致。那么,毕业生在求职时有哪些心态表现呢？应做好哪些心理准备呢？我们应该具备怎样的择业心态呢？

第一节　心理准备

　　毕业生择业过程是一个复杂的心理变化过程,会遇到各种各样的困难和意想不到的问题,特别是当自己的求职目标因受阻而不能实现时,会引起各种烦躁、不安和紧张的情绪,甚至损害身心健康。从而在求职过程中出现就业心理偏差和矛盾冲突,影响顺利就业。因此,中职毕业生在择业时除了要做好充分的思想准备、能力准备外,还要真实地认识自己的专业特色、能力倾向、性格特点、气质类型、兴趣爱好等。这样才能在职业的特点、要求和个人的心理倾向、才能之间寻求最佳组合,找到自己心仪的岗位。

一、了解市场需求

　　"供需见面,双向选择"是目前我国的主要就业制度,"双向选择,自主择业"成为毕业生的主要就业模式。这种就业模式的核心是建立市场导向、政府调控、学校推荐、学生与用人单位双向选择的就业机制。社会主义市场经济的主要特征是市场在资源配置的过程中起基础性的作用。中职毕业生毕业后的流动方向很大程度上由人力资源市场的需求状况来决定,需要通过就业市场上的双向选择来解决未来的工作单位和就业方向。

　　这就要求毕业生在就业前必须要充分了解就业市场及市场需求。

(一)就业市场的含义及类型

　　就业市场就是在国家宏观政策指导下,求职者和用人单位双方按照自愿的原则自主选择,合理流动,用市场机制对毕业生资源进行合理配置的人才市场。就业市场的根本任务是解决就业问题,即通过市场调节,在特定有限的时间内,使毕业生这一特殊劳动力资源在社会生活的各个领域得到合理配置和使用。

　　在就业市场中,参与市场活动的各个主体都是平等的。作为市场买方(使用方)的用人单位,在用人的层次结构、录用标准、选聘方式、工资待遇、工作条件等方面有相当大的自主权,其需求状况可以影响学校的人才培养目标、培养方式、学科专业结构以及毕业生充分就业的程度。基于人才就业市场的这种现实,现在中职院校都把"以服务为宗旨,以就业为导向"作为学校的基本办学定位,以适应人才市场对用人规格的需要。毕业生在就业市场中处在卖方(被使用方)的位置,它是聚合了多重知识的复合型"智力产品",在资源体系中,它是一种最宝贵的资源,具有独立性和自主性,其流向即就业过程要受到市场价值规律、供求关系、竞争规律以及经济环境的影响。至于政府人事代理机构,各级各类人才市场和各类学校,则是就业市场的中介。随着社会分工越来越具体和政府职能的转变,社会生活中各级各类人才市场的中介作用会越来越明显,它们在毕业生就业过程中的地位越来越重要。

从目前毕业生就业实现的途径来看,主要是通过不同类型的就业市场来解决问题的。现在的就业市场主要包括各级各类学校与用人单位联办的就业市场、社会就业市场、用人单位主办的就业市场和网络就业市场四种类型。

各类学校与用人单位联办的就业市场是每个学校针对自己学校毕业生的专业特点和就业方向,邀请与其有密切关系的用人单位参加,为本校毕业生提供就业单位为目的的就业市场。往往以招聘会、就业洽谈会、就业信息发布会的形式运行。学校与用人单位联办的就业市场可以是一个学校与一个用人单位联合举办,也可以是多个学校同时与多个用人单位联合举办。人才市场的需求一般都是综合性的,毕业生主要是通过这个平台实现就业的,所以对于毕业生来讲,应该充分利用这个机会向用人单位推荐自己,实现就业。

各级政府人事代理机构或人才市场、职业介绍所、人才公司等单位举办的临时性和常规性的人才招聘就业市场。这种就业市场面向的对象非常广,既包括各级各类学校的毕业生,也包括企业下岗职工和其他未就业人员,可以满足不同用人单位对各种用人规格的要求,在促进毕业生充分就业方面起着重要的补充作用。

用人单位举办的就业市场是为了满足本单位、本行业对各类毕业生的需求,部门、行业、企业举办的以招聘毕业生为主要对象的招聘活动。通过用人单位举办的就业市场可以满足部门、行业、企业对各类毕业生的用人要求。这种就业市场往往对应相关的学校和专业,具体又可分为行业性就业市场、区域性就业市场和专业性就业市场。

网络就业市场又叫无形就业市场,是指毕业生通过媒体网络等手段获取就业信息、投递就业简历而与用人单位进行双向选择的就业活动。近年来,随着信息化建设步伐的加快,教育部、中央其他部委、各地方和学校在网络就业市场的建设方面都做了积极的努力和探索。除教育部出台了高校毕业生就业信息管理和决策系统外,各地方、各学校为了进一步完善网络就业市场的建设,都建立了自己的毕业生就业信息网站和就业信息库,加强了就业信息的交流,以实现就业信息资源的共享。毕业生和用人单位通过计算机网络进行双向选择,节省了大量人力、物力和财力,大大提高了双向选择的效率,具有比较广阔的发展空间。有的地方和学校还积极研究、探索开展网上招聘和网上择业的模式。在网络就业市场中,毕业生联系工作不受特定的时间和空间限制,根据个人意愿,自行选择,极大地方便了毕业生对用人单位的选择和对就业市场的了解。网络就业市场随着网络信息化的发展越来越趋向规范化,必将在毕业生实现就业的过程中发挥越来越重要的作用。

(二)了解市场特点

1. 群体性 每年全国有几百万毕业生走出校门、走向社会,它不是孤立的、分散的,而是集体的、聚合的,少则一个班、一个专业;多则一个学校、一个年级,具有鲜明的群体性。

2. 时效性 毕业生一般从每年7月初离校,在此之前,大多数毕业生基本上都要落实到具体单位,如果迟滞这个时间之后,毕业生的就业难度就会加大。所以,就毕业生就业市场而言,时间紧、任务重,而且相对集中,具有很强的时效性。

3. 多变性 毕业生就业市场受整个社会政治经济的影响比较大,其需求与经济和社会发展成正比,供求关系状况与社会的稳定状况、经济发展速度有密切关系。

4. 多样性　毕业生就业市场形式灵活多样,既有有形的,也有无形的;既有规模大的,也有规模小的;既有综合的,也有分类的;既有区域的,也有部门的。

5. 高层次　与普通劳动力市场相比,中职以上的毕业生就业市场是经过较长时间专门训练,学有所长的专门技术人才,综合素质较好,能力比较强。与此相适应,进入该市场的用人单位在选贤聘能时就已经确定了比较高的标准,包括学历标准、技术标准和工资标准。但也因为高校的扩招,每年有大量大学生涌入该就业市场,而导致用人单位对人才高消费。所以,中职生在校期间通过各种渠道提升学历层次是非常必要的。

(三) 了解市场需求

中职毕业生可根据上述就业市场的类型和特点,从自己实际出发,选择不同的就业市场去了解市场需求,不断调整自己的就业期望和要求,进而尽快实现就业。

同时,市场是变化的,毕业生的就业策略和期望值也应市场的变化而变化。当市场需求大时,毕业生可提高期望值,好中选优;当市场需求较小时,毕业生应当降低期望值,低中选高。当然,劣与优,低与高都是相对的,毕业生可酌情而定。例如,现在政府机关、企事业单位都在进行机构改革、减员增效的政策,要求部分人员下岗分流出去。不少毕业生却还抱着计划经济时代的老观念,非要想尽办法挤进来。近年来火热的公务员考试就是证明。沿海地区及一些大城市就业人员日趋增加,竞争激烈。西部及广大农村地区求贤若渴,却很少有人愿意去。这样就导致了人力资源分布不合理,造成人才浪费。因此,中职生要树立符合实际的就业观念。

毕业生在就业市场中择业,必须明确自己的权利和义务,而毕业生最基本的权利是选择权,基本的义务是遵守市场的规则,把个人意愿与国家的需要紧密结合起来。只讲权利不讲义务是不行的。市场是无情的,竞争是激烈的,中职毕业生必须清醒地认识到这一点。一旦进入市场,就是一场知识的竞争、能力的竞争、素质的竞争,危机意识是不可缺少的。有了危机感,中职生就会更加珍惜在校的学习生活,集中精力学习知识,提高素质,增强自己的竞争力。

当然,中职生也应该有待业的思想准备,因为暂时待业,对社会、对个人、对市场都是一种调节。这也是世界各个国家都有待业青年的原因。面对政府机构的精简、企业转制、经济的低增长、人才的高消费,每个中职生都应有找不到理想工作而要暂时打短工的心理准备,这是市场给我们上的第一课。

二、确定就业目标

(一) 正确认识自我

认识自我是择业过程的第一步。现在的中职生生理成熟早,自我意识强,但对社会的了解深度不够,对自我的存在意义还没有明确的认识。所以,中职生往往从单纯自身愿望出发,不顾国家和社会的实际需求,结果会导致就业问题的频频出现。不仅实现不了个人愿望,还会影响社会的稳定和发展。因此择业时,每个毕业生必须客观评价自己,全面了解社会需求,扬长避短,确立正确的择业目标。这样方能知己知彼,百战不殆。

全面客观评价自己,首先要综合评估自己的专业特点。评估专业主要从专业的性质和社会需求两方面来进行。

其次要全面评估自己的能力特点。能力是人们完成某种活动所必需的,并直接影响活动效率的个性特征。能力评估有两种方法:一种是借助心理学的能力测试问卷;另一种是正确评估自我。经验表明,一些有特殊能力的人,如果从事了适合他们的工作,就很容易取得出色的成就。能力是就业的砝码,能力强,就业定位高一些,能力差,就业定位就低一些。中职毕业生应结合自身专业能力特点准确定位。例如他们有知识结构优势——少而精,社会需要什么,就开设什么课程;有实践经验优势——动手能力强。在一切社会活动中,尤其是生产、服务一线,没有熟练的操作能力是很难胜任的。很多本科生就业不顺,又重新到中职、技校回炉就很能说明问题。沿海私企,开出年薪 18 万招高级技工,应该明白这样一个道理,单位找的最合适人才,而不一定是学历最高的人才。我国正向真正的世界制造国迈进,许多单位缺少的正是熟练的高级技术员和服务于一线的人员,中职院校定位在培养紧缺型、应用型、技能型人才上,也是对广大中职生的一个很好引导。

最后,评估自己的个性(气质、性格、兴趣)特点,特别要注意自己的职业兴趣、气质类型、性格特点是否与职业要求相匹配,因为兴趣是最好的老师与动力,如果一个人对某一工作有兴趣,就能够发挥其全部才能的 80%~90%,而对工作缺乏兴趣的人,只能发挥其全部才能的 20%~30%。因为一种职业,一个岗位并不适合所有的人。一个岗位适合一种人可能不适合另一种人。例如:让张飞绣花,让林黛玉杀猪就会让两个人都无法胜任。试想一下,让一个人干自己就根本不喜欢或自己能力胜任不了的事情,怎么能干好呢? 当然,兴趣可以培养,中职生可以根据自己所学专业要求,尽早培养自己将来可能所从事职业的职业兴趣,以便将来选择更适合自己的职业。

 小资料

性格特征与职业选择

美国心理学家和职业指导家霍兰德经过几十年的跨国研究,提出了职业人格论。他根据性格特征与职业选择的关系,把人划分为 6 种个性类型,这 6 种不同性格的人在选择职业上具有明显差异。

性格	具体表现	职业选择
现实型	重视物质的,实际利益,喜欢操作工具,不愿意与人打交道,喜欢户外活动	机械、建筑、野外工作、工程安装
探索型	强烈的好奇心,重分析,对工作极大热情,对人不感兴趣,喜欢挑战,不喜欢遵循很多固定程序的任务	工程设计、生物学、实验研究
艺术型	想象力丰富,易冲动,好独创,强烈的自我表现欲,喜欢非系统的、自由的,要求有一定艺术素养的职业	音乐、美术、文学影视
社会型	乐于助人、善于交际、易合作、重感情,有较强人道主义倾向 喜欢处于集体的中心地位	医生、教育、就业指导
创造型	自信、热情洋溢、富于冒险、支配欲强、爱争辩,精明、耐心	经理、销售、房地产经纪人、政治家
常规型	易顺从,能自我抑制,喜欢稳定高度有序工作,愿意执行命令,不喜欢判断	图书管理、计算机操作、会计、程序、统计

小资料

气质类型与职业匹配

气质是人与生俱来的心理活动的动力特征,存在着神经生理学的基础,有较强的稳定型。一个人的气质特征会在很多活动中显示出来。气质没有好坏之分,但气质能影响一个人的工作效率,特别是在一些特殊职业中,气质不仅关系到工作效率,还关系到事业的成败。"西方医学之父"古希腊医生希波克拉底认为,人的气质由人的体液决定。不同体液对应不同的气质特点,因而影响着择业心理。

气质类型	具体表现	匹配职业
胆汁类型	精力旺盛,乐观大方,但性急、暴躁而缺少耐心,性情不稳定。	推销员、节目主持人、采购员等
多血质型	热情开朗、对外界事物感受迅速但不深入,不能持久,兴趣广泛但注意力易分散,感情易变化	管理工作、驾驶员、运动员等
黏液质型	情绪不易激动,内向冷漠,动作稳妥,不善交往但善于忍耐注意稳定,有较强的自制力	医生、法官、机床工等
抑郁质型	情绪兴奋性高,敏感,体验深刻,各种心理活动的外部表现都是缓慢而柔弱	化验员、保管员、研究人员等

(二)树立自信心

好多中职生对就业没有自己的目标,还有大部分学生对自己评价过低,缺乏进取意识。再加上就业竞争激烈,从而导致中职生在就业过程中自信心不足。

自信心是现代职业最为重要的职业品质之一。没有自信,人生便失去意义,缺乏自信,人生便失去成功的可能。许多学生求职失败不是因为他们不能成功,而是因为他们不敢去争取,不敢不断去争取。自信是对自己的一种积极评价,即对自己个人价值的表达,对自身力量的认识和估计,坚信自己能完成任务,达到目标。"自信的人力量最强大,怀疑的人力量最薄弱。强烈的信念远胜于盛大的行动。"青年学生必须树立应有的自信心,相信自己的能力。世上只有没能获得成功的人,没有不能获得成功的人。同时要积蓄自信的资本,不断充实自己、完善自己、提高自己。培养自信的心理素质可以从下面 3 个方面入手:

1. 相信自己的力量　因为只有相信自己的力量,才会有勇气朝着锁定的目标前进。要敢于说"我能""我行",经常给自己积极的自我暗示。

2. 发现自己的优势　每个人都有自己的优势和弱势,树立自信的关键在于要善于发现自己的优势,并利用优势,把它发展到最佳状态;同时,尽量避免自己的弱势。这样,在择业竞争中就业中就能积极主动。俗话说的"扬长避短"就是这人道理。

3. 要善于抓住机遇　一个善于抓住机遇的人,成功的概率就更高,自信心就会逐步上升。相反,不善于抓住机遇,总是一副姜太公钓鱼愿者上钩的架势,自信心就会在漫长的等待中一步步化为灰烬。

(三)确定就业目标

就业目标是毕业生结合自己的知识结构、能力特征,自己的择业方向和社会的人才需求等因素,确定的求职目标。在确定就业目标时,要明确两点:一是确定自己是谁,你有什么价值目标、适应力、知识结构、个性特征,你适合干什么;二是告诉别人你是谁,擅长干什么。

1. 了解职业类型 根据职业性质可以分为五大类:一是技术型,这类人不愿从事管理工作,更愿意从事自己所学的专业技术;二是管理型,这类人具有强烈的管理愿望,具备分析能力、人际能力、情绪控制能力等基本素质,敢于和错综复杂的人事关系打交道,熟悉潜规则;三是创造型,这类人只需要有自我创造、自我体现的空间,不愿意循规蹈矩,墨守成规;四是自由独立型,这类人不受约束,特立独行,天马行空,不愿意在组织中束缚自己;五是安全型,这是我国目前大多数人的就业定位,他们追求职业的长期稳定性和安全性,不愿意冒险或创新。

目标定位准确可以使职业发展具有可持续性。我们要树立长远的职业发展理念,学会规划自己的职业生涯,而不是人云亦云,随波逐流。实践表明很多人事业发展不顺,后劲不足,都是因为当初定位不准造成的。现实生活中,我们也看到有些地区经济发展定位不准,导致资源浪费,环境污染,可持续发展遭到破坏,无异于杀鸡取卵,涸泽而渔。因此,错误的职业定位会导致个人发展受阻;而准确的职业定位则有利于成就个人的事业,对个人的终身发展大有裨益。

目标定位准确可以合理开发利用自身资源,激发潜能,发挥优势。职业发展需要广而精,更重要的是精。好比一枚钉子,不尖就无法挤进木头中去。有些人涉足很多领域,就好比万金油,什么病都能治,却什么病都治不好,结果特色体现不出来,资源也浪费了。

目标定位准确可以排除干扰和诱惑,朝着既定目标勇往直前。有些毕业生社会上流行什么就选择什么职业,或者哪个岗位挣钱多就往哪个岗位跳,不能持之以恒,结果像小猫钓鱼,三心二意,最后什么也没有得到。俗话说:坚持就是胜利。成功往往是坚持到最后5分钟。事物的发展是辩证的,有些现在热门的职业,未来可能就是冷门;有些冷门也许就是将来的热门。

目标定位准确能受到用人单位的青睐。有些毕业生在用人单位面前强调自己什么都会,什么都能干。殊不知犯了大忌。用人单位招聘都是有明确目标的,你定位不准,用人单位就无法发现你的特长和优势,认为你的自我评价不准确,甚至可以说意志不坚定,从而受到用人单位的嫌弃。

2. 增强应变性 应变是指毕业生根据实际情况,及时调整就业目标和自己的知识能力结构,以便与就业市场的要求保持最大适应性。俗话说:"他山之石,可以攻玉""失之东隅,收之桑榆""计划赶不上变化"。求职过程中的灵活变通是一种良性的态度转换。没有变通性与适应力,仅仅是诚实自信,就会显得迂腐或呆板,导致自我封闭,孤芳自赏。要抛弃过去那种择业就是一次到位,要绝对稳定的观念。要把择业看成是一个动态的过程,先就业,后择业,再创业。在工作中不断提高自己的社会生存能力,增加实际经验,然后再凭借自己的努力,通过正当的职业活动,发展自己,逐步实现自我的价值。

三、克服心理障碍

心理障碍是由不良刺激引起的异常心理现象。根据心理学所提示的规律,人的行为是由动机支配的,而动机是由需要和愿望引起的。择业过程中,不仅受个人素质、个性和价值取向等诸多因素的影响,而且受到社会、家庭和人才供求关系等客观因素的制约。有些毕业生在就业过程中,由于就业指导跟不上,缺乏坚定的意志和修养,难免产生某些心理障碍,在人格上表现为:①理想与现实的反差。在职业选择中,常常感到社会现实结构不符合自己的理想模型,甚至差距很大,因而出现见异思迁的情况。这山望着那山高,而且在较长时间形成的择业观念、思维方式、行为规范都受到了现实的冲击,在心理上表现出一种失落感,从而转换为毕业生择业时的依赖心理。②自尊与自卑的反差。希望在择业中实现自我价值,被社会承认,往往表现出以"自我"为标准进行择业,过高地估计自己,自我感觉太好,对当前严峻的就业形势缺乏深刻清醒的认识。择业时,盲目攀比,老是吃"后悔药",以致错过许多良机,而良机一失,便产生了自卑心理,以致怀疑自己的能力,因而产生自我否定的心理。③渴望竞争与惧怕竞争的矛盾。在市场经济条件下,就业制度的改革为毕业生择业提供了平等、公正的机遇,但是,许多毕业生在社会为其提供的竞争机会面前疑虑重重,唯唯诺诺,缺乏竞争的勇气,因而产生了逃避心理,不仅影响了就业,而且影响以后的工作学习和生活。

在认识上表现为:盲目自信、急功近利、过分依赖、患得患失等。中职生择业心态的形成一般要经历一个由幼稚到成熟、由模糊到清晰、由抽象到具体、由多变到确定的动荡变化过程,面对择业,必须做出确切的抉择。他们为自己确定的目标是否能够实现而忐忑不安,因为这是关系到一生的职业安排和命运的大事。部分中职生对就业制度的改革认识不够,对"自主择业"缺乏心理准备,能够选择的余地有限,认为市场经济条件下的就业政策就应该是完全的市场政策,加之对市场判断不准及对自身评价不清楚等方面的原因,导致了学生认识上的障碍。职业的选择往往也是对机遇的一次把握,错过机遇,将会与成功失之交臂。有些人平时高谈阔论,似乎胸有成竹,但面临多个职业目标时又常常不知所措,甚至有时不知道自己能干什么,导致面对职业选择时犹豫不决,当断不断,患得患失,这山望着那山高,这也是导致许多毕业生陷入择业误区的一种心理障碍。

在情感上主要表现为情绪不稳定,过度焦虑等。造成毕业生在求职择业中产生较强的心理矛盾的原因。在择业过程中,毕业生会遇到诸如理想与现实、专业与爱好、专业与地域、地域与家庭、讲求实惠与精神需求等问题。这些是他们从未遇到过的,这就使得毕业生常常处在一种不平衡和难以自拔的境地。对于择业的毕业生自身而言他们处在人生中心理矛盾突出的时期,情绪很不稳定,生理与心理发展存在着不同步性。一方面,满怀激情,追求理想,对自己进行美妙的设计;另一方面,社会地位尚未独立,知识和经验积累甚少,不善于客观地认识和面对现实,使理想与现实脱离。由于认为自己已步入成年人,强烈希望摆脱现实的束缚走上社会,但自身尚未完全成熟,生理上的成人性与心理上的未成人性集于一身,而且思想不够稳定,自控能力差,喜怒哀乐等多种情绪的迸发较为强烈,容易与理智发生冲突,犯思想上的幼稚病。他们情感上的两极性、易感性、易变性决定了毕业生情感与理智之间矛盾的必然性。

在意志上主要表现为急于求成,目标多变。毕业生意志障碍来源于社会就业环境、就业压力。选择职业不是一帆风顺的,往往会遇到各种各样的障碍,有些障碍有可能是社会造成的,如职业结构的变化、就业制度与就业政策的限制、职业岗位的缺乏、竞争的不平等以及人为的干扰等;有些障碍也可能来自个人的因素,包括身体、相貌、身体缺陷等生理条件方面的制约,也包括自身智力、个性、职业期望、求职能力、知识经验的制约。择业过程中遇到挫折以后,通常表现为愤怒压抑或沮丧心理。对待挫折,不同的个体的表现是不同的,有的人向挫折挑战,百折不挠,把挫折变成前进的动力;有的人却一蹶不振,放弃追求的目标甚至到了精神崩溃的程度。当然在挫折中成就事业是有条件的,这就是自信和坚强的意志品质。只有充满自信的具有坚强意志品质的人在挫折和失败面前才能百折不挠,最终获得成功。毕业生择业心理障碍包括:

(一) 自卑

自卑表现为对自己的能力估价过低,看不起自己,看不到自己的长处。这种心理障碍多见于自我意识发展不健全、性格内向或有生理缺陷的毕业生。面对激烈竞争的人才市场,不敢大胆地推销自己,怕出头,缺乏自信心,缺乏勇气,不敢竞争,在面试和竞争中无法发挥正常水平;有的毕业生自以为身材矮小,貌不惊人,怕用人单位以"貌"取人;有的毕业生自知德、才、性格等方面有缺点,怕用人单位轻看自己,结果"不战自败"。特别是遭受挫折后,更是自怨自艾,觉得自己什么都不行,样样不如人,事事不胜任,从此退缩不前。这种心理障碍是毕业生走向成功的大敌,必须认真地加以克服。

(二) 畏怯

有些毕业生在择业过程中过于紧张,只想成功,害怕失败,胆小怕事。在就业洽谈会上,不主动应聘,对自己的言行极端压抑,处处小心谨慎。在与用人单位交谈时语无伦次,结结巴巴,答非所问。即使在准备"充分"的情况下,也容易过分紧张。毕业生在第一次"双选"会上,由于缺乏经验,心中无数,心理紧张可以理解,但如果过分紧张和胆怯,则是心理素质不健全的表现,它会影响毕业生能力的正常发挥,对择业非常不利。

(三) 焦虑

焦虑是心理活动或由挫折引起的一种复杂的情绪反应。主要表现为不安、烦躁、忧虑及某些生理反应。一般轻度的焦虑人人都有,是正常现象。适度的焦虑,使人产生一定的压力,促使人积极努力,奋发向上,如果处理得好,将会成为前进的动力。过度的焦虑,则会影响人的正常活动,容易导致较为严重的心理障碍或疾病。毕业生产生焦虑情绪的原因是多方面的,主要是由于事业前景的不可预测性所导致。具体说主要有:能否找到适合自己专业特长、工作环境较好的单位;家长、亲友对自己的职业选择是否理解和支持;求职择业事关重大,自己能否看准选好;用人单位能否选中自己;到单位后不能胜任怎么办。自己在学校里的地位、影响、能力、性格、性别、人际关系、身体条件等都有可能成为焦虑的直接原因。

(四) 急躁

急躁是焦虑心理的一种特殊表现,是一种不良心境。急躁时,缺乏自我控制能力,容易产生过激行为,事后又追悔莫及。急躁心理严重影响正常的学习、生活、交往和择业。

过度的焦虑,增加了毕业生的精神负担,使他们烦躁紧张,心神不宁,萎靡不振;学习上劲头不大,穷于应付,反应迟钝;生活中意志消沉,食不甘味,卧不安席;有些毕业生在屡遭挫折后,可能产生恐惧感,一谈"择业"便感到心理紧张。

(五) 自负

自负心理在毕业生身上反映较为突出。有的同学自认为自己具备种种优势,过高地估计个人的能力,缺乏自知之明,不愿到边远和艰苦的地方去,怕吃苦,讲实惠,自命不凡,眼高手低,对自己的不足和困难估计不足,在择业过程中,总显示出扬扬自得、自负自傲、自命不凡的神情。自以为什么都懂,什么都会,面试时海阔天空,夸夸其谈,给人一种浮躁、不踏实的印象,往往被用人单位拒之门外。由于自负心理的影响,许多毕业生择业愿望不切实际,结果择业时四处碰壁。求职受挫以后又变得比较冷漠。

(六) 冷漠

冷漠是一种对挫折的自我逃避式的退缩心理反应,带有一定的自我保护和自我防御性质。当毕业生在求职择业中遭受挫折时,往往表现出无能为力、情绪低落、情感淡漠、沮丧失落、意志麻木等心态。事实上,"冷漠"只是表面现象,它掩盖着毕业生内心的痛苦、孤寂和无助,并有强烈的压抑感。冷漠情绪既不利于毕业生求职择业,也不利于身心健康,应在学习生活中克服。

四、做好心理调适

毕业生在择业过程中,都希望选择的职业能最大限度地满足自己的需要。这种需要可能被毕业生清楚地或模糊地感觉到,并影响着他们的选择。而且,在择业过程中,不可避免地会遇到困难、挫折和冲突。心理调适的作用,就在于能够帮助毕业生客观地分析自我与现实,帮助毕业生客观地分析各种问题所产生的原因,从而相应地采取措施,有效地排除心理障碍,保持一种稳定而积极的心态,实现个人的择业目标。

(一) 树立正确的择业观

择业观是中职生职业理想的直接体现,是他们对于择业的意义的根本看法和态度的体现,是毕业生世界观、人生观、价值观在择业活动中的综合反映。中职生求职中所遇到的挫折,大部分是由非理性观念引起,若不能正确把握,将直接影响毕业生能否正确认识自我、适应社会并成功就业。

1. 从一次就业到多次就业 在计划经济年代,人们很少流动,一次就业定终身的思想根深蒂固(现在即将就业毕业生的父母就受这种思想的影响比较大)。受父母思想影响,有一部分学生对择业慎之又慎,左挑右选,多角度、多层次比较,生怕一失足成千古恨,追求就业的安全性和稳定性。这样很容易失去机会。现在市场经济逐步完善,劳动力资源配置机制日趋健全,劳动者的职业流动成为十分普遍的现象。中职生在确立职业时要认识到在其漫长的职业生涯中,工作变换是极为正常的,期望一劳永逸是绝对不现实的。俗语说:"树挪死,人挪活",在职业生涯漫长的发展道路上,开始就跑在前面的未必就领先一辈子。职业生涯像一场马拉松,领先和落后都只是暂时的。应树立"先就业,后择业,再创业"的观念。现代社会为我们提供了独立发展的空间,中职毕业生应不急于在短时间内找一个固定的铁饭碗,要学会在运动变化中求得生存和发展。

2. 从单一就业到多渠道就业 面对严峻的就业形势,少数毕业生仍然心存幻想,抱着"皇帝的女儿不愁嫁","酒香不怕巷子深"的心理,建立过高的就业期望,眼光只盯着理想的岗位,如公务员、公立事业单位等。只见树木,不见森林,结果屡屡失败。据调查,80%的毕业生选择城市,只有17%左右的毕业生选择西部地区、农村。俗话说:"如果你不能扭转风向,你就必须学会调整自己的风帆。"高级的水手都会因势利导,巧借风向,最后到达胜利的彼岸。中职毕业生也应如此,多角度观察,全方位出击,多渠道就业。无论是流动就业,临时就业,还是弹性就业,只要能展现自我价值,体现自我能力,做什么工作都行。君不见,异军突起的民营、私有企业在中国经济突飞猛进的历史潮流中已占半壁江山。

3. 淡化专业对口 专业知识是一个知识结构的主干,是知识结构的主体。专业对口,一直是毕业生求职就业的主要原则。但在目前市场经济条件下,人才大量流动,专业交叉,跨不学科联合,使得用人单位对人才知识结构的需求以及社会对人才录用的方式发生了很大变化,特别是社会对毕业生的需求始终处于动态之中,学校的专业设置既有滞后于社会发展变化的情况,同时也存在某些边缘学科超越社会发展的情况。因而学校的专业设置不能与市场需要一一对应,要适应这种新形势,就要求毕业生从专业的框框中解放出来,主动地在广阔的社会中寻找切入点,大胆尝试,一定会的新的发现。同时,中职毕业生要在社会中寻找自己的不足,拓宽自己的知识面,培养自己多方面的能力,提高自己的综合素质,使自己在就业中具有更强的适应性。

(二) 增强心理健康意识,提高自我调适自觉性

1. 理智思考　一个人在遇到困难和挫折的时候要保持心理健康,很重要的一点是能理智思考,正确面对现实和接受现实,并能保持灵活变通的思维方式随时修正自己不合理的想法,而不固守原有的僵化观念。所以,中职生在择业时首先要理智地分析自己,明确自己的长处和不足,增强信心,相信凭真才实学一定能找到合适的单位。其次,遇到困难和挫折时,要冷静分析原因,是自己的专业、能力、个性特点不适合这项工作呢? 还是自己的择业策略不妥? 还是期望值太高? 若是自己不适合这项工作,则应急流勇退,寻找新的目标;若是择业策略欠妥,则应该好好总结,加以改进;若是期望值太高,则应"忍痛割爱",接受现实,及时调整,合理定位。

2. 自我激励　中专生求职时信心不足,出现紧张、胆怯,可以通过自我激励进行调节。具体的作法有两种:①进行积极的自我暗示,运用内部语言或书面语言来进行调节,自己给自己"打气"、壮胆。比如求职前,暗示自己"不要紧张""放松""我会发挥得很好""我一定能成功"等。它能缓解过分紧张的情绪,增强自信心。②大胆实践。择业时主动出击,让行动来激励自己。如要求自己主动与用人单位的代表打招呼,握手问好,把心里的想法坦率地说出来。

3. 自我安慰　中职生在择业时,遇到挫折可以进行适当的自我安慰,以缓解动机的矛盾冲突,消除焦虑、抑郁、烦恼和失望情绪。如求职失败了,可以安慰自己:"失败乃成功之母","跟有的人比,我还算好的了","车到山前必有路"等。

4. 学会放松　求职时如果心情紧张,可以通过自我放松练习进行缓解。常见的放松方法有两种:①肌肉松弛训练。其方法是,先紧张某些肌肉群,然后突然放松。如用力握紧拳头,坚持 10 秒左右,然后彻底放松双手,体验放松的感觉。将脚尖使劲向上翘,脚跟向下向后紧压地面,绷紧小腿肌肉,坚持 10 秒,然后彻底放松,体会小腿放松的感觉。②意念放松训练。其方法是:先稳定情绪,静下心来,闭上眼睛,排除杂念,把注意力集中到下丹田,用腹式呼吸法慢慢呼吸。

5. 适当宣泄　宣泄主要是为了避免身心受到损坏,将内心的压力通过合适的途径宣泄出来。因为不良情绪的长期存在,会影响人的心理健康,适当地表现、发泄也是排除不良情绪的有效方法。当你情绪不好的时候,可以通过适当的宣泄来消除。常见方法:①倾诉。如向老师、同学、亲友倾诉心中的烦恼和忧虑,或用写日记的方法倾诉不快。②哭泣。找个适当场合大哭一场,可使情绪平静。③剧烈运动,如打球、爬山、长跑等。当然,宣泄情绪一定要注意场合、身份、气氛,要适度、不能有破坏性行为。

6. 情绪转移　就是将注意力从不良情绪反应刺激的情境上转移到其他事物上去,主动缓解情绪,松弛紧张,驱散烦恼。如有些人初次讲演,看到台下很多人,心情紧张,这时把注意力转移到讲话的内容上,尽量少看台下人的表情,情绪就能很快镇定下来。

7. 语言调节　即利用语言来调节情绪的方法。这里所说的语言往往指不出声的书面语言。看过电影《林则徐》的人,可能还记得林则徐在墙上挂有"制怒"二字的条幅,这就是用语言来调节情绪的例子。还有的人用"宁静致远""善也吾行,不善吾避"等书面语言来激励自己,也是同样的道理。

8. 幽默化解 幽默是使身处窘境中的人既保持自尊又不败坏自己情绪的一剂良药。有个叫波奇的钢琴手,一次在美国福林特城演奏时,他发现全场有一半座位空着。他当时很失望,甚至影响了继续演奏的情绪。但是他最终还是大步走向舞台的脚灯,向观众表示谢意,并对观众说:"朋友们,我发现福林特这个城市的人们都很有钱,我看到你们每一个人都买了两三个座位的票。"于是半屋子的观众都发出了笑声,他们放声大笑,使劲鼓掌。他们不仅被他的幽默所感染,而且由此产生了对他智慧的尊重。波奇在顷刻之间反败为胜,赢得了听众的友爱和信任,此后人们再也不能把他忘掉。事实说明,幽默能使紧张的精神放松,解放压抑的情绪,避免刺激或干扰,摆脱窘困场面,调节和保持心理健康,消除身心的某些痛苦。

9. 心理咨询 为了消除焦虑、烦恼、抑郁等心理障碍,毕业生可以寻求心理咨询机构的帮助。目前不少学校都已建立了心理咨询中心,近年来社会上的心理辅导服务也纷纷兴起。心理辅导老师或心理医生能帮助毕业生迅速有效地消除各种不良情绪,帮助毕业生更加客观正确地认识自我,进行心理训练,提高择业技能技巧。

(三) 毕业生应具备的择业心态

时代的改革浪潮已波及社会的各个方面,中职生还没有毕业,就可能为择业而奔波,这是很正常的。事实说明:如今的就业,就是竞争就业,你的文凭仅仅是学历证书,而不是进入机关、企业等单位的通行证,这就造成择业的紧迫感和危机感,因而要选择自己未来的职业道路,具备良好的择业心态是十分必要的。

1. 正视社会,敢于竞争 正视社会是毕业生择业必备的健康心态之一。积极的心态是正视社会,适应社会;消极的心态是脱离社会,逃避社会。目前毕业生的职业选择虽然还只能在有限的空间进行,有时受偶然性因素影响很大;但总的趋势是随着社会主义市场经济的推进,社会越来越尊重知识、尊重人才,而且随着《就业促进法》的出台,社会将尽可能地为毕业生求职择业提供较好的环境,职业选择的机会将大大增加,这也将为毕业生施展自己的才能提供更加广阔的天地。我国经济体制改革的重要成果之一,是使同现实生产力发展总水平相适应的生产关系发生了深刻的变革,多种经济形式及各种经营方式迅猛发展起来。经济体制上的变化,可以使许多毕业生的择业目标由原来眼睛只盯住全民所有制单位的单向选择转变为面向各种所有制的多向选择,尤其是新的用人制度的实行,打破了部分毕业生的职业终身不变的固定观念,树立了职业可以变迁的应变意识。目前,我国的生产力还比较落后,社会为毕业生提供的工作岗位不可能使人人都满意,供需形势也不平衡。在许多部门、单位人员基本饱和的情况下,人才的"卖方市场"理所当然地转化为优胜劣汰的"买方市场"。长期的智力投资与某些企业承包者的短期行为相冲突,轻视女生,不正之风的干扰。一方面,大城市、沿海发达地区的国营大型企、事业单位人才密集、人才积压、人浮于事的现象依然存在;另一方面,中小型企业、生产第一线、乡镇企业、艰苦行业的边远地区,人才仍然很缺乏。如不改变择业心态,中职毕业生求职难的现象将会继续存在。

竞争是当今社会的特点,更是市场经济的法则。双向选择就是一种竞争性的就业制度。面对竞争日益激烈的社会,我们首先要敢于竞争。一方面要利用在校学习的有利时机努力学习,不断进取,提高自己的竞争实力。我们在平时的学习中尽可能多地储备知识与技能。多看、多问、多想、积累知识、丰富才学,高标准、严要求,重视文化基础课的学习,注重应用能力,学习能力和实验能力的培养。另一方面,锻炼身体,增进身心健康发展,打好专业知识,职业技能和接受继续教育的基础。勤奋学习,积极进取,提高自己的竞争能力,争取获得不断的成功,走向人生的辉煌。其次,要善于竞争。要从实际出发,充分考虑自己的特长,扬长避短。古人云:骏马能历险,犁田不如牛;坚车能载重,渡河不如舟;舍长以求短,智者难为谋。宝贝放错了地方可能就一文不值了。最后,要增强自信,培养强烈的竞争意识。自信是对自己的实力有充分的估计和坚定的信心。面对激烈的竞争,只要相信自己"我一定行",相信自己的实力,相信自己的水平,相信自己能够干出一番事业,才会热情地、努力地投身到这个事业中去。只有坚信自己有实力胜任某项工作,才能表现出坚定的态度和从容不迫的风度,才能赢得用人单位的赏识和信任。法国伟大的物理学家、化学家居里夫人曾说:"我们应该有信心,尤其要有自信力!我们必须相信,我们的天赋是用来做某种事情的,无论代价有多大,这种事情必须做到。"只要我们充满了自信,就敢于竞争。我们就会在自信心的支配和推动下,强化竞争意识,崇尚竞争,敢于竞争,争取优胜,避免淘汰。同时,在竞争中调动人的内在潜力,为社会生活的各个方面带来勃勃生机。人生就是一场竞争,我们就要有"敢为天下先"的精神,正视现实,积极主动,当仁不让,抓住机遇,扬起理想的风帆,在竞争的激流中奋力拼搏,定会驶向成功的彼岸。

2. 不怕挫折,放眼未来 挫折是指个人在从事有目的的活动过程中,遇到干扰和障碍,致使动机不可能实现时的情绪状态。毕业生会遇到挫折,其实挫折并不可怕,可怕的是被挫折所压倒。那些胸襟开阔,性情乐观,充满自信的求职者会认真反思,勇敢地向挫折挑战,百折不挠,直到求职的最后成功;而那些心胸狭窄,忧心忡忡的人往往在挫折面前失去理智,自暴自弃,一蹶不振,甚至精神崩溃。那么,我们应该如何提高心理承受能力,正确对待挫折呢?

挫折是正常现象。挫折是人生的伴侣,人们在与挫折的斗争中品味人生、认识人生、见人生之全貌,得人生之真谛,人们又在与挫折的斗争中练就了一副驾驭人生的身手,并创造出光辉灿烂的人生。张海迪身残志坚,心胸坦荡,以顽强的意志和惊人的毅力,获得了吉林大学哲学硕士学位后又在山东师范大学继续攻读博士学位,很重要的原因是她受病痛的折磨,经历过人生的挫折,对人生有一个全面的认识,在挫折中奋进、探索、从苦果中品尝到了甘甜,在挫折中增长了才干,成功地驾驭了人生。

挫折是一种鞭策。面对挫折,正确的态度是具有面对失败的不屈性,面对厄运的刚毅性和面对困难的勇敢性。只有这样,我们就能够笑对挫折,勇对挫折,冷对挫折,智对挫折,成为战胜挫折的强者。青年人应树立"宁做蓝天的雄鹰,不做温室的花朵"的思想,把挫折看作锻炼意志,提高能力的好机会。

寻找挫折的原因。在遭遇到挫折时,应放下包袱,从主客观两方面寻找原因,实事求是地剖析自己的长处和不足,有针对性地学习,弥补不足,只要持之以恒,理想就会实现。同时,我们要适当地进行心理调节。遇到挫折后,避免情绪过于低落,要运用控制、激励自己的方法,进行心理上的调节与控制。多参加有意义的娱乐活动,向亲友倾诉苦衷,听听他们的经验与劝导,也可以自我进行积极的心理暗示。准备一句简洁有力的激励性语言,如"我一定能行""凡事先试试看"等,进行自我激励。

生活好比一面镜子,你对它笑,它也对你笑;你对它哭,它也对你哭。我们应该永远笑对生活,走向明天,不在失败中沉沦,而从挫折中奋起。顽强的意志是人生航船的铆钉,顽强的奋斗是事业的船桨。只有拼搏进取、顽强奋斗的人,才会到达成功的彼岸。

小资料

信心产生的奇迹

美国博士吉格·吉格勒在他写的《迈向事业高峰的捷径》里说了一件有趣的事：国际智能组织主席维克多先生15岁时，别人说他是个劣等生，中学不可能毕业。他相信了大家的评论，就退学去做临时工。在他17年的临时工生涯中，他的作为真像一个智商低的学生。但是，他32岁时发生了惊人的转变。因为，一次偶然的测验显示，他是智商高达161的天才。从此以后，他开始像一个天才那样有所作为了。他接连写了好几本书，获得了几项专利，并成为一个很成功的商人。最重要的是他被选为国际智能主席。为什么他会产生这么大的变化？很显然，是信心产生的奇迹。

 小资料

自信心训练方法

1. 对着镜子交谈 把镜中的"我"看作是主持人，用平时与人谈话的声调说话，自问自答。

2. 省察自己 选出自己认为最成功的几件事例，并分析你成功的原因。

3. 向过来人或成功者咨询，进行比较，取长补短，吸取经验教训，积累经验，少走弯路。

4. 平时多有意与陌生人接触，主动与他们交谈，敢于正视对方，并主动向对方提问。

 就业经历

中职毕业生独创"刘娟流程"

一张三尺柜台，一双巧手，一份巧思，一套全国推广的"刘娟流程"。刘娟，从最初办理业务慢被储户催促的尴尬，到创出一套流程将办理单笔业务用时缩短一半。这样一位业务能手，可能你会以为她毕业于某名牌大学，可事实并非如此。这个毕业于青岛华夏职业教育中心的中职毕业生，通过自己的勤奋已从一个岗位新人成长为单位技术骨干。

2003年，刘娟中职毕业后成为招商银行青岛分行的一名员工。工作之初，有一次前来等候办理业务的市民特别多。由于操作速度一般，值班的刘娟遭到一位排在后面的女士公开指责："真让你给急死了。"一向好强的她顿时觉得脸上挂不住了。

有什么办法提高自己的操作速度呢？带着这样的念头，刘娟日思夜想，在反复摸索中自创了一套"刘娟流程"，将储蓄单笔业务用时缩短为原先的一半。"以往办理银行业务，工作人员都是一个步骤结束后再进行下一个步骤，用刘娟流程，则是左右开弓，见缝插针，左手刷卡时，右手输账号，取款打印的同时配好现金；客户签名时收拾柜台。"按照办理一笔普通业务100~120秒计算，"刘娟流程"平均可以节省50~60秒。2007年，刘娟的工作方法被招商银行青岛分行正式命名为"刘娟流程"在全国推广。

2008年,刘娟荣获"全国金融五一劳动奖章"。

2000年,刘娟进入青岛华夏职业教育中心电子商务专业学习。"如果当初选择读普通高中,可能就没有现在的我了。"刘娟说。在校期间,在学校全力实施的"自信、负责、成功"自主德育模式熏陶下,刘娟逐渐具备了自信的心态、负责的态度,为日后的成才奠定了基础。她担任过班里的生活委员、校学生会卫生部长,由于工作认真负责,学习刻苦,刘娟经常受到老师的好评。在专业学习方面,她肯下功夫、有韧劲,老师也特别注重对刘娟专业潜力的挖掘,这些因素使她很快成长为专业技能学习的佼佼者。毕业时招商银行青岛分行来学校招实习生,她一考就通过了。

"刘娟流程"走红全国后,母校将刘娟的大幅照片和事迹简介张贴在教学楼走廊的墙壁上。让每天从这里经过的学生都能感受到榜样的感召力量。成名后的刘娟一直心系母校,经常回来为学弟学妹传授经验。

从刘娟的经历可以看出:业精于勤,在普通平凡的岗位上也可以干出不平凡的业绩,"三百六十行,行行出状元"。

摘自《中国教育报》2016年5月7日第1版

气质类型心理测量

下面60道题可以帮助你大致确定自己的气质类型。在回答下面问题时,要做到你怎么想的,怎么做的,就怎么填。

1. 评分方法　看完题后,如果你认为"很符合自己情况",记2分;"比较符合",记1分;"介于符合与不符合之间",记0分;"比较不符合",记-1分;"完全不符合"记-2分。

2. 评定步骤

第一步　将每题"得分"填入计分表相同"题号"的"得分"栏内。

第二步　计算每一种气质类型的"总分"。

第三步　确定气质类型:①如果某类气质得分明显高出其他3种,均高出4分以上者,则可以确定你就是该种气质类型;②如果该气质类型"得分"超过20分,则为典型;如果该得分的"总分"在10~20分之间,则属此种气质的一般型;③如果两种气质类型的"总分"很接近,两者之间相差数小于3,而又明显高于其他两种类型,其高出部分超过4分以上者,则可定为两种气质的混合型;④如果有三种气质的"总分"很接近,但又明显高于第四种者,那么你的气质属于三种气质的混合型。

测试题:

1. 做事力求稳妥,不做无把握的事。
2. 遇到可气的事就怒不可遏,想把心里话全说出来才痛快。
3. 宁肯一个人干事,不愿很多人在一起。
4. 到一个新环境很快就能适应。
5. 厌恶强烈的刺激,如尖叫、噪声、危险镜头等。
6. 和人争吵时,总是先发制人、喜欢挑衅。
7. 喜欢安静的环境。
8. 善于和人交往。

9. 羡慕善于克制自己感情的人。

10. 生活有规律,很少违反作息制度。

11. 在多数情况下情绪是乐观的。

12. 碰到陌生人觉得很拘束。

13. 遇到令人气愤的事,能很好地自我克制。

14. 做事总是常有旺盛的精力。

15. 遇到问题常常举棋不定,优柔寡断。

16. 在人群中从不觉得过分拘束。

17. 情绪高昂时,觉得干什么都有趣,情绪低落时,又觉得什么都没有意思。

18. 当注意力集中于某一事物时,别的事物很难使我分心。

19. 理解问题总比别人快。

20. 碰到危险情景时,常有一种极度恐怖感。

21. 对学习、工作、事业怀有很高的热情。

22. 能够长时间做枯燥、单调的工作。

23. 符合兴趣的事情,干起来劲头十足,否则就不想干。

24. 一点小事就能引起情绪波动。

25. 讨厌做需要耐心、细致的工作。

26. 与人交往不卑不亢。

27. 喜欢参加热烈的活动。

28. 爱看感情细腻,描写人物内心活动的文学作品。

29. 工作学习时间长了,常感到厌倦。

30. 不喜欢长时间谈论某一个问题,愿意实际动手干。

31. 宁愿侃侃而谈,不愿窃窃私语。

32. 别人说我总是闷闷不乐。

33. 理解问题常比别人慢些。

34. 疲倦时只要短暂的休息就能精神抖擞,重新投入工作。

35. 心里有话,宁愿自己想,不愿说出来。

36. 认准一个目标就希望尽快实现,不达目的,誓不罢休。

37. 同样和别人学习、工作一段时间后,常比别人更疲倦。

38. 做事有些莽撞,常常不考虑后果。

39. 老师或师傅讲授新知识、技术时,总希望他讲得慢些,多重复几遍。

40. 能够很快地忘记不愉快的事情。

41. 做作业或完成一件工作总比别人花的时间多。

42. 喜欢运动量大的剧烈体育活动,或参加各种文艺活动。

43. 不能很快地把注意力从一件事转移到另一件事上去。

44. 接受一个任务后,就希望把它迅速解决。

45. 认为墨守成规比冒风险强些。

46. 能够同时注意几件事物。

47. 当我烦闷的时候,别人很难使我高兴起来。

48. 爱看情节起伏跌宕、激动人心的小说。

49. 对工作抱认真严谨、始终一贯的态度。

50. 和周围人们的关系总是相处不好。

51. 喜欢复习学过的知识，重复做已经掌握的工作。

52. 希望做变化大、花样多的工作。

53. 小时候会背的诗歌，我似乎比别人记得清楚。

54. 别人说我"出语伤人"，可我并不觉得这样。

55. 在体育活动中，常因反应慢而落后。

56. 反应敏捷，头脑机智。

57. 喜欢有条理而不甚麻烦的工作。

58. 兴奋的事常常使我失眠。

59. 老师讲新概念，常常听不懂，但是弄懂以后就很难忘记。

60. 假如工作枯燥无味，马上就会情绪低落。

气度心理测量

人的气度是否天生？不是。气度作为人的一种性格特征，虽然同气质有一定关系，但主要还是取决于自己的胸怀、修养，因而是可以改变的。"心底无私天地宽"，心中经常想着别人，少计较个人的利害得失，就能成为一个气度宏大的人。

下面 24 道测试题从不同侧面反映了人的气度，请依题要求，据自己行为表现符合程度，按照"是""是与不是之间""不是"进行认真回答。

评分方法：凡是单数题，"是"为 2 分，"是与不是之间"为 1 分，"不是"为 0 分；凡是双数题，"是"为 0 分，"是与不是之间"为 1 分，"不是"为 2 分。

评定方法：如果你的总得分在 40 分以上，说明你是一个气度很大的人，你不计较别人对你的态度，善于原谅别人的过失，相信你是一个很容易和同学、家人相处的人；31~40 分，说明你的气度还可以，在很多问题上，你能原谅别人的态度，但在有些问题上，你又同别人很计较，总地来说，你是一个比较容易同人相处的人；21~30 分，说明你的气度不很大，在不少问题上，你计较别人对你的态度，计较自己的个人得失，你和朋友、家人相处不时会发生矛盾；20 分以下，说明你的气度很小，你经常生别人的气，认为别人和你过不去，而且试图还击或报复别人，你的情绪总是感到压抑，别人也不喜欢同你相处。

测试题：

1. 你是否不计较别人对你讲话的态度？

2. 你是否对别人批评，尤其是大庭广众的批评耿耿于怀？

3. 你是否乐于看到同你关系不好的人取得成绩？

4. 你是否喜欢嘲弄或贬低与你意见不一致的人？

5. 你是否欢迎原先不如你的人如今超过了你？

6. 你是否嫉恨才干不如你的人得到提拔？

7. 你听到有人讲你的坏话，是否能做到一笑了之？

8. 你和别人争吵以后,是否常常越想越气?

9. 你是否容易原谅别人不自觉的过失?

10. 别人讲话刺伤了你,你是否一定要回敬对方几句?

11. 你经常在老师面前讲同学的优点吗?

12. 你与同学相处是否信奉"人不犯我,我不犯人;人若犯我,我必犯人"?

13. 你尊重能力稍逊的师长吗?

14. 朋友们是否指责你为人过于敏感?

15. 你是否认为没有必要对伤害你的人进行报复?

16. 你想起很久以前感情上受到过的创伤,仍会愤愤不平吗?

17. 你愿意和以前与你有矛盾的人一起共事吗?

18. 你认为老实人在生活中经常吃亏吗?

19. 别人对你的亲疏,你是否看得很轻?

20. 你是否认为各方面不如你的人对你进行批评是一种冒犯?

21. 你是否常常认为老师对你的批评是出于成见?

22. 你是否经常感到你在各方面的努力没有得到赏识?

23. 你主张同学相处中宁肯自己吃亏,也要搞好关系?

24. 你是否认为互让互谅是亲人相处的重要准则?

自信心心理测量

对下列 13 个问题,按给定的选择答案与自己实际情况相对照,认真予以回答,便可测定自己有无自信心理。

评分方法:

1. A=2,B=1,C=0;　2. A=0,B=1,C=2;　3. A=2,B=1,C=0;

4. A=0,B=1,C=2;　5. A=0,B=1,C=2;　6. A=2,B=1,C=0;

7. A=0,B=1,C=2;　8. A=0,B=1,C=2;　9. A=2,B=1,C=0;

10. A=2,B=1,C=0;　11. A=2,B=1,C=0;　12. A=0,B=1,C=2;

13. A=2,B=1,C=0。

评定方法:参照上述原则将你的总分累计。

(1) 如果你是一名男同学,少于 5 分,说明你具有很强的自信心;6~8 分,说明你有一定的自信心;9~16 分,说明你缺乏自信心;大于 17 分,说明你的自信心极差,经常患得患失,烦恼多端。

(2) 如果你是一名女同学,少于 6 分,说明你具有很强的自信心;7~9 分,说明你有一定的自信心;10~17 分,说明你缺乏自信心;若你的总分大于 18 分,说明你的自信心极差,患得患失。

测试题:

1. 半夜醒来,我常为种种惴惴不安而不能再入睡

　　A. 常常如此　　　B. 有时如此　　　C. 极少如此

2. 事情进行不顺利时,我常急得涕泪横流

  A. 从不如此   B. 有时如此   C. 常常如此

3. 在处理一些必须凭借智慧的事务中
  A. 我的亲人的确比一般人差
  B. 普通
  C. 我的亲人的确超人一等

4. 当领导召见我时
  A. 我觉得可以趁机提出建议
  B. 介于A、C之间
  C. 我总怀疑自己做错了事

5. 在一般困难的情境中,我总能保持乐观
  A. 是   B. 不一定   C. 不是的

6. 迁居是件极不愉快的事
  A. 是   B. 介于A、C之间 C. 不是的

7. 不论是在极高的屋顶上,还是在极深的隧道中,我很少感到胆怯不安
  A. 是的   B. 介于A、C之间 C. 不是的

8. 只要没有过错,不管别人怎么说,我总能心安理得
  A. 是   B. 不一定   C. 不是

9. 有时我会无故产生一种面临大祸的恐惧
  A. 是   B. 有时如此   C. 不是

10. 我童年时
  A. 害怕黑暗的次数极多
  B. 害怕黑暗的次数不太多
  C. 害怕黑暗的次数几乎没有

11. 我仅仅被认为是一个能够苦干而稍有成就的人
  A. 是   B. 介于A、C之间 C. 不是

12. 即使是在不顺利的情况下,我仍能保持精神振奋
  A. 是   B. 介于A、C之间 C. 不是

13. 有时我会无缘无故地感到沮丧、痛苦
  A. 是   B. 介于A、C之间 C. 不是

责任心心理测量

  对本测试题答案的正确选择可以大致测出你是否具有责任心理及责任心理的强弱。

  评分方法:A=2分;B=1分;C=0分。将各题得分累计,算出总分。

  评定方法:20~30分,你极为负责和敏感,并且细心、谦和、可信,也许还诚实;10~19分,你是负责的,但在你生命的长河中有一股较强的无责任感的逆流;9分以下,你显然是大多数母亲不愿自己子女结识的人。你也许经常招致批评,难以保持在别人心目中的地位,并且常常办事"砸锅"。

测试题：

1. 你与别人约会通常的情况是
    A. 提前等候在约会地点　　　　B. 准时赴约
    C. 总是迟到

2. 如果让你给自己的可信程度打分的话，你认为自己会得
    A. 80~100 分　　　　B. 60~79 分　　　　C. 不及格

3. 如果你的手头有些零花钱的话，你准备
    A. 储蓄　　　　B. 随时带在身边，以备不时之需
    C. 立即花掉

4. 一旦发现自己的朋友干了违法的事，你会
    A. 向警方报案　　　　B. 静观事态发展、隔岸观火
    C. 把朋友隐匿起来

5. 如果你手边有一些垃圾，你会
    A. 一直拎着，等找到垃圾箱扔进去
    B. 扔在僻静的角落里
    C. 随便扔在什么地方

6. 你认为保持健康的最佳途径是
    A. 经常锻炼　　　　B. 多吃有益食品，摄取天然营养
    C. 进行药物"补疗"

7. 你愿意吃的食品是
    A. 鱼、蛋等蛋白质多的食品　　　　B. 各种肉类高脂肪食品
    C. 汽水、饮料等"垃圾"食品

8. 你认为工作与娱乐的关系是
    A. 一张一弛，文武之道　　　　B. 工作第一，有无娱乐无所谓
    C. 娱乐第一，及时行乐

9. 你对班干部的换届选举
    A. 非常关心，积极参与　　　　B. 就那么回事，泰然处之
    C. 漠不关心

10. 你收到朋友的来信后
    A. 立即回信　　　　B. 等上两三天再回信
    C. 也许不回信

11. 你对"值得做的事情便值得好好做"的看法是
    A. 蛮对的，可以作为信条　　　　B. 有一点道理，但不绝对
    C. 废话、简直无用之极

12. 你对你说过的话
    A. 言出必行　　　　B. 酌情处理　　　　C. 从不算数，也不认账

13. 你与老师的关系
    A. 非常融洽，像忘年交　　　　B. 一般
    C. 经常发生冲突

14. 你在班级内担任何种职务
    A. 班长　　　　　　　B. 组长　　　　　　　C. "平民百姓"
15. 在家的时候,你会
    A. 通常做些家务　　B. 偶尔帮助家里做点杂事　　C. 待着,什么也不干

人际信任心理测量

本量表可用于测量受试者对他人的行为、承诺(口头和书面)或陈述之可靠性的估计。共有25个项目,其内容涉及各种处境下的人际信任,涉及不同的社会角色。

评分方法:评分标准可按你对各有关问题的同意或不同意程度来确定。即完全同意计1分;部分同意计2分;同意与不同意各半计3分;部分不同意计4分;完全不同意计5分。

注:6、8、12、14、16、17、18、20、21、22、23和25项为正序记分;其余项为反序记分,如得1分则计5分,得5分计1分。所有项目得分累记为总得分。

评定方法:最后评定得分由25分到125分,表明依赖程度由最低到最高;75分表明处于中间状态。

测试题:

1. 在我们这个社会里虚伪的现象越来越多了。
2. 与陌生人打交道时,你最好小心,除非他们拿出可以证明其值得信任的依据。
3. 不实行民主政治,国家就没有前途。
4. 阻止多数人触犯法律的是恐惧、社会廉耻或惩罚而不是良心。
5. 考试时老师不到场监考可能会导致更多的人作弊。
6. 通常父母在遵守诺言方面是可以依赖的。
7. 联合国永远也不会成为维持世界和平的有效力量。
8. 法院是我们都能受到公正对待的场所。
9. 如果得知公众听到和看到的新闻有多少已被歪曲,多数人会感到震惊的。
10. 不管人们怎样表白,最好还是认为多数人主要关心其自身幸福。
11. 我们往往不相信关于公共事件的客观报道。
12. 未来似乎很有希望。
13. 如果真正了解到国际上正发生的政治事件,那么公众有理由比现在更加担心。
14. 多数服务性承诺是诚恳的。
15. 许多重大的全国性体育比赛都须经政府同意和组织。
16. 多数专家有关其知识局限性的表白是可信的。
17. 多数父母关于实施惩罚的威胁是可信的。
18. 多数人如果说出自己打算就一定会去实现。
19. 在许多情况下,如果不保持警惕别人就可能占你的便宜。
20. 多数理想主义者是诚恳地并按照他们自己所宣扬的信条行事。
21. 多数推销人员在描述他们的产品时是诚实的。
22. 多数学生即使在有把握不会被发现时也不作弊。

23. 多数维修人员即使认为你不懂其专业知识也不会多收费。

24. 对保险公司的控告有相当一部分是假的。

25. 多数人诚实地回答民意测验中的问题。

性格类型心理测量

性格是表现在人的态度、行为上的稳定的心理特征,是人的个性中的核心。性格在不同个体身上表现着明显的差异性。此量表大致按照人的 5 种性格类型设置了 60 道测试题。每一题都有 3 种选择答案,即"是"(A);"似是而非"(B);"否"(C)。可按题意,从自己态度和行为实际出发,选择回答,相应以 A、B、C 的形式记在每一题后,以便评分。

评分方法:凡单数题,A 为 0 分,B 为 1 分,C 为 2 分;凡双数题,A 为 2 分,B 为 1 分,C 为 0 分。

评定方法:若得分在 90 分以上,为典型外倾型性格;71~90 分,为稍外倾型性格;51~70 分,为外倾、内倾混合型性格;31~50 分,为稍内倾型性格;30 分以下,为典型内倾型性格。

测试题:

1. 在大庭广众面前不好意思。

2. 对人一见如故。

3. 愿意一个人独处。

4. 好表现自己。

5. 与陌生人难打交道。

6. 开会时喜欢坐在被人注意的地方。

7. 遇有不快事情,能抑制感情,不露声色。

8. 在众人面前能爽快地回答问题。

9. 不喜欢社交活动。

10. 愿意经常和朋友在一起。

11. 自己的想法不轻易告诉别人。

12. 只要认为是好东西立即就买。

13. 爱刨根问底。

14. 容易接受别人的意见。

15. 凡事很有主见。

16. 喜欢高谈阔论。

17. 会议休息时,宁肯一个人独坐,也不愿同别人聊天。

18. 决定问题爽快。

19. 遇到难题非弄懂不可。

20. 常常未等别人把话讲完,就觉得自己已经懂了。

21. 不善和别人辩论。

22. 遇到挫折不易丧气。

23. 时常因为自己的无能而沮丧。

24. 碰到高兴事极易喜形于色。

25. 常常对自己面临的选择犹豫不决。

26. 不太注意别人的事情。

27. 好把自己同别人比较。

28. 好憧憬未来。

29. 容易羡慕别人的成绩。

30. 相信自己不比别人差。

31. 注意别人对自己的看法。

32. 不大注意外表。

33. 发现异常现象容易想入非非。

34. 即使有亏心事也很快被遗忘。

35. 总是把家里收拾得干干净净。

36. 自己放的东西常常不知在哪里。

37. 做事很细心。

38. 对于别人的请求乐于帮助。

39. 十分注意自己的信用。

40. 热情来得快,消退得也快。

41. 信奉"不干则已,干则必成"。

42. 做事情更注重速度而不是质量。

43. 一本书可以反反复复地看几遍。

44. 不习惯长时间读书。

45. 办事大多有计划。

46. 兴趣广泛而多变。

47. 学习时不易受外界干扰。

48. 开会时喜欢同人交头接耳。

49. 工作笔记大多整洁、干净。

50. 答应别人的事情经常会忘记。

51. 一旦对别人有看法不易改变。

52. 容易和别人交朋友。

53. 不喜欢体育运动。

54. 对电视节目中的球赛尤有兴趣。

55. 买东西前总要比较估量一番。

56. 不惧怕从来没做过的事情。

57. 自己做错了事,勇于承认和改正。

59. 常常担心自己会遇到失败。

60. 容易原谅别人。

创造力倾向测量

在下列句子中,如果发现某些句子所描述的情形很适合你,则请你在答案纸上"完全符合"的圆圈内打"√";若有些句子仅是在部分时候适合你,则在"部分符合"的圆圈内打"√";如果有些句子对你来说,根本是不可能的,则在"完全不合"的圆圈内打"√"。

(1) 在学校里,我喜欢试着对事情或问题作猜测,即使不一定都猜对也无所谓。

(2) 我喜欢仔细观察我没有看过的东西,以了解详细的情形。

(3) 我喜欢听变化多端和富有想象力的故事。

(4) 画图时我喜欢临摹别人的作品。

(5) 我喜欢利用旧报纸、旧日历及旧罐头等废物来做成各种好玩的东西。

(6) 我喜欢幻想一些我想知道或想做的事。

(7) 如果事情不能一次完成,我会继续尝试,直到成功为止。

(8) 做功课时我喜欢参考各种不同的资料,以便得到多方面的了解。

(9) 我喜欢用相同的方法做事情,不喜欢去找其他新的方法。

(10) 我喜欢探究事情的真假。

(11) 我喜欢做许多新鲜的事。

(12) 我不喜欢交新朋友。

(13) 我喜欢想一些不会在我身上发生过的事情。

(14) 我喜欢想象有一天能成为艺术家,音乐家或诗人。

(15) 我会因为一些令人兴奋的念头而忘记了其他的事。

(16) 我宁愿生活在太空站,也不喜欢住在地球上。

(17) 我认为所有的问题都有固定的答案。

(18) 我喜欢与众不同的事情。

(19) 我常想知道别人正在想什么。

(20) 我喜欢故事或电视节目所描写的事。

(21) 我喜欢和朋友一起,和他们分享我的想法。

(22) 如果一本故事书的最后一页被撕掉了,我就自己编造一个故事,把结局补上去。

(23) 我长大后,想做一些别人从没想过的事情。

(24) 尝试新的游戏和活动,是一件有趣的事。

(25) 我不喜欢太多的规则限制。

(26) 我喜欢解决问题,即使没有正确的答案也没关系。

(27) 有许多事情我都很想亲自去尝试。

(28) 我喜欢唱没有人知道的新歌。

(29) 我不喜欢在班上同学面前发表意见。

(30) 当我读小说或看电视时,我喜欢把自己想成故事中的人物。

(31) 我喜欢幻想200年前人类生活的情形。

(32) 我常想自己编一首新歌。

(33) 我喜欢翻箱倒柜,看看有些什么东西在里面。

(34) 画图时,我很喜欢改变各种东西的颜色和形状。

(35) 我不敢确定我对事情的看法都是对的。

(36) 对于一件事情先猜猜看,然后再看是不是猜对了,这种方法很有趣。

(37) 玩猜谜之类的游戏很有趣,因为我想要知道结果如何。

(38) 我对机器有兴趣,也很想知道它里面是什么样子,以及它是怎样转动的。

(39) 我喜欢可以拆开来的玩具。

(40) 我喜欢想一些新点子,即使用不着也无所谓。

(41) 一篇好的文章应该包含许多不同的意见或观点。

(42) 为将来可能发生的问题找答案,是一件令人兴奋的事。

(43) 我喜欢尝试新的事情,目的只是为了想知道会有什么结果。

(44) 玩游戏时,我通常是有兴趣参加,而不在乎输赢。

(45) 我喜欢想一些别人常常谈过的事情。

(46) 当我看到一张陌生人的照片时,我喜欢去猜测他是怎样一个人。

(47) 我喜欢翻阅书籍及杂志,但只想知道它的内容是什么。

(48) 我不喜欢探寻事情发生的各种原因。

(49) 我喜欢问一些别人没有想到的问题。

(50) 无论在家里或在学校,我总是喜欢做许多有趣的事。

创造性倾向表评分方法:

本表共 50 题,包括冒险性、好奇性、想象力和挑战性 4 项。测验后可得 4 种分数,加上总分,可得五项分数。

冒险性:包括(1)、(5)、(21)、(24)、(25)、(28)、(29)、(35)、(36)、(43)、(44)等 11 题。其中(35)为反面题目。得分顺序分别为:正面题目,完全符合 3 分,部分符合 2 分,完全不符合 1 分;反面题目:完全符合 1 分,部分符合 2 分,完全不符合 3 分。

好奇性:包括(2)、(8)、(11)、(12)、(19)、(27)、(32)、(34)、(37)、(38)、(39)、(47)、(48)、(49)等 14 道题。其中(12)、(48)为反面题目,其余为正面题目。计分方法如同冒险部分。

想象力:包括(6)、(13)、(14)、(16)、(20)、(22)、(23)、(30)、(31)、(32)、(40)、(45)、(46)等 13 题。其中 45 题为反面题目,其余为正面题目。计分方法如同冒险部分。

挑战性:包含(3)、(4)、(7)、(9)、(10)、(15)、(17)、(18)、(26)、(41)、(42)、(50)等 12 道题。其中(4)、(9)、(17)为反面题目,其余为正面题目。计分方法同前。

注意:

1) 每一题都要做,不要花太多时间去想。

2) 所有题目都没有"正确答案",凭你读完每一句子后的第一印象答。

3) 虽然没有时间限制,但应尽可能地争取以较快的速度完成,愈快愈好。

4) 切记,凭你自己真实的感觉作答,在最符合情形的圆圈内打"√"。

5) 每题只能打一个"√"。

第二节 信 息 准 备

古之成大事者,不惟有超世之才,亦必有坚忍不拔之志

——苏轼

课堂思考

广州南方大厦的一位经理,一次无意中从一本谈气象的杂志中发现,广州下一年的春季降雨量将增大,雨季将因此而延长。这位经理眼到手到,一把揽过深圳一家公司积压的 20 万把雨伞。预报果然灵验,第二年一场接一场的春雨,把一批批顾客"逼进"了南方大厦的商场,20 万把雨伞很快卖个精光。南方大厦还抓住雨季北移的最后机会,又进了 20 万把,离穗北上的顾客又将雨伞如数买走。

思考:这位经理靠什么大赚了一把? 靠信息。由此可见信息的重要性。中职毕业生择业求职时,求职成功并不仅仅是现有的知识和能力,掌握足够的就业信息同样非常重要。获取充分的就业信息能使求职者清楚地知道社会究竟需要哪些人才,自己如何成为社会需要的人才,从而找到努力的方向。那么,我们通过什么渠道收集就业信息呢? 我们又如何运用就业信息呢?

就业信息是指用人单位发布的,求职者事先不知道,但对求职者就业具有一定价值的客观存在的消息、资料和情报。

一、就业信息的收集

就业信息的收集内容较多,范围也比较广泛,包括就业方针、政策、形势,社会经济发展状况,职业需要动态,用人单位人才需求信息等你所需要的信息,也包括就业信息收集的途径、收集原则、收集方法、处理和应用等内容。

(一)你需要的就业信息

1. 政策形势 就业政策是指国家根据一定时期社会生产力的发展和社会对人才需求的情况及就业任务而制定的就业行为准则,包括就业体制、范围、程序、时间等。毕业生在国家就业政策规定的范围内择业。如果对这些就业政策缺乏足够的了解就容易导致就业的随意性和盲目性。

就业形势和社会状况是就业前重要的调查内容。既要调查社会总的就业形势,也要调查地区就业形势。特别是条件较差、艰苦的农村地区,着眼于这些地区和单位的信息搜集,择业的成功率往往较高。

2. 法律法规 法律法规既赋予组织和个人进行各种活动的权利,又赋予了组织和个人同一切侵犯自己合法权益行为作斗争的有效手段。法律法规中,关于毕业生就业工作的原则,就业工作程序,政府、学校和中介机构的职责,用工单位、毕业生的权利和义务,保证公开公平竞争,毕业生就业市场和就业行为方面的内容,都属于法律法规类就业信息。如全国人大常委会和国务院相继颁发的《全民所有制工业企业法》《全民所有制工业企业转换经营

机制条例》,明确了企业的用人自主权和工资、奖金分配权。从此明确,政府在毕业生就业工作中不应再用行政手段,同时也告诉毕业生若自己的专业及个人素质不能满足企业需要时,将出现就业难。因而,毕业生只有自加压力、夯实基础、强化能力、练好内功,才具有竞争优势。可见,了解法律法规中有关就业的规定,对于毕业生依法办事、选择职业、争取合法效益、维护自己的正当权益,具有重要意义。目前已出台的法律法规有《中华人民共和国劳动法》《反不正当竞争法》《劳动合同法》《就业促进法》及部分省、市先后制定的人才劳务市场、中介服务机构管理条例等。

3. 行业详情 行业详情是指你所学专业将来可能从事的职业行业社会需求的宏观就业信息和需求信息。目前我国经济形势不断好转,宏观经济整体再现出良好的态势。随着我国老龄化社会的到来,未来 10 年,在卫生领域,中医学、老年医学等专业将成为热门专业,因为中医在治疗一些疑难杂症中发挥着独到的作用。所以,中医师、按摩师,从事老年医学专业的家庭医师、保健医师,家庭护士和熟知护理学的家庭服务员将成为走俏人才。

4. 目标单位 我们要收集的目标单位的就业信息主要有:

(1) 单位性质和法律地位。一般分事业单位和企业单位两类,企业单位有国有企业、集体企业、私营企业、三资企业等类型。

(2) 单位的工作或业务内容,生产项目或主要产品的名称。

(3) 单位的知名度,发展前景。

(4) 单位的地理条件,工作环境。

(5) 单位的管理体制及其组织机构。

(6) 单位的岗位需求、人才结构、规格、分工程度。

(7) 单位工作的紧张程度,学习晋升机会。

(8) 单位的效益、福利、工资、奖金、住房、生活设施等。

如果毕业生对目标用人单位不甚了解,就不能进行准确的对比分析,将会给自己的求职择业带来很大的随意性和盲目性;相反,了解和掌握目标用人单位的信息越多越全面,那么择业成功的希望就会越大。

5. 招聘信息 与毕业生所学专业相近岗位的招聘信息或毕业生能够从事职业的招聘信息。

6. 应聘知识 在应聘过程中要注意的材料准备知识、礼仪知识等。

7. 其他信息 如工作中可能会遇到哪些疑难问题及解决的方法,继续教育与培训的信息等。毕竟 21 世纪是终身学习的时代,就业目标单位提供的继续教育与培训的信息也至关重要。

(二) 就业信息的来源

信息来源是指产生和持有信息的个人、机构或载有信息的载体,产生信息或为了传递而持有信息的系统,均可成为信息源。

1. 主管部门 学校主管部门和各地市、县、区、劳动人事部门设立的人才服务中心和职业介绍中心,是专门从事人才交流、职业介绍工作的服务机构。特别注意这些机构主办的人才交流会,你不仅可以了解到许多各类不同的机构和职位,及当地就业的政策、规定,而且还为你提供了一次极好的锻炼面试技能和增加面试信心的机会。这类中心由于是地方政府职能部门负责管理,所以信息量大、服务规范、信息准确,而且毕业生将直接面对招聘单位,通过彼此的交流可以获得远比报刊等渠道更为丰富和全面的信息,更有利于毕业生正确地做

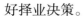

好择业决策。

2. 新闻媒体　人才市场的活跃和再就业工程的推行,成为各大媒体关注的热点。由于新闻媒体具有传播速度快、涉及面广、信息及时的特点,很多企业通过新闻媒介宣传企业形象、寻求人才的广告层出不穷。所以,新闻媒介成为巨大的信息源。如中央电视台开设有"人才·择业"栏目,北京电视台开设有"人才红娘"栏目,北京有线电视台则开设有"人才"栏目,北京经济电视台开设有"人才大市场"。其他各地电视台也都发布或多或少的招聘、招工信息。作为求职者,应该是一个"有心人",应充分研究这些广告词,从中得到一些启示。

3. 报纸杂志　通过报纸、杂志等传播媒体获取信息,是一条比较有效的途径。所以,毕业生不要忽视图书馆的作用。目前,除《北京人才市场报》《上海人才市场报》《南方人才》《中国人才》《跨世纪人才》《人才开发》等人才专业报刊外,《工人日报》《北京日报》办有"就业"专版,《中国教育报》办有"考试与择业"专版,《新民晚报》办有"就业之友"专版,《北京晚报》办有"再就业市场"专版,《解放日报》办有"就业咨询"专版,《广州日报》办有"求职广场"专版,《新华日报》办有"人才市场",其他许多报刊也发布求职广场、求职大看台、求职招聘人才市场,择业咨询等栏目或版面。

4. 直接获取　毕业生直接到用人单位了解需求信息。用人单位包括各级企事业单位、"三资"企业、乡镇企业以及个体私营企业,是非常重要的职业信息之源。到用人单位了解招聘信息,最直接、最及时、也最具体。如果求职者具有直接到用人单位了解招聘信息的条件(比如,在用人单位有熟人、同乡、亲戚,朋友),你就可以直接到用人单位去。也可以采取发函、电话咨询等方式,询问用人单位有无近期招聘信息,在发函时附上一枚回函邮票更好。到用人单位直接了解招聘信息的最大好处是效率高,你会很快有一个结果。

也可利用各种类型的双选会直接获取就业信息。每年人才服务中心或就业指导中心都会举办规模不等的毕业生供需见面会,可能是分行业、分地区举办,通过双选会毕业生可以获取更多就业信息。

5. 实践实习　社会实践是自我开发职业信息的重要途径。在社会实践的过程中,通过自己的努力赢得用人单位的好感、信任,取得职业信息甚至直接谋得职业的毕业生不乏其人。因此,在各种社会实践活动中,在了解社会、提高思想觉悟、培养社会能力的同时,要做一个收集职业信息的有心人。毕业实习是毕业生走向社会的前奏,是参加工作的预演。通过实习,一方面使用人单位对你有所认识、了解;另一方面也使毕业生对用人需求、择业范围有了更深的认识,从而更有利于择业竞争。

6. 社会关系　利用平时建立起来的社会关系网来获取有用的就业信息非常重要。

一是学校的老师。学校不少老师与外单位有工作联系,通过老师特别是专业课老师,可以获得不少信息。老师关心学生是职业责任感的具体表现,老师从他们的工作伙伴、青年时代的同学那里获得的用人信息,可行性比较大,而且传递给毕业生时,尤其注重毕业生就业意向与职业的匹配。

二是自己的校友。你可以从学校有关部门或通过毕业生班主任那里寻求到前几届毕业生的工作单位、通讯地址,可通过联系,认识一些自己的"学兄""学姐",打听一下是否可以在其单位为你探询就业可能性;你也可以给已在你感兴趣单位供职的校友写一封信,告诉他们,你是他们的校友,同时问问他们是否愿意为你透露一些有关公司内部工作机会的情况。由于校友具有一定的工作经历,他们提供信息的最大特点是比较接近本校,尤其是本专业的毕业生在人才市场的供求状况及其在一具体行业中的实际工作、发展状况。近几年毕业的校友具有对就业信息的获取、比较、选择、处理的经验和竞争择业的亲身体会,这比一般纯粹的职业信息更有参考、利用价值。

三是家庭成员和亲友。动员家长、亲戚、朋友及朋友的朋友等,也许会给你提供一些就业信息。利用这一渠道时要注意的是,择业应根据社会关系的特点,预先准备好所要了解的问题,有所侧重,以免遗漏重要的信息,或因某个人索取信息的观念、方式有误或对问题认识、理解上的偏差造成信息失真。毕业生就业事关重大。家长亲友出于对子女、亲友的责任心,往往要对自己提供的就业信息先经过一番推敲、筛选。因此,传递到毕业生本人的就业信息,一旦接受,转化为就业岗位的可能性较大。家长亲友是提供就业信息的非正式渠道,它与家长、亲友的职业、经历、社会地位、社会关系等家庭背景有很大关系,因此,毕业生由家长、亲友提供的就业信息的数量和"质量"有很大的个人差异。对有些毕业生来说,家长亲友提供的就业信息是其主要的选择。所以,毕业生应加强同学、校友间的沟通,"我为人人、人人为我",互相"调剂"家长亲友提供的信息,使之产生更多的效益。

求助人际关系获取信息的首要工作就是建立你的信息网络。在平时的学习、生活、社交活动中,做一个有心人,将凡是你所认识的人,不管关系亲密程度如何,都要有意识地纳入你的关系网内,多多益善。不要先入为主,以为某些人可能没有用而将其排斥在网络之外,说不定你认为起不了什么作用的人恰恰给你带来机会。就业网络越大获得的信息就越多,找到称心如意工作的机会就越大。

我们应将平时建立起来的各种交往和联系的关系网,如电话本、名片册、校友录、同乡录,以及参加各种会议和学习的名册找出来,进行分类整理,重新排列组合,以便有重点、有针对性地寻求帮助,这份名单包括:①亲戚、朋友、邻居、熟人;②亲密朋友的朋友;③朋友的父母亲、兄弟、姐妹等;④同学、校友、老师(小学、中学、现在的);⑤个人生活和学习过程中接触过的各种各样的人(包括社会团体、娱乐团体、社会活动中结识的人)。

人是社会关系的总和,每个人都生活在一定社会关系中。对即将走出校门的毕业生来说,要学会充分利用人际关系的信息传递功能,为自己开辟出一片广阔的职业选择天地。实际上大多数用人单位更愿意录用经人介绍和推荐来的求职者,他们认为这样录用进来的人比较可靠。从另一方面来讲,招聘单位每天收到数百封求职信函,而且这些信函在内容上并无太大的差别,所述的求职资格和工作能力也都相差无几,谁也不比谁更为突出。那么招聘单位面对如此众多的没有多大区别的陌生人,能有什么更好的方法分辨出究竟哪一个更强些,强出多少? 所以,在关键时候,找个"关系"帮你推荐一下,也许是最为有效的。例如:美国著名的 IBM 公司招收新雇员,就采取由本公司内的雇员介绍所熟识、所了解的人的办法。

7. 互联网络 网上求职择业,获取求职信息,已经非常普遍,在网上收集就业信息,既及时又便捷,我们要充分利用这种重要的信息资源。

8. 其他途径

(1) 于平常之中捕捉不平常的信息:有用的信息有时很可能在不起眼的地方,以平平淡淡的方式冒出来。只要做个有心人,便可发现它。比如:街头广告信息和"道听途说"信息。随着企业用工自主权的逐渐落实,一些用人单位,尤其是第三产业的一些单位常常在自己单位的门前或街头的广告栏,以及其他一些地方,张贴各种"招聘""招工"启事,给求职者提供职业供给信息。社会生活中也不乏"说者无心,听者有意"的事。人们的闲谈中也隐含着职业供给信息。有一天,张小姐到商店买东西,无意中听两个售货员议论某商场最近将开业,这其中就隐含着该商场可能招导购小姐和售货员的信息,没过多久,张小姐就到该商场上班去了。类似议论在日常生活中是常有的,有心的求职者不可放过这些"稍纵即逝"的信息,如适合自己应当积极地加以利用。

"非正式信息"具有广泛、生动、不加掩饰的特点,但因为是"马路消息",难免有偏颇和失实之处,这就要发挥我们的分析力和判断力,"顺藤摸瓜"实地考察也许能发现对自己有用的信息。

(2) 电子平台:一般地说,电话簿上的分类目录,收录了一个地区的所有企事业单位的电话,可以从中找到有关企业的名称和地址。当你获得感兴趣的单位地址或电话后,不妨给其人事部(科)打个电话或者亲自到单位去拜访一下,也许能弄清单位是否需要你这样的人才、单位的交通、地理位置、环境条件等有关信息;还可以获得用人单位的发展前景、劳资关系、人员素质等方面的意外信息。由于自己亲自登门造访,实地考察,因而收集的信息准确、可靠,对自己择业决策具有重要的参考价值。当然也可以用 QQ、微信平台收集信息。

(3) 邮件询问:邮件询问是指毕业生通过邮件收集信息的办法。如毕业生可向若干家自己感兴趣的单位邮寄个人求职信件、毕业生就业推荐表或个人简历,以期获得某个单位邀其去面试。或当得到用人单位需求信息后,为了进一步全面、深入、客观地了解用人单位,以期作出正确的求职决策,也可向用人单位、用人单位上级主管部门或用人单位所在地管理部门去邮件询问情况、索取资料。通过这种渠道收集信息,只要不被反馈率所吓倒、满怀信心,努力争取,也许有成功的机会。

(三) 就业信息的收集原则

收集信息要坚持"早""广""实""准"的原则。

1. 早　就是收集信息要及时,要早做准备,不能事到临头抱佛脚。谁越早获得信息,谁就越主动。而且信息的时效性就越强,一个好的信息,你如果优柔寡断,犹豫不决,不积极争取,那么很快就可能被别人抢先一步。一般来说,毕业生在毕业前一个学期就要开始注意联系,做好准备。

2. 广　就是信息收集的范围要广,视野要宽,要广泛收集各个方面、不同层次的相关信息。不能只注意在大城市搜集大单位的信息。要把范围扩展到中、小城市,甚至乡镇,扩展到基层去。也不能光收集国家机关、国有企事业单位的信息,还要收集非国有企业的信息。这样信息量才会大,成功的机会也会增多。

3. 实　就是收集的信息要真实具体,而且在有效期内。只有这样的信息才有参考价值。在收集信息时应尽可能对各方面相关情况有所具体地了解,只有这样才能避免盲目性。

4. 准　就是要做到准确无误。一方面要弄清楚与就业相关的政策、法律等知识;另一方面,信息也要注意时效,要确定你了解的信息是否是过时信息,以避免不必要的麻烦。

(四) 就业信息的收集方法

1. 全方位搜集法　把你的专业有关联的就业信息统统收集起来,再按一定的标准进行整理和筛选,以备使用。这种方法获取的就业信息广泛,选择的余地大,但较浪费时间和精力。

2. 定方向搜集法　自己选定的职业方向和求职的行业范围来搜集相关的信息。这种方法以个人的专业方向、能力倾向和兴趣特长为依据,便于找到更适合自己特点、更能发挥作用的职业和单位。需要注意的是,当你选定的职业方向和求职范围过于狭窄时,有可能大大缩小你的选择余地,特别是你所选定的职业范围是竞争激烈的"热门"工作时,很可能给你下一步的择业带来较大困难。

3. 定区域搜集法 根据个人对某个或某几个地区的偏好来搜集信息,而对职业方向和行业范围较少关注和选择,这是一种重地区、轻专业方向的信息收集法,按这种方法收集信息和选择职业,也可能由于所面向地区的狭小和"地区过热"(即有较多择业者涌向该地区)而造成择业困难。求职者应当根据自己的实际情况将上述几种方法综合起来搜集信息。

二、就业信息的选择

在广泛收集就业信息的基础上,结合自己的实际情况,根据国家有关的政策、法规对信息进行一番去伪存真、去粗取精,有目的、有针对性地进行排列、整理和分析,这对求职者来说非常重要。信息只有有了准确性、全面性和有效性后才能使其更好地为我们的择业服务。

(一) 整理信息

1. 按性质进行分类整理 把从"小道"得来或几经转手而未经证实的信息与有根据的信息区别开来。前者有待进一步证实,后者则可以作为自己择业的参考依据。

2. 按内容进行分类整理 就业信息不仅仅是职业供给信息,它涉及多方面的内容。有的是关于就业方针、政策方面的信息,有的是关于劳动用工制度和人事制度方面的信息,有的是有关自己所学专业和技术专长方面的信息,有的是对所需人员的素质要求方面的信息等。即使对用人单位,也可以按行业性质、职业性质、工种、工薪的高低及其所在地区或归属进行分类整理,以便进行鉴别和选择。

(二) 筛选信息

整理信息的过程,本身就带有筛选性。但我们应该对已经鉴别有用、分类归纳好的信息,根据自己的实际情况,进一步加以筛选。筛选信息时要注意以下几点:

1. 掌握重点 信息可以全面收集,但在比较筛选后,应把重点信息选出。

2. 善于对比 对收到的信息进行对比,以确定信息的可靠程度。

3. 避免盲从 对获取的信息不能盲从,对重要信息要寻根究底,务求了解透彻。

4. 对照衡量 信息是否适合自己,都要结合实际,对照衡量,千万不可好高骛远。

在筛选信息时,也可用现场核实、到学校主管机构求助核实、资料查证、电话信件调查的办法进行核实筛选。

(三) 应用信息

就业信息的使用是一个比较复杂的思维过程。这里提醒同学们主要注意以下3个方面:

1. 发挥优势 我们在选择职业时,尽量做到发挥特长,学以致用。这样可发挥优势,避免人才资源的浪费。

2. 面对现实 在择业问题上,无论个人的愿望如何美好,在实际操作时要面对现实。不能图虚荣、爱面子,好高骛远,要量力而行,量"能"择业,量"才"定位。在利用信息过程中,如发现自己哪方面的技能欠缺,就赶快去参加必要的培训,去主动学习和掌握那方面的知识和技能,以弥补自己原来的不足,缩小与社会需求的差距。

3. 力求及时 信息有很强的时效性,及时用之是财富,过期不用是垃圾。如稍一延误,就会痛失良机。因此,我们在使用信息时要及时挖掘,及时利用,寻求成功。

(四) 反馈信息

信息选择应用后,要密切注意信息的反馈,一是应该及早决断并向用人单位反馈信息;二是注意用人单位对我们求职者的信息反馈,并及时加以调整。有时由于各种原因导致求职失败,这就需要静下心来认真总结、分析,并找出失败的原因,及时加以弥补和调整,着手进行第二轮的分析选择过程。

(五) 交流信息

我们收集的信息有时对自己不一定有用,但可能对他人十分有用,遇到这种情况,千万不要抓住不放,封锁信息,应该主动向他人提供。这不仅对他人是个帮助,同时也有利于自己。因为,一是增加了与他人交流信息的机会,从这种交流中你也许会从别人手中获得对自己有益的信息;二是通过这种交流可获得真诚的友谊,为自己铺就一条成功之路。

三、就业信息的运用

信息网络建立后,要仔细复查所有姓名,从中挑出若干人,继之与他们联系,告诉他们关于你的情况,以及他们能给你提供些什么帮助,让他们对你的情况十分熟悉,相信你的知识、能力、业务水平和综合素质。可以将你的履历表寄给他们,请他们给你提些意见,也可找几个关键友人与他们会面,因为会面是未来求职面试的最好练习,也可以给你就业网络中的每一个人打电话,使自己的名字出现在友人的脑海中。利用这种网络来争取他们的各种帮助:如直接给你介绍工作,告诉你可能存在的求职机会,转告他的朋友谁有可能介绍工作,提供能够帮助你的各种信息等。同时,求职者一定要明确应聘、就业的程序,了解就业发展概况,调整自己的学习目标。

为了提高获取信息和求职就业的成功率,我们在运用就业信息网络时应该注意以下几个问题:

1. 选好委托人选 确定好求助人选,所要求助的人应该是与自己关系密切的人,如老师、同学、朋友等。老师提供求职信息的特点是:他们能够利用老同学、自己的学生、科研伙伴,协作单位的关系,获得针对性强的求职信息,这些信息往往比较注重毕业生的学业成绩、在校表现等综合素质,对优秀生比较适合;另外这类信息经过筛选后传递给学生,可靠性较大,而且与毕业生的就业意向和所学专业较为吻合,因此,毕业生应加强和教师沟通,增进师生友谊,争取他们的帮助。

同学关系非常纯洁,极可能发展为长久,牢固的友谊。在学生时代,人们年轻单纯,热情奔放,对人生、对未来充满浪漫的理想,而彼此对对方的性格、脾气、爱好、兴趣等能够深入了解。因此,在同学中最容易找到合适的朋友。毕业后的同学可以继续联络,虽然彼此的工作领域不同,但可以将焦点对准目前的现状。即使对方在学生时代与你交往平淡,你也可以主动地加深与其交往的程度。如果你很幸运地找到凡事均积极热情的同学,想必他会提供方便,助你一臂之力。

亲戚之间大都有血缘或亲属关系,这种特定的关系决定了彼此之间联系的亲密性。当人们遇到困难时,大概首先想到的就是找亲戚帮助。俗话说,不是一家人,不进一家门。作为亲戚只要你有求于他,一般都会竭力相助。如果你找工作遇到了挫折,不要单枪匹马地孤身奋战,多往亲戚那边想一想,看是否找得到得力之人。

另外,中国人有着强烈的乡土观念,对同乡人有一种天生的情不自禁的热情,尤其是到外地上学或谋生时,这种同乡之情就更加强烈了。同样,在求职时,若能恰当地利用同乡关系,你会得到一些有益的帮助。

2. 说清求职目标 求职者有必要详细向所委托的人介绍自己的情况,从文化、技术知识结构到职业兴趣、爱好,从职业性格到职业能力等。要把自己所要选择的求职单位告诉被委托者,并把自己对这个单位所了解的情况转告给被委托者,使其能更多地了解求职单位的情况,以便有针对性、灵活地帮助你。

3. 选好委托方式 可以先由被委托者一个人前往求职单位介绍求职者的情况,也可以随被委托者一同前往,由被委托者引见、介绍,但主要由求职者自我介绍,被委托者进行帮助补充或纠正;或者是在求职谈话处于冷场时出来说些打破僵局的话。如果被委托者不便出面,也可以自己单独前往。

对于委托人,可以征得他的同意,请他写个条子或者打电话给求职单位领导,只要写明或者说明"兹有某某前去找工作,请予接待,拜托"即可,不必详细介绍自己,个人详细情况留给自己作介绍。总之一定要让求助的人知道求职的事。否则,不但帮不上忙,甚至会起反作用。

4. 表好求助态度 既然是托人家办事,就要尊重人家的意见,要有诚挚的谢意。在求职过程中,应该随时向委托人汇报自己的进展,同时引起委托人的不断关心,帮助我们克服可能遇到的其他困难。这样,经过求职活动,你和你朋友们之间的友谊将会进一步加深。不管事情办成与否,最后都应该对人家表示诚挚的谢意。在借助人际关系求职时,也要分个主次轻重,弄清楚谁将对你帮助更大,谁掌握的信息更有价值等,于是自己制作一张简单表格来记述求助情况也是很必要的。只要肯下功夫,一定可以得到有用的信息,从而为求职获得更多机会。

一个毕业生是否会收集、利用信息,在择业过程中起着关键作用。收集的就业信息越多,机会就越多,信息处理得好,就能事半功倍。但在这个发展迅速的社会,任何事都可创新,收集和处理信息的方法也不是一成不变的,没有最好,只有更好。只要你充分认识到就业信息的重要性,在认真掌握以上原则及方法的基础上,你一定能创造性地走出一条自己的路。

 小资料

我国养老服务人才"告急"

"目前,国内老年护理专业人才缺口在千万以上,专业技能人才极为紧缺。"2016年5月在北京举办的一场老年教育与养老服务人才培养主题研讨会上,国家开放大学副校长刘臣坦言。截至2015年,我国60岁以上人口达2.2亿,约占总人口的16.1%。我国已进入人口老龄化快速发展期,人口老龄化速度大大快于世界平均水平。

与老龄人口快速增长相关联的,是养老人才的巨大缺口。目前我国高龄失能人口达3600万人,按照1:3培养养老护理人员便需要1000万人。而目前全国福利机构从事养老服务的职工总共才30万人,其中真正具备养老护理员资格证书的仅5万人。

近两年我国养老业快速发展,但发展越快,大家越感到硬件投入相对容易,软件建设是不易的。从管理人才、经营人才到服务人才,现阶段我国养老服务人才规模小、质量参差不齐的现状,在一定程度上制约了养老业的发展。

第三节 材料准备

 励志格言

诚实是最好的策略。

——希腊谚语

课堂思考

　　一个青年丢了工作,身在异乡的他四处寄求职信,但都石沉大海。一天,他收到了一封回信,回信人斥责他没有弄清楚公司所经营的项目就胡乱投递求职信,并指出他的求职信语句不通,借此把青年嘲弄了一番。青年虽然有些沮丧,但他觉得这是别人给他回的第一封信,证实了他的存在,而且回信人在信中明确指出了他的不足。为此,他还是心怀感恩地回了一封信,信中对自己的冒失表示了歉意,并对对方的回复和指导表示了感谢。几个星期后,青年得到了一份合适的工作,而录用他的正是当初回信拒绝他的那家公司。

　　思考:这是一个真实的故事,从这里我们可以看到,青年个人的思想品质对他的求职产生了巨大作用。同时,他的求职信也为他的成功助了一臂之力。那么,我们如何书写求职材料呢?

一、求职信

　　求职信是求职者向招聘单位所写的申请职位的信函,也称自荐信。用人单位往往出于人力和时间上的考虑,不可能对每一个求职者都进行面试,总是对众多的求职信进行一番比较、筛选之后,初步认为基本满意的人,再重点进行面试。因此,写求职信是一项极为重要的工作,它是毕业生走向社会,充分发挥自己所学专长,施展才干的一块敲门砖。所以,写求职信不能掉以轻心,更不能马虎从事,务必精心构思、认真运笔,反复修改,尽可能写得合体、达意、规范。

(一) 求职信的作用

　　求职信是自我推销的广告,又是一幅自我描述的"彩照"。求职信会给用人单位留下或好或坏的第一印象,它是用人单位取舍的首要依据,也是对求职者的一次非正式考核。用人单位通常透过一份求职信可以了解一个人的思想修养、知识水平、个性特征、工作能力,文化修养和文字表达能力以及求职的诚意等。求职信的目的在于让对方对自己感兴趣。这里有两个关键因素:一是了解对方感兴趣的是什么? 二是自己让对方感兴趣的是什么? 为此,求职者要紧扣用人单位的录用标准,在信中表述自己的专长,突出自己的个性,强调事业心,表明真诚意愿。

(二) 求职信的分类

　　求职信可以从不同的角度进行分类,不同的求职信其侧重点和行文语气各有不同。

　　1. 从求职者有无实践经验的角度分　求职有毕业求职(初次就业)与重新求职(跳槽或再就业)两种情况。与此相应的求职信也有毕业求职信与重新求职信两种。前者是指学校毕业或即将毕业的初次求职者写的求职信;后者则是指有职者打算"跳槽"或失业下岗者欲谋新职业时所写的求职信。

　　2. 从求职者是否获得招聘信息的角度分　求职可分自荐求职和应聘求职两种情况。与此相应的求职信也可分为自荐求职信和应聘求职信两种。前者是指求职者在并未获得准确用人信息的情况下,主动向用人单位冒昧写的带有自我推荐性质的求职信;后者则是有针对性地写给某单位以谋求某一特定职位及反映自身条件的求职信。

　　3. 从有无明确的求职目标的角度分　求职信可分为三类:①具有高度针对性的信,是针对某单位的某个人或某单位的某一具体职位写的。寄一封具有很强感染力和说服力及图文并茂的求职信,表示希望面谈的要求,这是一种有效的求职方式。②具有普遍性的信,适用于不同单位,可大量复制,到处"撒网",这种求职信缺乏针对性,效果不佳,但这种信比较省时省力。③综合以上两种求职信的特点,属于"混合型",信的主体部分不变,只是根据用人单位的性质和需求条件增加或删去某些内容,开头和结尾注意使用准确的称呼和恰当的措词。这种求职信比较适用,既节省时间,又可以增加求职的成功率。

4. 根据求职方式的不同,有托人求职与求职推荐两种 与此相应的求职信也有托人求职信和求职推荐信两种。

(三) 求职信的结构

1. 求职信的结构 一般由开头、正文,结尾三部分组成。开头部分包括称呼和引言,引言的主要作用是尽量引起对方的兴趣看完你的材料并自然进入主题部分。开头要注目,说明写作缘由,表达求职愿望。

2. 求职信的重点 正文部分是求职信的重点,要简洁而有针对性。一般写法是先谈自己求职的理由,目标。理由要充分、合乎情理,可信。目标要具体明确。接着要重点介绍自己应聘的条件,突出自己的重要成绩、特长、优势,强调自己会为招聘单位做些什么,阐明对招聘单位的特殊价值。总之,正文要做到告知情况,重点突出,理由充分,言简意赅,语气自然。

3. 求职信的结尾 结尾部分包括结束语、祝颂语、礼告敬辞、署名和日期。

(四) 求职信的要求

1. 称谓要得体 称谓要符合写信人同收信人的特定关系。收信人应该是单位里有权录用你的人,要特别注意此人的姓名和职务,书写要准确。在格式上,称呼要在信笺的第一行起首的位置书写,单独成行,以示尊重。称呼要严肃谨慎,不可过分亲昵,以免给人以"套近乎"、唐突之嫌。需要注意的是有的招聘广告中说明"材料寄×××收"的,开头称呼则要写"尊敬的×××先生(小姐)",如未说明,则按一般的写法,如"尊敬的领导"等。

2. 问候要热情 抬头之后的承启语起开场白的作用。向对方问候一句,是必不可少的礼节。问候语可长可短,即使短到"您好"二字,也应是发自内心,体现出写信人的一片真诚。问候不宜过多,以简捷、自然为好。

3. 内容要准确 正文是书信的主体,一般从信笺的第二行开始写,前面空两格。书信的内容尽管各不相同,写法也多种多样,但都要以内容清楚、叙事准确、文辞通畅、字迹工整为原则,此外还要谦恭有礼,措词恰当。

4. 祝颂要真诚 正文后的祝颂语虽然只几个字,但表示写信人对收信人的祝愿、钦敬,也有不可忽视的礼仪作用。祝颂语一般分两行书写,首行空两格,下一行顶格。祝颂语可以套用约定俗成的句式,如"此致""敬礼""祝您健康""祝工作顺利"之类,也可以另辟蹊径,触景生情,以更能表示出对收信人的良好祝愿。如对尊长,可写"敬请福安""恭请大安""恭请平安";对平辈,则用"顺颂时祺",春天可写"此颂春安",逢年可写"即请年安""此请岁安",平时用"敬颂时绥"之类;另外可按对方职业可选用不同的祝颂语,如对学术界可选用"敬请学安""撰安""编安""文祺""教安""诲安";对政界可选用"恭请钧安""勋安"等。

正文的最后,要署上写信人的名字和写信日期,为表示礼貌,名字前加上相应的"弟子""受业";给用人单位领导写信,可写"求职者"或"您未来的部下"。名字之下还要选用适当的敬辞,如对尊长,在署名后应该加"叩上""敬禀""叩禀""拜上""敬启"等;对平辈在署名后加"敬白""谨启""拜启"等。

5. 封文要尊称 封文(信皮)的主要内容除要清楚、准确地写明收信人地址、姓名、邮政编码、发信人地址及姓名以外,还要恰当地选用封文中的礼貌词语。首先要注意收信人称呼。封文是写给邮递员看的,因此应该根据收信人的职衔、年龄等,写上"经理(或总经理)""院长""人事处长""人事经理""同志""先生""女士"等。其次,要讲究"启封辞""缄封辞"的选择。"启封辞"是请收信人拆启的礼貌词语,它表示发信人对收信人的感情和态度,一般对高龄尊长用"安启""福启",对平辈,可依照收信人的身份、性别,分别用"勋启"(对军人)、"文启"(对老师)、"芳启"(对女士);"缄"字的用法也有讲究,给长辈的信宜用"缄启";对平辈用"缄"。求职者还需注意,切忌用挂号或快件寄求职资料,以免给收信人增添麻烦,劳神费力。

(五) 求职信的写作

写好求职信是一门学问,也是一种艺术。求职信因为目的特殊,所以有一套特殊的写法。其遣词造句须慎重,既要有吸引力,又要不落俗套,还要突出自己的个性和特长。因此,写好求职信要注意以下几点:

1. 书写内容

(1) 说明个人的基本情况。

(2) 你对用人单位、职业的了解与赞美。

(3) 说明用人单位消息的来源。

(4) 说明求职目标。

(5) 说明胜任某项工作的条件。

(6) 介绍自己的潜力。

(7) 说明自己对工作的态度和精神。

(8) 说明你渴望得到这份工作的心情。

2. 写作要求

(1) 有的放矢,对症下药:写求职信时,必须明确用人单位的具体要求和求职目标,有针对性地展示自己相关方面的优势和才能,对症下药,切中要害。切忌情况不明,无的放矢。

(2) 长短适度,重点突出:求职信以 1000 字左右为宜,不宜过长。哈佛人力资源研究所在 1992 年就有一份经典性的测试报告,即一封求职信如果内容超过了 400 个单词,则其效度只有 25%,即给阅读者只会留下 1/4 内容的印象;相反,求职信过短,既显得没有诚意,又说不清问题,造成不严肃、不认真的感觉,一定要重点突出。社会和学校不一样,不少用人单位更重视求职者的经验和能力,学习成绩仅仅是一个方面,所以要根据用人单位的需求,简单地写知识和学业,重点地写社会实践经验和实际操作能力。

(3) 文笔流畅,表达准确:用人单位往往通过求职信来了解求职者的文化素质和文字表达能力,所以,求职信最好用平实、稳重的语言和语气把你的求职想法和个人特点表达出来,切忌堆砌辞藻,卖弄文采,华而不实,绝不能出现文字上的错误。

(4) 实事求是,谦虚有度:写求职信是推销自己,就要强调自己的优势,强调对用人单位的价值。在自我介绍时,既不过分夸大,不过分谦虚,又要实事求是。谦虚谨慎可以使对方产生好感,但过分谦虚,则会使人觉得你什么都不行。

(5) 书写工具,审慎选择:书写时最好用蓝黑墨水。当然,毛笔和圆珠笔也可以,但绝不能使用红色笔和铅笔。因为,红笔书写表示绝交,铅笔书写对人不尊重。

(6) 不断修正,以求完善:写求职信要先打一个草稿,把自己要写的材料列出先后次序,并巧妙地将它们串起来。求职信写成后,要仔细推敲,反复修改,并根据不同用人单位的不同要求增减内容,以求完善。

3. 表达技巧

(1) 字体工整,精心设计:工整、清洁、美观的求职信,给人以愉悦的感觉,相反,字迹潦草,龙飞凤舞,给人以办事草率、敷衍了事的感觉。许多用人单位都愿意录用一个写字漂亮的人。求职信先说什么? 后说什么? 重点是什么? 都要精心设计。同时,信封的书写及外观,信纸的折叠,都要费一番心思。

(2) 多想对方,少用"我"字:在求职应聘中,给用人单位一个良好的印象是至关重要的。因此,要细心揣摩用人单位的具体要求及招聘员工时的想法,他们需要什么样的人? 他们希望这些人具备怎样的素质? 他们看了这封信后会有怎样的感觉? 这封信是否充分展示了自己的能力? 只有想到对方,站在对方的角度上考虑问题,才能牢牢吸引对方,争取面试机会。

(3) 简明扼要,突出重点:求职信贵在简洁,行文既要行云流水,酣畅淋漓,又要简明扼要,突出重点。废话连篇的求职信不但浪费人家的时间,还容易引起对方的反感。求职信贵在精,精在开门见山,内容集中,语言简洁明快、篇幅短小精悍。

(4) 富有个性,不落俗套:正如精心策划广告一样,不拘泥于通俗写法,立意要新,思维要敏锐,给对方留下深刻的印象。

(5) 以情感人,以诚动人:古人云:"感人心者,莫先乎情"。语言有情会更有助于交流思想,传递信息,感动对方。做到以情感人关键在于摸透对方的心理,然后,采取相应对策,要想方设法引起共鸣。写求职信要以诚动人,以诚取信,言出肺腑,言而有信。用我们的真诚来感动"上帝"。

(6) 争取面试,不提待遇:写求职信的目的是建立联系,争取面试,初次写信不要提薪水待遇,此时谈待遇为时尚早。因为以后会有适当的场合、时间来提这件事。更何况薪水的多少并不是我们选择职业的唯一。在求职信的最后,要提醒用人单位留意你附加的简历及其他材料,并请求给你回音,以争取进一步联系,从而获得面试机会。

4. 注意事项 有些求职信虽然文理通顺,字迹工整,但对方看过之后不得要领或有不悦,甚至反感,所以写求职信要注意避免以下几个问题:

(1) 为对方限定时间:如"本人某月某日要赴外地实习,敬请贵经理某月某日前回信为盼",表面上看,文字相当客气,可是客气之中却为对方限定时间,容易使对方反感。

(2) 为对方规定义务:如"本人谨以最诚挚的心情,应聘贵院检验员,盼获得贵院的尊重和考虑。"这样的说法似乎是说:你如果不聘用我,就是对我的不尊重,这样的语句,对方是难以接受的。

(3) 以上压下的口气:如"卫生局张局长要我直接写信给您",收信人看后可能会这样想:"既然局长大人有意,你还写信给我干什么,真是多此一举。"然后把信撕成碎片,往废纸筐一扔了事。

(4) 欲擒故纵:如"现有几家医院欲聘我……"这实际上是威胁人家,是用别的单位来压他,好像是在说"我可是一位人才哟,他们都抢着要我,你不聘我,就是不爱才,不识才,不用才。"所以,往往会激怒对方,将你的求职信直接扔进垃圾桶。

（5）翻版"履历"：许多求职者写出来的求职信简直就是把履历用另一种形式表述，使人阅读后也不得要领。

（6）漫天撒网，广种薄收：在现实生活中，常常将自己的求职信复印好多，到处散发。这往往会给用人单位留下态度不诚恳，心猿意马的印象，"谁知道他（她）给多少用人单位发了求职信呢？"从而导致求职失败。因此，我们要掌握要害，重点突破。

（7）求职信切忌主次不分，目标不明，过分谦虚，缺乏自信，平庸无奇，缺乏个性，字迹潦草，错漏百出，礼貌不周，语言粗俗，冗长繁杂，又长又臭。

（8）不够自信：谦虚虽然是美德，可是现代社会里过谦却越来越不合时宜了。求职者推销自己时要树立自信，应该强调自己的长处，如果你不能避免要提自己的缺点时，则尽量轻轻带过。

（9）语气不庄重：用人单位大都喜欢看事物比较客观的求职者，所以在求职信中要尽量避免用"我觉得""我看""我想"等字眼来说明自己的观点。

（10）过多简写词语：如果你与朋友交谈时习惯简称自己的学校或所修的学科，但在求职信中是绝不应该这样写的，否则只会使人觉得你做事还是个学生，给人不良印象。

（11）求职信寄出前要详细检查：求职信关系自己的生计与事业发展，不仅要精心撰写，反复修改，而且在投寄之前要反复检查，看是否有遗漏或错误。

（六）求职信的包装

求职信的包装也十分重要，如果信及信封书写漂亮、布局美观、礼貌规范的话，会使收信人感到心情愉快，颇有好感。求职信的包装主要指：

1. 信笺　信笺的选用最好选用尺寸标准（A4）、质地优良、普通无色和无格的信笺。切忌将皱巴巴、脏兮兮、随便找来的书写纸当信笺使用。不要使用带有外单位信头的信笺，因为这样显得写信人十分马虎，看上去令人不快，也不宜使用色彩鲜艳或带有香味的信笺。

2. 书写　你的求职信被挑出来了，你还得让人能集中心思看下去。如果你练得一手漂亮的钢笔字，这时正好可以派上用场，你可以亲笔书写，并落款"亲笔敬上"字样。如果你的字不那么漂亮，还是不要献丑为好，用电脑打印出来，清晰、工整而美观。求职信要求简洁，如果资料较多，可以借鉴报纸编排手法，通过设小标题、分设不同字体、分段、空行等，使全部内容版面清晰、脉络分明，主旨突出，易于把握重点。否则，密密麻麻、乱糟糟一大片只恐令人难以卒读。

3. 格式　信文要安排在信笺的中间位置，书写格式要统一。

4. 正文　语法、标点、文字要正确无误。

5. 信纸的折叠　细心的人会发现书信的折叠格式往往会反映出发信人不同的身份、不同的性格或不同的心境。

6. 信封应有个性，易引起注意　信封和邮票的作用不可小视。在一大堆土黄色牛皮纸信封中，一个素白的信封可能会令人为之一振，如果你有美术功底，（也可请人），在信封适当的位置展示一下，也许会被人欣赏；如果你远在另一个城市，并对这求职寄予厚望，发一封"EMS"，在信封上贴一两枚精美的特种（T）或纪念（J）邮票，肯定能与满眼的"民居"形成强烈的视觉反差，没准对方就是一个集邮爱好者……你可以充分调动你的思维和创意，其目的是：制造反差，悦人眼目，引人先睹。

（七）求职信范例

范例一

尊敬的张院长：

　　您好！

　　首先感谢您在百忙之中抽出时间来看我的自荐材料。我是××卫生学校2016届药剂专业的毕业生，从招聘广告中得知贵院招聘2名制剂人员，很愿意一试，故冒昧地给您写信。

　　"宝剑锋从磨砺出，梅花香自苦寒来。"追索学业之精湛，追求自己的理想和抱负，在德、智、体各方面得到了全面的发展。辛勤的汗水，终于让我拥有了扎实的基础知识，并通过了英语水平考试三级和计算机初级。在校期间，每次期中、期末考试都取得了优异成绩。多次荣获学校"优秀团员""优秀学生干部"等称号。2014、2015年连续两次荣获"市优秀团员"和"省大中专学生三下乡活动先进者"称号。

　　鉴于当今社会的竞争归结于实力与素质的竞争，我一直以提高自身综合素质来适应竞争为目标，在教学实验和教学实习中，注重自己动手操作能力的培养，充分利用课余时间和假期，积极参加社会实践活动，拓宽视野，增长社会经验。特别是在贵医院实习期间，深感领导有方，气氛和谐，人际关系融洽，学术氛围浓厚。在贵院带教老师的耐心指导下，我的实际操作能力大有长进。我努力将自己培养成为专业过硬、业务精通、适应性强的高素质劳动者。

　　诚然，学历层次较低是我的不足，但我拥有健康的体魄和继续学习的能力以及"干一行爱一行"的敬业精神。真诚地希望贵单位能给我一个发挥才能，实现人生价值，为社会发展效力的机会。

　　相信您的眼光，选择我！给我一次机会，让我全力以赴！

　　我期盼着好消息。

　　此致

敬礼

联系地址：××××××

邮　　编：××××××

电　　话：××××××

微　　信：×××××××

王某某上
2016年7月30日

范例二

罗总：

　　您的事很多，但希望您能看完。

　　我是一名经历坎坷，尝过甜酸苦辣的人。

　　因为敢于冒险，而品尝过成功的丰硕果实；因为探索冒险，也体验过触礁的震荡与凄凉。但是，这一切都锻炼了我作为企业人员所必须具备的成熟与胆识。

我的过去,正是为了明日的企业发展而准备,而蕴积。

我的未来,正准备为经企总公司而奋斗、而拼搏、而奉献!

现在正是经企总公司招兵选将待机而发的重要关头。

我不想仅仅是锦上添花,我不想在凉爽的空调房里坐享其成!

我想雨中送伞,我想雪中送炭。我想亲身去闯、去干!

1982年到1992年间,我经受过8年驾驶汽车、摩托车的锻炼;学过三年法律(西南政法学院法律专业函授生);经历过6年办案(法纪与经济案件)的挑战与考验……

做文秘,我有作品见报;做驾驶,已有20万行程;做经营,我已摈弃了不切实际的梦想而变得自信和有主见。

兵马未动,先从失败处着想,瓮中捉鳖,才能稳操胜券。

罗总,当初您闯海南,不也是三十六计,计计斟酌,万无一失,每失必补的吗?

最坏的打算不就是要变卖公司价值500万的房子、车子吗?

实践证明,两万块钱闯海南建内江大厦体现的不仅是直观的赚钱三千万,而是智慧、胆识与科学决策融合的立体结晶。

良鸟择木而栖,士为知己者"容"。

当公司需要宣传、誊写文书时,也许我可以提笔"滥竽充数";当您为了提高办事效率而自己驾车的时候,也许我可以换换疲惫的您偕同前往;当公司为法律事务而起纠纷,因为业务增多而难于应付的时候,我可以动腿挥手用所学法律,伶牙俐齿,摇旗呐喊,竭力为公司解一份忧虑,增一寸利润,挽一点损失……

我不能再说了,说多了我怕像王婆卖瓜。"实践出真知,斗争长才干。"

我只需要实践去闯,去干。

因为才干在实践中养成,也终究要在实践中体现!

罗总,一个合作机会,对我来说是一次良好的开端。

我期盼着好消息。

此致

敬礼

自荐人:曹某

1992年5月31日于海口

这是发表于1993年第2期《演讲与口才》上的一封成功的求职信。该刊特加编者按说:"本文作者是位成功的书面自我推销者。在4200人之众的激烈竞争中,凭他一纸自荐信打动了老总,敲开了自己的机遇之门,他被这家效益极佳的经企总公司录用了。本刊编发他的这封自荐信,希望能给读者朋友以参考。"中专生朋友也可以此为鉴。

(八) 英文求职信的写作

1. 英文求职信通常由下面8个部分构成:

(1) 信封 Superscription
(2) 信头 Heading
(3) 信内地址 Inside address
(4) 称呼 Solution
(5) 信的正文 Body of letter
(6) 结束语 Complimentary Close

（7）签名　Signature　　　　　　（8）附件　Enclosure

上述第 2~7 项为求职信的主要部分,缺一不可。第 8 项则视情况而定。下面是一封求职信的总体结构,供参考:

                                   Your Name（你的姓名）

                                   Your Address（你的住址）

                                   Date（日期）

Name（姓名）

Address of Company（公司地址）

Dear Mr./Ms. _____ :

First Paragraph:（第一段）

    在此应写明写此信的理由、应聘职位以及从何处得到的信息等。

Second and Third Paragraph:（第二和第三段）

    叙述你的应聘动机和自己认为适合该职位的理由。（能力、专业技术职称等）

Final Paragraph（结尾段落）

    感谢雇主阅读了此信,表示希望接受面试。

                                   Sincerely Yours,（结尾用语）

                                   Your Name（你的姓名）

Enclosure（附件）

2. 注意事项

（1）外企求职信要用外语写:主要是英语,或准备好中、英文两份材料。写求职信的过程本身也就反映出了你的外语水平,故应该尽量做到语言规范、符合外文习惯,减少语法错误。

（2）外企求职信要有针对性:针对不同企业不同职位,求职信的内容要有所变化,侧重点有所不同,使对方觉得你的经历和素质与所聘职位要求相一致,因为外企招聘所需要的不是最好的员工,而是最适合其所聘工作的人。

（3）外企求职信要有自信心:外企求职信中不要流露出不自信的思想,最忌讳的是不自信,这与中国的“谦虚是美德”略有不同,在写外企求职信中,不必太谦虚,应该充分强调自己的长处和技能,对自己较重要的经历和实践要较详细的叙述。

（4）外企求职信要诚信:要本着诚实的原则,不能无中生有,自吹自擂。有一个外企应聘者在写求职信中写到自己的爱好兴趣时,写了喜欢旅游和赛艇,实际上很少外出,对赛艇更是一无所知,但为了以具有冒险精神及刺激性的形象吸引外企招聘者故意加了这两条。结果在后来面试中,主试者谈到自己也是个赛艇爱好者,但对赛艇转弯技术却不甚了解,想与该应聘者切磋。应聘者立即面红耳赤,手足无措,不由得不承认其对赛艇一无所知。主试者不满其弄虚作假立即拒绝录用他。

（5）外企求职信要写能力:在写外企求职信中,注意写“怎么干”“这比干什么”更重要。比如你当过学生会主席,不要光写头衔,更重要的是你是如何担任这个职位的,组织了哪些活动,有什么成绩,怎么组织这些活动,达到既定目标。因为外企重视的不是你的身份,而是你如何在所任职位上发挥你的才能,他们大都以此来判断你的能力和潜力是否能胜任工作。

3. 英文求职信范例

> Dept. of Pediatrics
>
> The People's Hospital in Huining
>
> county
>
> Baiying   Gansu
>
> 73072
>
> May 20,2016

Personnel Department

Dingxi District Hospital

Gansu 743000

Dear sir:

Having heard from one of my friends who work in your hospital that you gynecology and obstetrics is in need of a nurse. I would like to offer my services for it.

I studied nursing in Dingxi Health school in 2003-2006. After graduation,I worked for two years in The people's Hospital in Huining county. During this period. I worked very hard and was often praised by my leaders and colleagues. In order to improve my professional skill,I studied the professional knowledge continuously. I love my job. I think my education and professional experience will enable me to offer helpful services for your hospital. The enclosed resume will tell you more about my personal information, including my educational background, award and personality.

Should you be in favor of my application? I would spare no trouble to acquit myself to your satisfaction. I look forward to your early reply.

> Sincerely yours,
>
> Lijuan Zhang

二、履历表

履历表是说明求职者身份、学业和经历的书面材料。它和求职信不同,求职信是针对特定的个人而写的,而履历表是针对特定的工作岗位而写的,求职信主要是用来表述求职者的愿望和特长,以期引起对方的兴趣,而履历表则是用来重点介绍求职者的基本情况及社会经历,让对方能够了解自己。因此,履历表要重点突出个人资料和社会经历。

履历表代表着你的形象,有些工作不需要写正式的求职信,而只是寄一份履历表并附一封说明信。这样履历表就成了找工作最重要的工具。用人单位在面试求职者之前,仅靠阅读履历来了解求职者的个人情况。一份成功的履历表,往往可以抓住招聘者的注意力,使招聘者从字里行间看到求职者横溢的才华和优秀的成就,强烈的事业心和责任感。因此,在履历表里尽可能突出个人优势强项,传达给用人单位需求的人才信息,满足其对人才的需求。若能做到这一点,你就成功了一半。

(一) 履历表的分类

一般来讲,履历表可以分为按时间顺序填写的履历表、按实用性原则填写的履历表和按学历经历填写的履历表三种。我们在具体运用时选择哪一种,应根据求职目标的需要和自己的求职优势而定。

(二) 履历表的制作

1. 编写格式 选择编写格式,以有利于把求职者有关的重要资料清晰地呈现出来,使用人单位能一目了然为目的。履历表的格式大体有以下几种:

(1) 完全表格式履历:完全表格式履历综述了许多种资料,易于阅读。这一格式通常适用于年轻、缺乏工作经验,但是有各种诸如所学课程、课外活动、业余爱好和打工等经历的求职者。

(2) 半文章式履历:这种格式使用资料表格设计较少,而使用几项较长的文字记载,表格的数量和文字记载的长短可随自己的主攻目标和具体条件而变化。资历丰富的应征者也许会发现半文章式履历更有利。

(3) 小册子式履历:这是一种多页的、半文章式的活页格式履历。其主要优点:一是提供一种可表述两页或更多资料的便利工具;二是在封面上容纳了一份分别打印、专门设计的求职信。它的缺点是:要有专门的技能去撰写、设计。

(4) 时序式履历:这种履历按时间先后顺序编写学历和工作经历。它又可以分为两种:一是按时间先后顺序排列;二是不按时间顺序排列,即以现在的学习、工作情况开始依次往前推。按我们的习惯,一般用前一种,但从实用性和科学性来讲,最好用后一种,这种写法的优点是最能体现你目前的学习、工作状态。缺点是不免令人觉得有点累赘,尤其是有些不太重要的内容如果不列出,则在时间上出现了断裂,如果全部列出,则可能使人看不出重点。

(5) 职务式履历:这种格式按职务或职能编写履历,即按个人的职务,包括专业、成就或职业性质等编写。按这一方式编写经历,由于突出介绍了自己曾经担任过相同或相似的职务,因而具有较强的针对性和候选性。

2. 编写内容

(1) 个人基本情况:包括姓名、出生年月、民族、性别、籍贯、政治面貌、身高、体重、健康状况、业余爱好、通信地址、邮编及联络电话等。

(2) 学习经历:应按次序写清所读学校、专业、学习年限及相关证书,以及学过什么课程、获得过何种奖励和奖学金,参加过哪些课程或技能竞赛及名次等。同时,应该将外语、计算机和其他专业培训和发表的论文等,也写在相应的位置。

(3) 社会实践经历:可将打工、兼职,社会实践活动担任何种角色(职务)以及在实习期间的经历写上,这是用人单位考察求职者组织能力、协调能力、人际关系的重点。

(4) 个人兴趣专长:可以将与求职有关的自己的兴趣、爱好以及突出的个性特征等写上。专长是专业范围内最突出、最擅长的强项。

(5) 推荐人:这主要是表明求职者在履历表中介绍的情况是真实可靠的。这项内容一般不做展开,而写"承索即寄"即可(材料承索即可提供)。如果用人单位函索推荐人,求职者应该提供二、三名对自己比较了解,同时在本专业(领域)拥有职务或高级职称的人作为自己的推荐人。在提供推荐人时,要得到允许,要附上推荐人联系方式、通信地址;将自己的履历表的复印件递给他们一份,以对履历表的内容全面了解,能有的放矢地回答询问。

3. 编写要求

(1) 真实全面,目标明确:简历最重要、最基本的要求就是真实、全面,这将会给人产生信任感和留下完整的印象。不能侥幸地认为,为了获得成功而弄虚作假,编造事实,这样如果一旦被对方识破,既失去机会,又丢失人格,最终被退回。这样的例子并不少见。同时,在真实全面的基础上,求职者要明白,每一份履历是针对某一职位而言的,故所有细节和内容应当围绕这一主题进行。

(2) 文字简洁,突出重点:求职者编写履历时,切记要重点突出与所求职位相关的经验和技能,只有这样,才能发挥履历表的效用,打动人心。中等卫生职业校毕业生应将重点放在学业成绩以及参与过的实习、课外实践活动经历上,把自己的优点推销给别人,以期引起他人的兴趣,争取面试的机会。

(3) 条理清楚,表述明白:履历表并不过分强调文采,但一定要条理清楚,表述明白,层次分明。

(4) 认真填写,避免错误:具体地讲,不应该出现错别字、正确使用标点符号等。

(5) 措词得体,适度表意:用词精练,使用短语表意,以使履历短小精悍。

(6) 格式得当,篇幅适宜:要选择最适合于自己,最能体现自身优势的履历格式。对中等卫生职业学校毕业生来说,完全表格式和半文章式履历比较适宜。与求职信的要求一样,精心筛选,分清主次,去粗取精,字斟句酌,惜墨如金,使得整个履历达到2~3分钟能读完。

4. 编写方法

(1) 站在对方的立场考虑问题:为什么要撰写履历? 目的只有一个,就是让你潜在的雇主或招聘单位了解你,进而聘用你。因此,应该让你未来的雇主或招聘单位看到你可能为他解决些什么问题? 做些什么工作? 而并非向你未来的雇主传递你的兴趣志向。所以,作为一名求职者,应该从自己的兴趣志向转到你未来雇主或招聘单位的立场需求上,以你的长处来迎合、满足你未来雇主或招聘单位的需要,使他们看到你对他们的价值,即“能为他们做什么? ”

(2) 把重要的东西放在前面写:不少人的成就清单是按时间顺序一一罗列。这样当然不是不行,起码说明他是一位老实的人,但这样做显得不够聪明。如果换一种方法,可能会给人以更深的印象。比如你曾经在报刊上发表过论文,可以按报刊的高低层次,排列你的文章先后;你有多篇论文获奖就先写最好的,在这里,刊载的时间不是主要的;你曾在多种岗位上任职,那么,不妨把其中最让人羡慕的一个职位放在最前面,用以吸引对方的注意力。

(3) 履历时间不能间断:简历是个人的简要历史,历史是不能间断的。填简历通常从小学开始,因病或其他原因休学、留级的时间也应该填上。

(4) 选用标准纸张,精心编排打印:履历的好坏,关键在于这份履历让人看了觉得是否文如其人,是否表达了你的最佳形象。纸张一般以A4纸为宜,纸质要好。纸张颜色以白纸打印黑字为最佳,米色和浅黄色。排版打印要精心设计,四周必须留出足够的空白,显得空间美,每行之间要有一定的空间便于人们阅读。

5. 注意事项

(1) 马虎草率:字距过密,行距太窄,页边无空白,墨色过淡,像复印件,错字连篇,语法不通,或手写字迹潦草等。

(2) 过分华贵:履历属公文,内容上不必过分堆砌华丽辞藻,外观上也不必设计过繁,(应届毕业生常常存在此毛病)不要加花纹,在个人突出成就上不必用着重号画出。

(3) 冗长啰唆:履历表太长啰唆,讨人嫌。

(4) 本末倒置:过去的事情讲得很细,现在的工作学习一笔带过。

(5) 浮夸虚假:履历行文要实事求是,切忌浮夸虚假,务必以诚实之心写出一个真实的自我。不能为了取悦于人,而失信于人。

（三）履历表的范例

范例一

××卫生学校二〇一六年毕业生简历

姓　名	常某	性　别	男	民　族	汉	贴照片
籍　贯	吉林·通化	出生年月	1998.8	生源性质	统招	
毕业学校	××卫生学校	学　历	中专			
主修专业	医学检验技术	辅修专业	医疗器械维修与营销			
政治面貌	中共党员	计算机水平	国家一级	英语水平	国家二级	
毕业时间	2016.7	身体状况	良好	身　高	176cm	
社会职务	××卫生学校学生会主席、《××》校刊主编					
爱好特长	文学写作、摄影					
性格特征	稳妥开朗，独立性强，专心致志。					
求职目标	临床检验技师					
学校简介	××卫生学校是一所全日制中等专业学校，是首批"国家级重点中专学校"之一，也是省级文明单位。					
专业简介	医学检验技术专业创办于1962年。先后培养了1000多名中等医学检验人才，分布在各级、各类预防、医疗、保健机构从事医学检验工作，为医疗卫生事业的发展做出了重大贡献，在省内外享有较高的声誉。1993年获得华夏基金会捐赠的价值9万美元的教学仪器，为专业的发展增添了后劲。本专业为各级、各类医疗机构、防疫机构、医学科研单位培养从事临床检验、卫生检验、病理检验技术等工作的技术人才。 　　根据教育部颁发的教学大纲要求，医学检验专业开设文化基础课程、分析化学、人体解剖生理学、生物化学、病理学、临床医学概要、寄生虫及检验技术、免疫学及检验技术、微生物及检验技术等公共专业课程和临床检验学、生物化学检验技术、预防医学、卫生理化检验技术、病理诊断基本知识、病理检验技术等专业课程，达到了专业培养目标的课程要求。					
个人简介	在校期间，勤奋学习，成绩优异，除学好本专业和辅修专业外，还自学了大量的计算机、英语方面的知识。2015年3月通过了全国计算机水平考试，能熟练操作计算机及微机常见的外设故障排除。英语基础好，2015年12月通过国家二级考试，具有一定的听、说、读、写及技术资料翻译能力。 　　自入学以来一直任班干部，在工作中吃苦耐劳，认真负责，有较强的组织能力，文字、语言表达能力较强。现任学生会主席、星星文学社社长。策划组织过各类大型活动，具有多种兼职经验。 　　本人兴趣广泛，知识面宽，适应能力强，愿接受一切工作考验。					
实习设计	在市三级甲等医院见习6周；曾连续4次参加"大中专学校三下乡"社会实践活动；在省级三级甲等医院实习8个月。					
获奖情况	获2015年校级优秀学生班干部、2016年校级"三好学生"；2015年"三下乡"社会实践先进个人；2016年校级优秀团员。					
联系方式	电话：×××××××　　E-mail：×××××××　　QQ：××××××××					

范例二

中专生履历表

姓名：××× 联系地址：×× 市 ×× 路 ×× 号 邮编：710000 家庭电话：(0932)×××××

求职目标：市场营销员

任职资格：西药剂员，假期曾做过市场调研和预测工作，具有一定的市场营销经验和较强的人际关系协调能力。

学历：2016 年 7 月毕业于 ×× 市卫生学校。所学主要专业课程有：药品营销、药物化学、药剂学、天然药物、药理学等。

在校期间学习成绩一直名列前茅。曾连续 6 个学期获得优秀学生奖学金。

实践经历：利用假期进行市场调查；在药店打过工；在医药公司送过货；参加过 6 次"三下乡"活动，3 次获先进者称号，并有一篇社会实践调查报告获市级一等奖。

个人资料：1998 年出生，男性，未婚，身高 1.78m，体重 68kg，健康状况极佳。爱好：摄影、游泳、打网球。

证明人：有关证明人，函索即寄。

语言能力：普通话流利并能熟练用英语对话。

范例三

英文履历表

英文履历的格式、内容、写作要求、方法都与中文履历没有多大出入，因而在此不作详细介绍。下面举—英文履历范例，以供参考：

Name：××Chen

Sex：male

Date of Birth：Oct.5，1977

School：××Heath School

Speciality：pharmacy

Class：2002，21

Address：××××743000

Tell：(0932)××××

Educational Background：Sept.1999-Jul 2002，Dingxi Health School，Speciality of Pharmacy

Major Courses：Pharmacology，Pharmacognosy，PharmaceuticalBotany，Pharmaceutical Chemistry，English，Politics

Award and publications：Excellent student in 1999

First prize scholarship in 2000

Second prize scholarship in 2001

The side Effects of penicillin was published in Gansu Medicine，2001，2

Character：Outgoing，Optimistic，

Hobby：Sports

Health：Excellent

References：On request

三、求职登记表

在人才交流中心求职或到用人单位应聘时,往往需要填写求职登记表,其内容包括个人基本情况、爱好与特长、求职意向、个人简历、主要成绩或所获荣誉、家庭及主要社会关系等。

(一) 填写求职登记表的要求

1. 字迹工整　填写应聘登记表可以说是求职的第一关,如果你不谨慎小心,很可能被筛选掉,失去面试的机会。首先要字迹要端正,语句要通顺。不管你的书写水平如何,字迹工整是必要的。招聘者可以根据你的书写来判断你的认真程度和应聘诚意,那些字迹潦草、很难认清的应聘登记表的成功率是很低的。因为招聘者每天都要审阅成百上千份登记表,不可能在你的登记表上花很长时间去细细琢磨。须记住:内容固然重要,但形式也不容忽视。

2. 填写完整　填写完整,不要出现空项。所有表格涉及简历的时间时都不能间断,这样,可以不让人感到求职者有所隐瞒。应聘登记表一般项目较多,填写时需要有一定耐心,要知道其所设计的每一个项目都是有用意的,不是可有可无的。1996年11月,宝洁公司在人民大学招聘应届毕业生,发了不少登记表,该登记表分两部分,前面部分是客观选择题,比较容易填写;后面部分是要求用英语回答的八个问题,灵活性和实践性很强,难度大,主要考查你的能力和外语水平。有的应聘者图一时方便,对前半部分认真填写而后半部分则干脆不写或应付了事,殊不知招聘者重视的正是后半部分,企图侥幸过关的应聘者纷纷被筛选掉,失去了后继的一切应聘机会。

3. 真实有效　填表的时候,一定要仔细填写你的联系方式或联系人,如果没有写清楚或者填写不完整,用人单位很难联络到你,那么你将失去得到职位的机会。表格的内容跟你的简历有相同的地方,也有不同的地方。你填写的信息,一定要和简历上的相关信息相同,比如上学的时间、实习的时间、实习单位等,如果《求职登记表》与简历上的信息不一样,就会被当作虚假信息,面试很可能因此而失败。

4. 诚实可信　《求职登记表》非常重要。面试的时候,用人单位会根据求职登记表和简历的内容,向你提问。面试结束时,表格将被留下来,成为企业做背景调查的依据。

表格中如果要求填写你原来的学校、单位、联系人等,一定如实填写,用人单位会根据你填的信息做调查,比如向学校了解一下你的学习成绩、你的为人等情况,一般学校都愿意配合用人单位做这些调查,这样可以提高学校毕业生的就业率。

登记或面试之后,你应该尽快通知原来的学校或单位,说有一家企业可能要打电话核实一下我的个人情况,请帮忙配合。否则,学校或单位接到企业的电话,搞不明白是干什么的,反而对你不利。要注意的是,千万不要让人家帮你作弊,否则不但会给原来的学校或单位留下坏印象,而且一旦被用人单位发现,肯定不会再信任你了。

（二）求职登记表范例

求职登记表

应聘岗位：护士 　　　　　　　　　　　　　　　　　填表日期：2016 年 7 月 30 日

基本情况						
姓名	张××	性别	女	民族	汉	一寸相片
身高	168cm	体重	58kg	籍贯	甘肃·通渭	
学历	中专	专业	护理			
毕业院校	××××卫生学校			政治面貌	共青团员	
婚姻状况	√未婚 □已婚 □离异 □已婚育			电子邮箱	×××××××@qq.com	
现所在地	×××省×××市			通信地址	×××省×××市×××县×××镇×××村×××社××号	
联系电话	××××××××			紧急联系电话	××××××××	

求职意向					
期望薪水	3000 元 / 月或根据单位制度	最低薪资	2600 元 / 月或根据单位制度	工作地点	听从安排
到岗时间	听从安排	其他要求	无		

教育 / 培训经历			
时间	院校名称 / 培训机构	专业 / 内容	荣誉 / 成果
2010.9—2013.7	×××中学	普通初中	
2013.9—2016.7	×××卫生学校	护理	护士执业资格考试成绩单

工作 / 实践经历			
时间	单位名称	职务	离职原因
2015.7—2016.3	××××××医院	实习	

自我评价

　　在校期间，勤奋学习，成绩优异，除学好本专业和辅修专业外，还自学了大量的计算机、英语方面的知识。2015 年 3 月通过了全国计算机水平考试，能熟练操作计算机及微机常见的外设故障排除。英语基础好，2015 年 12 月通过国家二级考试，具有一定的听、说、读、写及技术资料翻译能力。

　　自入学以来一直任班干部，在工作中吃苦耐劳，认真负责，有较强的组织能力，文字、语言表达能力较强。现任学生会主席、星星文学社社长。策划组织过各类大型活动，具有多种兼职经验。在×××医院实习期间，工作努力，受到护士长及老师好评。

　　本人兴趣广泛，知识面宽，适应能力强，愿接受护理工作考验。

　　本人承诺：

　　本人提供的以上信息完全真实可靠，并同意对此表中的任何信息进行调查，本人明白并同意提供虚假不实信息会成为该求职申请被拒绝或以后被立即辞退的原因。而医院无须对此作出任何经济补偿。

　　签名：张×× 　　　　　　　　　　　　　　　　　　时间：2016 年 7 月 30 日

四、就业推荐表

(一) 就业推荐表的作用

毕业生就业推荐表是由学校毕业生分配主管部门出具的,具有代表校方向用人单位推荐毕业生的作用。它是用人单位在供需见面、双向选择过程中,了解毕业生在校期间德、智、体等方面综合情况的唯一书面材料,其可信度大。另外,就业推荐表只有一人一份原件,具有唯一性。对毕业生来说,只能用原件和一个单位来洽谈并签协议。为避免重复签约,毕业生要注意用人单位一般坚持只有原件才能签约的原则,所以使用就业推荐表要慎重,考虑成熟后再用。

(二) 就业推荐表的内容

就业推荐表的主要内容一般包括以下八项:

1. 基本情况　这项内容包括姓名、性别、民族、年龄、政治面貌、生源地区、所学专业、学制、健康状况、家庭成员等,这项主要反映毕业生基本情况,本人需如实填写。

2. 学业情况　包括各学年主要课程,含基础课、专业课、实习、设计、毕业论文等成绩,另外,还有外语程度、计算机程度、学习总评成绩等,这项内容一般由学校班级填写,并应有其负责人签字及加盖公章。

3. 本人简历　这项内容是简单反映毕业生自上学以来所经历的时间段和学习所在学校名称、证明人等,为用人单位提供简单的学习历程。

4. 本人特长、爱好、社会表现及社会活动能力、在校奖惩状况　这项内容主要为用人单位提供自己的喜好、能力及社会认可情况,以便用人单位选择考虑。

5. 本人就业意愿　这项内容包括就业单位类型及岗位选择和就业地域选择。这项内容主要是由毕业生在符合国家就业政策及学校规定就业范围内填写自己的意愿和就业去向。毕业生可根据自己的特长、爱好、性格、专业等进行选择填写。

6. 学校推荐意见　学校推荐意见一般分为班级推荐意见和学校意见两级,其中班级推荐意见要对毕业生在学校几年来的思想、学习、生活、工作能力等各方面作简短评价并表明是否同意推荐,学校意见由学校主管毕业生分配的部门代表学校进行审核,表明情况是否属实,是否同意推荐。两个意见均需签字、盖章。

7. 备注　这一栏是推荐表的一个补充内容。一般毕业生可以附加自己其他具有优势的学习情况及就业的其他要求、联系办法等。

(三) 就业推荐表的填写方法

就业推荐表为用人单位了解毕业生提供了第一感性认识,毕业生填写好推荐表十分重要,填写的内容要实事求是,恰到好处,给人以诚实可信的感觉。具体填写时,个人兴趣爱好、特长等方面要真实可信,可附加具有说服力,并能够表明自己能力和素质的证书、证明等书面材料。另外,在"备注"栏要留自己最快捷、最方便的联系方式,以便用人单位与毕业生及时联系。

(四) 填写就业推荐表应注意的事项

填写就业推荐表注意事项除与填写就业协议书注意事项前三项相同外,还应注意以下几点:

(1) 推荐表的内容应真实可靠。无论是奖惩情况、外语水平、各门课程成绩等,均应如实填写,切忌弄虚作假。

（2）充分发挥备注作用。因为备注栏正是补充推荐表栏目中不足的地方。毕业生也可以对就业单位提出自己的要求等，都可以在备注栏中加以补充说明。

另外，在双向选择过程中，毕业生可以使用推荐表的复印件，进行"自我推销"。但是毕业生一旦与用人单位签订协议时，则必须向用人单位或其人事主管部门交出推荐表的原件，以维护推荐表的严肃性、唯一性，确保用人单位的用人计划得以落实。

（五）推荐表样表

×××卫生学校

毕 业 生 就 业 推 荐 表

姓名 _____

专业 _____

学制 _____

学历 _____

×××卫生学校就业指导中心

姓名		性别		民族		出生年月		像
政治面貌		健康状况			身高			片
生源地				培养方式				

家庭情况	与本人关系	姓名	性别	年龄	工作单位	职务

学业情况							

第一学年	课程	成绩	第二学年	课程	成绩	第三学年	课程	成绩

外语水平		计算机水平		教务科(盖章)

本人简历	
在校期间受过何种奖励	
在校期间担任过什么学生干部或职务	
特长爱好	

本人就业意见	单位及岗位选择	
	就业地域选择	

班级推荐意见	班主任(签名) 年　月　日

学校推荐意见	(盖章) 年　月　日

备注	

五、证明材料

（一）学历证明

学历是证明求职者所接受教育的程度。虽然学历并不等于能力，但受一定的教育总能反映一个人的素质和水平。

1. 主要内容　准备学历证明时，一般是将最高学历证书准备好。应届毕业生求职时还没有毕业证书，如用人单位需要，你可到学校开具一个学历证明。为了防止丢失，在求职材料里，一般都是学历证明的复印件。

2. 注意事项

（1）复印学历证明时，除了将毕业文凭的内页复印下来，还需要把封面也一起复印。

（2）注意学历证明上的用语与撰写的个人简历上的用语要统一。同时，学历证明上的用语比较完整和正规，不能用缩写语。

（3）学历证明不得涂改。一般来说，正规的学历证明字迹清楚、整洁，没有涂改的现象。有的求职者，看到自己学历证明的某些地方因年代看不清楚，怕复印出来影响效果，把这些地方重描，这样容易使人产生涂改学历证明（特别是毕业日期）的印象，反而弄巧成拙。

（二）其他必要的证明材料

1. 荣誉证书　包括在校期间所获得的各种荣誉证书。三好学生、优秀学生干部、优秀团员、优秀团干部、社会实践积极分子、参加文体活动获奖证书等。

2. 成果证明材料　如获得的发明专利证书和正在申请的专利材料，在报刊上发表过的文章、论文，有一定价值的社会实践调查报告等。

3. 推荐信　推荐信分为两种，一种是由单位出具的，另一种是有影响的个人以私人名义写的推荐函。凡是单位出具的推荐函，一定要加盖单位的公章，如果是有影响的个人，最好，不要用打印稿，收信人看后，感觉更有人情味和亲切感，对用人单位全面衡量非常有好处。对于求职阶段的毕业生来说，能有学校写的内容较好的推荐函，将有利于毕业生们在求职时，更好地疏通关系，收到事半功倍的效果。

在求职的简历及个人证明材料里，已经充分准备了反映求职者能力与特长的材料，但这些都是从求职者本人的角度来准备的，在用人单位看来，许多方面难免有"自我夸奖"之嫌。如果求职时有第三方出具的推荐函，客观地向用人单位介绍你的情况，举荐你的才能，会增加可信度，特别是一些较为有影响的单位和知名的人士，即使稍微有些拔高，也不会觉得夸张。所以，求职者可以根据自己的实际情况，请重要的学术团体、知名的专家等写一封既全面介绍求职者情况，又很得体的推荐函。

4. 照片　如果对自己的形象比较自信或用人单位对此提出要求，可附上照片。照片准备的原则是扬长避短，以彩照为佳。女生照相时不要浓妆艳抹，更不要奇装异服；男生在照相时，不要留胡子，留长发，给人以有活力、有朝气之感，落落大方，保持学生风度。

5. 技术职称证书　专业技术职称是国家通过统一考试或评审对专业技术人员学历、技术水平、工作能力的考核鉴定，是专业技术人员专业技术活动中地位的标志，也是专业技术人员的工作成就、智慧，才能的综合反映。

在一些要求比较严格的职业，专业技术职称是任职的条件。如没有医师职称就不能从医，没有护士职称就不能从事护理工作。随着经济的发展和科学技术水平的提高，社会对专业技术人员的要求越来越高，没有或仅具有较低的专业技术职称，就很难满足用人单位的要求。

6. 职业资格证书　目前,卫生技术类的职业资格证书主要有护士执业资格、护理员、心理咨询员、执业助理医师(乡村)、乡村医生、中医执业医师(助理)、针灸医师、推拿按摩师、保健刮痧师(中级)等从业资格证书是建立在从业资格确认的基础上,从业资格确认工作由各省、自治区、直辖市人事(职改)部门会同当地业务主管部门组织实施,通过学历认定或考试取得。

在社会主义市场经济条件下,"双向选择,竞争上岗"已成为就业的必然趋势。在市场就业中,不仅要有学历证书,而且还要有多个职业资格证书,它们会使你在职业选择中处于优势,而且选择范围也广。比如,你如果有药剂专业毕业证书,还有执业药师资格证书、计算机等级证书,便具有了一定的竞争力。

7. 其他证明材料　如果你还有计算机和外语水平等级证书、汽车驾驶执照,你不仅更有竞争力,而且还有利于职业适应能力及就业后的职业转换能力。另外,你必须准备好身份证及身份证复印件。

整理求职材料时还应注意:一是由于材料的种类较多,因此,要求在整理时必须分门别类,做到井井有条,条目明确,清晰。一般都要求有一份材料清单,让人一目了然。二是切记纸张大小不一,给人以零乱之感,应复印成相同尺寸后进行装订,达到整齐划一的效果。

小资料

择业资料准备

　　每个毕业生在迈出校门步入社会时都会有一种无名的喜悦和兴奋。但在找工作过程中经历的漫长等待和遇到的种种困难挫折却让众多毕业生始料不及。如何尽快找个适合自己的工作,掌握一定的方法,吸取别人失败的教训,借鉴别人成功的经验,可帮助我们提高成功率。

　　下面就具体实例加以说明,以求为众多的学友们所借鉴。

　　1. 准备不足,急于求成　当我即将迈出校门时,性情急躁,妄想一步到位,找到好工作。于是我大量收集招聘信息、频繁参加招聘会。结果不仅没有找到合适的单位,反而把自己搞得狼狈不堪。不是公司路途遥远,就是对方要求过高自己无力招架。由于没有任何应聘经历及相关经验,我只好凭借原来在校参加过大量社会实践得来的经验,壮着胆子带着几份个人简历参加人才招聘会去了。到达展会后才发现两个重要问题:一是参加者云云;二是自己准备的资料是如此简化、如此简陋。但是,"既来之则安之",于是我硬着头皮挤入人群寻找自己的目标,几个小时过去了,收获很少,简历是投出去了,但自身感觉实在是糟透了,在以后三周的等待时间里,没有一家公司找我,甚至连初次面试的机会都不给我。自然,这种经历是失败的,但它给我的启示是:"机会是留给有准备的人的"。

　　2. 准备过多,引起疑心　证件是对理论知识、操作水平的一种权威鉴定,有很强的说服力和参考价值。而许多毕业生只在意这些硬件的官方价值,忽略了用人单位的需要。在求职过程中,呈上精美的简历,然后一股脑的摆出各种各样的等级书、资格证书,甚至荣誉证。孰不知,这在很大程度上会引起用人单位的警惕和怀疑,这样什么都会的人才,到底那样精?会为单位服务多久?……因此,证件不是越多越好,而要有一定的针对性。你要应聘什么职位，只要拿出相应的证件，呈上相应的实践操作图纸作品更好。你的当务之急是说服对方你能够胜任应聘岗位，表明你愿意长期有效的服务意向，其余的证件及能力日后自会有发挥场所的。我有位药学专业朋友，拿着驾驶证、记者证、计算机三级证书去应聘一个实践性很强的药师助理，无论他怎样表白，面对络绎不绝的应聘者，主考官只给了他一个可以考虑的答复。如此这般的碰壁了10余次，后来他吸取教训，只拿出药学专业文凭和相应的执业资格证书，就被相中了。

 小资料

信纸折叠法

如将信纸横向对折两次，然后纵向随便折叠到信封可以装下的长度。这种人多见于生活作风随便，不拘小节或办事喜欢干脆利落的人。将信纸纵向三等分折叠，再横向折叠时让信纸两端故意折成一高一低，这种人一般来说是性格谦虚朴实、讲究礼仪的人。这里，将信纸两端留出高(示对方)低(示己)，是表示谦让之意。有些人出于尊重收信人起见，折信时还会设法将收信人的名字露在外面，让人一打开便看到亲切的称呼。将信纸纵向对折，然后在折线处再往里折1~2cm宽，最后横扣对折。这又是一种折法，多见于公函和一些性格文静、有一定文化修养的人或机关办事员的做法。

书信的折叠格式往往会反映出发信人不同的身份、不同的性格或不同的心境。纸横向对折，接着在任意一角做三角对折，然后纵横向交叉折成长方形。这种折法往往出于性格谨慎内向的人、写情书或信内有隐私者采用。

至于一些生性小气，自卑孱弱的人折信时，则往往下意识地将信纸折成一方块，在信封内只占不到1/2的位置。相反，性格豪爽或者喜欢表现自己的人又往往把信折叠得几乎跟信封一样大。

如与国外通信或给外资企业老板写信，信笺一般采取"三折式"或"双对折式"。"三折式"适用于与A4复印纸幅面相仿的普通信笺。具体折法：先将信笺下部的1/3向上折，再将信笺上部的1/3向下折。上部的1/3覆盖在下部的1/3上时，边缘稍露出一点儿，以便展信。

"双对折式"适用于较大较长的特制公文信笺。具体折法：先将信笺由下往上对折一次，再由上往下对折一次。第二次对折时，上边缘稍露出一点，以展信。

无论采取哪种方式，行文的一面都应折到里面。最后一折露出的边缘部分不宜太多，如此才整齐、美观。

小资料

细节决定成败

参加过面试的人都知道，公司大厅里往往摆着一排沙发或者椅子，这是给前来面试的应聘者准备的。你在等待面试的时候，有没有注意到自己的坐姿和言行呢？有人不停地发短信，有人打电话的声音很大，有人拿着MP4听音乐，有人跷着二郎腿倚在座位上,有人拿自己的简历看,有人翻阅公司的宣传资料,还有人静静地坐在那里等待。事实上,所有这些应聘者的言行举止,可能都被面试官看在眼里,记在心上。他很可能是故意让大家等待5分钟,就是要看看你到底在做什么。在无意识的等待中,最能暴露每个人的心态和素养。

面试官让应聘者提前到来,一是观察你的肢体语言,一是请你填写《求职登记表》。这张表格一般由公司前台交给你,填完表格后,你是主动去交,还是等着人家找你要呢?主动和被动是不一样的。有人能主动送过去说:"你好,我已经填完了,下一步我需要做什么?"有人填完以后,把表格放在一边,坐在沙发上等着别人来收,好像他不是来面试的。公司前台也许没有那么多时间关注每一个人,大家都应该主动一点,这样工作效率才能提高。主动一点,表面上是在帮别人,实际上是在帮你自己。这些都是细节问题,但能够很真实地反映应聘者的素质。

这里特意提醒我们的中职生,当前台要求你填写《求职登记表》的时候,一定要入乡随俗,人家让你怎么做,你就怎么做。不要说"我以前已经填过了"或者"我简历上全都有",这些话是招聘人员最不喜欢的。对于公司招聘来说,填写《求职登记表》是一个必要的程序。另外,每个人的简历格式都不一样,公司希望获得自己最想要的信息,而你简历上的信息或许并不具备针对性,因而才要求你填写表格。

小结

就业是人生的重大转折,是关系到毕业生个人前途和社会稳定发展的大事。中职毕业生在就业前要科学合理规划职业生涯,为顺利就业做好心理准备,调整好自己的就业心态,缓解就业心理压力。同时要通过各种渠道收集、整理、运用就业信息,充分认真地进行各种资料准备。这样才能在职业的特点、要求和个人的心理倾向、才能之间寻求最佳组合,找到自己心仪的工作岗位。

思考与训练

1. 毕业生应如何收集就业信息?
2. 毕业生如何克服就业过程中的各种心理障碍,取得就业成功?
3. 模拟写一封求职信和履历表,并思考应将自己的重点摆在何处?
4. 根据本章要求,精心准备一份求职材料。
5. 怎样填写既实事求是又能给人深刻印象的个人履历表?

(常平福)

第五章 就业方法

学习目标

1. 掌握自荐、笔试、面试的应用技巧。
2. 熟悉自荐、笔试、面试的基本方法。
3. 了解就业方法对成功就业的重要意义。

做好了充分的就业准备后，还应该对就业的方法进行认真地了解和学习，不仅要知晓，还要熟悉和掌握，只有这样才能使求职获得成功。本章按社会聘用人才的程序，分别介绍自荐、笔试以及面试三种用人单位录用人员的常用方法。使学生对就业方法有全面的认识，能掌握求职的基本要领，使毕业生在今后择业的过程中灵活运用，走向择业的成功之路。

职场名言

有德有才，破格重用；有德无才，培养使用；有才无德，限制录用；无德无才，坚决不用。

——牛根生

第一节 自 荐

案例

正在某三级甲等医院实习的护士小丽，今年就要大专毕业了，她很希望能够留在该医院工作，但不知道怎么向医院推荐自己。

请问：你能够帮助她吗？

自荐即自我推荐。毕业生在求职择业过程中，要让用人单位认识自己、了解自己、选择自己，就必须通过多种途径和方法正确地宣传自己、展示自己、推荐自己，即做到成功自荐。只有成功自荐，才能获得进一步的面试的机会。

一、自荐的方式

自荐有直接自荐和间接自荐两种。直接自荐是指由本人向用人单位做自我介绍、自我推销。间接自荐是指借助中间人向用人单位推荐自己，将自己的想法和条件告诉中间人，达到推荐自己的目的。选择恰当的自荐方式，在求职过程中是十分重要的。采用何种自荐方式，

103

应从自己的实际情况出发。

（一）直接自荐

1. 参加人才招聘会　带上自荐材料到人才招聘会上推荐自己，和用人单位进行面对面的交流，直接推销自己。该方式正在成为高校毕业生主要的择业途径。

2. 上门自荐　带上自荐材料亲自到用人单位推荐自己。由于是直接面对用人单位，便于展示自己的风采，容易给人留下深刻印象。如果表现出色，可能会被当场录用。

3. 电话自荐　通过电话方式，向用人单位推荐自己。适用于看到用人单位发布的招聘广告之后，根据其提供的联系电话和联系人，通过咨询招聘事宜，达到自荐的目的。也有的求职者确定了应聘目标单位，主动通过电话了解该单位人才需求情况，从而实现自荐目的。

4. 信函自荐　通过向用人单位邮寄或呈送自荐材料的形式推销自己。这种形式不受时空限制，又能扩大自荐范围，尤其对于因路途遥远或因学习繁忙而不便于上门自荐的毕业生。这种自荐形式用人单位乐于接受，也为广大毕业生所采用。

5. 广告自荐　借助报刊、电视等新闻传播媒体进行自我推销的自荐形式。这种形式覆盖面广，时效性强，但费用较高。

6. 实习自荐　通过实习以及参加社会实践的机会推荐自己。毕业实习作为了解社会、增长才干、推荐就业的重要渠道逐渐引起毕业生的重视。通过实习，不仅使个人得到实践锻炼，拓宽视野，还可以了解实习单位人才的需求情况、素质要求等。有些学生就是在实习中赢得用人单位信任和赏识而成功就业的。

7. 网络自荐　毕业生可将自荐材料发布在特定的就业信息网站或人才招聘网站，也可以直接给用人单位的人事部门发送电子邮件，供需双方可在网上及时交流、沟通，且成本相对较低。随着信息技术的飞速发展，这种自荐方式今后会被越来越多的毕业生和单位招聘人员所接受。

毕业生利用网络自荐时可以采取以下几种方式：①利用本校就业信息网发布自己的择业信息；②利用专业的人才招聘网站；③利用用人单位的招聘网站。

（二）间接自荐

1. 他人推荐　利用老师、亲朋好友、同学推荐而达到自我推荐的目的。一些老师因具有较广泛的社会关系或较高的学术声望，他们的推荐容易引起用人单位的重视和信任。亲朋好友、同学也可帮助毕业生扩大自荐范围，为毕业生顺利就业助一臂之力。

2. 学校推荐　近年来，各高校相继成立了学生就业指导中心，加强了与用人单位的联系和收集信息工作。他们对用人单位和毕业生的情况都比较了解，再加上学校以组织的形式向用人单位推荐，具有较大的可靠性和权威性，容易得到用人单位的认可。

3. 中介推荐　把自己的择业信息发送到社会就业中介机构，由他们向用人单位推荐的方式。就业中介机构对外联系广泛、择业面广，但是中介机构作为一个中间环节，对于供需双方缺乏深入的了解，也会收取一定的中介费用，选择中介机构时要防止受骗上当。

二、自荐材料的准备

自荐材料是毕业生和用人单位取得联系、展示自我的最常用的方式。在求职择业过程中，自荐材料有着举足轻重的作用，完整、简洁、重点突出的自荐材料是毕业生推销自己、求职成功的敲门砖。

（一）自荐材料的作用

1. 评估自己，明确择业取向　编写自荐材料过程中，求职者逐渐清楚了自己的实际情况，明确了自己的特长和爱好，能对自身的情况做出全面的分析和评价，有利于把职业的要求和自己个性特征、实际才能结合起来，理性思考，做出明智的择业取向。

2. 推销自己，获得面试机会　通过自荐材料，用人单位不仅可以了解求职者的基本信息，而且了解求职者的知识、能力以及特长、爱好等，为求职者争取到面试机会。

（二）编写自荐材料的要领

1. 目标明确，针对性强　应根据应聘岗位的要求进行自荐材料的合理组织、安排和撰写。既要全面反映自身的基本情况以及自己的特长、爱好，也要突出自己的优点、成绩。不仅要说明自己对目标岗位感兴趣的原因，还要表达自己努力工作的决心。在内容上既注重全面，又要重点突出、结构合理、条理清楚，让用人单位能够一目了然，印象深刻，促使对方早下面试录用你的决心。

2. 客观真实，富有创造性　自荐材料必须以事实做基础，用人单位在筛选自荐材料的过程中，会注意查看简历内容的完整性、真实性，并密切关注求职者简历细节的描述是否冲突。一旦发现求职者的简历有造假现象，那么，求职者的人品和职业道德就会受到质疑，即使你再优秀，用人单位也会考虑将你淘汰。

在真实的基础上，自荐材料从形式到内容，从材料的结构到组织取舍，完全可以发挥求职者的创造性思维和丰富的想象力，充分展示求职者的个性特征，使自荐材料具有他人不可取代的独特性。

3. 设计美观，杜绝错误　准备自荐材料就是要吸引招聘单位，引起对方的兴趣。版面要求整洁有条理，字体、字号要统一且有层次，不要用太过花哨的字体或斜体字，采用优质白纸和效果良好的打印机。最重要的是杜绝错误，无论是语法错误、错别字、标点符号或是印刷错误，都应尽量避免，因为任何一个小小的错误都会给人以不认真、不负责的印象。

（三）自荐材料的内容

自荐材料的内容主要包括封面、自荐信、学校推荐表、个人简历、附件（证书复印件等）。

1. 封面　封面设计要有一个主题，能够一下子把用人单位抓住，促使招聘者想进一步了解自荐材料的具体内容。封面设计中应该体现出求职者的姓名、专业、毕业年限、学校、联系方式等基础的内容。封面应美观、大方、整洁。

2. 自荐信　自荐信是书面的自我推荐和展示，是针对特定的用人单位写的。用人单位根据自荐信来判断毕业生是否适合岗位要求，是否要通过面试来选择。书写自荐信的基本原则是：扬长避短、突出重点、换位思考、针对性强。

3. 学校推荐表　学校推荐表是学校为方便毕业生就业，而统一设计、印制的推荐材料，一般由三部分组成：毕业生本人的情况介绍；毕业生在校期间学习成绩和奖惩情况；毕业生所在学校就业部门以及所在院系的推荐意见。学校推荐表在自荐材料中有着举足轻重的地位，具有权威性，用人单位对此有较高的信任度。把它放在自荐材料中，加大了自荐材料的可信度和自荐力度。

4. 个人简历　个人简历是一个人生活、学习、工作、经历、成绩的概括集锦。简历的格式相对固定，信息量全面而且集中，是用人单位分析、比较、筛选和录用应聘者的主要依据。简历的主要内容包含个人基本情况、求职意向、教育背景、工作经历、所获奖励、专长、自我评价等。

5. 附件　为了证实自荐材料中所列的各方面情况的真实性,需要提供本人在学校期间所获得的各类荣誉证书、资格证书以及成果证明材料等。传统的做法是将各类证书复印装订,但现在来看,将所有的证书清晰的缩印在一张纸上,效果会更好。

以上各种材料,虽然单独都能成立,但各个侧重点不同。自荐信主要表明自己的态度;个人简历主要说明自己过去的经历;证明材料强调自己所取得的成绩;学校推荐意见则体现了学校对自己的认可。缺了任何一个方面,自荐材料都不够完整。

三、自荐的注意事项

毕业生择业既是学识水平、就业能力的较量,同时也是求职技巧与策略的竞争。毕业生应该学会自荐的技巧,巧妙地展示自身的优势以赢得用人单位的认可,从而取得求职的成功。

(一) 选择恰当的自荐方式

选择恰当的自荐方式,在求职择业过程中是十分重要的。采用哪种自荐方式,应当从实际情况出发。例如:善于语言表达且有一口流利标准普通话的求职者,采用上门自荐,似乎更能打动人;倘若能写出一笔俊秀的文字或漂亮的文章,则书面自荐更能打动人心。在就业竞争激烈的情况下,邮寄的求职材料可能不易引起用人单位的注意和重视,求职者亲自登门至用人单位或在招聘现场当面呈送求职材料,势必加深用人单位对自己的印象,从而增强求职成功的系数。

(二) 积极主动,自信心强

学会积极主动,要主动了解需求信息、主动呈交自荐材料以及主动向对方介绍个人情况等。这样,会给人留下态度积极、求职心切、胸有成竹的感觉,会让用人单位感到你是一个自信心很强的求职者。

成功的自荐必须具有足够的勇气,不怕失败,你要在别人面前介绍自己、证明自己,如果没有"初生牛犊不怕虎"的勇气,就会畏缩不前、犹豫不决,就会紧张、拘谨甚至自卑。常常遇到这样一些情况:有的学生去用人单位之前,脑子里已准备好了对各种问题的回答,甚至语调、礼貌话、动作都想好了,可到了用的时候,竟全忘光了,聪明才智不见了,剩下的只是呆板、不知所措。这样的情景如果形成恶性循环,就会越发紧张和拘谨,结果给人一种缩手缩脚、没有魄力、无所作为或作为不大的印象。

还有一些学生在招聘会上,由家长和同学陪着东转西看、出谋划策,很令招聘单位费解。其实,像这类事情正好反映出部分学生对求职缺乏自信、缺乏勇气的被动应付心理和态度。

(三) 态度诚恳,谦虚礼貌

诚恳、谦虚、有礼貌是为人处世的基本要素。自荐应以诚信为本,在介绍自己时,要讲真话,有诚意,不吹牛撒谎,不虚情假意,给对方以信任感。比如说,自己对某问题不明白时,可告诉招聘人:"对不起,我不知道这个问题。"这恰恰反映你直率诚实的性格。在就业市场上,常有不少学生因口若悬河,夸夸其谈吃了"闭门羹"。也有人因摆出一幅"我有知识你就得用"的神气,令用人单位非常反感。要切记:在任何时候,虚心、谦逊都是用人单位最为欢迎的态度。

(四) 重点突出,真实全面

针对用人单位的具体要求,强调自己的专业特长和工作能力,突出自己的优势和闪光点。比如:应聘管理人员时,应介绍自己做学生干部的管理经验和组织才能;应聘护士时,应介绍自己有爱心、耐心、细心和责任心,有较强的护理操作技能等。同时,自荐材料要全面、完整,自荐信、推荐表、个人简历、证明材料一应俱全,才能给用人单位以系统全面的整体印象。

(五)认真研究招聘单位和可能遇到的问题,做到有备而来

自我推荐,应注重对方的需要和感受,并根据他们的需要和感受说服对方,被对方接受。比如:自己所告诉的正好是对方所要的,自己所问的正好是对方要告诉的。做到这点,要事先有所准备,想一想一般用人单位需要什么,他们会提出什么问题,对什么最感兴趣。其次,现场要"察言观色",把握对方心理,随机应变。

第二节 笔 试

 案例

> 某护理学院学生王某,学习成绩良好,综合素质较高。听说本市一家医院招聘护士,她先请教老师当前护理人才发展的特点,了解临床护士需要提高改进的地方,又花费了一天时间找来该医院的一些基本资料进行研究。最后,她拿着自荐材料走进该单位人事部门,部门负责人看完她的自荐材料后问道:"你为什么要来我们单位应聘,你觉得我们单位有哪些特点和不足,你对当前护士中存在的问题如何看……"几番对答,对方不住点头,告诉她一周后听"研究结果"。一周之后,王某如愿以偿,她在几十名竞争者中获胜。
>
> 请问:你认为她求职成功的原因是什么呢?

笔试是考核应聘者的基础知识、专业技能、文化素养以及综合素质的一种书面考试形式。笔试对应聘者来说是相对公平的一种测试方式,也有利于用人单位公正、公平的选拔需要的人才,因而被越来越多的用人单位所采用。

一、笔试的类型

(一)从试题形式上看

笔试可以采用选择题、是非题、匹配题、填空题、简答题、综合分析题、案例分析题以及撰写论文等多种试题形式。

(二)从试题的内容上看

笔试试题主要包括技术性笔试和非技术性笔试。

1. 技术性笔试 主要针对技术类人员招聘制订的,例如研发、设计、医生、护士、教师等岗位。这些岗位对于相关专业知识水平要求比较高,因此需要考核应聘者对应聘岗位所要求的专业知识实际掌握的程度。

2. 非技术性笔试 是最常见的一种测试应聘者知识水平、能力素质的通用形式,通常体现在以下几个方面:

(1)命题写作:为了考查应聘者文字表达能力、分析问题和逻辑思维的能力,用人单位经常会要求应聘者在规定的时间内写出一份会议通知、请示报告或某项工作总结等,也可能会提出一个论点要求予以论证或者批驳。例如:要求护理专业的毕业生写出一份规范的护理病案或者针对医患关系提出自己的见解等。

(2) 综合能力测试:要求应聘者在规定的时间内对一组数据、一组资料进行分析并且写出分析报告,要找到合理的地方和存在的问题,对存在的问题设计出具体的解决方案等。这是对应聘者的阅读理解能力,发现问题、分析问题和解决问题的能力以及知识面等素质的一次全方位的测试。

(3) 素质能力测试,用事先编制好的测试心理素质的标准化量表或问卷,要求应聘者在一定时间内完成,根据完成的数量和质量来判定应聘者的态度、兴趣、动机、智力、个性等心理素质。该项测试主要被一些规模较大的招聘单位采用,他们对毕业生所学专业一般没有特殊要求,但对综合素质要求较高。他们认为专业能力可以通过系统的培训获得,因此有没有专业训练背景无关紧要,但毕业生是否具有不断接收新知识的能力是至关重要的。

二、笔试的准备

用人单位的出题方式远比学校灵活多样,更侧重于能力,而不是单纯的知识。因此,在笔试之前,毕业生应对它进行深入的了解,做到知己知彼,不打无准备之仗。

(一) 笔试的内容准备

不同单位举办的笔试考试,有不同的考试内容,毕业生在参加笔试前应详细的了解,针对不同情况做出相应的准备。比如公务员考试有明确的考试范围,并有指定的参考书,考生复习相对有针对性。而一些用人单位的笔试则相对灵活,范围也比较大,没有明确相关的参考书。以下介绍了几种应对方法:

1. 围绕用人单位划定的大致范围翻阅一些有关的图书资料。

2. 通过多种渠道和方式寻找该单位历年招聘考试的题型,并以真正考试时的状态做一些模拟题,看看自己能否在指定的时间内完成,正确率有多少,找出错误原因,针对自己的弱项加强练习。

3. 通过研究职位招聘中对相关技能要求的说明,来间接判断试题考核的题型和内容。

笔试成绩与毕业生平时的努力也有很大的关系,如果平时兴趣广泛,注意收集各种信息,考试时就能驾轻就熟、得心应手。

(二) 笔试的知识准备

1. 学以致用,理论联系实际 毕业生平时应注意培养运用所学的知识去分析问题、解决问题的能力和实际的动手操作能力,注重理论联系实际,多思考知识如何应用到实际中,如何解决现实面临的问题,处处要突出一个"用"字。

2. 提纲挈领,系统掌握知识 掌握知识的一个有效方法就是把零散的知识化为系统。但是应聘笔试往往范围大、内容广,使求职者在复习时无从着手,存在着一定的盲目性和随意性。因此,在着手准备时,应首先打破各学科的界限,认真梳理各科要点,整理成一个条理化、具体化的知识系统总纲目,然后按照这个总纲目有计划、有步骤地进行复习。

3. 多读多练,提高阅读能力 提高阅读能力,对扩展知识面和回答考试的各类问题有极大的益处。尤其是在语言类笔试(言语表达、阅读理解、写作)中,通过多读多练,不仅可以提升阅读能力,而且可以提升做题效率和准确度。复习时要经常做一些阅读训练,对问题仔细揣摩、认真思考、分析比较、综合归纳。

4. 提高快速答题能力 为了适应招聘考试中的题量,应该培养自己快速阅读、快速思维和快速答题的能力,因为现代阅读观念不只着眼于信息的获取,而且还特别重视阅读和答

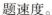

题速度。

（三）笔试的身心准备

正确评价自己，树立自信心。调整好心理状态，学会减轻思想负担，不可给自己施加过大的压力。笔试的前一天要注意休息，保证充足的睡眠，避免考试时精神不振，影响正常发挥。适当参加一些文体活动，使紧张的大脑得到放松休息，以充沛的精力和良好的竞技状态去参加考试。

（四）笔试的考场准备

提前熟悉考场环境，了解考场注意事项，掌握到达考场的时间，除携带必备的证件外，一些考试必备的文具也要准备齐全。

三、笔试的注意事项

笔试成绩的好坏，不仅与应试者的实际水平、考前复习有关，还与答题技巧有关。所以，参加笔试时要注意以下几个方面：

（一）掌握科学的答卷方法

拿到试卷后，首先应通览一遍，了解题目的多少和难易程度，以掌握答题的进度，合理安排答题的时间。笔试题型多、内容涉及范围广、时间有限，先易后难是答题的首要原则。答题时要认真阅读试题要求，逐字逐句地弄清题意，然后按要求回答。遇到想不出答案的问题时，可以换一种思考方式解决问题，也许改变角度，就能让自己束手无策的问题迎刃而解。

（二）沉着冷静，认真思考

笔试中的试题多是对应试者运用知识分析问题、解决问题能力的考查。面对难度较大的试题时，应试者要沉着冷静、积极思考、广泛联想，用学过的知识联系分析，找出正确答案。

（三）注意时间管理

答题时，一定要全神贯注，千万不要东张西望，以免耽误时间。对于大题量不要害怕，从容应对，要相信自己一定能够顺利完成。有些考生为了赶快做完试卷题目，于是就分秒必争，做完一题之后，马上做下一题，但是这种方法并不妥当，因为回答一个问题的思考模式并不一定适合其他的问题。必须让头脑冷静下来，为了以新的思考模式去回答下一题，就必须暂停几秒钟，在心中暗示自己又顺利解决一题，同时认真地读下一道题，使头脑改变思路，这种看来似乎是浪费时间的做法，实际上却是在节省时间。实在答不出的问题，想半天也是徒劳，就干脆放弃，这叫"弃卒保帅"，这也是笔试获胜的战术。要学会有策略地做题，在规定的时间内合理安排整张试卷，保证答题正确率。

（四）卷面整洁、字迹端正

在答完试卷后，要进行一次全面复查，以纠正错别字以及语法不通、词不达意等错误，要做到卷面整洁、字迹端正。求职笔试不等于其他专业考试，因为招聘单位往往从卷面上联想应聘者的思想、品质、作风。字迹潦草、卷面不整齐的人，招聘单位先不看你答的内容，单从卷面就觉得你不可靠；那些字迹端正、答题一丝不苟的人，招聘单位认为是态度认真、作风细致，而更加青睐。

（五）遵守考试纪律，营造良好的考场环境

提前到达考试地点，熟悉考场环境，让自己有时间调整好紧张情绪。进入考场后一定要遵从监考人员的指示，关闭通信工具，按指令完成试卷。否则，很有可能被取消笔试资格。

要记住,笔试不仅仅是一场考试,也是求职过程中的一个环节,考场上的表现很可能会影响到之后的面试。

第三节 面 试

> 有家招聘高级管理人才的公司,对一群应聘者进行复试。尽管应聘者都很自信地回答了考官们的提问,可结果却都未被录用,只得快快离去。这时,又进来一名应聘者,走进房门后,看到了地毯上有一个纸团,地毯很干净,那个纸团显得很不协调。这位应聘者弯腰捡起了纸团,准备将它扔到纸篓里。这时考官发话了:"你好,朋友,请看看您捡起的纸团吧!"这位应聘者迟疑地打开纸团,只见上面写着:"欢迎您到我们公司任职。"几年以后,这位捡纸团的应聘者成了这家著名大公司的总裁。
>
> 请问:这位应聘者为何能被录用?

面试是一种经过组织者精心设计,在特定场景下,以考官对考生的面对面交谈与观察为主要手段,由表及里测评考生的知识、能力、经验等有关素质的考试活动。面试给招聘双方提供了进行双向交流的机会,能使双方之间相互了解,从而都可更准确做出聘用与否、受聘与否的决定。

一、面试的类型

因面试的目的、现场组织形式以及采取的方式不同,面试可以有以下不同的类型:

(一)单独面试

指面试官与应聘者单独面谈,面试双方可以较深入地交流,是面试中最常见的形式。具体分为非结构化面试,结构化面试和半结构化面试。

1. 非结构化面试 面试官在面试之前对于面试的问题及具体细节没有经过特殊设计,完全是根据现场情况即兴发挥,这种面试双方都有很大的自由。面试官会提出各种各样的问题让应聘者来回答,通过双方的交谈,对应聘者进行详细了解,尽可能地挖掘出应聘者的真实内涵。

2. 结构化面试 结构化面试是一种标准化的面试方式。面试官会事先设计一套标准化的面试问答卷,在进行面试时,面试官会依照规定的流程及事先拟定好的面谈提纲对应聘者逐项提问,对各要素的评判也按设定好的分值结构来界定。结构化面试各方面标准化程度都很高,是一种结构严密、评分模式固定且层次性很强的面试形式。

3. 半结构化面试 半结构化面试是介于非结构化面试和结构化面试之间的一种形式。是指面试中在预先设计好的试题(结构化面试)的基础上,主考官向应试者又提出一些随机性的问题。它结合了两者的优点,做到内容的结构性和灵活性的结合,避免了单一方法上的不足,可以获得更为丰富、完整和深入的信息。所以,半结构化面试越来越得到广泛使用。

(二)无领导小组面试

无领导小组面试是比较常见的一种群体面试方法。一般有5~8个应聘者组成一个小组,共同应对一个需要解决的问题。这个题目一般取自于应聘岗位的实际问题或是现实生活中的热点问题，具有很强的岗位特殊性、情景逼真性、典型性以及可操作性。小组成员以讨论的方式，经过各种观点和思想的碰撞、提炼，共同找出一个最合适的答案或结果。面试官不参加提问或讨论，通过观察、倾听，为应聘者进行评分。

（三）电话面试

很多用人单位从求职简历中筛选出合适的应聘者之后，为了在面试前做进一步的筛选，往往用打电话的形式进行首轮面试。电话面试的时间一般在 10~20 分钟左右，核实求职者的经历和语言表达能力。

（四）情景面试

情景面试是面试形式发展的新趋势。在情景面试中，突破了常规面试即面试官和应聘者一问一答的模式，引入了无领导小组讨论、公文处理、角色扮演、演讲、答辩、案例分析等人员甄选中的情景模拟方法。这种面试方法形式灵活多样，逼真性强，能使应聘者的才华能得到充分、全面的展现，主考官对应聘者的素质也能做出更全面、深入、准确地评价。

（五）压力面试

面试官有意识通过一系列直率（通常不礼貌）的问题，或针对某一问题一连串发问，不仅详细，而且刨根问底，置应聘者于防御境地，使之感到不舒服，从中找出破绽。然后，面试官对破绽提问，看其在突如其来的压力下，能否做出恰当的反应，以观察其心理素质和应变能力。

二、面试的内容

面试内容分为若干测评要素，主要包括综合分析能力、言语表达能力、应变能力、计划组织协调能力、人际交往的意识与技巧、自我情绪控制、求职动机与拟任职位的匹配性、举止仪表和专业能力。必要时，根据职位要求，面试内容可以增加其他测评要素。

1. 仪表风度　指应聘者的体型、外貌、气色、衣着举止、精神状态等。对于应聘者来说，在面试过程中应做到仪表端庄、衣着整洁、举止文明，这样才能给面试官留下有朝气、责任心强、做事认真、注意自我管理的良好印象。

2. 专业知识　了解应聘者掌握专业知识的深度和广度，是否符合招聘职位的要求。面试对专业知识的考查更具灵活性和深度，所提问题也更接近空缺岗位对专业知识的需求。

3. 工作实践经验　根据应聘者的求职材料中所提供的实习、实践经历作相关的提问。主要查询应聘者有关背景及过去的实习、实践经历情况，以验证其所具有的实践经验。

4. 口头表达能力　观察应聘者是否能够将自己的思想、观点、意见或建议顺畅地用语言表达出来。考察的具体内容包括：语言表达的逻辑性、准确性、感染力等。

5. 综合分析能力　考察应聘者是否能对考官所提出的问题，通过分析抓住本质，并且说理透彻、分析全面、条理清楚。

6. 反应与应变能力　考察应聘者对于突发问题的反应是否机智敏捷、回答恰当，对于意外事情的处理是否得当、稳妥、迅速等。

7. 人际交往能力　考官通过询问应聘者经常参加哪些社团活动、喜欢跟哪种类型的人打交道、在各种社交场合所扮演的角色等了解应聘者人际交往能力，或者考官会通过具体场景的模拟来判断应聘者的人际交往能力。

8. 自我控制能力　考察应聘者在遇到上级批评指责、工作有压力或是个人利益受到冲

111

击时,是否能够克制、容忍、理智地对待,不因情绪波动而影响工作。自我控制能力对于医护人员显得尤为重要。

9. 工作态度　考官一般会了解应聘者对过去学习、工作的态度以及对所应聘职位的态度。在过去的学习或工作中态度不认真、做好做坏无所谓的人,在新的工作岗位也很难做到勤勤恳恳、认真负责。

10. 上进心　招聘单位都愿意录用上进心强烈的人。因为这类人在事业上都有明确的奋斗目标,并为之积极努力,能够出色完成工作并且会不断创新,这对于招聘单位的发展而言极其有利。

11. 求职动机　了解应聘者为何希望来本单位工作,对哪类工作最感兴趣,在工作中追求什么,判断本单位所能提供的职位或工作环境等能否满足其工作要求和期望等。

12. 业余爱好　了解应聘者平时休闲时,经常从事哪些活动,喜欢阅读哪种类型的书籍,关注的热点属于哪个领域,有什么样的嗜好等。了解一个人的兴趣与爱好,对录用后的工作安排、人员搭配和群众活动都有好处。

 案例

一次情境面试的过程

某公司 HR 总监王女士谈到了她们的一次招聘故事:公司要招一个办公室助理,办公室的几个同事一起讨论了招聘标准、职责和要求后,有人提议用情境面试的方式来试试,看看招聘的效果会怎样。于是,他们做了详细的策划。

面试的时间安排在上班的 9:00,办公室的同事们基本上都在 8:50 左右到的。根据设计,办公室的四个人,一个人整理近期报纸,一个人在打扫自己办公桌卫生,王女士在看文件,另一个人,待在隔壁的办公室。9:00 的时候,打电话给王女士,说老总要求尽快把报告整理出来,9:10 必须给总经理。

首先是赴约时间:三个面试者,通知的时间,都是 9:00 面试,到达时间分别在 8:55、9:02、9:10 到达办公室,记为 A 君、B 君、C 君。

A 君到达后,大家都忙着,进来后说自己是应聘的,办公室小王让他在沙发上等等,并告诉他可以自己去倒杯水、看会报纸,就忙于整理报纸了。A 君说谢谢后,就规规矩矩的待在那里。B 君来了,进来后首先抱歉自己迟到,并解释说走错楼梯了。小王一边整理报纸,同时解释,因为王女士有急事要处理,需要他等等,面试 9:20 开始。同样,告诉他可以自己倒杯水、看会报纸。B 君说谢谢后,倒了两杯水,一杯给了 A 君,另一杯留给了自己。看到小王把报纸搞得乱糟糟的,他问,反正现在也是等,我来帮你一块整理吧。小王说不必,B 君说,你负责日期,我帮你按版面进行整理,这样会快些,然后就开始整理了。A 君有些不自在,就拿了报夹上的报纸翻起来。C 君 9:10 到达,进来后,冲着办公室里面的人点点头,自己就找位置坐下来,带了一瓶矿泉水。沙发边上有些杂志,乱糟糟的,他胡乱地翻了一下,抽出其中一本,翘着腿,看起来。

9:12 分左右,隔壁打电话的小李,过来招呼打扫卫生的小张,要把办公室的一张桌子搬出去。A 君站起来,看到桌子必须从沙发边搬出去,知道碍事,把报纸放在边上。B 君又一幅积极帮忙的架势。C 君仍然翘着自己的腿。

要知道,这是第二轮面试。最后,你猜,他们选择了谁?

三、面试的准备

应聘者去面试前要在信息收集、资料整理、形象、心理、模拟练习等方面做好充分准备，以取得面试的成功。

(一)面试的信息准备

1. **深入了解招聘单位信息**　在接到面试通知后，要尽可能深入了解、分析招聘单位的基本情况，如所有制形式、经营管理、发展前景、工作条件以及所需人才特点，对招聘员工知识、技能、经验等方面的要求以及给予员工的福利报酬、晋升情况等。

2. **掌握应聘岗位的工作职责和要求**　尽量拿到所应聘岗位的详细工作职责及要求，把自己的努力方向、工作目标以及如何去做和应聘岗位的工作职责及要求对应起来。

3. **了解面试官的相关信息**　设法打听到面试官的姓名和相关资料，比如性格、爱好、工作经历、具体职位，以及你和面试官有何共同之处，你们是否有共同认识的人等。当面试时，就可以投其所好，创造共同话题，赢得好感。在穿衣打扮、谈话聊天中还可以避开一些面试官忌讳的领域。只有对面试官的情况了如指掌，你才能在面试时游刃有余，自始至终立于不败之地。

4. **其他应试人的信息**　其他应试人的资料也是你需要了解的情况之一，如你所应聘的职位参加报名的人数、参加面试的人数以及应试人的基本情况，如学历、年龄、性别、特长、资历、人事背景等，对照自己各方面情况做比较找出优势和不足，进而保持优势、弥补不足。

5. **了解面试的时间安排**　可以向招聘单位询问面试进行的时间安排，这不会显得自己不礼貌、而会让对方觉得你对面试很上心。一旦知道面试时间长短，你就可以为如何把握面试节奏做准备，想想哪些是你在面试中一定要表达的内容。

6. **信息收集方法**　收集信息的途径主要有两条：①向用人单位的人事部门直接联系询问，弄清面试的详细情况，例如面试的基本形式、大致范围、持续时间等并顺致谢意；②通过亲朋好友等非正式渠道间接打听或者通过传播媒体来了解。

(二)面试的资料准备

准备好自己的自荐材料包括毕业证书、职业资格证书、获奖证书、身份证、自荐信、学校推荐表等材料。参加面试时，应把这些资料规整的放在一个公文包里随身带去，以便面试官随时查看。准备一个井然有序的公文包会使你看上去办事得体大方、值得信赖，公文包里除了放置上述个人资料外，还可以装一些有关工作或有助于谈话的资料，说不定这些资料在面试中会发生惊人的效果。假如主试人提些你意想不到的问题，你可以拿出自己的笔记本回答："我前些时候也看到一篇和这个问题有关的文章，尤感兴趣，因而做了笔记，您是否有兴趣翻一下。"这样，主试人便会对你另眼相看。

(三)面试的问题准备

1. **准备好自我介绍**　面试的第一个问题往往就是"请做一下自我介绍"，通过自我介绍，面试官可以了解求职者的基本信息，考查他们的语言表达能力、应变能力和岗位的胜任能力。应聘者也可以主动向面试官推荐自己，展示自己的才华和能力。

2. **面试前多演练主考官可能问到的问题**　面试前先想想："我会被问到什么样的问题？我要怎么回答？"当然面试的问题成千上万，不过你对这个单位所做的调查应该能让你知道对方想找什么样的人。即便你事前准备的问题没有被问到，准备的过程也能给你信心。

（四）面试的形象准备

饱满的精神状态和得体的衣着打扮会给人以良好而深刻的印象。

1. 仪容

（1）须发：头发要干净、自然、整齐，务必保持符合学生特征的发型。男性不能留长发、扎小辫、烫发。女性不能有太流行、太时髦的发型，发型设计应该端庄文雅、美观大方。男性的胡须在面试前要刮干净，要把鼻毛剪除否则会给人不清洁的感觉。

（2）化妆：女性化妆应以淡妆为宜，眼线、口红不要太深，粉质化妆品不能抹的太厚，香水也应该用淡的，让人感觉清新自然。禁止使用刺激味道太浓的香水。男性一般不宜化妆。

（3）饰物：面试时，最好不要佩戴任何饰物，如女性喜欢的耳环、耳坠、项链、手镯等。男性胸前佩挂要取下，其他饰物也最好全部取下来。

2. 仪态　仪态是指一个人的体态、手势、面部表情、气质与风度等。文雅得体的行为举止和谈吐是人的内心世界的反映，也是知识修养与个性特点的表现。因此，必须注重自己的言谈举止，要做到"坐如钟、站如松、行如风"。举手投足都要符合自己的身份和具体的环境。得体的仪态、优雅的举止、翩翩的风度是取得面试成功的重要因素。

3. 服饰

（1）着装要合体：不同季节、不同地点、不同职业的人着装各不相同。服饰应该与年龄、身份、气质和形体条件相一致。

（2）服饰要协调：符合所求职岗位的需要，要与所求职的工作性质和环境相一致。男生适宜穿西装佩戴领带，价格不必太贵，但要熨得平整。女生最好穿上整洁美观的套裙或有袖连衣裙、长筒丝袜。

（3）要有职业特点：你应聘的岗位是护士、药剂士等工作岗位，服饰就不能过分的华丽、时髦，而应该选择庄重、素雅、大方的服装，以显示出稳重、文雅、严谨的职业形象。

（4）着装不随便：面试是一种正式场合，穿着不能过于随便。男性一般不能穿运动服、牛仔服之类的休闲服装，女性不能穿无袖式连衣裙、睡裙、低领上衣、紧身衣裤等服装。

4. 礼仪　面试的礼仪很重要，它不仅能反映出一个人的综合素质而且会增加面试成功的可能性。整个面试过程中应注意以下礼仪：

（1）提前到达：参加面试，应当比规定的时间提前到达面试地点（一般提前 10~30 分钟），以稳定自己的情绪，做好面试准备。到达面试地点后礼貌对待接待人员，在规定的地方等候，不可随意走动。如果有意外情况，最好能够在面试前通知用人单位，告知自己不能准时到达面试地点，恳请对方谅解。

（2）礼貌通报：当轮到你面试时，你要有礼貌地敲门 2~3 次，敲门时用力要适中，不要太轻或太重，当打开办公室门时要有礼貌地说声"打扰了"，然后转过身去，面对门，轻轻地将门关上。有人向你介绍其他人时，你应该致以问候，当对方伸出手时，你要及时与之握手，切勿主动伸手。

（3）语言得当：回答主持人问题时，眼睛要注视着对方，如果主持人是两位以上的话，回答谁的问题，目光就移向谁。保持口齿清楚，语调适中，语言精练，不带口头语。同时要聆听主持人提出的问题，不要随便打断主持人的问话，如果没有听清楚，或者不准确的地方可以说："对不起，我没有听清楚，请重复一下好吗？"

（4）举止得体：在整个面试的过程中，要保持举止得体。面试结束时，不管结果如何都应该向主持人致谢，在离开办公室时先打开门，然后转过身向主持人鞠躬再次表示感谢，然后轻轻地把门关上。

（5）注意事项：面试时不准吸烟，不开玩笑，不讲脏话，不做小动作。注意克服这些小毛病：摸头、咬手指、抠耳朵、跷二郎腿、坐立不安等。

（五）面试的心理准备

心理准备也是面试准备的重要环节之一，正确的评价自我、客观地进行自我心理调适是面试前的重要工作。

1. 正确评价自我　应试人要坚定自己不比别人差，别人能做到自己同样能做到的信心，正确客观地进行自我评价，充分做好心理准备。同时要维护自己的人格尊严，有主见、有原则，保持堂堂正正的自我，名正言顺的竞争你应该得到的岗位。

2. 克服紧张心理　大多数人在面试时都会出现精神紧张，这是在面试时需要克服的最大心理障碍。正常的面试心理应该是自信、平静、谨慎、热情、积极。具体的方法是：①充分准备面试中的每一个环节，找出可能存在的问题，逐一加以克服和纠正；②不要把成败看得太重要，同等条件下，谁克服了紧张情绪，放松了自己，就可能取得面试的成功，机会对每个人都是平等的；③不要急于回答问题，主持人说完问题后，应试人应该考虑几秒钟，再回答；④在回答问题时注意语速，太快不仅别人难以听清楚，甚至连自己的思维也可能会出现错乱，所以面试自始至终都要有条不紊，逻辑严密，让人信任。

 知识拓展

面试中，忌不良用语

1. 急问待遇　"你们的待遇怎么样？"工作还没干，就先提条件，何况还没被录用呢！谈论报酬待遇无可厚非，只是要看准时机，一般在双方已有初步意向时，再委婉地提出。

2. 报有熟人　"我认识你们单位的××"，"我和××是同学，关系很不错"，等。这种话主考官听了会反感，如果主考官与你所说的那个人关系不怎么好，甚至有矛盾，那么你这句话引起的结果就会更糟。

3. 不当反问　主考官问："关于工资，你的期望值是多少？"应试者反问："你们打算出多少？"这样的反问就很不礼貌，很容易引起主考官的不快。

4. 不合逻辑　考官问："请你告诉我一次失败的经历。""我想不起我曾经失败过。"如果这样说，在逻辑上讲不通。又如："你有何优缺点？"，"我可以胜任一切工作。"这也不符合实际。

5. 本末倒置　一次面试快要结束时，主考官问应试者："请问你有什么问题要问我们吗？"这位应试者欠了欠身，开始了他的发问："请问你们的单位有多大？招考比例有多少？请问你们在单位担当什么职务？你们会是我的上司吗？"参加面试，一定要把自己的位置摆正。像这位应试者，就是没有把自己的位置摆正，提出的问题已经超出了应当提问的范围，使主考官产生了反感。

四、面试时应注意的事项

以下汇总了一些面试中经常出现的错误，希望各位学生可以引以为戒。

1. 情绪失控　无领导小组面试的方式是让考生自行就某个问题集体讨论，考官会悄悄观察每位考生的表现。有的考生会控制不住自己的情绪，与意见相左的考生当场争吵，一场辩论就演变成了"吵架"。面对意见不一致,才是体现我们逻辑思维和论辩能力的最佳机会,考生要努力表现自己的才华,而不是陷入意气之争。情绪失控是面试的大忌,单位面试不是吵架,但凡出现这样的考生,考官会立马把你排除在录取人员名单之外。

2. 说假话　面试中会涉及自身的自我介绍,对于刚毕业的学生而言,回避不了学习成绩这个话题。一些考生为了能够给考官留下一个美好的印象,会在面试中大谈自己的成绩如何优秀,用了很多虚词,但是在具体成绩介绍过程中却显得言辞闪烁。如此表现肯定不能得到考官认可,反而增加了其对考生不良的印象,最后自然会被贴上不诚信的标签,结果便可想而知。因此在面试中考生切不可自作聪明,用假话、伪造的经历来糊弄考官。

3. 真话全讲　在面试中固然要讲诚信,但并不是说考生要主动暴露自己的弱点,尤其在面试过程中,如果主动说出自己的劣势,自然是给自己下了套,最终裹足不前。在面试中不具优势的内容不讲、不具竞争力的经历不说、禁止的内容不谈、敏感的话题不涉及等。学会适当避重就轻,方能出奇制胜,取得成功。

4. 随意打断他人发言　同样是无领导小组讨论面试,很多考生会犯一个低级错误,那就是随意打断他人发言。总觉得考试的过程中一定要多发言,说得越多,分数越高。在这样一种错误认识的引导下,考生的全场表现就陷入一种非理性的争抢之中,有一些考生采用打断他人发言的方式来争抢发言的机会。其实,这种做法不仅不能获得考官的好感,还会造成扣分。考生在争取发言权的时候一定要注意技巧,不能随意打断他人讲话,可以在他人说话间隙或是停顿的时候及时介入,以此来获得发言机会。

5. 喋喋不休　面试是有时间限制的,考生要在规定的时间内表达自己的想法。这就要求考生回答要精准表达,不拖沓。很多考生在面试中总是想把一个问题表达完美,最终导致内容过分追求全面而失了观点,内容太过丰富而耽误了时间,容易给考官造成啰唆重复,没有逻辑,没有立场,条理不清的印象,最终的结果自然是不如人意。建议考生在面试备考中要侧重对于问题分析的深刻性,也就是说立足观点,适当分析论证,自然可以把一个问题讲清楚、说明白。

6. 不看考官　在面试考场上,考生与考官的交流,除了语言交流外,还要有眼神的交流。有部分考生喜欢看天花板、自己的脚、墙角等,面试全程与考官无眼神交流,这是不对的。眼神的交流非常重要,能给人一种交流感,会给人一种如沐春风的感觉,能提高考生在考官心中的印象,而且说话看着对方也是一种基本礼貌。当然,在看考官的时候不能面无表情,谁都希望看到一张有亲和力,充满阳光的脸庞,如果表现放松,面带微笑自然会成为加分项。

7. 声音如蚊蝇　考生在回答问题时声音要洪亮,说话语速、语调要适中。因为考生的声音细小,考官精力全都集中在听清楚考生的话语上,自然就不会把精力集中在答题要点上。除了天生声音就小的同学,大部分人在面试时声音小是因为害怕和不自信。天生声音小的同学要在考前训练自己的声音变大,说话声音要洪亮,这样可以让考官听得清楚。而由于不自信或者害怕造成的声音小的同学,也要训练自己的声音洪亮度。声音洪亮也要把握度,不要刻意喊出来,那样会让考官觉得你很不自然。考生在回答时要注意语音语调的抑扬顿挫,该重读的时候重读,读轻读的时候轻读,这样考官听起来会非常舒服,也容易抓住重点。

五、面试后应注意的事项

(一) 及时退出考场

当面试官宣布面试结束后,求职者应礼貌道谢,迅速退出考场,不要再补充几句,也不要再提什么问题。如果你认为确有必要的话,可以事后写信说明或回访,不能在考试后拖泥带水,影响其他人面试。离开办公室时,注意把刚才坐的椅子扶正到刚进门时的位置,再次致谢后出门。经过前台时,要主动与前台工作人员点头致意或说"谢谢你,再见"之类的话语。

(二) 不要急于打听面试结果

在一般情况下,面试官之间每天面试结束后都要进行讨论、汇总,报主管领导批准,最后确定录用人选,可能要 3~6 天,甚至更长时间。求职者在这段时间内一定要耐心等候消息,切不可到处盲目打听,急于求成往往会适得其反。如果在一个星期内,或者依据他们做决策所需的一段合理时间之内没有得到任何音讯,你可以给招聘负责人打个电话,问他们是否已经做出决定了,这个电话可以表示出你的兴趣和热情,还可以从他的口气中听出你是否有希望得到那份工作。如果在打听情况时觉察出自己有希望中选,但最后决定尚未做出,那你过段时间后再打一次电话催问。

(三) 学会感谢

面试结束后,即使对方表示不予录用,也都应用各种途径表示感谢。电话感谢,简短热情的感谢信都会使你的求职善始善终。请注意,对面试表示感谢是十分重要的。据调查,在 10 个求职者中往往有 9 个人是不会写感谢信的,你如果抓住这个环节,则显得格外突出,说不定会使对方改变初衷。

感谢信的内容应该包括:

1. 重申你的优点。
2. 你对应聘职位仍然十分感兴趣。
3. 你能为单位的发展做出具体的贡献。
4. 你希望能早日听到公司的回音。

哪怕他们已经暗示你可能落选了,发一封短信说明你即使没有成功但也很高兴有面试机会。这样做不仅仅是出于礼貌,而且还能使招聘方在其单位出现另一个职位空缺时心里想着你,创造出一个潜在的求职机会。

(四) 面试后做好两手准备

参加招聘面试往往有两种结果:要么被录取,要么被淘汰。对此,求职者要有一定的思想准备,胜败乃兵家常事,千万不要把求职失败看得过重,要善于总结经验教训,抖擞精神,迎接新的挑战。

(五) 回顾总结

面试结束后,应该对自己在面试时遇到的问题和一些重要的细节进行回顾,重新考虑一下,如果再一次遇到这样的问题该如何回答。一定要记下面试时与你交谈的面试官的名字和职位,这样万一通知你落选了,你还有机会向面试官请教自己为什么落选,以便今后改进,能得到这样的反馈不容易,你应该好好抓住时机。

六、常见面试问题及答题思路

以下选择了常见的 16 种面试问题进行分析并提供了答题思路,供参考。

1. 你怎样看待越来越多的医疗纠纷?

答题思路:①医疗纠纷的发生近年来呈明显上升趋势;②分析各类型医疗纠纷,几乎都能从责任方面找到教训。如工作不认真,制度不落实,说话随便,不讲技巧等。因此,防范医疗纠纷,就必须强化各级各类医务人员的责任意识;③作为医护人员,跟病人要加强沟通,增强相互理解和信任。医护人员也要以一种和善、耐心的态度对待焦急的病人,建议做相关检查和治疗时,要向家属交代清楚,从而保证医疗工作的顺利进行,让病人得到及时治疗,尽快康复。

2. 作为一名护士,在你值班的时候,你的亲戚好友找你有急事,你会怎么做?

答题思路:①先询问亲戚好友,了解急事的具体情况,再做出相应的判断;②若是亲戚身体不适,或者受伤等,我会根据当时值班时的情况,根据病情的轻重缓急来处理,先处理严重的病人,绝对不会因为私人关系优先照顾亲戚;③若是私人事情,我会跟亲戚说明护士工作的原则,必须坚守岗位,不得擅离职守,看是否可以等我下班后再帮他处理,相信我的亲戚好友能够理解;④若是事情真的很紧急,我会向护士长请假,经值班领导同意并安排人员替代后,方可离开值班岗位。

3. 你是应届毕业生,缺乏经验,如何能胜任这项工作?

答题思路:如果招聘单位对应届毕业生提出这个问题,说明招聘单位并不真正在乎"经验",关键看应聘者怎样回答。对这个问题的回答要体现出应聘者的诚恳、机智和敬业,如"作为应届毕业生,在工作经验方面的确会有所欠缺,因此,在学校期间我一直利用各种机会在这个行业里做兼职。我也发现,实际工作远比书本知识丰富、复杂,但我有较强的责任心、适应能力和学习能力,而且比较勤奋,所以在兼职中均能圆满完成各项工作,从中获取的经验也令我受益匪浅,学校所学及兼职的工作经验使我一定能胜任这个职位。"

4. 我们为什么要录用你?

答题思路:应聘者最好站在招聘单位的角度来回答。招聘单位一般会录用这样的应聘者:基本符合条件,人品值得信任,有较强的责任感,对这份工作感兴趣,有足够的信心。例如:"我符合贵医院的招聘条件,我有较强的责任感和良好的适应及学习能力,掌握了需要的专业技能,所以能胜任这份工作。我十分希望能为贵医院服务,如果贵医院给我这个机会,我一定能成为贵医院的栋梁!"

5. 你为什么选择我们单位?

答题思路:面试官试图从中了解你求职的动机、愿望以及对此项工作的态度。建议从行业、企业和岗位这三个角度来回答。例如:"我十分看好贵公司所在的行业,我认为贵公司管理严格、重视人才培养和使用、为新入职的员工提供了良好的发展平台,这项工作很适合我,相信自己一定能做好。"

6. 谈一谈你的一次失败经历。

答题思路:不要说自己没有失败的经历,不要把明显的成功说成是失败,也不要说出严重影响所应聘工作的失败经历。适宜说明失败之前自己曾信心百倍、尽心尽力,仅仅是由于外在客观原因导致失败,失败后自己很快振作起来,以更加饱满的热情面对以后的工作。

7. 谈谈你的缺点。

答题思路:如果求职者说自己小心眼、爱忌妒人、非常懒、脾气大、工作效率低,招聘单位肯定不会录用你。不要自作聪明地回答"我的缺点是过于追求完美",有的人以为这样回答会显得自己比较出色,但事实上,他已经岌岌可危了。求职者可以从自己的优点说起,中间加一些小缺点,然后再把问题转回到优点上,突出优点的部分。

8. 谈谈你的家庭情况。

答题思路:简单地罗列家庭主要人口,强调温馨和睦的家庭氛围,父母对自己教育的重视,每一个家庭成员的良好状况和家庭成员对自己工作的支持,更要强调自己对家庭的责任感,因为一个对家不会感恩的人,是不会对社会感恩的。

9. 你有什么业余爱好?

答题思路:不要说自己没有业余爱好以及庸俗、令人感觉不好的爱好,也不要说自己仅限于读书、听音乐、上网等,否则可能令面试官怀疑应聘者性格孤僻,最好能有一些户外的集体活动、运动等爱好来点缀你的形象。

10. 你最崇拜谁?

答题思路:不要说自己谁都不崇拜,只崇拜自己,也不要说崇拜一个明显具有负面形象的人。所崇拜的人最好与自己所应聘的工作能"搭"上关系,能说出自己所崇拜的人的哪些品质、哪些思想激励、鼓舞着自己。

11. 你的座右铭是什么?

答题思路:不要说容易引起不好联想和太抽象的座右铭,座右铭最好能反映出自己某种优秀品质。比如:"只为成功找方法,不为失败找借口";"努力不一定成功,放弃一定失败",同时能对这句名言对自己的人生启发,以及自己会如何去做,进行解释和发挥。

12. 对这项工作,你有哪些可预见的困难?

答题思路:不宜直接说出具体的困难,否则可能令招聘方怀疑应聘者能力不行。可以尝试迂回战术,说出应聘者对困难所持有的态度"工作中出现一些困难是正常的,也是难免的,但是只要有坚忍不拔的毅力、良好的合作精神以及事前周密而充分的准备,任何困难都是可以克服的。"

13. 如果我们录用你,你将怎样开展工作?

答题思路:如果应聘者对于应聘的职位缺乏足够的了解,最好不要直接说出自己开展工作的具体办法。可以尝试采用迂回战术来回答,如"首先听取领导的指示和要求,然后就有关情况进行了解和熟悉,接下来制订一份近期的工作计划并报领导批准,最后根据计划开展工作。"

14. 与上级意见不一致时,你将怎么办?

答题思路:可以这样回答"我会服从上级的意见,但私下里我会给上级以必要的解释和提醒。"也可以这回答"对于非原则性问题,我会服从上级的意见,对于涉及单位利益、病人安全的重大问题,我希望能向更高层领导反映。"

15. 你希望与什么样的上级共事?

答题思路:通过应聘者对上级的"希望"可以判断出应聘者对自我要求的意识,最好回避对上级具体的希望,多谈对自己的要求,如"作为刚步入社会的新人,我应该多要求自己,尽快熟悉环境、适应环境,而不应该对环境提出什么要求,只要能发挥我的专长就可以了。"

16. 你在前一家公司的离职原因是什么?

答题思路:回答这个问题时一定要小心,就算在前一个工作受到再大的委屈,对单位有多少的怨言,都千万不要表现出来,尤其要避免对单位主管的批评,避免面试官的负面情绪及印象。建议此时的回答方式是将问题归咎在自己身上,例如觉得工作没有学习和发展的空间,或是前一份工作与自己的职业生涯规划不合等,希望能获得一份更好的工作,如果机会来临,自己会紧紧抓住。

同一个面试问题并非只有一个答案,而同一个答案并不是在任何面试场合都有效,关键在于应聘者掌握了规律后,对面试的具体情况进行把握,有意识地揣摩面试官提出问题的心理背景,然后投其所好。

知识拓展

面试的新趋势

通过对近年来面试实践的分析表明,面试出现了新的发展趋势。

1. 形式的丰富化 面试早已突破那种两个人面对面,一问一答的模式,呈现出丰富多彩的形式。从单独面试到集体面试,从一次性面试到分阶段面试,从非结构化面试到结构化面试,从常规面试到引入了演讲、角色扮演、案例分析、无领导小组讨论等情景面试。

2. 程序的结构化 以前对面试的过程缺乏有效地把握,面试的随意性大,面试效果也得不到保证。目前许多面试的操作过程已逐步规范起来,面试的起始阶段、核心阶段、收尾阶段要问些什么、要注意些什么,事先都有一个具体的方案,以提高对面试过程和面试结果的可控性。

3. 提问的弹性化 以前许多面试基本等同于口试,主考官提出的问题一般都事先拟定好,应试者只需抽取其中一道或几道题来回答即可,主考官评定成绩依据事先拟定的标准答案。现在面试中主考官问题的提问虽源于事先拟定的思路,但却是适应面试过程的需要而自然提出的,前后问题是自然相接的,问题是围绕测评的情景与测评的目的而随机出现的。最后的评分不是仅依据内容的正确与否,还要综合总体行为表现及整个素质状况评定,充分体现了因人施测与发挥主考官主观能动性的特点。

4. 面试结果的标准化 以前面试的评判方式与评判结果没有具体要求,缺少可比性。近年来面试结果的处理逐渐标准化、规范化,基本上趋于表格式、等级标度与打分形式等。

5. 测评内容的全面化 面试的测评内容已不仅限于仪表举止、口头表达、知识面等,现已发展到对思维能力、反应能力、心理素质、求职动机、进取精神、身体素质等全方位的测评。且由一般素质为测评依据发展到主要以拟录用职位要求为依据,包括一般素质与特殊素质在内的综合测评。

6. 面试考官的内行化 以前面试主要由人事部门主持,现在实行人事部门、具体用人部门和人事测评专家共同组成面试考评小组。面试考官的素质有了很大提高,对于提高面试的有效性、保证面试的质量有着至关重要的作用。

第四节 就业方法的运用

 案例

某电器集团招聘现场,一家沿海城市的家用电器公司是以质量第一享誉国内外的著名企业,他们在北京招聘应届毕业生时,总要问及一个问题:"你对我公司有何了解?"回答了解不多或不了解的人很快被淘汰出局,对公司有深入了解的毕业生备受青睐。一位受到考官连连赞许的考生是这样回答的:"贵公司最大的特点就是高度重视质量,用质量去占领市场,用质量去获得信誉,用质量去赢得市场高价位,用质量去进行国际竞争,贵公司老板曾因此应邀去哈佛大学授课。我本人性格内向,对任何事情都严谨认真,一丝不苟,符合贵公司的企业文化要求,我愿为贵公司的发展贡献微薄之力。"

请问:如何在面试中赢得考官对你的认可?

一、自我介绍的方法

自我介绍的时间一般为 1~3 分钟。在如此短的时间内,求职者该如何"秀"出自己呢?该说些什么? 该注意什么?

(一) 我是谁

自我介绍的第一步是要让面试官知道你是谁。主要介绍个人履历和专业特长,包括姓名、年龄、籍贯、所受教育背景以及与应聘职位密切相关的特长等。生动、形象、个性化的介绍自己的姓名,不仅能够引起面试官的注意,而且可以使面试的氛围变得轻松。

(二) 我做过什么

做过什么,代表着你的经验和经历。主要介绍与应聘职位密切相关的实践经历,包括校内活动经历、兼职和实习经历、参加过的社会实践等。要说清楚确切的时间、地点、担任的职务、工作内容等,这样让面试官觉得真实可信。需要注意的是,你的经历可能很多,不可能面面俱到,与应聘职位无关的内容,即使你引以为荣也要忍痛舍弃。

(三) 我做成过什么

做成过什么,代表着你的能力和水平。主要介绍与应聘职位所需能力相关的个人业绩,包括校内活动成果和校外实践成果。介绍个人业绩,就是摆成绩,把自己在不同阶段做成的有代表性的事情介绍清楚。在介绍个人业绩时,需要注意以下方面:

1. 要介绍你自己的业绩,而不是团队业绩,要把自己最精彩的业绩加以重点呈现,因为用人单位要招聘的是你,而不是你过去的团队。

2. 介绍的内容应当有所侧重,不要说流水账,要着重介绍能体现自己能力的重点内容。

3. 介绍业绩取得的具体过程时,要巧妙地埋伏笔。在介绍校外实践成果时,你可以这样描述:"在工作中遇到了很多的问题,不过我还是成功地克服并达成了业务目标。"引导面试官提问"遇到了哪些问题",然后你就可以进一步阐述细节内容,体现出自己处理问题的能力。

(四) 我想做什么

想做什么,代表着你的职业理想。应该介绍自己对应聘职位的看法和理想,包括自己的职业生涯规划、对工作的兴趣与热情、未来的工作蓝图、对行业发展趋势的看法等。在介绍时,你还要针对应聘职位合理编排每部分的内容,与应聘职位关系越密切的内容,介绍的次序越靠前,介绍得越详细。

二、回答面试问题的方法

1. 把握重点、有理有据 回答问题要结论在先、议论在后,先将问题的中心意思表达清楚,然后再作叙述和论证。

2. 讲清原委、避免抽象 主持人提问总是想了解一些应聘者的具体情况,切不可简单地仅以"是"与"不是"作答。针对所提问题的不同,有的需要解释原因,有的需要说明过程。不讲原委,过于抽象的回答,往往不会给招聘者留下具体的印象。

3. 确认问题、有的放矢　面试中,如果对主持人提出的问题一时摸不着边际,以致不知从何答起或难于理解对方问题的含义时,可将问题复述一遍,请教对方以确认内容,并先谈自己对这一问题的理解。对不太明确的问题,一定要搞清楚,这样才会有的放矢,不致南辕北辙、答非所问。

4. 独具特色、彰显个性　主持人接待应聘者若干名,相同的问题要问若干遍,类似的回答也要听若干遍。只有具有独到的个人见解和个人特质的回答,才会引起对方的兴趣和注意。

5. 诚恳坦率、面对不足　面试时遇到自己确定不知、不会的问题时,闪烁其词、默不作声、牵强附会、不懂装懂的做法均不足取。诚恳坦率地承认自己的不足之处,反倒会赢得主持人的理解、信任和好感。

 知识拓展

面试是一个双向沟通的过程

　　面试是主考官和应试者之间的一种双向沟通过程。在面试过程中,应试者并不是完全处于被动状态。主考官可以通过观察和谈话来评价应试者,应试者也可以通过主考官的行为来判断主考官的价值判断标准、态度偏好、对自己面试表现的满意度等,来调节自己在面试中的行为表现。同时,应试者也可借此机会了解应聘的单位、职位情况等,以此决定自己是否可以接受这一工作等。所以面试不仅是主考官对应试者的一种考察,也是主客体之间的一种沟通、情感交流和能力的较量。主考官通过面试,从应试者身上获取尽可能多的有价值信息。应试者也应抓住面试机会,获取那些关于应聘单位及职位、自己关心的信息。

三、参加无领导小组面试的方法

如何在群体面试中脱颖而出?需要注意以下几个方面:

1. 发言时机的选择　不是第一个发言就一定好,这个是需要注意的,发言时机需要根据时机情况来看。举例而言:小组成员都有比较明显的想首先发言迹象时,可以选择谦让;但是当小组成员都在观望是而你个人的观点又比较成熟时,首先发言也很好。

2. 论证充分　面试官借小组讨论考查每一个应聘者的语言表达能力、思维能力及业务能力,夸夸其谈、不着边际、胡言乱语,只会将自己缺点暴露无遗。语不在多而在于精,如果观点鲜明、论证严密、一语中的,可起到一鸣惊人的作用。

3. 尊重队友　不管是发表见解还是辩论,都要保持良好的风度,对事不对人是基本原则。在遇到不同意见时,不要不停的试图说服别人,要有大局意识,在不能达成一致的时候可以妥协或者坚持保留意见而不继续纠缠一个问题。切勿为表露自己,而对其他人进行横加指责、恶语相向,往往只会导致自己最早出局。哪个单位愿聘用一个不重视团队意识而为满足自己私利不择手段的人呢?

4. 语言表达要清楚　用普通话,不要使用方言。声音要洪亮,让每一个人都可以听清楚。发言要有逻辑性、有说服力、不啰唆。对于别人的发言即使认同也不要简单的重复,而是进行概括、补充、完善。

5. 有角色意识　在讨论结束之前,如果能将各成员交谈要点一一点评,分析优劣、点评不足,并适时拿出令人信服的自己的观点,使自己处于讨论中心,无形中成了领导者的角色,自然就为成功入职增加了筹码。

 案例

无领导小组面试典型案例:海上救援

现在发生海难,游艇上有八名游客等待救援,但是现在直升飞机每次只能够救一个人。游艇已坏,不停漏水。寒冷的冬天,刺骨的海水。

游客情况:第一位,将军,男,69岁,身经百战。第二位,外科医生,女,41岁,医术高明,医德高尚。第三位,大学生,男,19岁,家境贫寒,参加国际奥数获奖。第四位,大学教授,50岁,正主持一个科学领域的项目研究。第五位,运动员,女,23岁,奥运金牌获得者。第六位,经理人,35岁,擅长管理,曾将一大型企业扭亏为盈。第七位,小学校长,53岁,男,劳动模范,五一奖章获得者。第八位,中学教师,女,47岁,桃李满天下,教学经验丰富。

请将这八位游客按照营救的先后顺序排序(3分钟阅题时间,1分钟自我观点陈述,15分钟小组讨论,1分钟总结陈词)。

 案例

无领导小组面试典型案例:能力和机遇

能力和机遇是成功路上的两个非常重要的因素。有人认为成功路上能力重要,但也有人认为成功路上机遇更重要。

若只能倾向性地选择其中一项,您会选择哪一项?并至少列举5个支持您这一选择的理由。

要求:请您首先用5分钟的时间,将答案及理由写在答题纸上,在此期间,请不要相互讨论。在主考官说“讨论开始”之后进行自由讨论,讨论时间限制在25分钟以内。在讨论开始时每个人首先要用1分钟时间阐述自己的观点。

注意:每人每次发言时间不要超过2分钟,但对发言次数不作限制。在讨论期间,你们的任务是:①整个小组形成一个决议,即对问题达成一致共识;②小组选派一名代表在讨论结束后向主考官报告讨论情况和结果。

四、参加招聘会的方法

1. 有针对性的参加招聘会　不能盲目赶场,乱投简历。以护理毕业生为例:首选各类医科类毕业生专场招聘会,参加这类招聘会的用人单位目标性强而且不会刻意强调有工作经验;其次是医疗单位主办的专场招聘会,职位明确、定位清晰。尽量不要错过用人单位在校园举办的小型专场宣讲会,因为这种直接到学校招人的方式,是最有针对性、最容易使双方达成协议的。

2. 确定目标单位　参加招聘会前,尽可能多了解招聘单位的情况。可以通过招聘会主办方的网站、会刊等,也可以主动向主办方咨询参会的招聘单位的情况,包括单位名称、岗位名称、工作要求等信息。在了解了招聘单位的情况后,按照自己的求职意向,锁定几个目标,并确定主次。将你选定的目标单位的展位编号写在纸上,这样在参加招聘会时可以直接按展位编号快速地找到目标单位,节省了时间和精力,提高效率。不要只针对心目中的"好单位",应尽量选择与自己专业对口的行业、岗位,这也是招聘单位希望的,否则你的简历很可能先被搁置一边。

3. 根据求职意向,准备多份简历 很多求职者在参加招聘会时会犯"一份简历包打天下"的错误。事实上,越是针对性强的简历越容易受到认可。参加招聘会时,你需要根据自己的求职意向准备多个版本的简历。如果你的求职意向是护士和医务管理,那么,你就需要针对这两个求职意向制作不同版本的简历——针对护士的简历应当在个人特长、工作经验或实践经历中突出与护士职位相关的内容;针对医务管理的简历则应当突出与行政、组织管理能力相关的内容。如果你对应聘的单位足够了解,你还可以特别针对该单位的应聘岗位与要求量身定制一份简历,这样你的简历将会更具针对性,更能够获得用人单位的青睐。

4. 第一印象至关重要 在招聘人员面前要满怀自信和热情,握手要坚定有力,眼睛直视对方,不要忘记表达对公司和就业机会的浓厚兴趣。要注重举止形象,衣着得体,切忌过分随意的打扮。同时,要掌握必要的礼仪和谈话技巧,语调平稳、语音清晰。不管对方做何回应,一定要微笑、礼貌地离开座位。

5. 学会最有效地表达自己 面对招聘人员时不要急于自我介绍,先礼貌地递上自己的简历,等对方浏览完毕,再用简练的语言自我介绍,重点突出自己的专业特长。之后,让对方提问,简要回答。自己提问时,一定要提有效问题,如:企业的发展前景和企业文化如何? 对应聘者的素质要求等,切忌张口就是薪水、福利待遇等问题。不要被招聘单位列出的条件吓倒,而要表现出你能很快适应工作的能力,以及一定能创造出业绩来的信心。

6. 以积极的态度给企业一个好的印象 对于投出简历的学生来说,不要指望在招聘会现场就能得到明确答复。因为现场人多,双方不可能进行详细交流,要抓紧时间尽量多了解应聘单位信息,留下对方的联系方式,会后及时打电话询问,不要坐等招聘企业来找你。至于何时打电话询问较合适,应在面谈时了解清楚。

7. 参加招聘会切忌家长"越俎代庖" 通常,有家长陪同或代劳的应聘者会给用人单位留下"缺乏独立性"的不良印象。

8. 选择单位应视野开阔 参加招聘会前,不要根据听到的传言而轻易放弃某个公司,放弃就等于失去机会,要亲自与公司接触,才能做出明智的选择。不要因为对方不在自己心目中的最佳公司之列就不予考虑。记住,在未来10年中,全新的就业机会主要来自中小型公司。

五、应对电话面试的方法

在收到简历之后,为了在面试前做进一步的筛选,用人单位往往用打电话的形式进行首轮面试。电话面试里用人单位将如何提问,应聘者又该如何应对?

1. 为什么要进行电话面试 一方面,求职者越来越多,用人单位的选择也越来越多,有时甚至是上百个人在争取一个职位。这就有必要在面试前先对求职者做一轮筛选,所以用人单位往往选择先在电话里和求职者做一次面试,对求职者各方面的情况有一个初步的掌握,再决定是否给他(她)面试的机会。另一方面,随着毕业生们在制作简历等方面的求职技巧越来越丰富,他们简历里的水分也开始增大,这使得用人单位无法单单从简历和求职信上去了解一个人。为了挤去水分,找到合适的人参加面试,用人单位也乐于先采用电话面试的手段。

2. 注意接电话的礼节　电话面试一定要注重电话礼节,接电话时讲"您好"。在面试过程中,注意礼貌用语,在言语中尊敬面试官,在结束时及时感谢。

3. 接电话要选地方　安静是接受电话面试时最重要的条件。如果是事先和单位约好,在约好的时间段应聘者要确保自己处在一个不被打扰的环境,这样你就不会被别的事情弄得心绪不宁。注意不要在闹哄哄的马路边或者公交车里接电话,一是听不清对方的提问;二是嘈杂的环境也容易让人焦躁。如果求职者接到对方电话却不方便回答,那应该及时说明"不好意思,我现在不方便接电话,我们是否可以重新约一个时间"等,用人单位一般都会通情达理地同意你的要求。记住:千万不要横躺在沙发或者床上进行电话面试,这样的姿势一定会影响到你的声音和态度。

4. 电话里面试些什么　电话面试,用人单位首先要做的是对求职者求职信和简历上的内容进行重新的确认,看看是否有漏洞,是否有不符合事实的地方。在接听电话的时候,可以把自己的简历和求职信放在面前,这样可以对用人单位的问题有一个提前的准备。在对简历上内容进行了确认以后,用人单位还会在电话里问一些关于工作的问题,比如你的专业技能,你对应聘职位的个人看法,有的时候会问得更细致,问题会涉及求职者的人品、阅历、视野等。

5. 沉着冷静,把握细节　在遇到电话面试时,首先,要保持冷静,不可紧张。因为对方在电话中只能通过声音来判断你的表达能力,所以一定要控制好自己的心理和情绪,这样说话才不会乱了分寸。其次,要注意语速适中、音量适当,吐字清晰,表达尽量简洁、直截了当。同时在电话面试中能够及时记录下重要信息,如单位名称、面试官的姓名、面试问题的要点以及进一步面试的时间、地点等。并能有效把握向面试官提问的机会,以更好地展示自我,给面试官留下深刻印象。

六、面试成功经验

1. 守时　是职业道德的一个基本要求,尤其对护理专业而言时间观念更为重要。如果你面试迟到,那么不管你有什么理由,也会被视为缺乏自我管理能力,即缺乏职业能力,给面试者留下非常不好的印象。提前 20~30 分钟到达面试地点效果最佳,在面试时迟到或是匆匆忙忙赶到会被视为没有时间观念。

2. 进入面试单位一定注意不能在走廊内大声喧哗,应按顺序依次进行考核。你的面试有可能从你一踏入单位的大门就开始了,必须时刻小心留意。最好径直到面试地点,不要四处寻摸,让人觉得你别有用心或图谋不轨。如果面试医院有前台服务,则开门见山说明来意,经指导到指定区域落座,若无前台,则找工作人员求助。要注意用语文明,开始的"您好"和被指导后的"谢谢"是必要的。

3. 等待面试时不要来回走动,显得急躁不安。也不要与别的接受面试者聊天,因为这可能是你未来的同事甚至决定你能否称职的人,你的谈话对周围的影响是你难以把握的,这也许会导致你应聘的失败。如果此时有该医院的简介材料,应该仔细阅读了解其情况,会对你的面试有所帮助。另外,特别提醒毕业生,在等待面试期间,有可能会发生一些预想不到的事情,这时你千万谨慎,这可能是招聘单位有意设计的测试情景。

4. 进入面试室时,无论门是敞开还是关闭的,进入之前一定要敲门。连续敲两次门是较为标准的。敲门时千万不可敲得太用力,进门后不要用后手随手将门关上,更不能用脚跟踢门。应转过身去正对着门,用手轻轻将门合上,然后面带微笑走向面试官。走到考官面前,应亲切地道一声"您好",等面试官示意你坐下时方可坐下。坐下后不要背靠椅子,也不要弓着腰,并不一定要把腰挺得很直,这样反倒会给人留下死板的印象,应该很自然地将腰伸直。

5. 在面试中,上身正直,微向前倾,目光注视主考官的眼部和脸部以示尊重,双手放在扶手上或交叉于腹前,双腿自然弯曲并拢,双脚平落地面。若是软绵绵的沙发靠椅,也应尽量控制自己,不要陷下去,要挺腰坐直,全神贯注面对考官。特别提醒,不能两脚交叉,更不可跷二郎腿。双手不宜做各种小动作,不要弓腰曲背,抓耳挠腮。如果面前有准备好的桌子,不宜趴在桌子上,应自然挺直上身。面试过程中一定要心平气和,不能魂不守舍,左顾右盼,不能刚谈几句就看表。注意力要集中,认真听主考官所提问题,有条理地进行回答,切忌答非所问。在面试过程中,如果工作人员向你发放资料或索要资料,一定起身接收或递送,并说声"谢谢"。

6. 在进行操作考试时应严格执行操作程序,护理技术操作是护士应具备的基本技能,操作考试成绩是衡量护士业务水平高低的一个重要指标。在操作考试当中,应格外注意操作程序,不能疏漏省略。如:在静脉输液考试中,不能直接就进入操作,应在操作前询问病人,有无过敏反应。

7. 面试结束时,应站起来对考官表示感谢。在走出面试室时先打开门,然后转过身来向考官鞠一躬并再次表示感谢,最后轻轻将门合上。

 知识拓展

面试中考官在观察考生什么?

在求职面试中,从应试者面部表情中获得的信息量可达 50% 以上。面试过程中,应试者的面部表情会有许多变化,通过这种表情的变化,就能判断其心理。例如,应试者面部涨得通红、鼻尖出汗,目光不敢与主考官对视,反映其自信心不足、心情紧张;应试者的目光久久盯着地面或盯着自己的双脚,沉默不语,反映其内心的矛盾或正在思考;当主考官提出某一难以回答或窘迫的问题时,应试者可能目光暗淡,双眉紧皱,带着明显的焦急或压抑的神色。总之,主考官可以借助应试者面部表情的观察与分析,判断应试者的自信心、反应力、思维的敏捷性、性格特征、情绪、态度等素质特征。

在面试过程中,具有不同心理素质的人,其身体语言的表现形式各不相同。一个性格内向的人,他可能两肩微垂,双手持续地做着某个单调的动作,身体移动的速度相对较慢。而一个性格急躁的应试者,常常会无休止的快速运动手脚,双手还可能不断颤抖。一个缺乏自信和创新精神的人,会始终使他自己的双手处于与身体紧密接触的部位,头部下垂。一个人紧张或焦燥不安时,往往会出现膝盖或脚尖有节奏地抖动,手指不停地转动手里的东西,摆弄衣服,乱摸头发等。

还可根据应试者讲话的语音、语速、腔调等来判断应试者的性格特征等。比如声音粗犷、音量较大者多为外向性格;讲话速度快者,多为性格急躁者;爱用时髦、流行词汇者大多虚荣心较强等。

小结

　　本章介绍了就业过程中的自荐、笔试以及面试的基本方法、应对策略和需要注意的问题,并将具体的案例问题贯穿其中,具有较强的针对性和指导性,希望对同学们的求职就业有一定的指导作用。

思考与训练

　　1. 自荐的方式有哪些?哪种方式最适合你?

　　2. 如何准备一份完善的自荐材料。

　　3. 笔试的种类有哪些?如何在笔试中脱颖而出?

　　4. 面试的种类有哪些?你如何应对?

　　5. 面试时需要注意的事项有哪些?

（郭庆山）

第六章　就业实践

学习目标

1. 掌握适应新环境的方法。
2. 熟悉试用期的注意事项。
3. 了解毕业与就业的有关程序。

你以丰富的学识,得体的举止,高雅的气质,在应聘中成功就业,从此,你拥有了一个演绎人生,实现人生价值的舞台。面对新生活、新环境、新的就业岗位,你可能茫然不知所措,对自己所学的知识如何运用? 能否适应就业岗位? 这些都是每个毕业生所面临的新问题。本章将通过对毕业与就业程序、诚实守信、适应新环境、爱岗敬业、跨越试用期等方面的介绍,帮助刚刚步入就业岗位的你适应新的就业岗位,走向新生活。

励志格言

年轻是你最大的资本,用它可以换来你的经验和阅历,可以换来你为人处世的原则和技巧,它们又会转化为你生命中最宝贵的财富,当你的人生积累达到一定的程度,成功就会悄悄来到你的身边。

——轶名

课堂思考

就读于某中职学校的小李,今年面临毕业。她渴望在城市找份工作,但她不知道从何入手,该办哪些手续,对学校发的就业协议书也不清楚,对签订协议的要求、程序也不太了解。你有没有这样的困惑? 你能帮助小李吗?

第一节　毕业与就业的程序

一、学业完成的类型

在你即将离开学校时,你首先应该知道自己的学业属于哪一种完成类型,因为不同的单位对毕业生学业完成类型的要求是不同的,你知道了自己的学业完成类型,你才能在步入就业市场时,为自己做一个准确的定位。

1. 毕业生　具有正式学籍,思想品德合格,学完教学计划规定的全部课程(包括实习和毕业设计),经考核合格的学生,准予毕业,并由学校发给经省、自治区、直辖市教育行政部门或由其授权的下一级教育行政部门验印的毕业证书,未经验印的毕业证书一律无效。

2. 结业生　具有正式学籍,学完教学计划规定的全部课程(包括实习和毕业设计),但经补考后不及格课程未达到留级规定的学生,发给结业证书。结业后,可在一年内按学校规定的时间参加补考一次,补考成绩及格者,换发毕业证书。因品德评定不合格者或毕业前受留校察看处分者,作结业处理,一年后经由用人单位或所在地区做出鉴定,达到合格者或可撤销处分规定者,换发毕业证书。凡毕业时作结业处理后又取得毕业证书者,毕业时间自换发毕业证时算起。结业生由学校向用人单位推荐或自荐,找到工作单位的,可以派遣,但《报到证》上注明"结业生"字样;在规定时间内无接受单位的,由学校将其档案、户口粮关系转至原户籍所在地,自谋职业。找到工作单位的结业生,其定级工资待遇比同等学力的毕业生工资标准低一级。已换发毕业证者,可按毕业生转正定级。

案例

> 赵勇在某卫校读书期间,放松对自己的要求,毕业时有两门功课不及格,后经补考仍不及格。2007年7月毕业时学校根据有关规定发给赵勇结业证书。

3. 肄业生　肄,词义为学习;肄业,指没有毕业或尚未毕业。肄业生是指具有正式学籍,至少学满一年并取得相应成绩,但因种种原因,未继续学完教学计划规定的其余课程,经学校批准,中途退学的学生,学校应给其核发退学证明,并发给肄业证书。但未经学校批准擅自离校者、勒令退学者,开除学籍者除外。肄业生离校后,学校不予推荐和安排工作。如被录用,待遇由录用单位决定。

二、毕业与就业程序

你现在已经知道了自己的学业完成类型,下边就应该了解毕业与就业的一般程序,了解了这些程序,你将会循序渐进地完成向职业劳动者的转变,开创你人生的新生活。

(一)毕业鉴定

你的思想品德合格,学习成绩合格,那么你就可以毕业了。这时重要的是你首先要有一个良好的毕业鉴定。毕业鉴定是对毕业生在校期间德、智、体、美、劳各方面的表现和才能所进行的全面系统的鉴定和评价,既包含了毕业生个人对自己的总结和评价,也包括了集体和学校对毕业生的总结和评价。这可使毕业生对自己有一个客观完整的分析,从而发扬优点,克服不足,重要的是也为用人单位选拔人才提供了有价值的参考资料,因为它要装入毕业生档案的。所以,毕业生对毕业鉴定一定要严肃对待,客观公正,认真负责,尽心尽力,实事求是。毕业鉴定的程序和内容如下:

1. 自我鉴定　自我鉴定的内容是毕业生本人对自己在校期间的政治思想、道德品质、学习成绩、遵纪守法、生活作风、奖惩情况,各项能力和缺点弱点以及今后的发展方向等情况的整体评价和总结。填写自我鉴定时要注意内容的完整,情况的真实,格式的规范,层次的分明,语言的简练。

2. 班级鉴定　自我鉴定作完之后,班委会和团支部要对毕业生进行总结讲评。结合日常管理中的考核情况以及班级同学的意见,对自我鉴定做出是否属实的评定,如有不足的地方,可对其做出进一步的补充和完善。

3. 班主任鉴定　班主任鉴定是非常重要的,因为班主任是班级活动的领导者,组织者和参加者,他在班级日常管理中,与学生交往最多、最广泛,熟悉班级的每一位同学,所以他对毕业生的评价应该最全面,最客观,最公正,因而也最受重视。班主任应认真地审核自我鉴定和班级鉴定,并签署自己的意见。

4. 学校鉴定　学校有关科室要对班级鉴定和班主任鉴定进行复审,对毕业生的奖惩记载等情况进行核实,并仔细检阅学生档案。尤其是对优秀毕业生和受过违纪处分的毕业生更应全面认真的分析总结。优秀毕业生的各项荣誉奖励要入档,违纪学生的处分要进行个案分析,决定是否保留或撤销。

(二) 学校推荐

你已经有了一份很好的毕业鉴定,接下去你应该向学校领取一份毕业生就业推荐表,并认真填写。

我国现行的毕业生就业制度是双向选择,所谓双向选择是指毕业生与用人单位直接见面,相互选择的就业方式,即以毕业生和用人单位为主体的市场就业方式。毕业生通过双向选择就业必须经学校推荐,出具由学校统一印制并盖章的毕业生就业推荐表。毕业生就业推荐表具有代表校方向用人单位推荐毕业生的作用,也是用人单位在供需见面,双向选择过程中,了解毕业生在校期间德、智、体及各项能力等方面情况的唯一书面综合材料,具有很大的可信度。另外,就业推荐表只有一人一份原件,具有唯一性,毕业生只能用原件和一个用人单位面谈并签协议。毕业生要注意,为避免重复签约,用人单位一般坚持只有原件才能签约的原则,因此使用毕业生就业推荐表要慎重严肃。

就业推荐表的基本内容:

1. 基本情况　包括姓名、性别、民族、年龄、政治面貌、所学专业、学制、健康状况,家庭成员等毕业生的基本情况。

2. 学业情况　此项内容一般由学校填写并加盖公章。包括毕业生各学年各种课程的考试成绩以及实习和毕业设计成绩等。

3. 本人简历　此项内容主要是使用人单位了解毕业生的学习历程,毕业生应简略填写自上小学以来所经历的学业时间段和学习所在学校的名称、证明人等。

4. 特长、爱好、社会表现及社会活动能力、在校奖惩状况　此项内容带有较强的个性特点,可以使用人单位做出选择性的考虑。

5. 本人就业意愿　此项内容包括就业单位类型、岗位及就业地域选择,毕业生可根据自己的性格、专业、特长、爱好及长远打算,家庭情况等选择填写。

6. 学校推荐意见　主管部门、学校对毕业生在校期间的基本情况进行审核,表明情况是否属实,是否同意推荐,并签字盖章。

7. 备注　此项是推荐表的一个补充内容,毕业生一般可在这一项补充说明自己的优势条件,突出的能力和对用人单位提出自己的具体要求。

8. 填表说明　此项内容是对填写表格所进行的说明和应该注意的问题。就业推荐表使用人单位对毕业生产生第一印象,所以毕业生填写推荐表一定要慎重诚实,周密完整,实事求是,不可弄虚作假。同时也可向用人单位提供能表明自己素质和能力的各项资格证书,获奖证书和证明等方面材料。

在双向选择的过程中,毕业生也可使用推荐表的复印件,向用人单位"自我推销"。但一旦与用人单位签订协议,则必须向用人单位提供推荐表的原件,以维护推荐表的严肃性、唯一性,确保用人单位的用人计划得以落实。

(三)签订就业协议书

如果你的就业推荐表被某用人单位所接受,而你也选择了这个单位,那么你就进入了就业程序中关键的一步——签订就业协议书。

1. 就业协议书的作用　就业协议书由毕业生、用人单位,学校三方签字盖章后生效。它的主要作用:一是作为毕业生落实用人单位,用人单位同意接受毕业生的主要依据,也是毕业生就业主管部门编制毕业生就业计划,学校制定毕业生就业方案的主要依据;二是毕业生落实用人单位后,双方签订就业协议书可以避免双方在双向选择中的随意性,以保护双方的权益,同时也避免给毕业生就业计划带来混乱。

2. 就业协议书的性质　毕业生与用人单位签订就业协议书,并经学校审查盖章后生效,在法律上,其实质已构成了一种协议,但这不是简单而平等的民事协议。因为法律上的"协议"是当事双方在平等的地位上,意思表达真实,不存在欺诈,胁迫等情况通过协商而达成的一致意见。而这种一致意见是不允许第三人干涉,表现第三人意志的。毕业生就业协议书是一种毕业生、用人单位和学校三方之间的协议,这种三方协议显然不是简单平等的协议,而且它也不是一种规范完整的劳动合同,只是一种特殊的签订劳动合同的要件,或者说是一种特殊表现形式的劳动合同。

3. 就业协议与劳动合同的相同点

(1)确立劳动关系一致:毕业生与用人单位签订了就业协议,用人单位就要为其安排相应的工作岗位,实质上就形成了一种劳动人事关系,从确立劳动关系这一点,就业协议与劳动合同是一致的。

(2)主体的意思表达一致:就业协议与劳动合同一样,双方当事人确定的权利义务关系,都是在协商一致,充分表达主观愿望的情况下订立的,并都对设定的权力义务予以完全的认可,并在实践中履行。

(3)法律依据一致:由于就业协议确立了劳动关系,用人单位录用毕业生后,要有试用期,最低劳动年限规定,这与劳动合同的要求相一致,因此就业协议必须遵循《劳动法》中有关劳动合同的规定。

4. 就业协议与劳动合同的不同点

(1)就业协议的签约主体复杂:劳动合同是劳动者和用人单位之间确立劳动关系的协议,只要合同双方协商一致,并符合国家的法律法规,无欺诈、胁迫等情况,则双方签字盖章后即产生法律效力。而大中专毕业生就业协议的签订却须毕业生、用人单位和学校三方签字盖章后才能生效,这就是说签订就业协议书的主体是毕业生、用人单位和学校。毕业生与用人单位是平等的主体,双方之间的法律地位是平等的,并不存在隶属关系,在就业协议书上是否签字,完全出于各自的意愿,不存在强迫对方的问题。而学校却具有双重身份,一是以平等主体加入就业协议的签订中来,按程序签字盖章;二是以毕业生管理者的身份对就业协议进行审查,符合国家政策的,予以认可,就业协议生效;不符合国家政策的,不予认可,就业协议无效。所以学校不是完全平等的一方,而是见证双方协议,保证、监督协议履行的第三方。

(2)就业协议的内容单一:我国《劳动法》规定,劳动合同必须具备合同期限、劳动内容、劳动保护和劳动条件、劳动报酬、劳动纪律、劳动合同终止的条件、违反劳动合同的责任等七项条款,此外当事人还可约定其他条款。而就业协议只是认定毕业生同意去某一用人单位工作,某一用人单位同意接受该毕业生,并无其他条款,也无其他约定。

(3)就业协议对双方争议的解决方式与劳动合同不同:《劳动法》对劳动合同中双方争议的解决办法有明确的法律规定,而就业协议履行中双方的争议,尚未有相应解决的法律程序,一般只能通过学校、就业主管部门调解。若调解不成,诉诸法律,其结果也很难预测。

(4)就业协议的适用范围与劳动合同不同:就业协议只适用于普通高等院校和中等专业学校的毕业生,劳动合同可以适用于各类人员,凡是具有劳动权利和劳动能力的中华人民共和国公民,只要双方协商一致,并符合法律规定的条件,都可以签订劳动合同。

5. 就业协议书规定条款的主要内容

(1)毕业生应按国家规定就业,向用人单位如实介绍自己的情况,了解单位的使用意图,表明自己的就业意见,在规定的时间内到用人单位报到,若遇到特殊情况不能按时报到,需征得用人单位同意。

(2)用人单位要如实介绍本单位的情况,明确对毕业生的要求及使用意图,做好各项接受工作。凡取得毕业资格的毕业生,用人单位不得以学习成绩为由提出违约,未取得毕业资格的结业生,本协议无效。

(3)学校要如实向用人单位介绍毕业生的情况,做好推荐工作,用人单位同意录取后,经学校审核列入建议就业计划,报主管部门批准,学校负责办理派遣手续。

(4)毕业生、用人单位、学校三方如有其他约定,应在备注栏注明,并视为本协议书的一部分。根据这一条款,如果毕业生、用人单位、学校三方在签订协议书时,有其他约定事项,应在备注栏中表现出来并签字盖章,以避免日后引起争议。另外,毕业生绝不要与用人单位达成口头协议,它没有任何法律效用。

(5)本协议经各方签字盖章后生效。三方应严格履行本协议,若有一方提出变更协议,需征得另两方同意,并由违约方承担违约责任,并在备注栏注明。

(四)离校和报到

当你签订了一份自己比较满意的就业协议书后,你的就业程序已迈过了关键的一步,以下离校和报到上班的程序对你来说就较为轻松愉快了。

1. 办理离校手续 毕业生接到离校手续单后,要积极主动与学校有关科室联系,逐项办理资金、图书、器材的偿还,证件的退回及公共物资使用的验收等手续。所有手续办理完毕后,凭手续单领取《报到证》。

2. 办理党团组织关系,毕业生凭《报到证》到学校所在地公安办理户口迁出手续,凭《报到证》《户口迁移证》和用人单位介绍信办理相关手续。

已发放《团员证》的团员毕业生,在办理离校手续时,由学校团委在其《团员证》上直接注明转出时间和团费交纳时间,加盖公章后将组织关系转出。报到后,凭《团员证》到用人单位团委办理团组织关系转入手续。

未发放《团员证》的团员毕业生,在办理离校手续时,由学校团委出具《中国共产主义青年团团员组织关系介绍信》转出团组织关系。报到后,凭学校团委的团组织关系介绍信到用人单位团委办理团组织关系转入手续。

党员毕业生,如其接受单位与学校同属一市,在办理离校手续时,由学校党委组织部门出具《中国共产党党员组织关系介绍信》转出党组织关系。报到时,凭学校党委组织部门出具的党员组织关系介绍信到用人单位党委组织部门办理党组织关系转入手续。如其接受单位与学校不在同一城市,在办理离校手续时,由学校党委组织部门出具《中国共产党党员组织关系介绍信》转出党组织关系,毕业生凭学校党委组织部门出具的党员组织关系介绍信,到学校所在市委组织部门换开至接受单位所在市委组织部门的党员组织关系介绍信。然后持介绍信到接受单位所在市的市委组织部再开至用人单位党组织的党员组织关系介绍信,最后凭此介绍信到用人单位党委组织部门办理党组织关系转入手续。

3. 毕业生档案的传递　毕业生档案的传递一般采取机要部门寄发、向用人单位专送、毕业生自带三种形式。其中毕业生申请自带档案,要经有关领导批准,同时要遵守档案保密性的有关规定。

至此,毕业生毕业就业程序完全结束,然后你就可以凭《报到证》到用人单位报到上班了。

(五)用人单位退回毕业生的条件

虽然你的毕业就业程序已经完成,可以到用人单位报到上班,但如出现下列情况之一者,用人单位可在征得主管毕业生调配部门同意后,与学校联系,将毕业生及有关材料退回学校,拒绝接受。

1. 用人单位撤销、破产而毕业生主管部门又无法调整的。

2. 学校未按就业协议要求派遣毕业生,如更换了人员、专业等。

3. 毕业生的真实情况如各项表现能力等与签订协议时所介绍的严重不符。

4. 报到体检时发现毕业生患有疾病,不能坚持正常工作。

5. 毕业生确有某种困难,按国家规定属于照顾范围,而用人单位又无法解决,给予照顾的。

除了以上五种情况,用人单位退回毕业生将被视为违约,你可要求学校、毕业生主管部门进行调解,如调解不成,可诉诸法律。

 就业经历

多方签约,要受处罚

某护校毕业生王芳与某足疗按摩保健中心签订了就业协议书,学校也盖了章。但不久她又对这个单位不满意,想找一家更好的单位。于是她去参加了某医院的招聘会,医院答应与她签约。王芳回到学校后,谎称足疗按摩中心毁约,要求学校再发给她一份就业协议书,以与某医院签约。学校相信了她,又在她与某医院的协议书上盖了章。当某足疗按摩保健中心再到学校来招聘其他毕业生时,王芳的骗局被揭穿。足疗按摩中心认为由于王芳的不诚实行为而使自己的信誉受到了影响,要求学校给予王芳严厉的处分,否则将中断与学校的就业协作。最后在学校的压力下,王芳不得不向某足疗按摩保健中心道歉请求谅解,并在用人单位的宽容下交纳了违约金。

 小资料

就业协议违约率为何逐年上升?

近几年来。毕业生在择业过程中的就业协议违约率逐年上升,是什么原因导致越来越多的毕业生选择违约呢?初次择业考虑不周,是一个主要原因。刚刚离开校门,对就业政策,人才需求及用人单位和岗位缺乏全面的了解;对自己的能力,性格和兴趣适合何种工作岗位缺乏正确的判断,以致选择了不适合自己的单位和岗位,而一旦发现选择不当,就不计后果而轻率地违约。用人单位不讲诚信,却是导致毕业生违约的最重要的原因。双向选择的过程应该是毕业生与用人单位相互了解的过程,但用人单位自高自大,只追求自己单方面的利益,招聘工作很不规范,缺乏对人才的尊重,更加缺乏诚信。他们对毕业生的考察很严格很细致,如学习成绩、政治面貌、各项能力、身高体貌甚至家庭情况都要考察得一清二楚,但却很少主动向毕业生介绍本单位的情况,即使介绍了,也往往很浮浅,很模糊。相当多的毕业生在对用人单位,用人单位承诺的待遇以及将要安排的工作都很不清楚的情况下,签订了三方协议书。更有少数用人单位,夸大单位的实际状况、工作环境和将来的前景,或向毕业生开出空头支票,如安排住房、高额奖金、工作环境舒适等。毕业生进入单位实习或报到后,却发现与原来介绍的,或与自己想象的有很大差距,在这种情况下,就迫使毕业生不得不走上了违约道路。

第二节　诚 实 守 信

 课堂思考

夏华今年即将护理专业毕业,面对竞争如此激烈的市场,看到很多同学伪造自身履历,她不知何去何从? 看到有的同学不顾单位的利益,不断跳槽,她不知该如何决断? 在试用期中,还有同学把公司的业务带走,随意透露商业机密,使企业蒙受极大的损失,夏华一时间不知道自己该如何做?

同学们,在你们今后的社会生活中,也会遇到类似的问题,你们将如何对待?

"以诚实守信为荣"胡锦涛总书记在"八荣八耻"中表现出创建诚实守信的社会环境的决心。但近年来,就业压力日益加剧,毕业学生在求职过程中信用意识淡薄,求职履历掺假"蔚然成风",职业道德匮乏,令人担忧;毕业生诚信危机严重影响着就业环境。

一、毕业生诚信缺失问题

1. 求职材料弄虚作假　目前,毕业生求职的主要渠道是参加人才招聘会、网络求职等各种形式,求职的第一道关口是向招聘单位提供自荐材料,不少招聘者也正是通过自荐材料这一基本途径来了解、评价、衡量毕业生的基本素质和能力,并决定是否给予面试机会,进而影响到录用。一些毕业生为了能在众多的应聘者中引起用人单位的关注和重视,就使出浑身解数编造虚假信息,从而使自己的材料精彩夺目、做得与众不同。大致表现为4种情况:①编造学生干部履历;②伪造各类等级证书;③虚构荣誉;④拔高自己的专长。例如,某公司在招聘人员时,发现来自同一学校的应聘者中竟出现了6位校学生会主席,出现了如此啼笑皆非的场面。

2. 就业随意违约　违约是毕业生诚信危机的一种重要表现。很多学生为了给自己创造更多的就业选择,采取各种各样的形式。①"瞒天过海"签订就业协议。如有的学生拿不到毕业证书,不符合用人单位要求,欺骗用人单位签订就业协议。②随意毁约,盲目跳槽。毕业生求职时往往向许多用人单位散发自荐材料,一接到签约通知,便匆忙与之签约。有的学生有几家单位都有意接收他,但最先同意接收并要求签就业协议书的单位往往不是学生心目中最理想的单位。由于这样的情况,造成有的学生在签订协议不到一周就要求违约,有的甚至上午签约,下午就毁约。

3. **工作中缺乏诚信道德** 有的毕业生到单位工作,不是一心一意,而是"端着碗,看着锅""脚踩两只船",这边刚开始工作,私下就寻觅着别的单位,不能诚心诚意地为企业服务,遇到薪水或待遇更好一点的工作就跳槽,完全把单位作为一个跳板;有的毕业生出于其他变故(如工作中受了一点委屈等),就悄悄不辞而别,根本不考虑因为他们跑掉后可能会给用人单位带来的后果;也有部分毕业生,在获取了企业的商业机密后,认为自己有了跳槽的资本,结果企业机密外泄,造成了极大的损失。

二、就业过程诚信缺失原因

1. **社会环境的影响** 第一是来自传统文化中的一些负面影响,在一定程度上淡化了学生的诚信观念。第二是来自现实社会中的一些负面影响,也不同程度地渗透到社会的政治、经济、文化、教育等领域,如政治领域中的贪污受贿、买官卖官、数字政绩等,经济领域的制假售假、坑蒙拐骗、偷税漏税等,文化领域的泡沫学术、假文凭、假职称等,扰乱了社会经济秩序,败坏了社会风气,学校不是"世外桃源",社会诚信的缺失必然影响到学生。第三,当前我国的社会信用制度和信用体系比较薄弱,诚信道德滑坡,不诚实、不守信用者轻易获利,而诚信者往往利益受损。受此影响,很多学生忽视思想品德的自我塑造,缺乏自我约束,是非观念淡薄,道德意识弱化,抵挡不住不良引诱;在就业过程中,很容易做出不道德的事情,导致失信行为。

2. **学校管理存在漏洞** 部分学校侧重于加强对学生业务知识和能力的培养,忽视对学生诚信道德养成教育,往往以灌输说教为主,没有注重学生道德品质的实际提升,在对学生成绩考核中缺少诚信内容。在就业指导过程中,由于对诚信教育的忽视,使得许多学生并未将违约视为失信,而是将其当作寻求更好工作机会的踏板,更有甚者将虚假包装当作求职技巧到处宣扬;同时,学校管理部门还存在着不少弊端和漏洞,特别是在一些与学生关系甚为密切的职能部门,仍存在着工作的无序、管理的松懈、监督的不力等现象,有的学校对于学生的失信行为在不触及学校管理制度的范围内采取默认态度,这在一定程度上助长了学生失信行为的发生,也抑制了坚持诚信行为学生的积极性,为不守诚信的学生提供了弄虚作假的可乘之机;这不仅对那些诚实守信的学生造成很大的冲击,而且对学校长远发展造成很大的影响,不利于优秀诚实人才的发展。

3. **责任意识缺乏** 当代毕业生涉世不深,社会生活经历比较简单,道德心理还不成熟,缺乏理性思辨和分析选择的能力,缺乏对个人与社会、现实与未来、社会的光明面与黑暗面之间关系的全面理解和认识,缺乏对诚信危害性的认识。特别是生活中的一些诚信者失利、失信者得利的反面事例,很容易使学生无所适从,甚至将一些社会消极现象当作社会本质,形成错误的诚信观。另一方面,他们以自我为中心,只顾自己不顾他人,追求个人名利,而极少考虑社会责任和社会价值。在义和利面前,学生们往往站在利的天平上,考虑更多的是别人应该为我做些什么,很少考虑我应该为父母、为家庭、为社会做些什么。自私自利的思想和行为常常会偏离诚信的原则,这在主观上成为诚信缺失的因子。虽然多数大学生对诚实、正直、守信、履约等诚信道德的基本范畴讲起来头头是道，口若悬河，但是在实际生活中，当关系到自己个人利益或安危时，便放松了对自己的要求，使知与行相背离。

4. 家庭教育缺失　家庭是社会的重要组成部分，使孩子的第一所学校，父母是孩子的启蒙教师。家庭对孩子的影响是潜移默化的，也是根深蒂固的。家庭教育的根本是品德教育，诚信教育是品德教育中的一项基础内容。很多家长只关心孩子的学习成绩和日常生活起居，忽视或根本不进行道德品质方面的引导；有的家长对孩子的不诚信行为不但没有及时制止，还起了教唆的作用；有的家长当着孩子的面做一些有违诚信的事情。父母长辈的过分溺爱，很容易使学生产生"以自我为中心"，考虑更多的是别人应该为我做什么，很少考虑我应该做什么，更别谈什么社会责任与社会价值了。

5. 法律、法规不完善和监管缺位　当前我国的毕业生就业市场正处在不断改革探索的初期，还有很多政策、条例不规范，监管力度不到位，用人单位对毕业生的行为约束不力，这是毕业生诚信缺失的外在条件。大学生在择业过程中与用人单位签订的协议是一种合同，是确立双方当事人之间劳动关系的一种契约，具有一定的法律效力。很多学生却存在着无所谓的态度，认为以后不合适时就违约，从来没有考虑违约责任的承担问题，对具有法律意义的就业协议签订后发生的法律事实不明确，这是产生他们随便违约的思想误区。

三、引导毕业生诚实守信

（一）营造社会诚信氛围

社会诚信需要全社会共同创造，需要学校不断地引导，家庭注重诚信养成教育，同时社会建立诚信评估体系，使学生认识到诚信的长远重要性，消除他们的侥幸心理，在就业过程中，企业也要对诚信作为一项重要的内容进行培训，通过法律手段进行维护企业的利益。

（二）学校加强诚信教育管理

1. 加强诚信思想教育　学校应采取多种方式、方法加强对毕业生的诚信教育，必须渗透到教学、生活、管理各个环节之中，引导毕业生认清形势，明确方向，争做诚实守信公民，牢固树立社会诚信意识，深刻理解良好的社会信誉在今后工作与生活中的重要作用，珍惜自己的信誉，并认真履行应负的各项义务。把思想教育和严格管理结合起来，做到常抓不懈；通过诚信教育使学生牢固树立社会信用意识，深刻理解良好的信用在今后学习和工作中的重要作用，做到在实际生活中珍惜自己的信誉，认真履行各种义务，进而忠于党的利益，忠于祖国和人民，为社会主义现代化建设贡献自己的青春和智慧。

2. 严格就业审查制度　目前，教育部已经建立起专门的查询网站，打击假学历，已取得积极的成果。作为培养、输出毕业生的基地，在建立人才市场的诚信制度、为社会输送诚信人才等方面，各类学校有责任审核毕业生就业的基本信息，切实保证其真实可靠，当学生走入社会，进入就业市场时，把好就业的"第一关"，而不是为追求就业率，对于一些"造假"现象睁一只眼闭一只眼，容忍甚至鼓励学生的造假行为。严格就业推荐制度，注重材料审查，不仅是学校发展的长远大计，而且也为学生传输一种严谨的学习风气。

3. 建立个人诚信档案　诚信档案在某种意义上讲就是为学生与诚信之间建立起契约关系，使学生有一定的心理压力，从而产生更好的操守意识。在就业压力逐渐加大的情况下，诚信档案会给诚信的学生找工作添加砝码。建立信用档案后，有一张良好的信用记录，能使学生多一分竞争优势；对用人单位而言，也有了一份关于毕业生品质的鉴定。诚信档案包括：

学生信用档案、学生诚信应聘卡、学生诚信评价。通过这些管理措施,促使学生在校期间就能够以诚信为本,自觉养成一种诚实守信的信条。

(三)建立失信惩罚机制

建立健全失信惩罚机制,确立严格的签约毁约制度,明确违约责任,防止签约、毁约的盲目性和随意性,保证毕业生就业市场正常发展。第一,明晰用人单位、毕业生、校方各自的权利、责任和义务、三方应遵守的规则,保障用人单位与毕业生的合法权利;第二,明确毕业生就业协议书的法律地位,毕业生就业协议书作为一种契约,一旦签订就具有法律约束力,双方都有责任执行,不能有过多的随意性。如果解除就业协议,必须遵循《合同法》的有关规定,毁约方要承担有关责任。加强法治建设,让学生明白市场经济是一种有序的经济,而这种"序"则是通过信用和法治来维系的,信用是法治的前提和基础,市场经济就是信用经济,不讲信用将会寸步难行。

(四)诚信是毕业生的责任

1. 诚信要从思想上重视 一个人如果不诚实守信,会缺亲少友,大家对你会望而生畏,敬而远之,直接的结果就是你将陷入孤独。所以,作为在校学生要树立诚实守信意识,培养集体主义观念,坚决与弄虚作假进行斗争。

2. 诚实守信要从自身做起 国家正处于发展的关键阶段,社会需要一个诚实守信的环境,人无信不立;国无信不昌。我们每个人要主动承担起诚信的社会责任,从自身做起,树立诚信典范。

3. 诚实守信要从点滴行动做起 勿以善小而不为,勿以恶小而为之。诚实守信要从生活的细节、点滴做起。积少成多,集腋成裘,信用是不断积累起来的;不要为弄虚作假暂时得到的蝇头小利而沾沾自喜,从而丧失诚信原则,为社会、个人造成极大的损失。

4. 毕业生要树立社会责任意识 严格自律,放远未来,不要贪图眼前利益。国家昌盛,诚信为本,个人发展,诚信为基。

总之,诚信是我们中华民族的传统美德,是公民道德规范的基本要求,也是现代社会文明的基础和标志。我们相信随着市场经济的不断完善,只要我们坚持诚信原则,弘扬诚信精神,加快法制和信用体系建设的步伐,充分发挥就业市场机制的作用,就一定能够形成诚实守信的就业风尚,同时促进毕业生就业市场朝着诚信和健康的轨道运行。

> **课堂思考**
>
> 小锐刚毕业,顺利通过面试,明天就要报到上班啦!但是他今天却高兴不起来,因为他感到很茫然,不知道该做些什么。
>
> 那么你想过吗,假如你明天报到,你需要做哪些准备?自己怎样开展工作?面对陌生的面孔,自己该做些什么?

第三节 适应新环境

一、良好开端从报到之时开始

1. 备齐资料 报到,意味着你从此走上了工作岗位,这是人生的一个重要转折点。你给单位留下的第一印象是很重要的。按照心理学的观点,第一印象具有定势作用,一旦形成不良印象,在很长时间内不能够改变别人对你的看法,对以后的长期印象会产生很强的冲击力。因此,你必须按照单位的要求,备齐报到所需的资料。报到所必需的资料有:报到证、毕业证、职业资格证、档案、党团组织关系、身份证等。另外,报到时往往要填写各种登记表,办理各种证件,所以还应当准备几张1寸照片。报到时,你务必带齐这些资料,给人以精明强干,认真细致的印象,否则会给人留下丢三落四,不严谨,办事不周到的印象,对你今后的发展将产生直接的影响。除这些资料外,你可以站在单位发展的角度,写出自己的想法,一并交给相关领导。这样能够体现出你爱岗敬业,以集体利益为重的特点。

2. 准时报到 信守诺言,能赢得别人尊重;不守时守信,会留下懒散、不可靠的印象。尤其一个大的机构,领导的日程安排很紧、很集中。会见你的时间及长短、地点都是精心安排的。一旦失约迟到,不仅留下一个时间观念差的印象,而且可能错失就业机会。因此,在备齐了报到所需的资料以后,你一定要按照用人单位规定的时间,按时报到。小琳是学校美容专业的毕业生,为了能够按时报到,她考虑到北京的交通状况,于是早上5点起床,提前1个小时到医院等候,深得领导赏识。如今已经成为医院的骨干。

通常用人单位要对新员工进行一段时间的岗前培训。岗前培训涉及就业环境、就业岗位的熟悉,职业道德、专业技能的培训等,它对于新员工今后理顺各种关系,正常开展工作尤其重要。准时报到 有利于你对公司业务的了解,尽快适应角色转变,掌握必要的专业技能,对你在公司长远发展是有非常重要的意义;如果你确实因为特殊情况不能按时报到,一定要事先向用人单位请假,说明事情的原因,表示自己的歉意,并告诉大概什么时间报到,使单位能够统一安排各项工作。

二、良好开端从形象举止开始

1. 注重仪表形象 仪表形象是指一个人的着装、姿态、风度等。仪表形象既是一个人着装、发型、化妆、修饰的外在表现,也是一个人文化素养的综合体现。事业的成功固然取决于一个人的学识、能力、勤奋等内在因素,但是仪表形象对树立良好的第一印象起着相当重要的作用,甚至在某种程度上可以帮助你事业的成功。

仪表形象首先要注重与职业身份的要求,符合单位的要求,符合环境的要求,符合自我个性的要求,要注意仪表形象与周围环境的协调一致。得体的仪表,给人亲切、信任之感,更能彰显自身的高雅气质。某医院护士王华,每天上班前总要对自己的面容、衣着进行修饰,充满自信地走进病房,给病人以整洁、大方、优雅的感觉。病人在信中说:"只要她走进病房,我就感觉很放心,没有一点害怕,总觉得她身上有一种可以让人忘掉病痛,振奋精神的东西"。其实,王华只是一名普通护士。因此,毕业生一定要注意在踏入新的工作岗位后,着装要适合。随着生物—心理—社会医学模式的确立,关注病人的感受,注重人文意识的崭新医疗观念逐渐走进人们的生活。合理地选择服饰和医院环境的色彩,可使病人身心舒适,有利于病人健康的恢复。

值得提醒的是,注意仪表形象,要从报到之时开始,并且一直在工作、生活中坚持,养成一个重视仪表的习惯,什么样的场合,化什么样的妆。有许多毕业生到单位报到时,一路上风尘仆仆,显得精神疲惫不堪,蓬头垢面,衣衫不整,没能在用人单位领导面前展示最佳精神状态。对此建议毕业生最好稍作修饰再去报到,以树立良好的第一印象。在工作中,尽可能让自己的装扮更得体,这不仅是对个人负责,也是对单位形象的维护。

2. **注意言谈举止**　言谈是人们相互传递信息、交流感情与沟通的桥梁,也是展示自身素质与魅力的重要媒介。举止是人们站立、行走、坐卧等几种基本姿势所表现出来的动态美。言谈举止同样反映一个人的文化素养。隽永的言谈,优雅的举止,往往是帮助毕业生走向事业成功的护照。

毕业生初到工作岗位,要谦虚谨慎,虚怀若谷,要注意向老同志学习,丰富自己的实践经验。古人云:三人行,必有我师。要学会并掌握驾驭语言的能力,记住:良言一句三冬暖,恶语伤人六月寒。掌握言谈技巧,要注意语言的逻辑,不能颠三倒四,给人"缺心眼"的感觉;也要从语气中体现自己果断的个性,避免给人一种优柔寡断的印象,展示出自身优良的品质;也要注意日常生活幽默的积累,让自己的言谈风趣,这样很容易得到老同志的喜爱。同时举止要得体,落落大方,既不要矫揉造作,让人感觉到"虚伪",也不要大大咧咧,给人不礼貌、不拘小节的印象。恰当的言谈会让你在工作岗位上得到更多的尊重,得体的举止会使你更显职业的风采。

王琳,护理专业毕业后,到医院工作。期间,她发现老护士没有按照规范的操作进行,她没有直接说:老师您这样做不对,应该这样。而是说:"老师,您看这样做行不行? 我觉得这样做更好。"婉转地表达了自己的观点,同时又给别人留下足够的面子。

三、良好开端从角色转换开始

(一) 社会角色

人是社会动物,需要在社会中从事各种各样的活动,所以就形成了所谓的"社会角色",即与人的社会地位、身份相一致的一整套权利、义务和行为模式。它是对于处在特定地位上人们的期待,也是社会群体或组织的基础。它有三个方面含义:

首先,社会角色是指导人们行动的行为规范、行为模式及行为习惯。社会角色不同,行为规范也存在差别,作为医护人员,职业角色要求"救死扶伤、治病救人"。

其次,社会角色是人们对处于特定角色位置上的人的行为的期望。也是每个人在工作岗位上努力的方向。如作为护士,人们期望她恪守职责,以真心、爱心、责任心对待每一位护理对象,永葆天使圣洁。

再次,社会角色的行为规范、行为习惯会随着社会的发展,科技的进步及个人所处的特定环境的变化而不断变化的。作为医护人员,要不断掌握更多的工具,使自己能够获取更多的信息,如网络使用;也要不断地了解新的技术,才能适应自己的角色;也要不断更新自己的观念,适应角色的转变。"两耳不闻窗外事,一心只读圣贤书"是八十年代学生行为模式,而如今的学生不仅专业要精,而且知识结构要广博,知识结构为"T"字型,这样才能够尽快适应社会的需要。

(二) 职业角色与学生角色

1. 根本区别

(1) 社会责任不同:学生角色的主要社会责任是学好科学文化知识,掌握为人民服务的本领,使自己德、智、体全面发展。整个角色过程是一个受教育、储备知识、锻炼能力的过程。职业角色的责任,是以特定的身份去履行自己的职责,依靠自己的本领或技能去为社会和他人服务,完成某项工作的过程,它是通过对工作对象履行情况来体现的。

(2) 社会规范不同:职业角色与学生角色不仅是在规范的内容上不同,而且规范所产生的约束力也不一样。社会对学生角色的规范内容,主要反映在国家制定的《学生行为准则》

和各学校制定的《学生手册》之中,告诉学生怎样做人,如何发展等。因为学生是受教育者,在违反角色规范时,主要还是以教育帮助为主。从事工作后,就变成了成年人,社会对职业角色的规范因职业的不同而不同,但肯定是更严格,违背了就要承担一定的责任,甚至法律责任。

(3) 社会权利不同:学生角色的权利主要是依法接受教育,并取得经济生活的保证或资助。职业角色则是依法行使职权,开展工作,并在履行义务的同时取得报酬。

(4) 活动方式的不同:学生角色是在接受外界的给予,即接受和输入,主要是要求理解;而职业角色则是运用自己的知识和能力,向外界提供自己的劳动,即运用和输出,要求结合实际创造性地发挥水平。

2. 社会对学生角色的要求　社会对毕业生承担的职业角色的希望与要求,就是学生要进一步完善自我的方向。据调查,社会普遍对大、中专毕业生的希望和要求是:①要有扎实的专业基础知识和广博的交叉学科知识,要有较强的动手能力和研究能力;②要有强烈的事业心和责任感,能与单位同呼吸、共命运,敬业爱岗;③要有创新思维和开拓精神,敢于攀登,迎接挑战;④要有协作精神,善于与同事合作;⑤要有纪律观念和劳动观念,严格遵守劳动纪律,热爱劳动,不怕吃苦。

(三) 学生角色与职业角色的转换

1. 角色转换的重要性　每个人在社会中承担的角色都不是一成不变的,随着人们生活、学习、工作的不断改变,社会角色也随之变化。从一种角色进入另一种角色的动态过程,叫角色转换。人的一生中会因为诸多原因发生多次社会角色的转换。由学生角色向职业角色的转换,是人生旅途中一次重大的角色转换。不管你是中专生、大学生还是研究生,不管你是学什么专业的,也不管你读多少年的书,学生都不是一种职业,最终都必须走向社会,用自己的学识、才干为社会服务,以自己诚实劳动创造财富,获取报酬,这就是你职业角色的目的。

从学生角色向职业角色的转换,是摆在毕业生面前不可回避的课题。对角色转换,要帮助学生正确地认识,避免在角色转换中难以适应,怨天尤人,郁郁寡欢,一蹶不振,严重地影响了工作。对现实的不知所措,会使他们时常怀念学生时代,表现出对学生角色的依恋,缺乏对激烈的社会竞争和复杂的社会环境的适应能力。因此,帮助毕业生实现角色转换就显得非常重要。

2. 掌握角色学习内容　角色学习的内容包括两个方面:一是学习角色的义务、权利和行为规范。它是由社会分工和其他社会因素诸如传统行为模式、伦理道德、社会公德等规定的,不是以角色承担者的意志为转移的,不论角色扮演者自身素质如何,凡是要扮演好一种符合社会期望的角色,就必须掌握社会规定的该角色的义务、权利和行为规范;二是学习角色的态度和情感。它主要是受角色扮演者个人的价值观、政治立场、文化水平、个人兴趣支配或影响的。

3. 如何实现角色转换

(1) 要积极主动地理解自己将要从事的职业角色:这就要求毕业生要充分利用见习、实习等社会实践的机会,了解就业岗位的传统和现状,了解社会对自己所承担角色的期望和要求,并依据职业角色的性质、地位、作用及人们的期望去领悟新角色,积极创造条件早日完成角色转换。

(2) 角色学习技巧:①善于表现自己;②从小事做起;③灵活处理角色;④学会克制和忍

耐。要真正实现角色的转换,必须做到:①安心本职,甘于吃苦;②放下架子,虚心学习;③善于观察,勤于思考;④勇挑重担,乐于奉献;⑤善于沟通,人际和谐。

(3)完善行为习惯:按照社会对职业角色的要求,不断完善自己的行为习惯,尽快为社会所接受和认可。在具体工作中,应自信而不自负;诚实而不木讷;进取而不狂妄;约束而不拘束;果断而不武断。

(4)充分认识角色转换的过程:毕业生在走上工作岗位之前,实际上已经有了多次角色转换的经历,从儿童转换为一个小学生,从小学生转换为中学生,从中学生转换为中专生。而且在不同的社会场所也发生多次角色转换。在角色转换过程中,可能遇到不同的问题,各种各样的困难,毕业生要正确地面对,知难而进,努力去适应环境,想方设法去克服困难,充分利用学到的各种知识,分析问题,解决问题;要坚信,实现这次由学生角色向职业角色转换是完全可能的,我们要以积极的心态去适应,同时也要按照规律,顺其自然,不要急于求成。在实现角色转换的过程中,也可能遇到种种挫折,毕业生要勇敢地面对并战胜挫折,使自己的能力不断提高,人生得到升华,正所谓"宝剑锋从磨砺出,梅花香自苦寒来"。

(5)从点滴做起,安心本职工作:毕业生要能够客观地评价自己,不要过高估计自己,自以为是,更不能眼高手低,好高骛远;要知道,"万丈高楼平地起""欲速则不达",知识、经验需要 需要不断积累,从点滴做起。很多名人职业起点并不"理想",霍英东的第一份工作是在轮船上做铲煤工;李嘉诚最初在香港做过跑堂;华罗庚初中毕业后曾在母校当过勤杂工,帮助父亲料理过杂货店;富兰克林曾是印刷厂的工人。平凡的职业起点是职业理想迸发和职业理想形成的环境。毕业生要干一行,爱一行,从基层工作做起,也是实现角色转换的基础。

四、良好开端从严于律己开始

严于律己,是指严格要求自己,掌握为人、处事的原则。主要是指办事实事求是,严肃认真,周详细致,工作作风严谨。这些必须在具体工作中培养,从生活中每个细小环节做起,使每一个优秀员工必备的优良品质。

首先,实事求是严于律己的基础。处理公务,办理领导交代的工作,实事求是基本原则,不能哗众取宠,更不可华而不实。值得提醒毕业生的是,要重视领导安排的每一项工作,尽可能把工作做得尽善尽美,以展示自己的才华,证明自己的实力,赢得领导和同事的认可;否则做事马马虎虎,不能实事求是,"掺假渗水",必将失去领导的信任。因此,要做到实事求是,建议毕业生在做事情之前注意:问清楚事情在时间、内容等方面的具体要求;做好各项调查了解;尽可能寻找相关参考资料;和朋友、同事之间进行沟通;最后妥善处理好工作。

其次,严肃认真,周详细致是严于律己的准则。认真、细致、周详地处理公务,办理领导交代的工作自不必说,生活中的细节也体现你的工作作风。因此毕业生刚到工作岗位要给自己制订工作计划。建议:每天早到30分钟;把你的工作环境,办公室整洁卫生、美观大方;协助值班护士把办公室摆放井然有序,办公用品一应俱全;每天要与一名病人进行沟通;每天要发现病房一个问题,并及时纠正;每天要对自己当天工作进行一次总结;对明天工作进行一次安排并记录;每周要读一份专业杂志等。

再次,工作态度、工作礼仪是严于律己的表现。初到工作岗位的毕业生,要严格遵守单位的各项规章制度,主动参加办公室整理及卫生打扫。态度上要勤勤恳恳,踏实肯干,不计较个人得失。工作礼仪包括:工作时间的中心话题是公事,切不可闲谈乱侃;不可长时间高声接打私人电话;尽量不在办公室接待亲友同学;注意初来乍到,不要随便褒贬他人;善于向护士长、老护士请教;做到腿脚勤快;要乐于助人等。

五、良好开端从适应环境开始

(一) 适应人际关系

人际关系就是人与人之间的关系。它直接影响我们生活的忧乐,事业的成败。人际关系有两大类:一类为家庭生活中的人际关系,如夫妻关系、亲子关系、兄弟关系、亲属关系等;另一类为职业活动中的人际关系,如学校中的师生关系、同学关系,医院中的医患关系、医护关系,行政机关单位的上、下级关系等。毕业生由学校走上工作岗位,人际关系发生巨大变化,学校中充满友情、友爱的师生关系,同学关系逐渐被工作单位中复杂的人际关系所取代。这种复杂的人际关系往往体现在多方面,多层次的组织关系和各种利害关系之中。毕业生初到工作单位,不仅要积极主动地适应这种人际关系,努力营造出良好和谐的人际关系,有利于事业的发展。

1. 要建立和谐的人际关系

(1) 处理好与领导的关系:领导对毕业生的工作、学习、生活、成长等具有举足轻重的作用,处理好与领导的关系是人际关系的重要方面。在处理与领导的关系时,要给领导以良好的第一印象;要尊重而不奉承;要服从而不盲从;要以等距离的原则处理好与各位领导的关系。

(2) 处理好与同事的关系:同事之间的关系是每天要面对的人际关系,良好的同事关系是事业成功的重要保证。在与同事相处时,要平等相待,一视同仁;要真诚地帮助和关心他人;诚恳地赞誉,善意地批评;在发生意见分歧时要有所克制。

(3) 加强自身修养,锤炼优良品质:树立正确的世界观、人生观、价值观,培养良好的道德品质,是建立和谐人际关系的根本。把自己的命运与企业的发展、祖国乃至人类的命运联系在一起,诚实、自信、守信、宽容,让人格魅力成为人际交往吸引力的源泉。

2. 良好人际关系建立的原则 受主体因素(本人)、客体因素(他人)和情境因素(主客体交流的客观环境)的影响,良好人际关系建立绝非一朝一夕之事,它需要时间,需要耐性,需要把握一定的原则。

(1) 诚实守信原则:诚实守信是做人的基本原则。人人都喜欢与诚实守信的人做朋友。在人际交往中,毕业生对领导、同事、朋友都要光明磊落,以诚相待,言行一致,恪守信用,建立一种肝胆相照,互相信任的关系。特别是在别人遇到困难时,要伸出援助之手,所谓患难之中见真情,才是最真诚、最持久、最牢固的友谊。

(2) 宽以待人原则:严以律己,宽以待人,两者相辅相成,是一对孪生姐妹。大凡是能够严格要求自己的人,往往能原谅别人的不足,能理解他人,客观地对待自己和他人。毕业生在工作中要严于律己,宽以待人,心胸开阔,海纳百川,努力与各种性格的人友好相处,建立良好的人际关系。毕业生要时刻提醒自己:"别人在某方面比我强",看到他人的长处,不要只盯住短处;宽容是一种美德;自己要身形端正。

3. 尊重他人原则 毕业生初到工作单位,会遇到各种各样的人。同事的职位有高有低,能力有大有小,兴趣爱好也各不相同,但是他们都具有丰富的工作经验,对于毕业生来都是自己的老师。尊重他人要注意:"三人行必有我师",毕业生要尊重他人的知识和技能,绝不能妄自尊大;每个人都有自己的生活工作习惯,毕业生要尊重他人,不要随便打扰;尊重他人的宗教信仰;尊重他人的隐私,不要随意打听,更不要背后嚼舌头等。尊重他人,不要伤害别人自尊心,影响良好的人际关系的建立。

4. 不卑不亢原则 当今社会,人与人之间的交往是复杂的,多层次的;同一科室,表面上人与人很和谐,实际上利益之争,矛盾重重,甚至充满派系。毕业生要与不同的群体交往,要树立做好自己工作的信念,始终保持不卑不亢的原则,这样才能得到大家的承认,不会卷入到内部斗争中,你才能显得八面玲珑,游刃有余。

(二) 适应社会环境

1. 适应工作环境 刚刚步入社会的毕业生,存在着诸如心理上、生活上、工作上、环境上、人际关系上的不适应。但是,现实必定是客观存在的,我们只能调整自我心态,调整自我行为规范,尽快适应新的工作环境。

首先,要热爱新的工作环境。毕业生初到工作单位,尤其是基层工作单位,难免有这样或那样不如人意之处,面对这一切,毕业生要看到工作环境中积极的、向上的、美好的一面,以积极、热情的心态投入到新的工作环境中,在工作中寻找自己的最佳职业角色。

其次,要调整心态,适应新的工作环境。现实社会中,无论是机关事业单位,还是工矿企业单位,各行各业都有其独特的工作氛围。毕业生要想成就大业,就要调整心态,把自己逐步融入新的群体之中,适应新的工作环境。

再次,在新的工作环境中求生存、求发展。在基本上适应了新的工作环境后,毕业生除要安心做好本职工作外,还要发挥自己的聪明才智,善于发现工作中存在的问题,勇于探索,勇于实践,开拓进取,求得事业的发展。

最后,要适应工作环境必须做到:①开始要收敛自己,多与同事合作。你的到来可能会给原有的团体带来冲击,不管同事是否友好,你应该尽快熟悉新的工作环境和规则。为了让自己能更容易进入状态,熟悉工作纪律,多与人沟通是不错的方式。所谓"树大招风",不要一开始就让自己太突出,与众不同。比起展现自己的能力,这个时期了解工作应该更为重要。关于提案或自我表现,待一切熟悉后便可尽情发挥。②把握工作流程,熟悉自己工作的任务,了解其他部分的工作性质。毕业生要要求自己在一周内将有关的业务知识彻底了解,或许会觉得很吃力,但这是绝对必要的。在新的工作岗位上你应该达到什么样的业绩以及单位对你有什么样的期待,在这一段时间里应该好好进行规划。

2. 适应生活环境 学校生活单纯而有规律,走上工作岗位后,毕业生生活的轨迹发生了较大的变化,生活的内容更加丰富。追求事业,追求知识,追求生活的幸福美满,给毕业生的生活增添了绚丽的色彩。同时,生活节奏也发生了变化,这些都要求毕业生要调整生活规律,适应生活环境。

第一,要根据工作需要,调整作息时间,尤其在医院、工厂、部队、服务行业等单位工作,还要适应单位的值班规律。

第二,对于远离家乡,到异地工作的毕业生,还要适应生活习惯、饮食习惯、风土人情的变化。

第三,调整生活工作规律。刚刚进入工作单位的毕业生,由于对工作环境、工作秩序比较生疏,有许多东西都需要学习,这势必耗费毕业生大量的时间和精力。在工作中要善于分清主次矛盾,分清轻重缓急,有条不紊地开展工作,不要急功近利,不要急于求成,记住:欲速则不达。

第四,要学会科学安排业余时间。随着工作熟练程度的提高,业余时间逐渐增多。要有计划地加强学习,提高自我,尤其是在医院工作的毕业生,要取得执业资格证书,要提高学历文凭,要提高业务水平,都需要有计划地学习。同时,培养自己的兴趣爱好,拓宽人际交往的范围,也都要求科学地安排好业余时间。

(三)适应就业岗位

所谓适应就业岗位是指就业者对新的就业岗位逐渐适应和习惯的过程。就业岗位的适应一般而言,要经过4个时期,即兴奋激动期、矛盾困惑期、心理调适期、平稳过渡期。

1. 兴奋激动期　经过3~4年的在校学习,中等卫生职业学校的毕业生专业思想相对比较稳定。踏上工作岗位后,心情都非常激动。他们渴望了解新的工作环境、新的生活环境和新的就业岗位,渴望了解自己的工资报酬,物质待遇、单位的发展前景。他们充满自信,希望在平凡的工作岗位,做出不平凡的贡献,实现自我价值。

2. 矛盾困惑期　经过一段时间的兴奋激动,毕业生的好奇心也逐渐消失了,随之而来的是理想与现实,学业成绩与职业能力等矛盾和冲突的产生,以及毕业生的心理困惑。该期毕业生要正确面对各种心理上的矛盾,要看到自己长远利益,不要急功近利。

3. 心理调适期　经过一段时间的矛盾和冲突困惑后,毕业生开始调整心理状态。正确的心理调整使毕业生面对现实,立足本职岗位,规划自己的人生道路,他们通过降低过高期望值,协调人际关系,寻找最佳职业角色,形成了积极的心理状态,尽快适应工作环境,面对各种矛盾,能够采取有效的处理方法;但有少部分毕业生,通过矛盾冲突和困惑后,变得意志消沉,心灰意冷,或逃避现实,或怨天尤人,出现一种消极的心理状态。

4. 平稳过渡期　毕业生顺利完成从学生角色向职业角色的转换,适应了工作环境,就业岗位,并主动把自己融合到单位这个集体中去。

六、良好开端从有新意识开始

(一)独立意识

毕业生走上工作岗位,就是一个独立的社会人,要承担一定的社会责任,要独立进行工作。作为一名护士,一般在老师带教3个月左右就要开始独自值班,独立处理很多工作中的问题,这需要毕业生要树立独立意识,为独立工作积累更多的经验,要尽快消除依赖心理,养成独立思考独立分析问题,独立解决问题,独立工作的习惯。具备独立意识,在任何逆境中都能奋力拼搏的人,才能到达胜利的彼岸。

(二)协作意识

团结是事业成功的根本保证。如果一个人只顾埋头苦干,不肯与他人协作,势必会影响到整体工作的推进。所以说,精诚合作的"团队精神、协作意识"是使整体立于不败之地的法宝,是使整体走向辉煌的最有力保证。毕业生要培养自己的协作意识,必须注意:

第一,要建立和谐的信赖关系,营造良好的人际氛围。如果能与同事、领导形成和谐的信赖关系,搞好与其他单位的协作配合,多交流、多协调、多沟通,互相帮助,共同提高,就能营造和谐、融洽的氛围,就能团结一致、齐心协力,共同把工作干好。

第二,要积极参加集体活动,增强团结协作意识。参加集体活动,可以增强我们的团结协作意识,进而产生协同效应;在遇到困难的时候,就能共同想办法、出主意、凝聚集体的力量,做到"三个臭皮匠,顶个诸葛亮"。当在工作中遇到困难,内心彷徨、犹豫不决的时候,同事之间发自内心的鼓励和帮助,可使自己感受到团队的巨大力量。

第三,要营造你追我赶,力争上游的工作氛围。没有流动的水就缺乏活力,缺少春风的大地就缺少生机。竞争是保持团队锐气的必要条件,它能促进我们在学习上更刻苦,工作上更努力,作风上更加顽强,从而加快完善自我的步伐。毕业生要树立竞争意识,依靠团队力量,实现自我升华。

同心山成玉,协力土变金。一个单位,如果组织涣散、人心浮动,人人自行其是,集体一盘散沙,何来生机与活力?谈何干事与创业?哪有形象与成绩?在一个缺乏凝聚力的环境里,个人再有雄心壮志,再有聪明才智,再有丰富的经验,也不可能得到很好的发挥!只有懂得团结协作的人,才会把团结协作当成自己应尽的责任,才能明白团结协作对自己、对别人、对整个单位的重大意义。

(三)责任意识

职业角色要求从业者对社会承担一定的责任,履行一定的义务。毕业生初到工作岗位,要明确自己工作岗位的职能、范围、内容,具有岗位意识,坚决杜绝玩忽职守、渎职、失职等不负责任的表现;同时也要注重全局责任意识的培养,即当全局的形势变化时,作为自己的岗位,你的工作会有哪些相应地调整和变化?这就叫全局责任。毕业生要提高岗位责任,就必须注意:

1. 掌握重点　岗位责任要求你在做工作时应掌握重点,你一定要知道你该做的是什么,你的工作重点究竟是哪一部分,这就好像一台机器上的螺丝钉一样,你明明是负责这一个点的,你却总想在别的点上施展功能,这样一来势必就会出问题。你只要尽最大努力地做好自己的工作就可以了。

2. 提高技能　现在优秀给员工有很多培训的机会,那么你参加的培训与你的岗位有关系吗?培训能否提高你现在完成本职工作的技能呢?如果能提高,这个培训对你是有帮助的;若是不能提高,就不要白花钱和浪费宝贵的时间了。另外,在你业余时间不断学习,也要围绕着岗位开展。

3. 总结经验　要不断地总结经验,吸取教训,以求在今后的工作中能取得更大的进步,这也是对岗位责任非常重要的一项要求。单位不但对你做工作的岗位有具体明确的要求,而且还会有岗位评估,如果你想把岗位工作不断地做得更好,就要总结经验,吸取教训并不断地加以改进,只有这样你才能不断地取得进步。

(四)全局责任意识

1. 了解组织目标　全局责任要看这个组织的目标是什么。毕业生只有掌握组织目标,你的每项工作就不会背离发展的方向。

2. 领会领导意图　在日常的工作中,毕业生要学会善于领会领导的真正意图,不要做徒劳无能的工作,白白浪费了多少宝贵的时间。

3. 掌握进度和变化　现代社会瞬息万变,很多事你今天做好了计划,但到头来往往是计划赶不上变化。当某个突发事件影响到你的某个计划时,当外界因素发生变化时,你的计划一定也要及时地随之改变,如果你不及时地随其变化就很可能会造成整个计划的失败。

(五)进取意识

毕业生都要牢固树立起进取意识,在新的岗位上不断进取,渐入佳境。在江苏省护理战线上,活跃着一位能吃苦肯钻研的男护士,他就是南京脑科医院精神科护士长徐国彬。作为江苏省第一位本科男护士,他在平凡的岗位上做出了令人瞩目的成绩。

在徐国彬的电脑旁,摆满了电脑编程方面的书籍。他告诉记者,自己自学电脑编程已经有 5 年多了。1998 年,医院实现电脑亿办公,有心的徐国彬便开始悄悄钻研起电脑知识来。几年下来,一幅"医院护理信息管理系统"的蓝图在他头脑中渐渐形成。一年多前,考虑成熟的他和医院信息中心的工程人员合作,终于开发出了切合本院实际管理需要的护理信息系统。徐国彬告诉记者，类似的系统市面上最便宜的也要卖三五万，好的要卖到二十万，还不一定能切合医院实际需要，有了自己开发的系统，既节省了金钱，又大大提高了效率。靠着这种钻研、进取精神，徐国彬的工作可谓硕果累累，论文屡屡见诸权威专业刊物，有的还获了大奖。现在他已经是江苏省护理学会内科学组委员、南京护理学会内科学组委员。

21世纪是知识经济时代，是科技飞速发展的时代，毕业生要树立积极进取的意识，终身学习，善于思考，勤于探索，不断开创职业生涯的新局面。

（六）创新意识

创新是人类文明进程的开拓者，是民族的灵魂，是企业可持续发展的动力。毕业生要树立创新意识，培养创新能力，把自己所学的知识应用于工作实践中，不断创造出新理论、新知识、新技术、新方法。因此毕业生要具有创新观念，时刻给自己戴上"有色眼镜"：权威专家、学者的观念是否正确；这项技术能否能够改进；能不能用别的方法代替；增加或减少一些功能怎样；体积放大或缩小如何……

（七）主人翁意识

"国家兴亡，匹夫有责。"作为单位的一员，毕业生应自觉地把自己的命运与单位的兴衰荣辱，与国家民族的繁荣昌盛结合起来，做生活的主人，做单位的主人，培养强烈的社会责任感，树立主人翁意识。

就业经历

工作岗位要注意哪些

高辉是卫校毕业生，毕业后应聘到一家医药公司从事医药营销。但是他却感到很茫然，不知道该做些什么事情？看到身边大学毕业生又感到灰心，不知何去何从。

面对这样的困惑，我建议：

第一，要尽快熟悉自己的工作职责。了解单位的业务内容，并且在最短的时间内和同事熟悉。

第二，增强自信，不可自卑。初涉社会的中专毕业生，往往会不自觉地出现自卑心理。认为自己学历还不够高，毕业学校的名气不大，所学专业也不热门，又缺乏实践锻炼经验，甚至误认为亲朋好友中无有权有势之人，自觉矮人三分；自卑要不得，如果一味自卑，那么将束缚你工作的主动性，不敢发表自己的看法，做事情畏手畏脚，直接影响着能力的发挥，久而久之，在别人看来，你不能胜任你的岗位。所以，虽然自身条件差，但是要充满自信，让自己的才能尽情地展现。

第三，主动出击。工作中不要等待，而要主动，发挥自身的创造力，在工作中创造出更多的机会，一旦机会来临时，就要牢牢把握。主动出击包括：主动地思考；主动地拓展业务；主动创造条件；主动做一些其他工作；主动展示自己等等。只有这样，才能弥补中专学历的不足，才能够在工作岗位崭露头角。如果不主动走出去，自我封闭，足不出户，坐等机会叩门，那么你得路子只会越走越窄。

第四，坚持不懈。"古之成大事者，不惟有超世之才，亦必有坚忍不拔之志"，很多人在工作会遇到困难、麻烦，大部分都放弃，没能坚持到底，只有少数的精英，遇到困难，想方设法，遇到问题，慎重解决。没有轻言放弃，最终修成正果，工作得到单位的认可，也因此获得自己应有的回报。

第五，乐于吃苦，切不可畏惧或鄙视困难。磨难是人生的宝贵财富。要想在某一方面或某一行业中干出成绩，不下一番苦功显然是不行的，关键是以什么样的心态去对待工作中的"苦"。如果能够以积极的心态去对待，就会把工作中的"苦"当成信任和机遇，看成是对自己意志的考验，看成是展示自己才干和能力的载体，从而以苦以乐，无所畏惧，迎难而上，否则就会畏惧它或者鄙视它，进而逃避它。希望学子们能够调整好自己的心态，正确对待工作中的苦于乐。

第六，不断学习，切不可自弃或自满。一是要对自己有信心，应该看到日新月异的科学技术，都是离不开基本知识原理的，要相信自己所掌握的系统知识是可以帮助你有所成就的；二是切忌自视过高，满足于已学知识、导致不求上进，难有作为。不勇于实践不知道世界奥妙无穷，还有许多未知领域需有大批有为之士去开拓。学，然后知不足。要想掌握创业的真本领，舍此而无他途。

最后，告诫每一位毕业生，要正确地审视自己，开创一片属于自己的天空。

 小资料

电 话 礼 仪

- 电话铃响，迅速接听，首先"自报家门"。
- 迅速给出答案：回答、拒绝或转其他同事。
- 适当记录细节。
- 拨通前先打好腹稿。
- 迅速切入主题。
- 使用电话敬语。
- 等对方挂断后再挂电话。
- 同事不在时帮助接听电话，并留言记录。
- 电话时间控制在3分钟以内，最长不超过5分钟。

 课堂思考

李霞卫校毕业后，到了当地县医院从事护理工作，被分到收入最低且最累的科室——儿科，她很郁闷，每天工作提不起精神，不知道该如何面对？如果是你，你将怎样做？给李霞一个参考。

第四节 爱 岗 敬 业

一、爱岗敬业的意义

爱岗就是要有职业意识，热爱自己所从事的职业，认定自己所从事的职业可以最大限度地激发人的活力和创造力。敬业就是要有敬业精神，敬业精神是人们对一种职业的热爱而产生的全身心投入的精神。

爱岗敬业是一种职业情感，是对所从事职业的热爱和敬重，是为人民服务和集体主义精神的具体体现，是社会对从业者工作态度的要求，是爱祖国、爱人民、爱自己、爱生活的体现。爱岗敬业社会主义职业道德一切基本规范的基础。

(一) 爱岗敬业是从业者的生存需要

职业是人们谋生的手段，是人生存最根本、最必需的内容，它不仅使人们获得了必需的生活资料，也使从业者体会到，职业也是人生的一种精神需要。劳动着，艰辛而快乐着，幸福生存着，毕业生要深刻领会其中的内涵。正如戴尔·卡耐基说："正是由于艰辛与磨炼的反复，痛苦与欢乐的循环，成功与失败的交替，绝望与憧憬的更新，才造就了丰满的、意味深长的人生。"尤其中专毕业生，不要好高骛远，立足岗位，踏踏实实做好本职工作。

(二) 爱岗敬业是社会对从业者的要求

社会主义社会的职业，只有分工的不同，没有高低贵贱之分。对于职业，我们应该敬重它，热爱它，善待它。每一位从业人员，无论从事何种工作，无论是否为理想的职业，必须尽职尽责地做好本职工作，这是社会主义职业道德的要求，也是社会对从业者的起码要求。请您记住两句话："努力工作是你最明智的投资。""今日工作不努力，明日努力找工作。"

(三) 爱岗敬业是从业者事业成功的需要

据一项调查发现，九种因素制约着一个人的成败，其排序为：①抓住机遇；②功底与才华；③信念；④敬业精神；⑤特殊性；⑥承受力；⑦人际关系；⑧善于表现自己；⑨口才。一个人事业能否成功，除智力因素外，非智力因素也是至关重要的，而敬业精神和人际关系在非智力因素中起着决定性影响。

现代护理学创始人南丁格尔就是立足本职岗位，爱岗敬业取得事业成功的光辉典范，南丁格尔出身英国名门望族，受到良好教育。克里米亚战争爆发后，她不顾家庭反对，带领38名护士奔赴前线。她克服重重困难，精心护理病人。她手持油灯，每天工作到深夜，被士兵们誉为"持灯女神"。1860年，南丁格尔在英国创立了世界上第一所护士学校。从此，她手中的油灯照亮了一代又一代护士前进的道路。现在，世界上许多国家的护士在毕业之际，都要举行一种庄严、圣洁的"授帽传灯"仪式，就是告诫护士要"燃烧自己，照亮别人"。南丁格尔立足本职工作，爱岗敬业，奠定了现代护理的基础，成就了自己的事业。

(四) 爱岗敬业是社会文明进步的需要

经济的发展，社会的进步，需要全社会每一个成员为之努力，为之奋斗，物质生产要出效益，精神作品要有质量，社会管理要见成效，都需要从业者爱岗敬业，立足本职工作，在平凡的工作岗位上勤勤恳恳，尽职尽责。人人敬业，人人爱岗，形成一种奋发向上的氛围，社会的文明程度也就不断提高。因此，敬业爱岗也是社会文明进步的需要。

如何做到爱岗敬业？

1. 要正确处理职业理想和理想职业的关系　社会主义职业道德所提倡的职业理想是以为人民服务为核心，以集体主义为原则，热爱本职工作兢兢业业干好本职工作。即使自己所从事的职业不理想，也应该兢兢业业干好本职工作。

2. 要正确处理国家需要与个人兴趣爱好的关系　当国家需要与个人爱好发生矛盾时，把国家需要作为自己的志愿，在工作实践中逐步培养兴趣，历史上这样的事例很多，如鲁迅原本学医，为了拯救国民的灵魂，弃医从事写作。孙中山原本学医，为了挽救民族危亡，弃医从事革命事业。我国著名的地质学家李四光三易所学，三次都是以国家需要为自己的爱好。

3. 正确处理选择职业与个人自身条件的关系 选择职业应根据自身条件,不能好高骛远,即使一时找不到理想职业,无论在哪一个岗位上,在一天就应兢兢业业做一天。

4. 正确处理所从事职业与物质利益的关系 正确的观点是热爱本职与人才流动相统一,忠于职业与物质待遇相统一,人能尽其才与物能尽其用相统一。不能以追求高收入为目标,任意"跳槽"。现实生活中有许多人为取得高收入而频繁跳槽,这样就很难做到爱岗敬业。

二、爱岗敬业的要求

(一) 敬业

职业人员从内心产生对从事职业敬重的情感,就是敬业精神。敬业精神是人们对工作的责任心,成就感,奉献精神和信誉程度的体现。事业的成功敬业精神起着决定性影响。

第32届南丁格尔奖获得者孙秀兰,凭着乐于奉献的敬业精神,使平凡的护理工作变得伟大,她个人"舍小家,为大家"的精神也进一步得到升华。唐山大地震,夺去了她母亲和大儿子的生命,致残了她的丈夫。在亲人和病人同时需要她的时候,她毅然选择了病人。她说:"为了病人的生命,为了千千万万个家庭幸福,我个人小家庭做出点牺牲是值得的。"孙老师在护理工作岗位上默默奉献了30多个春秋,被人们誉为"爱的天使"。

(二) 乐业

乐业就是从内心热爱自己所从事的职业,把工作当作快乐的事,幸福的事,即快乐地工作,幸福地工作。乐业是职业情感和职业行为的统一。职业情感是从业者对所从事职业的好感、仰慕或鄙夷的情绪与态度。热爱是最好的老师,热爱一种职业,就意味着对它有一种崇高的尊严感和荣誉感,坚信自己的工作是有利于国家、有利于社会、有利于民族,有利于他人的。正所谓"干一行,爱一行"就是这个道理。但是现实生活中,很多毕业生对某工作烦,思考跳槽,但到另外工作岗位,同样的事情就又出现了。热爱自己的职业,才能把自己的全身精力应用到工作中,才能成就行业的精英。发明大王爱迪生每天要在实验室工作18小时,他丝毫不以为苦却说:"我每天乐趣无穷。"

(三) 勤业

勤业就是忠于职守,认真负责,不懈努力地做好本职工作。忠于职守,要求从业者在任何时候,任何情况下都能忠实地履行岗位责任。小周是一个文化传播公司的业务人员,当同事在聊天的时候,她在和客户沟通;当大家在睡觉的时候,她正在为客户赶做方案;当大家在娱乐的时候,她在认真地总结分析工作方法。正是这样勤业精神,使得她在公司的业务每年都是第一。所以从业者要专心致志,一丝不苟做好本职工作,也要能经受得起各种艰难困苦,勤劳奋发;要有坚忍不拔的毅力,要用坚持不懈的努力,克服职业生活中遇到的各种难题。生命因勤奋而芬芳,能力由实践而增长。伟大的成就和勤奋努力总是成正比的。

(四) 精业

精业是指精通业务,熟练掌握业务技术,对工作精益求精,不断提高自己的知识和技能,把工作做得尽善尽美。"业精于勤",从业者不但要认真学习理论知识,而且要注重实践技能的锻炼。对于刚刚踏入工作岗位的毕业生,要注意:在实际工作中提高自己的实践技能;要做到不耻下问,向老同志请教;要不断学习,使自己的知识得到升级;要坚忍不拔,刻苦锻炼,使自己的技艺得到升华,等等。不断提高工作质量,苦练基本功,把平凡的工作,做得尽善尽美。

就业经历

白衣天使裘秀菊

十七大代表、余姚市人民医院大内科护士长裘秀菊30年如一日,在护士岗位上默默奉献着。医院里、街道上、公交车内,经常会有人指指点点:"喏,她就是裘秀菊。"

自从宁波卫生学校毕业分配到余姚市人民医院从事临床护理工作以来,裘秀菊每天一早就到医院巡视病房,并自费买了一个小灵通,作为病人咨询专线。2003年,宁波市首例非典疑似病人出现在余姚,裘秀菊主动请缨到发热门诊,不厌其烦地为每一位病人量体温、分发防非典宣传资料,一天要接待七八十位病人,嗓子都哑了。医院领导考虑让她休息,她婉拒了:"我是共产党员,关键时刻要经得起考验。"

护士不仅仅是护理病人,更重要的是与病人心贴心地交流。在30年的护理工作中,裘秀菊总结出了"五心护理岗"经验:爱心、细心、耐心、热心、责任心。前几年,一位颅内肿瘤病人住院期间,裘秀菊包下他每天的输液任务,并帮助他树立战胜疾病的信心。尽管病人最后被病魔夺去生命,但他在遗嘱中特意托人感谢裘秀菊。近日余姚市人民医院首次以个人名字命名"裘秀菊护理服务法",在护理部推广"感动服务"。

说起当选为人大代表,裘秀菊非常激动:"这是党和人民对我的信任,我要把荣誉作为动力,以今天为新起点,做一个守护病人的'白衣天使'。"

在平凡的工作岗位上,裘秀菊为我们毕业生演绎着感动,树立了敬业、乐业、勤业、精业的楷模。付出总有回报,也必将得到社会的认可。

 小资料

怎样约定试用期

劳动合同的试用期是指在劳动合同的期限内,用人单位与劳动者为相互了解对方而约定的考察期间,它是整个劳动合同期限的组成部分法。但是,试用期条款并非必备条款。

如果双方同意约定试用期,不同的合同期限应该约定不同的试用期法。但一般劳动合同期限不满6个月的,不得设试用期;满6个月不满1年的,试用期不得超过1个月;满1年不满3年的,试用期不得超过3个月;满3年的,试用期不得超过6个月法。

劳动合同当事人仅约定试用期的,试用期不成立,该期限即为劳动合同期限。

 课堂思考

肖华已经在一家私立医院开始工作,试用期为3个月,但她不知道3个月期间除了日常护理工作外,她还需要做哪些?她感觉压力很大,万一不合格会不会被开除,解除合同?

请你为肖华指点迷津,告诉她试用期间应该做些什么?

第五节　跨越试用期

一、关于试用期

(一)试用期

所谓试用期,就是聘用单位对应聘者职业道德、劳动态度、实际操作能力、身体状况进行考察的期限。也是聘用单位和应聘者之间相互认识,相互了解,相互做出选择的过程。

试用期是伴随着劳动人事制度的改革而产生的。市场经济大潮下的竞争,说到底还是人才的竞争。用人单位都想使用素质高、敬业精神强,有创造能力的人才。因此,单位在聘用员工时,都需要经过一段试用期,了解应聘人员的素质、能力、品德等,决定是否聘用。

(二)试用期的作用

在劳动合同中规定试用期,一方面可以维护用人单位的利益,给企业考察劳动者是否与录用要求相一致的时间,避免用人单位遭受不必要的损失;另一方面,可以维护新招收职工的利益,使被录用的职工有时间考察了解用人单位的工作内容、劳动条件、劳动报酬等是否符合劳动合同的规定。如果在规定的试用期内,当事人双方发现实际情况与对方介绍的情况不相符,有权在试用期内随时解除劳动合同。

当今社会是一个机遇与挑战并存的时代,毕业生要立足社会,实现人生价值,就要通过自身不懈的努力去拼搏,去奋斗。试用期,单位可以对你的综合能力、个性品质进行全面评估;通过试用期,可以了解你的观念、团队等意识;通过试用期,毕业生可以熟悉单位的工作环境、工作性质、人际关系等;通过试用期,你可以消除在校期间的"梦想",为自己进行明确地定位;通过试用期,毕业生可以综合考虑,决定自己去留的方向。

二、跨越试用期

(一)试用期与工作相关的心理压力

1. 理想与现实的矛盾造成的心理压力　毕业生在校期间,思想比较单纯,接受的都是健康的、正面的教育,往往以理想的思维方式看待社会,看待人生。由于没有经受过挫折,所以初入工作岗位是胸怀壮志,满腔热情,准备在工作岗位上大展宏图,干出一番事业。但是,当接触到现实社会,低收入的状况让他们消极颓废;错综复杂的人际关系,使他们感到十分惊讶;落后的管理模式,使他们倍感失望。毕业生一下子从理想的高峰跌入现实的低谷。对于心理脆弱的毕业生,灰心丧气,情绪低落,自暴自弃,甚至一蹶不振。

2. 对工作期望过高造成的心理压力　刚刚踏入工作岗位的毕业生希望在工作岗位上大显身手,干出一番惊天伟业,使自己在最短的时间内出人头地,同时得到领导的赏识。但是工作的平凡、单调,甚至乏味,让他们感到失望,同时也给自己极大的心理压力,一种强烈改变自己处境的愿望,往往是欲速则不达,这样给毕业生更加茫然的感觉。另外,单位出于对人才培养的需要,也不可能给新手布置很重要,很复杂的工作。这些都会使你产生失落感,甚至对单位失去信心,造成巨大的心理压力。

3. 不适应新工作造成的心理压力　传统的教育模式造成学生理论知识相对丰富,实践能力相对不足,创新意识缺乏。而在工作岗位上需要的是熟练的操作技能,较强的创造力,彼此之间存在着偏差,使得毕业生不能适应新的工作岗位而感到压力。有些毕业生习惯了在校期间按部就班的学习方式,工作中缺乏灵活性。有些毕业生在校期间没有更多的学习压力,一旦被单位委以职责,手足无措。更有一部分毕业生眼高手低,总喜欢沉湎于幻觉世界,不注意工作经验的积累,造成工作屡屡失败,而失败又反过来压抑自我。凡此种种,都造成了毕业生的心理压力。

(二)试用期与人际关系相关的心理压力

1. 人际关系改变造成的心理压力 毕业生初到工作单位,生活、工作环境的改变,周围不再是敬爱的老师,可爱的同学也各奔东西,原先在学校形成的师生之间,同学之间默契、和谐的人际关系突然被隔断,产生了失落感。面对现实,在新的工作环境中,相互之间默契的人际关系还没有建立起来,因此,在短时间内易形成一个心灵的阻断,处于无所适从的困境;当工作一段时间后,发现错综复杂的人际关系,这又让毕业生感到不知所措,因而造成了心理压力。

2. 不被单位重视造成的心理压力 在校期间,毕业生都处于平等地位,当走出校门,走进用人单位,学生常被看作特殊的群体,没有经验积累,还处于考察阶段,所以单位不可能把毕业生放置在重要的岗位上,对毕业生来说,常常处于该组织的最底层很难有表现自己的机会,这些都使毕业生产生心理压力。

3. 管理体制造成的心理压力 很多著名大公司,大医院或国家行政机关单位,都存在着不同的体制制度,毕业生很难习惯、适应这些章程,如今面对上下级等级森严,不能逾越的组织,他们感到前途渺茫;单位中论资排辈的"潜规则",以及领导命令的无条件服从,造成了毕业生强大的心理压力。

(三)试用期心理压力的调整

对于初涉社会的毕业生,试用期心理压力除来自工作本身和人际关系方面外,还有诸如感情、兴趣、生活环境、生活习惯、个人收入等问题,这一系列令人烦恼的事情,都会给你带来心理压力,作为试用期的你,应如何调整自己的心态,适应现实社会呢?

1. 尽快适应现实 现实社会是复杂多样的,也不是哪个人能够轻易改变现实社会的。因此,处于试用期的你,必须给自己提出这样的问题:是社会适应个人,还是个人适应社会?在回答了上述问题后,如果你不能让社会适应你,那么你就必须去了解社会的变化和差异,并接受由此带来的压力。毕业生要适应社会,必须尽早端正思想,对自己进行明确定位,深刻了解社会的变化,改变自己,以适应新的环境,争取尽早融入单位这个集体中去。

2. 学习完善自我 有人统计,当你从学校毕业走上工作岗位时,你在校学习的知识只有 10% 能够利用到工作中。随着学科之间的交叉,博学成为很多单位人才的要求,尤其企业喜欢创造力极强的毕业生,而要创造一个新产品必须了解更多现代技术、相关学科,因此毕业生走上工作岗位后,要不断更新知识,不断自我"充电",才能跟上时代的发展,才能不被时代所淘汰。同时,对于本专业知识,经验的缺乏也制约着毕业生的发展,所以积累经验,掌握本专业发展方向成为不断进步的基本方法。

3. 不断提高能力 毕业生通过几年的学校学习,掌握一定的理论知识,但是也存在着不足之处,他们不仅缺乏实践经验,而且综合能力较差。因而毕业生要想立足社会,并有所发展,唯一的途径就是注重实践,在实践中丰富自己,完善自我,使工作能力不断提高。

4. 保持良好心态 毕业生在试用期通过一段时间的实际工作锻炼后,很多程序已经熟悉,业务工作逐渐成熟,人际关系相对从容,业余时间越来越多,为了缓解试用期的各种心理压力,丰富自己生活,保持良好的精神状态,毕业生要培养自己的兴趣、爱好。

总之,试用期心理压力的调整有一个过程,也是一件很困难的事情。因此,毕业生必须在理想与现实的冲突中,一步一步地把自己与现实融合成一个整体,去体验其中的甘苦。

 小资料

职场新人如何受青睐

经过层层闯关,终于进了心仪已久的单位。如何得到老板的青睐,如何快速地和团队融为一体,很多职场新人由于经验不足,表现出无所适从。为此,职场新人不妨在以下几个方面做些努力:

1. 遵守规章制度　任何企业都有它的一套切实可行的管理制度。这不同于学校,从某种程度上它带有强制性,也不管你喜欢还是不喜欢。作为新人,遵守制度是起码的职业道德。入业后,应该首先学习员工守则,熟悉企业文化。以在制度规定的范围内行使自己的职责,发挥所能。

2. 学会与人共事　作为职场新人,即使你的专业功底再强,但经验显然不足。要使自己能在岗位上"脱颖而出",离不开同事的帮衬和扶持。对"前辈"取恭谦之态乃为上策。尽量地不介入人事关系中的是非旋涡,保持中立。

3. 上班不做"私事"　很多新人无拘无束惯了,以为既然定了岗,就可以高枕无忧,尤其是在完成了手上的工作后,利用上班的时间做些"私事"。如看一些与业务无关的书刊,与旧友煲电话,或在网上聊天。这些都是妨碍你进步的大忌。

4. 多为企业考虑　一个忠于职守的员工做事应多为企业考虑,大到出差,小到复印资料,在保证完成好本职工作的前提下,应该本着高效节约的原则,能省则省,一个处处为企业考虑的人任何老板都会喜欢。

5. 制定长远目标　好高骛远,不切实际的想法是不可取的。工作不久,这山望见那山高,给老板提些不合理的要求,或者干脆辞职走人相要挟,这肯定会招致老板的反感。应该制订好自己的发展规划,一步一步地去实现自己的人生目标。

6. 稳定工作心态　既来之,则安之。光讲索取,不讲奉献,朝三暮四,做事总是一副心不在焉的样子,这样的员工谁会喜欢?稳定好自己的情绪和心态,踏实地做好手上的工作,这才是立业之本。说到底,天下没有那么好端的饭碗。与其"东奔西跳",还不如就地成才,开花结果。

 小结

毕业生在就业实践中要树立诚实守信的观念;快速完成学生角色与职业角色的转换,对工作要做到敬业、乐业、勤业、精业,注重工作过程中团队意识、进取意识、创新意识、独立意识、主人翁意识、责任意识的培养,顺利跨越试用期。

思考与训练

1. 请按照毕业鉴定的要求,练习写作一份自我鉴定。
2. 毕业生如何做到诚实守信?

3. 学生角色与职业角色的区别有哪些?

4. 毕业生如何才能顺利实现角色转换?

5. 良好开端应从哪些方面开始?

6. 谈一谈到中等卫生职业学校毕业后,面对学习、生活环境等变化,你是如何适应的?

7. 试用期有哪些心理压力? 应如何调整?

(王冬梅)

第七章　就业与创业法律法规

学习目标

1. 掌握维护劳动者合法权益的方法和途径。
2. 熟悉劳动法及相关法律法规。
3. 了解劳动保护方法和安全卫生知识。

当你即将离开学校走进就业市场，开始向职业劳动者的角色转变时，你所面临的绝不仅仅是对人才的渴望，诚信的承诺，满意的工作和合理的待遇。那极其复杂的局面，常常使你无所适从，在这时，能维护你的合法权益最锐利的武器就是与就业有关的法律和法规，所以了解和熟悉这些法律法规知识，对每一个毕业生，都是绝对不可缺少的。本章将帮助你了解和熟悉这些法律法规知识。向你介绍什么是劳动法，劳动法的宗旨是什么，劳动者有哪些权利和义务，劳动法律关系的内容并重点介绍劳动合同签订、变更、终止和解除的法律规定以及劳动争议处理的法律规定，同时还介绍什么是劳动保护，劳动保护工作的任务和方法是什么，劳动安全卫生中各方的权利和义务有哪些。

励志格言

立志是一件很重要的事情。工作随着志向走，成功随着工作来，这是一定的规律。立志、工作、成功是人类活动的三大要素。立志是事业的大门，工作是登堂入室的旅程，这旅程的尽头就有个成功在等待着，来庆祝你的努力结果……

——巴斯德

课堂思考

小张在某卫生学校护理专业毕业后，进入某医院从事护理工作。为了增强工作中的竞争力，使自己在人才济济的医院里不落人后，小张在繁忙的工作之余还挤出时间攻读夜大大专课程，以提升自己的学历层次。然而小张怎么也没想到，单位竟然以她是夜大学生为由不为她缴纳"四金"。为此，小张不得不向有关部门讨回公道。

请同学们想一想：小张单位的做法对吗？如果你是小张你该怎么做？

第一节　劳动法与相关法律法规

一、劳动法

（一）劳动法的概念和《中华人民共和国劳动法》

劳动法是调整劳动关系以及与劳动关系有密切联系的其他社会关系的法律规范的总称。

自从工业革命以后，大工业生产日益发展，劳动关系也随之日趋复杂，但这时劳动关系被看做财产关系的变形，一般用民法中关于财产的原则调整。到了 20 世纪初，劳资关系日益紧张，劳工问题日益突出，组织工会、劳动合同、集体合同、劳资争议等问题逐渐进入劳动立法的范围，劳动法逐渐从民法中分离出来，形成一个独立的法学概念，与刑法，民法等形成平等的关系。这里所说的劳动法不是一部法律的名称，而是一个法学概念，或者是一个独立的法律部门。

劳动法是维护人权，体现人本关怀的一项基本法律，西方国家甚至称其为第二宪法。一个普通公民，也许一辈子不会与刑法、诉讼法发生关系，但他却和劳动法息息相关，因为他要劳动，他要生活，所以劳动法关系到我们每一个人的生活，和我们形影相随。

我国的劳动法随着社会主义市场经济的飞速发展而逐步得到建立和完善。1994 年 7 月 5 日八届全国人大常委会审议通过了《中华人民共和国劳动法》，并于 1995 年 1 月 1 日实施。《劳动法》的颁布，结束了我国自 1949 年以来长达 45 年没有劳动法的历史，它是我国社会主义市场经济法律体系中的一部基本法律，是我国第一部全面规范劳动关系，保护劳动者合法权益的基本法律，为劳动者保护自身的合法权益，履行应尽义务，提供了重要的法律保障；也为用人单位规范自身行为，维护自身利益，履行应尽职责提供了法律依据。

《中华人民共和国劳动法》共计十二章一百零五条。主要规定了总则、劳动合同、促进就业、工作时间、工资等条款。如劳动者的权利与义务；劳动者就业不受歧视；妇女享有与男子平等的就业权利；禁止招用未满 16 周岁的未成年人等。

《中华人民共和国劳动法》是保护中华人民共和境内全体劳动者的一部根本大法。每一个职业劳动者和即将成为职业劳动者的人都要努力学习和遵守这部根本大法，每一个用人单位都要努力学习和遵守这部根本大法，在《劳动法》规定的范围内维护自己的权益，为祖国的繁荣富强而努力劳动。

（二）劳动法的调整对象

劳动法的调整对象是劳动关系以及与劳动关系有密切联系的社会关系。

1. 劳动关系　劳动关系是人们在劳动过程中形成的一种社会关系，反映了人类劳动的社会属性。劳动关系包括劳动者在劳动过程中相互之间的关系、劳动者与用人单位之间的关系，劳动过程中的物质技术关系等等。而劳动法调整的劳动关系只是劳动者与用人单位之间的关系。这种关系具有以下两个特点：①劳动者必须直接参加用人单位的社会劳动过程。即劳动者必须成为用人单位的成员，参加用人单位集体、共同劳动，遵守用人单位的劳动纪律，完成用人单位的劳动任务，服从用人单位的组织指挥。用人单位则依法支付劳动者劳动报酬并为劳动者提供劳保福利待遇。②劳动关系的双方当事人，一方是劳动者，另一方是用人单位。在劳动过程中，除个体劳动外，劳动者之间会发生两种不同的关系：一种是劳动者之间的分工协作关系;另一种是劳动者与用人单位的关系。前者虽和劳动有关,但不是劳动关系、不是劳动法的调整对象。

2. 与劳动关系有密切联系的其他社会关系 除了劳动关系外,劳动法还调整与劳动关系有密切联系的其他社会关系。这些关系本身不是劳动关系,但和劳动关系有着密切的联系。它的双方当事人中必须有一方不是劳动关系的当事人,这样才能和劳动关系相区别;必须有一方是劳动关系的当事人,这样才能和劳动关系有密切联系。这些社会关系主要有以下几种:①管理劳动力方面的关系,即劳动行政机关与用人单位、劳动者之间因招收、调配,职业培训等问题而发生的关系;②有关社会保险方面的关系,即社会保险机构与参加社会保险的用人单位、劳动者之间发生的关系;③处理劳动争议方面的关系,即处理劳动争议的调解机构,仲裁机构与劳动争议当事人之间发生的关系;④监督劳动法执行方面的关系,即国家有关机关因监督劳动法的执行而与用人单位发生的关系;⑤工会组织与用人单位之间的关系。

(三) 劳动法的特点

1. 劳动法的宗旨是保护劳动者的权益 劳动法从本质上说是保护劳动者的法律。《中华人民共和国劳动法》第一章第一条明确指出:"为保护劳动者的合法权益,调整劳动关系,建立和维护社会主义市场经济的劳动制度,促进经济发展和社会进步,根据宪法制定本法。"所以《劳动法》是一部以保护劳动者的合法权益为根本目的的法律。它当然也保护用人单位的利益,但在双方利益都保护的同时,向劳动者倾斜,因为相对于用人单位,劳动者往往处于弱势的地位。如《劳动法》第三章第二十条规定:"劳动者在同一单位连续工作满十年以上,当事人双方同意续延劳动合同的,如果劳动者提出订立无固定期限的劳动合同,应当订立无固定期限的劳动合同。"此条款的设立明显地倾向于保护劳动者的利益。又如第十二章法律责任总计十七条,追究用人单位法律责任的有十三条,追究劳动者法律责任的只有二条。

2. 劳动法所确定的劳动条件、劳动标准是劳动关系双方当面事人所遵循的最低条件和标准 劳动法保护劳动者的权益是通过确定最低劳动条件和最低劳动标准来实现的,即劳动法所确定的最低劳动条件和劳动标准是劳动关系双方当事人所遵循的最低条件和标准。劳动关系双方只能在法定条件以上协商订立劳动合同,而不能低于法定条件,否则即无法律效力。如《劳动法》通过最低工资规定,规定月人单位支付劳动者的工资不得低于法定工资率;通过工作时间规定,规定了劳动者每周的工作时间量而不得超出,须延长工作时间也不得超过法定限定,而且必须依照法定标准支付延长工时的工资;通过劳动保护规定,保障劳动者享受必要的劳动保护条件和标准;通过女职工和未成年工特殊保护的规定,保障女职工和未成年工享受特殊的劳动保护等。劳动法通过这一系列法律规定,调整劳动者和用人单位的关系,保护劳动者的权益。

(四) 劳动法律关系

1. 劳动法律关系的概念 劳动法律关系是指劳动者与用人单位在实现劳动过程中根据劳动法规定所形成的劳动权利和劳动义务关系。

劳动法律关系与劳动法调整的劳动关系既有联系又有区别,劳动法律关系是现实的劳动关系在法律上的反映,是劳动法对劳动关系调整的结果。劳动法律关系的内容是法定的劳动权利和劳动义务,而劳动关系则以劳动为内容。

2. 劳动法律关系的要素 劳动法律关系是由主体、内容、客体三个要素构成。缺少任何一个要素,就不能形成劳动法律关系,任何一个要素发生变化,就不再是原来的劳动法律关系。

（1）劳动法律关系的主体:劳动法律关系的主体是指依照劳动法规定参与劳动法律关系,享有劳动权利和承担劳动义务的当事人,包括劳动者和用人单位。

我国法律赋予全体公民有劳动的权利,公民要实现自己的劳动权利,成为劳动法律关系的主体,必须具有劳动权利能力和劳动行为能力。劳动权利能力是指公民依法享有劳动权利和承担劳动义务的资格或能力;劳动行为能力是指公民以自己的行为行使劳动权利和履行劳动义务的能力。公民的劳动权利能力和劳动行为能力与公民的民事权利能力和民事行为能力主要有以下几种区别:①开始的时间不同。公民的劳动权利能力和劳动行为能力,从年满16周岁开始;而公民的民事权利能力是从出生时开始。②在代理问题上不同。公民的劳动权利能力和劳动行为能力只能由本人行使,不允许第三者代理,否则被认为是无效的非法的,如冒名顶替参加工作。公民的民事行为能力,除和身份有关的问题外,既可由本人行使,也可以由代理人行使。③在受限制问题上不同。公民的劳动权利能力和劳动行为能力在某些情况下可以受到限制,就是说可以限制某些公民参加某些劳动法律关系。如为了保护女工和未成年工的身体健康,可以限制他们参加特别繁重的体力劳动以及有毒有害作业条件差的工作。而公民的民事权利能力和民事行为能力在法律规定的范围内是不受限制的。④在同时参加多种法律关系上不同。公民在实现劳动权利能力和劳动行为能力时,一般只能参加一种劳动法律关系。如你是甲单位职工,与甲单位订立劳动合同,形成劳动法律关系后,就不能再与乙单位订立劳动合同,形成劳动法律关系。公民参加民事活动时,则不限制在一种民事法律关系上,而可以同时参加多种法律关系。

用人单位是劳动法律关系主体的另一方,必须具有用人权利能力和用人行为能力。用人单位的用人权利能力是指用人单位依法享有的参与劳动法律关系,享受权利和承担义务的资格或能力;用人单位的用人行为能力是指用人单位实际参与劳动法律关系,取得权利和承担义务的能力。

用人单位是指依法成立的国家机关、企业事业组织、社会团体,以及私有经济组织等。凡依法登记注册的各种企业经济组织,不论其所有制形式如何,均依法享有用人的权利。

（2）劳动法律关系的内容:劳动法律关系的内容是主体所享有的劳动权利和承担的劳动义务。劳动权力和劳动义务将劳动者和用人单位结合起来,构成劳动法律关系的具体内容。

（3）劳动法律关系的客体:劳动法律关系客体是指劳动法律关系主体之间劳动权利和劳动义务共同指向的对象,它包括物和劳动行为。

物是指能够满足人们生产生活需要的,现实存在的,可以由劳动法律关系主体控制和支配的,具有一定经济价值的物质实体,包括货币和实物。货币一般用来支付劳动者的工资、奖金、津贴以及劳动保险等;实物一般用在劳动保护中,如工作服、安全帽、绝缘鞋、保护镜等。

劳动行为是指劳动法律关系主体为达到一定目的所进行的劳动活动。如劳动者为完成生产任务所进行的生产活动;用人单位提供劳动条件,支付劳动报酬等活动。

二、相关法律法规

《中华人民共和国劳动法》是保护劳动者合法权益的一部基本法,许多条款只能作原则性的规定,而详细具体的内容是由其他单项的法律法规来规范的,因此毕业生在就业过程中

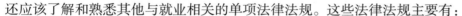

还应该了解和熟悉其他与就业相关的单项法律法规。这些法律法规主要有：

1.《人才市场管理规定》[颁布单位]人事部[颁布日期]2001年9月1日

2.《中华人民共和国劳动争议调解仲裁法》[颁布单位]全国人大[颁布日期]2008年5月1日

3.《人事争议处理暂行规定》[颁布单位]人事部[颁布日期]1997年8月8日

4.《普通高等学校毕业生就业工作暂行规定》[颁布单位]国家教育委员会[颁布日期]1997年3月24日

5.《个人独资企业登记管理办法》[颁布单位]国家工商管理总局[颁布日期]2000年1月13日

6.《外商投资企业劳动管理规定》[颁布单位]劳动部[颁布日期]1994年8月11日

7.《劳动力市场管理规定》[颁布单位]劳动和社会保障部[颁布日期]2000年12月8日

8.《关于严禁用人单位录用职工非法收费的通知》[颁布单位]劳动部[颁布日期]1995年9月6日

由于中等卫生职业学校每年都有大批护理专业毕业生，他们的理想就是能到医疗卫生单位工作，做一名职业护士，所以在这里着重介绍一下与护理毕业生就业有关的法律法规。

2008年1月23日，国务院第206次常务会议通过了《护士条例》。《护士条例》自2008年5月12日起施行。《护士条例》从护士的执业资格、权利义务、医疗机构的相关职责等多方面对护理工作进行了规定。

1.《护士条例》立法目的 护理是一项涉及维护和促进人的健康的医疗活动，具有专业性、服务性的特点。随着我国医疗卫生事业的发展，护理事业发展比较迅速。护理工作为维护和促进人民群众的健康发挥了积极作用。同时，护理工作也存在一些不容忽视的问题，主要表现在3个方面：

（1）护士的合法权益缺乏法律保障。目前，在新老人事体制并行的情况下，部分医疗机构存在着正式编制人员和编外聘用合同制人员的双轨管理机制。一些医疗机构聘用的合同制护士不享有参加继续教育、职称晋升的权利，不享有国家规定的节假日待遇。这些问题不仅侵犯了护士的劳动权益，而且严重影响了护士队伍的稳定，不利于护理专业的发展，不利于对病人提供优质的护理服务。

（2）部分护士责任心不够。一些护士不能全面、严格地履行护理职责，忽视基础护理工作，主动服务意识不强，导致护患关系紧张，影响了医疗质量，甚至引发医疗事故。一些医院的护理工作简单化，护士仅注重执行医嘱，忽视了主动观察病人病情变化、巡视病房和基础护理等工作，忽视了对病人的生活照顾、心理护理和康复指导，忽视了与病人的沟通、交流。

（3）医护比例严重失调。部分医疗卫生机构重医疗、轻护理，随意减少护士职数。特别是有些医院认为护士不能为医院带来较大的经济效益，因此对护士队伍建设和护理工作发展没有纳入医院整体发展规划中。由于病房护士少，病人需要的生活照顾不能满足，医院就让病人花钱聘护工，虽然满足了病人的生活照顾需要，但给危重病人的护理带来了安全隐患，特别是由于护工承担部分带有治疗性的护理工作，使护士应履行的观察病人病情变化的职责成为虚有。

为了维护护士的合法权益，规范护理行为，促进护患关系和谐发展，保障医疗安全和人体健康，有必要制定一部有关护士的行政法规。

2.《护士条例》立法思路

《护士条例》在总体思路上把握了以下三点:

(1) 充分保障护士的合法权益。通过明确护士应当享有的权利,规定对优秀护士的表彰、奖励措施,来激发护士的工作积极性;鼓励社会符合条件的人员学习护理知识,从事护理工作。在全社会形成尊重护士、关爱护士的良好氛围。

(2) 严格规范护士的执业行为。通过细化护士的法定义务和执业规范,明确护士不履行法定义务、不遵守执业规范的法律责任,促使广大护士尽职尽责,全心全意为人民群众的健康服务。

(3) 强化医疗卫生机构的职责。通过规定医疗卫生机构在配备护士、保障护士合法权益和加强在本机构执业护士的管理等方面的职责,促使医疗卫生机构加强护士队伍建设,保障护士的合法权益,规范护士护理行为,为促进护理事业发展发挥应有的积极作用。

3. 从事护理工作的条件　护理工作直接关系到病人身体健康和医疗安全。护士以其专业化知识和技术为病人提供护理服务,满足人民群众的健康服务需求。护士的专业水平、整体素质与医疗安全、病人的康复、病人对医院服务的满意程度关系密切。临床工作中,与病人接触最多的也是护士。为了确保从事护理工作的护士具有保障病人健康和医疗安全的执业水平,条例总结我国护士管理的经验,参照国际通行做法规定,只有受过专门训练并经执业注册取得护士执业证书的人员才能从事护理工作。申请护士执业注册应当具备4个条件:①具有完全民事行为能力;②在中等职业学校、高等学校完成教育部和卫生和计划生育委员会规定的普通全日制3年以上的护理、助产专业课程学习,包括在教学、综合医院完成8个月以上护理临床实习,并取得相应学历证书;③通过卫生和计划生育委员会组织的护士执业资格考试;④符合卫生和计划生育委员会规定的健康标准。

《护士执业注册管理办法》(以下简称《办法》)于2008年5月4日经原卫生部部务会议讨论通过,自2008年5月12日起施行。

1.《办法》出台的背景

(1) 是贯彻实施《护士条例》的需要。《护士条列》第二章规定了国家实行护士执业注册制度。

(2) 是规范护士执业注册管理的需要。最终目标是保护公民的身体健康和生命安全,保证医疗质量和医疗安全。

2. 正确理解"护士"的定义　《护士条例》明确了护士的定义,是指经执业注册取得护士执业证书,依照本条例规定从事护理活动,履行保护生命、减轻痛苦、增进健康职责的卫生技术人员。

3. 正确理解"护理工作"的概念　参照《护理管理与临床护理技术规范》。一是护理专业管理人员。如正副护理部主任(含兼护理部主任的护理副院长)、正副科护士长、正副病区(室)护士长、护理部专职从事护理管理的其他人员;二是护理专业人员。如在病房、门诊、急诊室、手术室、供应室、营养室、婴儿室、产房等从事护理工作的护士、助产士均属于护理专业人员。

4.《办法》的具体内容　《办法》全文共24条,一是行政部门的职责;二是申请护士执业注册应当具备的条件;三是护士执业注册的工作程序(包括首次执业注册、变更执业注册、延续执业注册、注销执业注册等情况);四是建立护士执业记录制度。

就业经历

临时工作，要签订合同

律师：

我 2000 年 9 月卫校毕业后，应聘到一家医院做临时护士至今一年多了，而院方却根本不提签订劳动合同的事。我和我的几个同事多次向院方提出签劳动合同，但院方都以我们是临时工为由拒绝了。我想知道临时工是不是不能签订劳动合同？，没有签订劳动合同是不是就不受《劳动法》保护？我该怎么办才好？

贺　梅

贺女士：

现针对你的问题，回答如下：

《劳动法》颁布实施以后，所有用人单位与职工全面实行劳动合同制度，在用人单位各类职工享有的权利是一样的，因此过去意义的临时工已不复存在，用人单位对临时性岗位用工，可以在劳动合同期限上有所区别，所以院方不与你签订劳动合同是违法的。

另外，原劳动部《关于执行〈中华人民共和国劳动法〉若干问题的意见》中规定"中国境内的企业、个体经济组织与劳动者之间，只要形成劳动关系，即劳动者事实上已成为企业、个体经济组织的成员，并且为其提供有偿劳动，适用劳动法"。即使院方不与你签订劳动合同，但由于你与院方已形成了事实劳动关系，所以依然受劳动法律的保护。你可以要求医院与你签订劳动合同，必要时可以向主管劳动部门反映。

小资料

《中华人民共和国劳动法》指定后，为保障《劳动法》的顺利实行，根据《劳动法》的有关规定，劳动部指定了《违反〈中华人民共和国劳动法〉行政处罚办法》并自 1995 年 2 月 1 日起实施。其中与劳动者个人有直接关系的主要条款有：

第三条　用人单位制定的劳动规章制度违反法律、法规规定的，应给予警告，并责令限期改正；逾期不改的，应给予通报批评。

第四条　用人单位未与工会和劳动者协商，强迫劳动者延长工作时间，应给予警告，责令改正，并可按每名劳动者每延长工作时间一小时罚款 100 元以下的标准处罚。

第六条　用人单位有下列侵害劳动者合法权益行为之一的，应责令支付劳动者的工资报酬、经济补偿，并可责令按相当于支付劳动者工资报酬、经济补偿总和的 1~5 倍支付劳动者赔偿金：

（一）克扣或者无故拖欠劳动者工资的；

（二）拒不支付劳动者延长工作时间工资报酬的；

（三）低于当地最低工资标准支付劳动者工资的；

（四）解除劳动合同后，未依照法律、法规规定给予劳动者经济补偿的。

责令用人单位支付劳动者经济补偿按有关规定执行。

第十二条　用人单位有下列侵害女职工和未成年工合法权益行为之一的，应责令改正，并按每侵害一名女职工或未成年工罚款 3000 元以下的标准处罚：

（一）安排女职工从事矿山井下、国家规定的第四级体力劳动强度的劳动和其他禁忌从事的劳动；

（二）安排女职工在经期从事高处、低温、冷水作业和国家规定的第三级以上劳动强度的劳动；

（三）安排女职工在哺乳未满 1 周岁的婴儿期间从事国家规定的第三级以上体力劳动强度的劳动和哺乳期禁忌从事的其他劳动及安排其延长工作时间和夜班劳动的；

（四）安排未成年工从事矿山井下、有毒有害、国家规定的第四级体力劳动强度的劳动和其他禁忌从事的劳动。

第十六条　用人单位未按《劳动法》规定的条件解除劳动合同或者故意拖延不订立劳动合同，应责令限期改正；逾期不改的，应给予通报批评。

第十七条　用人单位无故不缴纳社会保险费的，应责令其限期缴纳；逾期不缴的，除责令其补交所欠款项外，可以按每日加收所欠款额 2‰ 的滞纳金。滞纳金收入并入社会保险基金。

课堂思考

2013 年 7 月，毕业于某卫校药剂专业的小刘，通过应聘进入一家药材销售公司工作，公司人事主管当初对他说试用期 3 个月，录用后合同一年一签。但是，公司一直拖到 2013 年 11 月底都未与小刘签订书面劳动合同，只是从第四个月（2013 年 11 月）后工资由试用期的 3000 元增加为 3500 元。小刘觉得，不签订劳动合同就无法保障自己的权利，如果万一和公司发生劳动纠纷怎么办？

请同学们想一想：签订劳动合同的必要性有哪些？小刘该如何保障自己的合法权益？

第二节　劳 动 合 同

一、劳动合同概述

（一）劳动合同的概念和特征

劳动合同是劳动者和用人单位根据法律规定确立劳动关系，明确相互权利和义务的协议，是建立劳动关系的基本形式。

劳动合同作为一种合同形式，具有一般合同的法律特征，即是双方法律行为，是当事人意思表示一致的结果，是当事人的合法行为等。但作为一种特殊合同形式，它还有不同于一般合同的特征：

1. 主体的特定性　劳动合同的主体是特定的，一方是劳动者，另一方是用人单位。劳动者必须是具有劳动权利能力和劳动行为能力的公民，一般指的是年满 16 周岁，具有劳动能力的公民。用人单位必须是依法成立的企业事业单位、国家机关、社会团体和私营经济组织。劳动合同是符合法定条件的劳动者与用人单位之间确立劳动关系的协议，这是劳动合同主体与经济合同主体的区别。

2. 目的的明确性　劳动者和用人单位之间订立劳动合同的目的,就是要在两者之间建立劳动关系。劳动关系一旦通过劳动合同的形式确定下来,就上升为劳动法律关系,即在双方当事人之间形成劳动权利和劳动义务关系。根据劳动合同,劳动者加入到用人单位,成为用人单位的成员,在用人单位组织指挥下从事劳动,并遵守用人单位的劳动规则和其他规章制度,而用人单位必须按照劳动合同的规定,支付劳动者劳动报酬,提供必要的劳动条件。而经济合同当事人签订经济合同的目的是实现一定的经济利益,这与劳动合同是完全不同的。

3. 内容的法定性　劳动关系的双方当事人中,劳动者相对于掌握生产资料的用人单位来说,一般处于被动的弱势地位。国家从保护劳动者的利益出发,制定和颁布了各种劳动法律法规,通过这些法律法规,把劳动者和用人单位的意志限制在法定范围内,即劳动者和用人单位在订立劳动合同时,合同的内容标准必须依照法律规定或受法律限制,相对于其他合同,劳动合同可供当事人协商的内容较少。

(二) 订立劳动合同的形式

订立劳动合同的形式是指劳动合同双方当事人明确劳动权利和劳动义务的方式。有两种形式:一种是口头形式,即当事双方以口头形式形成的事实劳动关系。但这种形式仅适宜于短暂的劳动过程,并且容易产生劳动争议。另一种是书面形式,即劳动者和用人单位就劳动过程中的权利和义务达成一致意见并形成书面文字,经双方当事人签字(盖章)后生效。

二、劳动者的合法权益

(一) 劳动者的合法权益概念

劳动者的合法权益,是指劳动者在劳动过程中依法享有并得到法律保障的权利。在我国,劳动者享有广泛的权利,诸如就业权、签订劳动合同权、劳动报酬权、休息休假权、劳动安全卫生保护权、职业培训权、获得社会保险福利权、提请劳动争议处理权等。除上述权利外,劳动者还有其他法定权利:劳动者依法享有参加和组织工会的权利,民主管理的权利,参加劳动竞赛的权利,提出合理化建议的权利,从事科学研究、技术革新、发明创造的权利,依法解除劳动合同的权利,对用人单位管理人员违章指挥、强令冒险作业拒绝执行的权利,对危害生命安全和身体健康的行为提出批评、检举和控告的权利,对违反劳动法的行为进行监督的权利等。

中华人民共和国成立以后,劳动者成为国家的主人,国家的立法非常重视对劳动者权益的保护。从1954年颁布的新中国第一部宪法,到其后的许多行政法规、劳动规章和政策,对此都有明显的体现。正是这些侧重保障劳动者权益的诸多规定,极大地调动了广大劳动者的生产热情和积极性,推动了我国社会主义建设的飞速发展。

随着我国经济体制的改革和市场经济体制的逐步建立,劳动体制也进行了一系列改革。特别是多种所有制经济以及多种经营方式的出现,改变了过去计划经济体制下劳动者既是国家主人又是企业主人的身份。在许多非公有制用人单位,劳动者的权益受到侵害的情况较为严重,导致劳动关系紧张,进而影响到社会稳定。劳动关系的这种现状,迫切需要通过劳动法律法规加以调整,以维护劳动者的合法权益,《劳动合同法》正是在这种情况下制定并颁布实施的。

(二) 劳动者的合法权利分类

根据劳动法规定,劳动者享有的劳动权利有以下几种:

1. 平等就业和选择职业的权利 就业权是劳动权利的重要内容,劳动者享有平等的就业权,不因民族、种族、性别、宗教信仰不同而受歧视或被拒绝就业。择业权是与就业权密切联系在一起的权利。在计划经济年代,劳动者只有就业权而没有择业权,在市场经济条件下,要求劳动者不但享有充分的就业权,而且享有充分的择业自主权。劳动者自主择业,用人单位自主用人,通过公平竞争,双向选择确立劳动关系。

2. 取得劳动报酬的权利 劳动报酬是劳动者从事各种劳动而取得的收入,是劳动者取得生活资料的主要来源。要保障劳动者享有取得劳动报酬的权利,就必须坚持按劳分配为主,多种分配方式并存的分配制度,体现效率优先,兼顾公平的原则,并对劳动者实行最低工资保障制度。

3. 休息休假的权利 休息休假权是劳动者依法享有的在法定工作时间外充分休息的权利。目前我国实行 8 小时工作日、40 小时工作周的工时制度,并规定劳动者享有公休假、法定节假日和带薪年休假制度,为劳动者享有休息休假权提供了法律保障。

4. 享受劳动安全卫生保护的权利 劳动者在劳动过程中享有劳动安全卫生保护的权利,来保护自己的安全和健康。对危害自己生命安全和身体健康的生产指挥和命令,有权拒绝执行,并有权提出批评、检举和控告。

5. 接受职业技能培训的权利 职业技能培训是指培养和提高劳动者从事各种职业所需要的专业技术知识和实际操作技能的教育和训练。劳动者享有接受职业技能培训的权利,以提高自己的思想和业务素质,增强自己的专业技术水平,从而更有效地参与劳动过程。

6. 享受社会保险和福利的权利 社会保险和福利权是劳动者在暂时或永久丧失劳动能力时,从国家和社会获得物质帮助的权利。劳动者享受的社会保险有:劳动者退休后,享有退休养老金;劳动者患病、负伤,享受医疗保险;劳动者因公伤残或患职业病,享受工伤保险;劳动者失业,享受失业保险;女工生育,享受生育保险;劳动者死亡,其遗属享受遗属津贴。同时国家和用人单位还应发展社会福利事业和改善集体福利,以提高劳动者的福利待遇。

7. 提请劳动争议处理的权利 劳动争议是劳动关系当事人因劳动权利和劳动义务发生分歧而引起的争议。当劳动者与用人单位发生劳动争议时,当事人可以向企业调解委员会申请调解,也可以向劳动争议仲裁委员会申请仲裁,对仲裁决定不服的,可依法向法院起诉。

(三) 劳动者的义务

劳动者享有劳动权利的同时,也必须履行劳动义务。其劳动义务有以下几项:

1. 完成劳动任务 完成规定的劳动任务是劳动者最基本的劳动义务,也是劳动合同的主要内容。劳动者只有努力工作,按质按时完成劳动义务,履行劳动合同义务,才能获得相应的劳动报酬。

2. 提高职业技能 接受职业技能培训是劳动者的权利,也是劳动者的义务。我国劳动力资源十分丰富,但素质偏低,劳动者必须通过职业培训,全面提高自己的劳动素质,以适应现代化生产的需要。

3. 执行劳动安全卫生规程 劳动者在劳动过程中应自觉执行劳动安全卫生规程,这样才能保证自己的人身安全与健康,这也是现代化大生产的客观需要,是维持企业正常生产的必要条件。

4. 遵守劳动纪律和职业道德 劳动者在劳动过程中必须自觉遵守劳动纪律和职业道

德,积极工作,为企业,为国家多做贡献。

三、劳动合同签订

(一)签订劳动合同的原则

签订劳动合同的原则,就是指在劳动合同订立过程中的双方当事人应当遵守的法律准则。

1. 平等自愿的原则　平等,是指订立劳动合同的双方当事人具有相同的法律地位。在订立劳动合同时,双方当事人是以劳动关系平等主体资格出现的,有着平等的利益要求和权利,不存在命令与服从的关系。自愿,是指劳动合同的订立完全是出于双方当事人自己的真实意愿,是在充分表达各自意见的基础上,经过平等协商而达成的协议。当事人一方不得强制或者欺骗对方,也不能采取其他诱导方式使对方违背自己的真实意愿而接受对方的条件。劳动合同的期限、内容的确定,必须完全与双方当事人的真实意思相符合。

2. 协商一致的原则　协商一致,是指劳动合同的内容,必须由当事人双方在法律、法规允许的范围共同协商讨论,取得完全一致后确定。协商一致的原则是维护双方当事人合法权益的基础。

3. 合法原则　劳动合同的签订不得违反法律、行政法规的规定。这条原则是劳动合同有效并受国家法律保护的前提条件,它的基本内涵有以下3点:

(1)订立劳动合同的主体必须合法:主体合法,是指双方当事人必须具备订立劳动合同的主体资格。用人单位应当依法成立,必须有被批准的经营范围和履行能力,能够依法支付工资、缴纳社会保险费、提供劳动保护条件,并能够承担相应的民事责任。

(2)劳动合同的内容必须合法:内容合法,是指双方当事人在劳动合同中订立的具体劳动权利与义务条款必须符合法律、法规和政策的规定,不得从事非法工作。劳动合同涉及国家的用工、工资分配、社会保险、职业培训、工作时间和休息时间以及劳动安全卫生等多方面内容,用人单位在约定这些内容时,必须在法律和行政法规的范围内确定。

(3)订立劳动合同的程序与形式必须合法:一般要经过要约和承诺两个步骤,具体方式是先起草劳动合同书草案,然后由双方当事人平等协商,协商一致后签约。劳动合同应以书面形式订立。

(二)劳动合同的签订时间

毕业生到单位报到后,应与用人单位签订劳动合同,进一步明确劳动内容、劳动报酬、保险福利、服务期限等有关事项,以免以后发生纠纷。劳动合同应在求职者上岗、试用前与用人单位签订,而不是试用期满合格后才签订。用人单位与劳动者存在劳动关系未订立劳动合同,劳动者要求签订劳动合同的,用人单位不得解除劳动关系,并应当与劳动者签订劳动合同。

(三)劳动合同的内容

劳动合同的内容,是指双方当事人在劳动合同中必须明确各自的权利、义务及其他问题。依照我国宪法及劳动法的有关规定,劳动者具有平等就业和选择职业的权利、取得劳动报酬的权利、休息休假的权利、获得劳动安全卫生保护的权利、接受职业技能培训的权利、享受社会保险和福利的权利、提请劳动争议处理的权利以及法律规定的其他劳动权利。

权利与义务是一致的,劳动者在享有权利的同时,还要履行相关义务。劳动法对劳动合同规定了7项法定内容。

1. 劳动合同期限 劳动合同期限分为有固定期限、无固定期限和以完成一定的工作为期限三种情况。

(1) 有固定期限的劳动合同:双方当事人在订立劳动合同时规定了劳动合同有效的具体时间,一般有 5 年以上的长期劳动合同和 5 年以下的短期劳动合同两种。当劳动合同期限届满时,合同即终止,双方的权利义务关系结束。但经双方协商同意后也可以续订。不过定期轮换工劳动合同,期限届满必须终止,不能续订。

(2) 无固定期限的劳动合同:双方当事人在订立劳动合同时没有规定劳动合同有效的具体时间,只要不出现法定或约定的条件,该劳动合同一直有效,也可以说是终身的劳动合同。《劳动法》第二十条规定,劳动者在同一用人单位连续工作满 10 年以上,如果该劳动者提出订立无固定期限的劳动合同,用人单位应当同意。

(3) 以完成一定工作为期限的劳动合同:双方当事人把完成某项工作确定为合同有效的期限,该项工作完成时,劳动合同也就期满终止。此种劳动合同一般适用于建筑单位等。

毕业生在签订劳动合同时,应该根据自身的业务能力、特长、兴趣和今后发展等方面,权衡确定劳动合同期限。一般来说,刚毕业的学生选择固定期限比较合适,同无固定期限相比,比较有保障,期限结束后,可以另行选择单位或岗位,又有一定的自由度。

2. 工作内容 工作内容包括劳动者从事劳动的工种、岗位以及在生产或工作上应当达到的数量和质量或应当完成的任务。工作内容可以规定劳动者从事某一项或者几项具体的工作,也可以是某一类或者几类工作。毕业生在此主要是注意工作职责或要求是否明确、具体,是否有可能遇到难以完成工作任务的陷阱。

3. 劳动保护和劳动条件 劳动保护和劳动条件是为了保障劳动者在劳动过程中获得适当的劳动条件而采取的各项保护措施,如工作时间和休息休假、劳动安全和劳动卫生方面的措施和设备,以及对女职工的特殊劳动保护等。某企业在劳动合同中规定"女员工一旦怀孕,不适合原岗位的,将重新安排岗位。"这种条款非常模糊,可以说是保护女职工,也可以说是变相歧视女职工。

关键看"不适合"情形的界定是从保护女职工身体角度出发,还是从维护单位自身利益角度考虑。建议最好对"不适合情形"加以列举,以示明确。

4. 劳动报酬 劳动报酬是劳动者劳动的成果返还和劳动者履行劳动义务后必须享受的劳动权利。从另一个角度讲,则是用人单位依据法律、法规以及劳动合同的约定支付给劳动者的工资、资金、津贴等。劳动关系双方在约定劳动报酬时,一定要明确数额或计酬方式。

(1) 最低工资:一般而言,各地区对有关工种都规定了最低工资。最低工资不包括四项内容,即企业延长法定工作时间的工资报酬(加班工资);中班、夜班、高温、低温、井下、有毒有害等特殊工作环境津贴;个人缴纳的养老、医疗、失业保险费和住房公积金;伙食补贴(饭贴)、上下班交通费补贴、住房补贴。

(2) 超时工作与加班费:据悉,某些民营企业尤其计件制单位,经常加大生产指标迫使劳动者工作 10 小时甚至更长时间。对此《中华人民共和国劳动法》(简称《劳动法》)规定:"劳动者每日工作时间不得超过 8 小时,平均每周工作时间不超过 44 小时。"

如果"用人单位因生产经营需要,经与工会和劳动者协商后可以延长工作时间,一般每日不超过 1 小时;因特殊原因需要延长工作时间的,在保障劳动者身体健康的条件下延长工作时间每日不超过 3 小时,但是每月不超过 36 小时。"也就是说,对企业违反法律、法规强迫劳动者延长工作时间的,劳动者有权拒绝。另外,如果劳动者同意延长工作时间,用人单位必须依法向其支付不低于工资150%的劳动报酬(休息日支付不低于工资200%的劳动报酬,法定休假日则须支付不低于工资300%的劳动报酬)。

对拒不支付劳动者延长工作时间工资报酬的用人单位,劳动行政部门可责令其支付劳动者工资报酬、经济补偿,并支付赔偿金。

(3)"四金"的含意、算法和注意事项:社会保险金是基本养老保险金、基本医疗保险金、失业保险金的统称,加上住房公积金,就是人们通常所说的"四金"。"四金"是法律、法规强制性规定的,并不是劳动者和企业能在劳动合同中协商的。

按《社会保险费征缴暂行条例》的规定,国有企业、城镇集体企业、外商投资企业、城镇私营企业和其他城镇企业及其职工,都是基本养老保险金、基本医疗保险金和失业保险金的征缴范围。费用的计算方法如下。

养老保险金 = 工资 ×6%(个人缴纳比例)+ 工资 ×25.5%(单位缴纳比例)

医疗保险金 = 工资 ×1%(个人缴纳比例)+ 工资 ×5.5%(单位缴纳比例)

失业保险金 = 工资 ×1%(个人缴纳比例)+ 工资 ×1%(单位缴纳比例)

另外,按照国家《住房公积金管理条例》规定:国家机关、国有企业、城镇集体企业、外商投资企业、城镇私营企业及其他城镇企业、事业单位及其在职职工都应缴职工住房公积金。其计算方法如下。

住房公积金 = 工资 ×7%(个人缴纳比例)+ 工资 ×7%(单位缴纳比例)(注:工资为职工本人上一年度月平均工资数。)

5. 劳动纪律　劳动纪律是用人单位组织生产经营活动、完成工作任务的保证条件,是规范劳动行为的一项重要内容,也是劳动者必须履行的义务。

6. 劳动合同终止的条件　劳动合同终止的条件是通过一定法律事实(包括行为和事件)中断劳动关系的条件,劳动合同终止的条件除劳动合同期限届满或者双方约定的工作任务完成等条件以外,订立无固定期限的劳动合同还应当约定其他劳动合同终止条件,如职工退休和退职、职工应征入伍或出国定居;用人单位宣告破产、用人单位被政府管理机关命令撤销等,都可以在劳动合同中约定为终止条件。

7. 违反劳动合同的责任　违反劳动合同的责任,是指由于劳动合同当事人一方或双方的过错而造成劳动合同不能履行或不能完全履行,以及违反法律、法规规定的条件解除劳动合同,按照法律、法规的规定劳动合同的约定应当由过错方承担的行政、民事责任。此处一般都有违约金条款。但是,高职生一定要明白,违约金条款是用人单位与劳动者共同协商的,不能由单位自行规定。

8. 其他条款　根据劳动法第十九条规定,用人单位与劳动者签订劳动合同时,除订立上述七项必备条款外,可以协商约定其他内容。较为常见的有以下几项:

(1)保密条款和竞业禁止条款:劳动法第二十二条规定劳动合同当事人可以在劳动合同中约定保守用人单位商业秘密的有关事项。劳动法第一百零二条规定,劳动者如果"违反劳动合同中约定的保密事项,对用人单位造成经济损失的,应当依法承担赔偿责任"。

保密条款或保密协议起到了"丑话说在前"的作用,一旦劳动者发生侵犯商业秘密的违约行为,只需举证合同即可,用人单位维护自身权益就显得十分方便。

当前,我国人才流动比较频繁,为防止不正当竞争,用人单位一般与高级职员在劳动合同中约定,劳动者在终止或解除劳动合同后的一定期限内,负有保密义务。或者约定不能到生产同类产品或经营同类业务,且有直接竞争关系的其他单位任职,这就是劳动合同中的竞业禁止条款。

由于竞业禁止限制了劳动者的择业自由,直接影响劳动者离开用人单位后的职业发展和经济收入,因此用人单位应向劳动者支付一定数额的补偿费,在竞业禁止的年限内,补偿额一般不低于被禁止人员原工资的50%,而且竞业禁止的年限应当适当,一般不超过两年。劳动者在签订竞业禁止条款时应特别注意工资补偿、禁止年限、禁止范围等,以进行有效的自我保护。

(2)试用期条款:试用期是指用人单位和劳动者为相互了解、选择而约定的考察期。在试用期内,双方的劳动关系处于不确定状态。劳动合同的期限包括了劳动合同试用期。

《劳动法》第二十一条规定:"劳动合同可以约定试用期。试用期最长不得超过六个月。"从该条规定可以看出,试用期条款不是劳动合同的必备条款,仅是补充条款。当事人在订立合同时,可以约定,也可以不约定。根据劳动部《关于实行劳动合同制度若干问题的通知》第三条规定:劳动合同可以约定不超过六个月的试用期。劳动合同期限在六个月以下的,试用期不得超过十五日;劳动合同期限在六个月以上一年以下的,试用期限不得超过三十日;劳动合同期限在一年以上两年以下的,试用期不得超过六十日。这样的规定是为了防止用人单位滥用试用期,损害劳动者的权益。在合同中约定试用期,用人单位可以检查劳动者是否符合录用条件,是否适应本职工作。如果在试用期内发现劳动者不符合录用条件,可解除劳动合同,重新选择符合条件的劳动者,实现其用人自主权。劳动者可以检查用人单位在订立合同前介绍的情况是否符合实际,也可以检查所从事的工作是否符合自己的特长兴趣,从而决定是否正式成为该单位职工,实现其择业自主权。

(3)当事人约定的其他条款:如住房条件、交通工具的约定等。

(四)订立劳动合同的程序

订立劳动合同的程序是指用人单位和劳动者订立劳动合同的法定步骤,其程序是:

1. 被录用者向录用单位提交录用通知、身份证等文件。

2. 录用单位向被录用者介绍劳动合同(草案)的内容。其中录用单位的要约和承诺(录用单位答应提供的各种条件和待遇)要清晰完整,不得模糊不清或缺漏不全。

3. 录用单位和被录用者就录用单位的劳动合同(草案)的内容进行协商。

4. 双方达成一致意见后,签字(盖章)并办理备案手续(劳动合同报当地劳动行政主管部门备案)。

(五)签订劳动合同的注意事项

毕业生在签订劳动合同时,要特别注意以下五项:

1. 尽快与用人单位签订正式的劳动合同 为了保障个人的利益,求职者在正式进入到用人单位工作时,一定要与用人单位签订正式的用工合同,以便明确双方的权利和义务关系。

2. 没有签订劳动合同仍然受劳动法的保护 有些企业认为只要不与劳动者签订劳动合同,就可以不受劳动法律的约束,在辞退劳动者时较为便利,并且不必支付经济补偿。实际上这种观点是错误的。即使用人单位不与劳动者签订劳动合同,劳动者依然受劳动法律的保护。

根据《违反(劳动法)有关劳动合同规定的赔偿办法》中"用人单位故意拖延不签订劳动合同,对劳动者造成损害的,应当赔偿劳动者损失"的规定,劳动者还可以要求赔偿,赔偿范围包括劳动者工资收入损失、劳动保护待遇损失和工伤医疗待遇等损失。

3. 注意细节保护自己　为使用人单位无隙可乘,当劳动合同涉及数字时,一定要用大写汉字;另外要注意合同生效的必要条件和附加条件(如是否要鉴证、登记);合同至少一式两份,双方各执一份,妥善保管;毕业生在签订时要认真阅读内容,一份正式的合同应该条款齐全。例如,名称、地点、时间、劳动规则、具体工作内容和标准、劳动报酬、合同期限、违约责任、解决争议方式、签名盖章等。要对文本仔细推敲,发现条款表述不清、概念模糊的,及时要求用人单位进行说明或修订。

如果对合同条款有任何疑问,一定要确定后再签字,不要怕提出合同条款不妥而失去工作,否则可能给日后留下隐患。如无异议,再当面同单位负责人签字盖章,以防某些单位负责人利用签字时间不同而在劳动合同上做手脚。

4. 慎签英文合同　我国《劳动法》规定,劳动合同应以书面形式订立。《劳动法》和《外商投资企业劳动管理规定》中对外资企业与中方雇员签订的书面合同应该采用何种文字虽然都没有明文规定,但由于我国宪法赋予公民有使用本民族语言文字的自由,因此要求签订中文文本合同完全是正当合理的。因此,高职生如果到外企工作,不要发怵英文水平,可以要求签订中文合同。

5. 注意格式合同　为了提高签订劳动合同效率和节省签约劳动量,实践中较为常用的是用人单位事先拟好劳动合同,由劳动者做出是否签约的决定而不允许改变合同内容,也就是签订格式合同。虽然格式合同中单方面限制劳动者主要权利和免除用人单位主要义务的条款因违反公平和诚实信用原则而归于无效,但劳动者签约时仍然应当注意完全理解格式合同的条款内容,并对其中的不合理部分提出异议。

四、劳动合同的变更、解除与终止

(一) 劳动合同的变更

1. 劳动合同变更的含义　劳动合同的变更是指双方当事人对已生效的劳动合同条款进行修改或补充的法律行为。主要包括:

(1) 工作内容的变更:如改变工种、调整工作岗位以及修改原定的生产数量、质量指标等。

(2) 合同期限的变更。

(3) 劳动报酬的变更。

(4) 劳动条件和劳动保护的变更。

2. 劳动合同变更的原则　劳动合同变更必须遵循以下原则:

(1) 双方平等自愿,协商一致,并且不得违反法律法规。

(2) 必须是在劳动合同有效期内。

(3) 劳动合同变更后,如因变更合同给对方造成经济损失的,不影响对方请求赔偿的权利。但依照法律规定或者合同约定有免责条件的,可以免除责任。

3. 劳动合同变更的条件　劳动合同的变更必须符合法定的条件,否则,变更后的劳动合同为无效合同,不受法律保护。其条件如下:

(1) 用人单位的产品结构,经营范围发生变化:如转产、调整生产任务、企业重组等。

(2) 订立劳动合同所依据的法律法规发生变化。如节假日的增加、双休日的实行等。

(3) 用人单位因国家经济政策的调整,本身经营条件发生变化,使原订的劳动合同无法履行。

(4) 劳动者本人由于身体状况的变化以及其他原因不能胜任原来工作,或者要求调整工作岗位。

变更后的劳动合同一旦生效,原劳动合同自动作废。

4. 劳动合同变更的程序

(1) 提议:要求变更劳动合同的一方向对方提出变更建议,详细说明需要变更劳动合同的理由和变更的内容。

(2) 协商:双方针对要求变更方的提议进行充分协商。

(3) 签订:双方协商一致后,可签订新的劳动合同。

如果双方在协商过程中不能达成一致意见,任何一方可向劳动争议仲裁机构申请仲裁,对仲裁不服者,可向人民法院起诉。

(二) 劳动合同的解除

劳动合同的解除是指劳动合同生效后,履行完毕之前,提前终止劳动合同法律效力的法律行为。劳动合同的订立和变更,必须经双方当事人协商一致,而劳动合同的解除,可以由双方协商一致,也可以由单方面提出解除。

1. 劳动合同的合意解除 经与劳动合同当事人协商一致,劳动合同可以解除。

2. 劳动者解除合同 劳动者解除劳动合同,应当提前30日以书面形式通知用人单位。根据有关法律规定,除非有服务期或者脱密期的约定,在下列情况中,劳动者可以随时通知用人单位解除劳动合同。

(1) 在试用期内的。

(2) 用人单位以暴力、威胁或者非法限制人身自由的手段强迫劳动的。

(3) 用人单位未按照劳动合同约定支付劳动报酬或者提供劳动条件的。

3. 用人单位解除劳动合同

(1) 一般情况:劳动者有下列情形之一的,用人单位可以解除劳动合同,但是应当提前30日以书面形式通知劳动者。

1) 劳动者患病或者非因工负伤,医疗期满后,不能从事原工作也不能从事由用人单位另行安排的工作的。

2) 劳动者不能胜任工作,经过培训或者调整工作岗位仍不能胜任工作的。

3) 劳动合同订立时所依据的客观情况发生重大变化,致使原劳动合同无法履行,经当事人协商不能就变更劳动合同达成协议的。用人单位解除合同未按规定提前30日通知劳动者的,自通知之日起30日内,用人单位应当对劳动者承担劳动合同约定的义务。

(2) 特殊情况:劳动者有下列情形之一的,用人单位可以随时解除劳动合同。

1) 在试用期间被证明不符合录用条件的。

2) 严重违反劳动纪律或者用人单位规章制度的。

3) 严重失职,营私舞弊,对用人单位利益造成重大损害的。

4) 被依法追究刑事责任的。

5) 法律、法规规定的其他情形。

(3) 例外情况:劳动者有下列情形之一的,用人单位不得解除劳动合同。

1) 患职业病或者因工负伤并被确认丧失或者部分丧失劳动能力的。

2) 患病或者负伤,在规定的医疗期内的。

3）女职工在孕期、产期、哺乳期内的。

4）法律、法规规定的其他情形。

(三) 劳动合同的终止

劳动合同的终止情形有以下七种情况。

1. 劳动合同期满的。

2. 当事人约定的劳动合同终止条件出现的。

3. 用人单位破产、解散或者被撤销的。

4. 劳动者退休、退职、死亡的。

5. 劳动合同当事人实际已不履行劳动合同满 3 个月的,劳动合同可以终止。

6. 劳动者患职业病、因工负伤,被确认为部分丧失劳动能力,用人单位按照规定支付伤残就业补助金的,劳动合同可以终止。

7. 劳动者患职业病或者因工负伤,被确认为完全或者大部分丧失劳动能力的,用人单位不得终止劳动合同,但经劳动合同当事人协商一致,并且用人单位按照规定支付伤残就业补助金的,劳动合同也可以终止。

(四) 终止合同与解除合同的区别

1. 性质不同　终止合同与解除合同有着根本的区别。终止合同是指合同双方按照合同规定的条款履行了全部义务,即平时所说的合同已到期。解除合同则是指在劳动合同履行完毕之前,因某种原因,提前终止劳动合同的法律效力。

2. 条件不同　终止合同的条件均为法定条件,而解除合同除了法定条件外,劳动合同的当事人还可以约定解除。我国《劳动法》第二十四条规定,经劳动合同当事人协商一致,劳动合同可以解除。从该条立法来看,并末规定协议解除劳动合同应具备何种条件,只要双方当事人依法达成协议,便可提前终止劳动合同的效力,解除双方的劳动关系。从实践来看,协议解除具有以下特点:

(1) 双方当事人具有平等的解除合同请求权:劳动者或用人单位都可主动向对方提出终止劳动合同关系的请求。

(2) 双方当事人应当协商一致:劳动合同必须经双方自愿协商一致才可解除,任何一方都不能将自己的意志强加于对方当事人。

(3) 协议解除不受约定终止合同条件的约束:也就是说,虽然劳动双方就劳动合同的解除事先约定了条件,但是劳动双方可以不受此条件的约束,提前协议解除劳动合同。

3. 法律后果不同　劳动合同终止时,劳动单位不需要支付任何补偿金。但是由用人单位提出解除劳动合同时,必须依法向劳动者支付经济补偿金。此种情况下,用人单位应根据劳动者在本单位工作年限,每满 1 年发给相当 1 个月工资的经济补偿金,最多不超过 12 个月,工作时间不满 1 年的按 3 年的标准发给。

属于劳动合同解除后,用人单位未按规定给予劳动者经济补偿的,除发给经济补偿外,还须按经济补偿金数额的 50% 支付额外经济补偿金。

劳动者个人因与用人单位解除劳动关系而取得的经济补偿金,原则上是免征个人所得税的。但为了防止有些企业或个人,钻法律空子,搞一些变相偷税漏税的勾当,国家又规定,超过当地上年职工年平均工资 3 倍数额以上的部分,仍然需要上税。

此外,由劳动者提出解除劳动合同如给用人单位造成经济损失时,劳动者还应承担赔偿责任。

五、劳动争议处理的法律规定

(一) 劳动争议概述

1. 劳动争议的含义 劳动争议又称劳动纠纷或劳资纠纷,是指建立劳动关系的劳动者与用人单位之间因劳动权利和劳动义务而产生的分歧和矛盾。

2. 劳动争议的种类

(1) 个人劳动争议:指劳动者个人与用人单位之间发生的劳动争议,也是最常发生的一种劳动争议。

(2) 集体劳动争议:指多个劳动者由于同一事实和原因与用人单位之间发生的劳动争议。

(3) 团体劳动争议:指以工会组织为一方,代表劳动者与用人单位因签订和执行集体合同而发生的劳动争议。

3. 劳动争议的范围 《劳动法》指的劳动争议,指中国境内的企业与职工之间的下列劳动争议:一是因企业开除、除名、辞退职工和职工辞职、自动离职发生的争议;二是因执行国家有关工资、保险、福利、培训、劳动保护的规定发生的争议;三是因履行劳动合同发生的争议;四是法律、法规规定应当依照《企业劳动争议处理条例》处理的其他劳动争议。

(二) 劳动争议的处理方式和程序

根据劳动法的规定,处理劳动争议的方式和程序是:

1. 协商解决 劳动争议发生后,争议双方可以经过协商自行解决劳动争议。但当事人协商不是解决劳动争议的必经程序,当事人不愿协商或者经协商不能解决争议的,可申请企业调解委员会调解,也可直接向劳动争议仲裁委员会申请仲裁,即国家提倡协商解决但不强迫。

2. 调解解决 劳动争议发生后,争议双方不愿协商或协商不成时,可以向本企业劳动争议调解委员会申请调解。

3. 仲裁解决 劳动争议发生后,争议双方不愿调解或调解不成,可以向劳动争议仲裁委员会申请仲裁,由劳动争议仲裁委员会裁决。仲裁是处理劳动争议法定的必经程序,劳动争议案件只有经仲裁委员会裁决后,当事人如对裁决不服,才能向法院起诉,否则法院不予受理。

4. 诉讼解决 劳动争议发生后,经仲裁委员会裁决,当事人对裁决不服,可以向法院起诉。

(三) 劳动争议调解的法律规定

根据《中华人民共和国劳动法》和其他法律法规,劳动争议的调解处理有以下法律规定:

1. 调解委员会的设立 用人单位根据自身情况,可以设立劳动争议调解委员会,也可不设立,即是否设立是用人单位的权利。但如果设立,则须依法设立。

2. 调解委员会的组成 调解委员会由下列成员组成:一是职业代表;二是企业代表(企业代表不得超过调解委员会成员的三分之一);三是工会代表。调解委员会主任,由工会代表担任。

3. 调解委员会的职责

(1) 调解本企业内发生的劳动争议。

(2) 检查监督争议双方履行调解协议。

（3）对劳动者进行劳动法律知识的宣传教育,尽量预防劳动争议的发生。

4. 调解委员会的工作原则

（1）当事人自愿申请,依据事实及时调解。

（2）与当事人民主协商。

（3）尊重当事人申请仲裁和诉讼的权利。

（4）自申请之日起 30 日内调解应当结束。

5. 调解委员会的工作范围

（1）因企业开除、辞退劳动者和劳动者辞职、自动离职发生的劳动争议。

（2）有关工资、社会保险和福利、职业培训、劳动安全和卫生方面发生的劳动争议。

（3）因履行劳动合同发生的劳动争议。

（4）法律法规规定应当调解的其他劳动争议。

6. 调解程序

（1）当事人应当自知道或应当知道其权利被侵害之日起 30 日内,以口头或书面形式向调解委员会申请调解。

（2）调解委员会接到申请后,应征询对方当事人意见;对方当事人不愿调解的,应做好记录,在 3 日内以书面形式通知申请人。调解委员会应在 4 日内做出受理与否的决定,不受理的,应向申请人说明理由。

7. 企业调整委员会调解处理劳动争议的特点

（1）自愿调解的原则:自愿的原则包括申请调解必须双方自愿,调解协议的达成必须双方自愿,调解协议的执行必须双方自愿。

（2）企业调解委员会调解处理劳动争议不是解决劳动争议的必经程序,争议发生后,当事人不愿向企业调解委员会申请调解的,可以直接向劳动争议仲裁委员会申请仲裁。

（3）企业调解委员会制作的调解协议书不具有强制执行的法律效力。因为,第一,调解委员会是处理劳动争议的群众性机构,它的调解不具有法律强制效力;第二,调解的自愿原则包括调解协议的执行。调解协议当事人应当履行,但不履行时,也不能向法院申请强制执行。

（四）劳动争议仲裁的法律规定

劳动争议的仲裁是指以第三者身份出现的劳动争议仲裁委员会,依法对劳动争议案件进行裁决。其法律规定如下:

1. 劳动争议仲裁委员会

（1）仲裁委员会的设立:县、市、市辖区应该设立劳动争议仲裁委员会,负责处理本行政区域内发生的劳动争议。省、自治区、直辖市可根据需要,由有关人民政府决定是否设立劳动争议仲裁委员会。劳动争议仲裁委员会是按行政区划设立的,但由于劳动争议仲裁实行一裁终裁制,故各仲裁委员会之间没有隶属关系。

（2）仲裁委员会的组成:仲裁委员会由下列人员组成:一是劳动行政主管部门的代表;二是同级工会的代表;三是政府指定的经济综合管理部门的代表(即用人单位的代表)。仲裁委员会主任由劳动行政主管部门的负责人担任。

（3）仲裁委员会的性质:劳动争议仲裁委员会是国家授权,代表国家行使仲裁权的国家仲裁机构或者准司法性仲裁机构。由于仲裁委员会按行政区划设立,办事机构设在劳动行政主管部门,仲裁委员会主任由劳动行政部门代表担任,并且仲裁程序是解决劳动争议的必经程序,仲裁具有强制性,所以劳动争议仲裁委员会为国家仲裁机构。

(4)仲裁委员会的职责:负责处理其管辖范围内的劳动争议案件;聘任专职或兼职仲裁员;领导和监督仲裁委员会办事机构开展仲裁工作;总结并交流办案经验。

(5)仲裁员、仲裁庭制度:劳动争议仲裁委员会处理劳动争议案件实行仲裁员、仲裁庭制度。仲裁委员会可以聘任劳动行政部门专门从事劳动争议处理工作的人员为专职仲裁员,聘任劳动行政部门或其他行政部门的人员、工会工作者,专家学者和律师为兼职仲裁员。专职和兼职仲裁员执行仲裁公务时享有同等权利。仲裁委员会处理劳动争议应当组成仲裁庭处理劳动争议案件,并实行一案一庭制。仲裁庭由一名首席仲裁员,两名仲裁员组成。简单案件,仲裁委员会可以指定一名仲裁员独自处理。

2. 劳动争议仲裁的原则 仲裁委员会处理劳动争议案件应遵循以下原则:

(1)着重调解,及时处理原则:仲裁庭在做出裁决前,应进行调解,这是仲裁的必经程序,不经调解就不能裁决,但调解必须在自愿合法的基础上进行,当事人不愿调解或者调解无效的,应及时裁决,不能久拖不决。因为劳动争议案件涉及劳动者的生活、工作,涉及用人单位的生产,所以法律要求仲裁委员会受理的劳动争议案件,应从收到申请之日起60日内结案。

(2)查清事实,依法处理原则:仲裁委员会在查清事实的基础上,依照国家法律法规处理劳动争议案件。

(3)适用法律,一律平等的原则:仲裁委员会必须保障劳动争议双方平等地享有权利,平等地履行义务,绝不允许任何一方享有特权。

(4)回避原则:仲裁委员会组成人员或仲裁员与本案有利害关系或其他关系时,应当回避,当事人也可申请其回避。是否准许回避,由仲裁委员会决定。

(5)少数服从多数原则:仲裁委员会由三方代表单数组成,仲裁庭则由三名仲裁员组成,当仲裁意见不一致时,实行少数服从多数的原则。

(6)一次裁决原则:任何一级劳动争议仲裁委员会的仲裁都是最终裁决,即一裁终裁。当事人不服裁决的,不能再向任何仲裁委员会申请仲裁,但可在法定期限内向法院起诉。

3. 劳动争议仲裁的程序

(1)申请和受理:劳动争议发生后,当事人应当在60日内,以书面形式向仲裁委员会申请仲裁。仲裁委员会在收到申请书后,应在7日内做出受理与否的决定。

(2)仲裁前准备:仲裁委员会决定受理的劳动争议,首先应组成仲裁庭,其次从决定受理之日起7日内将申诉书副本送到被诉人,然后进行庭外调查取证。

(3)调解:仲裁庭裁决前,应先进行调解。调解达成协议的,由仲裁庭制作仲裁调解书,并递送双方当事人。当事人不愿调解或调解未达成协议或调解书送达前当事人反悔的,仲裁庭应及时裁决。

(4)开庭与裁决:仲裁庭应在开庭前四天将开庭时间,地点书面通知当事人。当事人拒不到庭或未经仲裁庭同意中途退庭的,对申诉人按撤诉处理,对被诉人可以缺席仲裁。当事人对仲裁裁决不服,可自收到裁决书之日起十五内向法院起诉,逾期不起诉的,裁决书即发生法律效力,当事人必须履行。一方不履行的,另一方可以申请法院强制执行。

(五)劳动争议诉讼的法律规定

劳动争议当事人对仲裁委员会裁决不服,在法定期限内向法院起诉的,原仲裁裁决自然失效,劳动争议诉讼程序就此开始。法院民事审判庭,将按照《民事诉讼法》规定的诉讼程序进行审理。以下是几个关于劳动争议诉讼的法律规定:

1. 劳动争议当事人向法院起诉的条件

(1) 原告必须是劳动争议的当事人,当事人因故不能亲自起诉的,可以委托代理人代其起诉。

(2) 未经仲裁程序的劳动争议案件不能向法院起诉,所以当事人向法院起诉时,必须提交劳动争议仲裁委员会的仲裁决定书。

(3) 必须有明确的被告,具体的诉讼请求和事实依据。劳动争议案件的当事人始终是争议双方,不得将仲裁委员作为被告或第三人向法院起诉。

(4) 起诉不得超过诉讼时效。对于已达成调解协议的,当事人不得再起诉,法院也不受理。

(5) 起诉必须向有管辖权的法院提起。一般应向仲裁委员会所在地法院起诉。

2. 法院与劳动争议仲裁委员会的关系 法院与劳动争议仲裁委员会是两个依法独立处理劳动争议的机构,两者之间没有领导与被领导的关系,也不存在一审法院和二审法院的关系。不服仲裁的劳动争议案件,向法院起诉后,原仲裁裁决自然失效。人民法院应重新审理,重新做出判决、裁定。任何一级法院,对劳动争议仲裁委员会的裁决都没有维持、变更或撤销的权力。

3. 劳动争议判决的强制执行 强制执行是国家机关依据法律规定将生效的法律文书付诸实施的法律行为。根据《民事诉讼法》规定,人民法院对其做出的关于劳动争议案件的生效调解协议、判决、裁定和劳动争议仲裁委员会做出的生效调解协议,裁决有权予以强制执行。劳动争议当事人申请强制执行,应在法定期限内,以书面的形式提出。

4. 劳动争议的举证责任

(1) 解除劳动合同的举证责任:因用人单位作出的开除、除名、辞退、解除劳动合同等决定而发生的劳动争议,用人单位负举证责任,举证不能或不充分的,人民法院或劳动争议仲裁机构可予撤销用人单位的决定,用人单位应赔偿劳动者损失。

(2) 其他争议的举证责任:根据我国民法规定,谁主张,谁举证。如果劳动者与劳动单位发生劳动争议,应就自己的主张自行提交相应的证据。

 创业经历

毕业生要勇于争取签订劳动合同

毕业生张兰2000年9月文秘专业毕业后,经中介公司介绍,到某省会一所颇具特色的中专学校应聘部门秘书。面试时,部主任、校长都和她谈了话,宣布面试合格予以录用,却未签劳动合同,只是口头承诺,试用3个月,合格转正后,再签正式合同。试用期间,月工资700元,转正后到1000元。张兰也未敢提签订合同的事,她知道自己只是大专学历,面对省会城市激烈竞争的人才市场,能在学校这样的事业单位找到工作,已经很不容易了。

说是秘书工作,实际上办公室的一切琐事都得干,甚至包括打扫卫生等。张兰没有怨言,而是兢兢业业的工作,认真完成教学部交办的一切工作,有时还加班加点。领导和同事对她的工作都很满意。

试用期满后,没有人对她做出任何评定,学校也未提出与她签订正式合同,虽然工资涨到了1000元,张兰还是惴惴不安,心里很不踏实。两个月后,她终于向学校提出要签订正式的劳动合同,但学校人事部门回答,工作太忙,等过了这阵子再说。到了2001

年4月，张兰又向学校提及此事，得到的回答是一个一个办太麻烦，等人多了一块办。签订合同的事又搁置了下来。可是5月份发工资时，却只发给她860元的工资，而且学校对此没有任何解释。经多方打听，张兰才知道，原来是校长嫌她说话太直，意见太多，"别人都没提（签合同的事），她却一直提"。张兰愤怒了，她觉得自己就像一只任人摆布的羔羊，不仅权益受到损害，而且人格也受到侮辱，难道一个劳动者连维护自己正当权益的要求都不能提吗？她找到校长，拿着《劳动法》要校长看，指出学校的做法违反了劳动法。并表明要么学校签订正式合同，要么立刻辞职，并补发最后一个月140元的工资，否则将向劳动部门反映。最后学校不得不与张兰签订了正式的劳动合同。

事后，她对记者说："劳动者相对于用人单位处在弱势的地位，很多人碍于面子或者胆怯，不敢向单位提出维护自己正当权益的要求。我刚开始也害怕与学校闹僵，因为对我来讲那是一份很不错的工作。但我想如果我要是一直软弱下去的话，那今后不知道还有多少权益受到侵害。我要用我的经历告诉大家，劳动者应该抛却内心的胆怯，勇敢地向单位提出正当合法的要求，签订劳动合同是合法合理的事。为什么不敢争取呢？其实大家都向单位争取，如果单位不签，大家都不上班，最后急的还是单位。知法用法是大家的事，不是一两个人的事。"

 小资料

"小时工"可以订口头合同

《上海市劳动合同条例》于2002年5月1日实行，根据该条例，劳动者可以以口头形式与用人单位订立劳动合同。劳动报酬以小时计算。

口头劳动合同约定的日工作时间应当在法定工作时间的一半以下，约定的劳动报酬以小时计算不低于法定的最低小时工资标准，并且包括法律法规规定应当缴纳的社会保险等。如果用人单位的最低工资标准低于每小时4元，劳动者可以直接向劳动部门反映。劳动者在工作过程中遭遇工伤事故或职业病，用人单位要承担相关责任。不过法律专家告诫，为防止某些用人单位事后不承认订立过口头劳动合同，劳动者应该保存好自己的工资单、工作证、考勤证等，以备发生争议时作为证据。

不能签订的五种合同

1. 口头合同 除非法律法规有具体详细的规定以及特殊的工作种类（如小时工），一般不要签订，因为一旦发生劳动争议，因无字据为证，劳动者的利益必然受损。

2. 倾斜合同 这种合同内容完全倾斜于用人单位，不利于劳动者，当利益受损时，劳动者有理难辩。

3. 简单合同 这种合同虽然有字据，但内容太少，含义模糊不清，对用人单位的义务缺少详细的条款约束。

4. 生死合同 某些用人单位为逃避应承担的工伤责任，在签订合同时、要求劳动者签订"工伤自理"的条款，这种合同侵犯了劳动者的利益，违反劳动法

5. 抵押合同 劳动者被迫把一些证件，资金、财产抵押给用人单位，并作为合同的条款。结果劳动者利益受损时，由于受合同约束而难以脱身，即使能脱身也要损失财物，拿不回自己的证件。

课堂思考

东北某采石场,冬天到了,冰天雪地,职工仍然要到野外作业。职工觉得像是做苦工,要求单位提供防寒服,但是场长说,由于今年采石场没有营利,场领导决定把防寒用品给取消了,要求大家将就一年,明年效益好了再补发。

请同学们想一想:采石场领导的做法对吗? 职工该怎么做?

第三节　劳动保护和安全卫生

一、劳动保护

(一) 劳动保护的概念

劳动保护,就是保护劳动者在生产劳动过程中的安全与健康。危及劳动者安全与健康的因素分为直接的和间接的两大类。

所谓直接的因素,如矿井可能发生瓦斯爆炸、冒顶、片帮、水灾、火灾;机械加工可能发生机器绞碾、电击电伤;建筑施工可能发生高处坠落、物体打击;交通运输可能发生车辆伤害和淹溺;有毒有害作业可能发生职业病害;等等。

所谓间接的因素,如劳动者工作时间过长或劳动强度过大,造成过度疲劳,容易发生事故或积劳成疾;女工从事过于繁重的劳动或有害特殊生理的作业,造成危害;等等。

为了消除这些不安全和不卫生因素所采取的各种技术措施和组织措施,都属于劳动保护的范畴,为了实现以上目的,国家采取各种组织措施和技术措施。

属于组织措施的有,制定劳动保护方针政策;进行劳动保护立法,制定劳动保护法律、法规、规章和各项政策;建立劳动保护管理机构;总结劳动保护工作经验,交流劳动保护情报和信息,开展劳动保护宣传教育;实行劳动保护监察,依法强制企业重视劳动保护工作。

属于技术措施的有,开展劳动保护科学研究,逐步实现生产过程的机械化、自动化、电气化和封闭化,达到本质安全;应用安全技术和劳动卫生技术,消除生产劳动过程中出现的各种不安全和不卫生因素;供给职工个人劳动防护用品和保健食品,提高预防能力、补偿特殊损害,以减轻危害程度;等等。

我国劳动保护的完整概念是:国家为了保护劳动者在生产劳动过程中的安全和健康,在改善劳动条件,预防因工伤亡事故和职业危害,实现劳逸结合,以及加强女职工和未成年工保护方面所采取的各种组织措施和技术措施。

(二) 劳动保护工作的意义和指导方针

1. 劳动保护工作的意义

(1) 劳动保护是中国共产党和我们国家的一项基本政策。"加强劳动保护,改善劳动条件",是载入我们宪法的神圣规定。

(2) 劳动保护是促进国民经济发展的重要条件。

(3) 劳动保护是实现社会主义生产目的的重要措施。

2. 劳动保护工作的指导方针 劳动保护工作的指导方针是"安全第一,预防为主"。

"安全第一"主要包括以下内容:①确立保护人的安全和健康是第一位的原则,尽最大努力避免人员伤亡和职业病的发生;②劳动者在各自的工作岗位上,都把贯彻安全生产法规,充分满足安全卫生需要摆在第一位,绝不做有损于安全生产的事情;③当生产任务同安全发生矛盾时,贯彻"生产服从安全"的原则,排除不安全因素后再进行生产;④在衡量企业工作时,把安全生产工作作为一个重要内容来考核。安全生产不好的企业,不能评为先进企业,也不能升级。安全指标有"否决权";⑤进行新建、扩建、改建工程时,确保安全性设施的投入,实行同时设计、同时施工、同时投产,在尽可能的条件下,实现本质安全。

"预防为主"主要包括以下内容:①对事故的预防;②对职业危害的预防。

(三) 劳动保护工作的任务和方法

1. 劳动保护工作的任务 劳动保护工作的任务是,采取积极有效的组织管理措施和工程技术措施,保护劳动者在生产过程中的安全与健康,促进社会主义建设事业的顺利发展,具体可分为以下几个方面:①安全技术;②劳动卫生;③劳动条件;④工作时间与休假;⑤女职工和未成年工得保护。

2. 劳动保护工作的方法 在劳动保护工作中普遍推行技术对策、教育对策和法制对策,这三个对策被公认为是防止事故的三根支柱,我国现在劳动保护工作的主要方法是:①贯彻"安全第一,预防为主"的方针,完善劳动保护工作体制;②健全劳动保护法制,完善劳动保护法律体系;③不断采用新技术,改善劳动条件;④广泛开展劳动保护宣传教育;⑤积极开展劳动保护科学研究工作。

(四) 劳动保护立法

1. 劳动保护立法的意义 劳动保护立法,是国家用法律的形式制定和认可,并由国家强制保证执行的一种保护职工在生产过程中的安全与健康的法律处规范。它的职能,就是通过法律形式,调整人们在进行生产、建设和经济活动中相互之间的劳动关系;以及根据与这种关系密切联系的人和自然界之间的关系,规定人在生产过程中的行为准则。

劳动保护立法的意义主要体现在以下几个方面:①用法律形式确认安全与生产的关系;②用法律形式建立国家劳动保护监察制度;③用法律形式规范生产中的安全行为。

2. 劳动保护法规的组成 劳动保护法规主要由以下几部分组成:

(1) 宪法和现行法律中有关劳动保护的条文。

(2) 国务院制定和发籍的劳动保护行政法规。

(3) 国务院各部门制定颁布的劳动保护行政法规实施细则和劳动保护行政规章。

(4) 各项劳动保护国家标准和行业标准。

(5) 各省、自治区、直辖市人民代表大会制定的地方性劳动保护法规。

(6) 各级劳动行政部门制定的规范性文件等。

3. 我国的劳动保护法规 我国宪法及刑法有关劳动保护的规定:

(1) 我国宪法有关劳动保护的规定有:第 42 条、第 43 条。

(2)《中华人民共和国刑法》关于劳动保护的规定有:第 113 条、第 114 条、第 115 条、第 187 条。

我国劳动保护行政法规:

主要由《锅炉压力容器安全监察暂行条例》《矿山安全条例》《矿山安全监察条例》《尘肺病防治条例》《女职工劳动保护规定》《企业职工伤亡事故报告和处理规定》和《禁止使用童工规定》等。

我国劳动保护技术法规：

劳动保护技术法规主要是指劳动安全卫生标准。劳动安全卫生标准一般分为五类：

（1）基础性、分类型、通用标准。如《中国成年人头型系列》《特种作业人员安全技术考核管理规则》《安全色》《安全标志》《高处作业分级》《高温作业分级》《体力劳动强度分级》《企业职工伤亡事故分类标准》等。

（2）生产设备、工具安全技术标准。如《起重机械安全规程》《剪切机械安全规程》《生产设备安全卫生设计总则》《起重吊运指挥信号》等。

（3）生产场所、施工与工艺过程中的标准。如《作业场所空气中粉尘测定方法》《工业企业铁路道口安全标准》《工业企业厂内运输安全规程》等。

（4）劳动安全卫生专用设备、用具、产品标准。如《压力机的安全装置技术要求》《立窑水泥厂防尘技术规程》《压力机用手持电磁吸盘技术条件》等。

（5）劳动防护用品的产品标准。如《安全帽》《皮安全鞋》《安全带》《安全网》等。标准一经发布就是技术规范，必须贯彻执行。

二、劳动安全卫生

（一）劳动安全卫生的概念

劳动安全卫生，又称劳动保护，是直接保护劳动者在劳动中或工作中的安全和健康的法律保障。

1. 主体　劳动行政管理部门、劳动者、用人单位。

2. 内容

权利：劳动安全卫生保护权：劳动者在劳动过程中获得适宜的劳动条件和必要的保护措施的权利。

义务：用人单位在劳动者劳动过程中有义务对危险因素转化为伤害和疾病的情形加以控制，并在危害发生后对劳动者给予补偿。

（1）针对劳动过程中不安全因素的劳动安全——劳动安全技术法律规范。

（2）针对劳动过程中不卫生因素的劳动卫生——劳动卫生技术法律规范——劳动安全卫生管理法律规范。

3. 客体　劳动者的人身安全和健康。

（二）劳动安全卫生的特征

1. 保护对象具有首要性。
2. 规范的强制性与基准性。
3. 适用范围的广泛性。
4. 以劳动过程为其保护范围。
5. 以改善劳动条件和劳动环境为主要途径，实现其目的。
6. 实施具有强制性。

（三）劳动安全卫生中各方的权利和义务

1. 劳动行政管理部门的职责

（1）制定统一执行的劳动安全卫生标准。
（2）组织和推动劳动安全卫生科学研究工作。
（3）建交劳动安全卫生基础制度。

（4）对用人单位执行劳动安全卫生制度进行监督。

2. 用人单位的权利和义务

（1）义务：建立健全各项劳动安全卫生制度，对职工广泛开展劳动安全卫生教育，按规定提供劳动安全卫生设施和条件，对未成年劳动者和从事危害作业的劳动者，进行定期的健康检查。

（2）权利：有权依法制定内部劳动安全规章，有权对企业内部的劳动安全卫生规章执行实施监督，有权对违反制度者进行处罚。

3. 劳动者的权利和义务

（1）权利：获得各项保护条件和保护待遇的权利，拒绝权，监督权。

（2）义务：严格遵守安全操作规程，执行各项规章制度，不断提高业务水平。

（四）我国劳动保护的方针

安全第一，预防为主

（五）我国劳动安全卫生的立法概况

1950年，《中华人民共和国工会法》

1956年，《工厂安全卫生、建筑安装工程安全技术和工人职员伤亡事故报告》

1963年，《关于加强企业生产中安全工作的几项规定》《防止矿尘危害工作管理办法》

1982年，《锅炉压力容器安全监察暂行条例》

1987年，《尘肺病防治条例》

1991年，《企业职工伤亡事故报告和处理规定》

1992年，《中华人民共和国矿山安全法》

1994年，《中华人民共和国劳动法》

2001年，《中华人民共和国职业病防治法》

2002年，《中华人民共和国安全生产法》

（六）我国劳动安全卫生立法主要内容

劳动安全卫生管理法律规范

劳动安全技术法律规范

劳动卫生技术法律规范

（七）劳动安全卫生的意义

1. 有效地防止伤亡事故，避免有毒有害物质的危害，保证职工在劳动过程中的人身安全和健康。

2. 有利于改善劳动条件和减少繁重的体力劳动，保护我国劳动力。

3. 促进我国现代化生产技术的发展。

（八）劳动安全规程

国家为了防止劳动者在生产和工作过程中的伤亡事故，保障劳动者的安全和防止生产设备遭到破坏而制定的各种法律规范。其主要内容为：

1. 建筑安装工程安全技术规程

（1）根据国家设计标准，工厂厂房的建筑要符合设计标准。如装有天车的厂房及装有重型机械、锻锤等设备的厂房，建筑设计要有坚固性的标准。

（2）各厂矿的通道设计标准有宽度的要求。在照明设备、轨道交叉处必须有警告标志、信号装置或落杆，与地面平行的坑池要设围栏或盖板等。

（3）施工现场的相关规定：在现场周围和悬崖、陡坎处所，应该用篱笆、木板或铁丝网等围设栅栏；工地的沟、坑应填平或设围栏、盖板；施工现场要有交通指示标志，危险地区应悬挂"危险"或"禁止通行"的明显标志，夜间应有红灯示警；架设高架线，材料堆放，爆炸物存放等应按规定采取安全措施；施工现场的附属企业、机械装置等临时性工程设施的位置、规格都应在施工组织设计时详细规定。

（4）关于脚手架的相关规定：凡是承载机械或超过 15m 高的脚手架，必须先行设计，经批准后才可搭设；搭设好的脚手架经施工负责人验收后，才能使用，使用期间经常检查。

（5）土石方工程和拆除工程的相关规定：进行土石方工程之前，应做好必要的调查和勘察工作；拆除工程应在施工之前对建筑物现状进行详细调查，并组织设计，经总工程师批准后才可动工。

（6）高处作业的安全规定：对于从事高处作业的职工，必须进行身体检查，不能使用患有高血压、心脏病、癫痫病的人和其他不适于高处作业的人从事高处作业；遇有 6 级以上强风气候，禁止露天进行起重工作和高空作业。

2. 工厂安全技术规程

（1）厂院、工作场所：场院的人行道和车行道应该平坦、畅通，夜间要有足够的照明设备；为生产需要所设的坑、壕和池应该有围栏或盖板，建筑物必须坚固安全；电网内外都应有护网和显明的警示标志（离地 2.5 米以上的电网可不装护网）；工作场所机器和工作台等设备的布置，应该便于人工安全操作，通道的宽度不能小于 1 米；废料应该及时清楚；原材料、成品和半成品的堆放要不妨碍操作和通行；光线应该充足，采光部分不要遮蔽。

（2）机械设备：传动带、明齿轮、砂轮、电锯、接近于地面的联轴节、转轴、皮带轮和飞轮等危险部分，都要安设防护装置；压延机、冲压机、碾压机、压印机等压力机械的施压部分都要有安全装置；起重机应该标明起重吨位，并要有信号装置，使用时不能超负荷、超速度和斜吊。

（3）电气设备：电气设备和线路的绝缘必须良好；裸露的带电导体应该安装于碰不着的处所，否则必须设置安全遮栏和明显的警告标志；电气设备必须设有可熔保险器或自动开关，电气设备的开关应该指定专人管理；电钻、电镐等手持电动工具在使用前必须采取保护性接地或接露的措施。

（4）锅炉：每座工业锅炉应该有安全阀、压力表和水位表，并且保持准确、有效。

（5）气瓶：各种气瓶在存放和使用时，必须距离明火 10 米以上。

3. 矿山安全技术规程

（1）矿山建设的安全要求：矿山建设工程的设计文件必须符合矿山安全规程和行业技术规范，其主要设计项目包括矿井通风系统、供电系统、提升运输系统、防火灭火系统、防水排水系统、防瓦斯系统、防尘系统等；每个矿井必须有两个以上能行人的安全出口，出口之间的水平距离必须符合矿山安全规程和行业技术规范；矿山必须有与外界相通的，符合安全要求的运输和通信设施。

（2）矿山开采的安全规范：矿山开采必须具备保障安全生产的条件，应按开采的矿种不同分别遵守相应的矿山安全规程和行业技术规范；矿山使用有特殊安全要求的设备、器材；防护用品和安全测试仪器，必须符合国家标准或行业安全标准；矿山企业必须对机电设备及其防护装置、安全检测仪器进行定期检查、维修，保证使用安全；必须对冒顶、片邦、边坡滑落和地表塌陷，瓦斯、煤尘爆炸，冲击地压、瓦斯突出，井喷，地面和井下火灾、水灾，爆破器材和爆破作业,粉尘、有毒有害气体、放射性物质和其他物质引起的危害等危害安全的事故隐患采取严密的预防措施。

(九)劳动卫生规程

国家为了保护职工在生产和工作过程中的健康,防止、消除职业病和各种职业危害而制定的各种法律规范。职业病是指在劳动过程中,由于有害健康的工作环境和劳动条件长期影响所造成的人体器官的疾病。其主要内容为:

1. 防止粉尘危害

(1)厂矿企业应采取措施,将车间或工作地点每立方米所含游离二氧化矽10%以上的粉尘降低到2mg以下。

(2)对接触矽尘的工人,应根据需要发给有效的防尘口罩、防尘工作服和保健食品,并定期进行健康检查,对矽肺病人要予以治疗和调动工作。

(3)厂矿企业的粉尘作业或扬尘点,必须采取密闭、除尘等综合防尘措施或实行湿式作业,严禁在没有防尘措施的情况下进行干法生产或干式凿岩等。

2. 防止有毒、有害物质危害

(1)对有毒、有害的废气、废液,要进行综合利用和净化处理。

(2)对接触有毒、有害气体和液体的职工,应分别提供有效的个人防护用品。

(3)对患有职业病者要予以治疗和调动工作。

3. 防止噪声和强光危害

(1)产生强烈噪声的生产,应尽可能在设有消音设备的单独工作房中进行。

(2)在有噪声、强光、辐射热和飞溅火花、碎片、刨屑的场所操作的工人,应分别供给护耳器、防护眼镜、面具和护盔等个人防护用品。

(3)用低噪声的设备和工艺代替强噪声的设备和工艺,从声源上根治噪声危害。

4. 防止电磁辐射危害

(1)凡是存在电磁辐射的工作场所,应当设置电磁场屏蔽体或磁场屏蔽体将电磁能量限制在所规定的空间里。

(2)实行远距离控制作业和自动化作业。

(3)用能吸收能量的材料和屏蔽材料叠加在一起,吸收辐射能量和防止透射。

(4)对作业人员采取必要的个人防护措施。

5. 通风和照明

(1)建筑物的方位应保证室内有良好的自然采光、自然通风,并应防止过度日晒。

(2)通风装置必须有专项或兼职人员管理,定期检修和清扫。

(3)通道应有足够的照明,工作场所的光线应该充足。

6. 防暑降温、防寒取暖、防潮湿

(1)室内工作地点的温度经常高于35℃的时候,应该采取降温措施;低于5℃的时候,应该设置取暖设备。

(2)对于在高温条件下进行露天操作的工人,应该供给清凉饮料,以补充水分和盐分;对于经常在寒冷气候下进行露天操作的工人,应该设置有取暖设备的休息场所。

7. 个人防护用品、卫生保健 从事下列工作必须发放工作服、工作帽、口罩、手套、护腿、鞋盖、防护眼镜、防毒面具、防寒用品等防护用品:①有灼伤、烫伤或者容易发生机械外伤等危险的操作;②在强烈辐射热或者低温条件下的操作;③散放防毒性、刺激性、感染性物质或者大量粉尘的操作;④经常使衣服腐蚀、潮湿或者容易污损的操作。

8. 职工健康管理

(1) 对职业病病人,必须进行定期复查和鉴定。

(2) 矽肺病病人每年复查一次。

(3) 石棉肺、煤矽肺和其他尘肺病人每两年复查一次。

9. 其他

(1) 为增强从事有害健康作业的职工抵抗职业性中毒的能力,应满足其特殊营养需要,免费发给保健品。

(2) 用人单位应根据需要,设置浴室、厕所、更衣室、妇女卫生室等生产辅助设施,并经常保持卫生设施完好和清洁卫生。

(十) 劳动者在安全生产中的权利和义务

1. 权利　劳动者对用人单位管理人员违章指挥,强令冒险作业,有权拒绝;对危害生命安全和身体健康的行为,有权提出批评、检举和控告。

2. 义务　劳动者在劳动过程中必须严格遵守安全操作规程。

(十一) 劳动安全卫生管理制度

1. 安全生产责任制度

2. 安全技术措施计划制度

3. 安全生产教育、考核制度

4. 安全生产检查制度

5. 劳动保护监察制度

6. 伤亡事故报告制度

 就业经历

保障妇女权益

　　桑某于 2007 年 8 月入职深圳市福田区某制造公司,双方签订劳动合同,她的工作岗位是行政主管,每月工作 5000 元。2007 年 9 月,桑某发现自己怀孕,并向公司说明此事。2007 年 10 月,公司以进行职务调整为名,通知桑某要将她降为一般文员,月工资也降低到 2000 元。桑某表示以自己的学历和经验不能接受这样的安排,公司的这种行为是在逼迫她辞职。2008 年 2 月,公司发出书面通知,表示桑某在过去的半年工作不能满足公司的需要,宣布解除劳动合同。桑某找到公司反复协商无果。她认为,自己被降职是对怀孕女职工的歧视,被解雇也不符合相关规定。于是申请仲裁。

　　分析:

　　1.《妇女权益保障法》第 27 条规定:"任何单位不得因结婚、怀孕、产假、哺乳等情形,降低女职工的工资,辞退女工,单方解除劳动(聘用)合同或者服务协议。但是,女职工要求终止劳动合同或服务协议的除外。"

　　2.《妇女权益保障法》第 26 条规定:"任何单位均应根据妇女的特点,依法保护妇女在工作和劳动时的安全和健康,不得安排不适合妇女从事的工作和劳动。妇女在经期、孕期、产期、哺乳期受特别保护。"

劳动安全小常识

1. 什么是劳动保护？

劳动保护是根据国家法律、法规，依靠技术进步和科学管理，采取组织措施和技术措施，消除危机人身安全健康的不良条件和行为，防止事故和职业病，保护劳动者在劳动过程中的安全与健康。内容包括劳动安全、劳动卫生、女工保护、未成年工保护、工作时间和休假制度。

2. 八小时工作制的由来

八小时工作制的权利是1886年5月1日，通过美国大约35万工人举行大罢工获得的。

3. 什么是安全生产责任制？

安全生产责任制是安全生产法规建立的各级领导职能部门、工程技术人员、岗位操作人员在劳动生产过程中对安全生产层层负责的制度，这是保证安全生产的重要的组织措施。

4. 安全生产责任制中的《三大法规》是什么？

三大法规指《工厂安全卫生规程》《建筑安装工程安全技术规程》《工人职员伤亡事故报告规程》。

5. 关于加强企业生产中安全工作的几项规定内容有哪些？

是指《关于加强企业生产中安全工作的几项规定》，内容包括：①安全生产责任制；②编织劳动保护措施计划；③安全生产教育；④安全生产定期检查；⑤伤亡事故的调查和处理。

6. 什么叫工作时间？

工作时间是指法律规定劳动者在一定时间（工作日、工作周）应该劳动的时数。包括劳动者实际工作时间，也包括劳动者在生产或工作前从事必要的准备和结束的时间，连续性有害健康的间歇时间以及女工哺乳时间。

7. 什么叫标准工作日？

标准工作日是指由法律规定的，在正常情况下，一般职工实行的工作日。目前我国实行的是标准工作日是每日8小时，每周40小时。每周工作5天，给予2天的工休假日。

8. 什么是加班加点？

职工根据行政命令和要求，在法定节日、公休假日进行工作叫加班，超过标准日以外进行工作的时间叫加点。

9. 什么叫伤亡事故？

伤亡事故指企业职工在生产劳动过程中，发生的人身伤亡、急性中毒事故。

10. 什么叫暂时性失能伤害？

暂时性失能伤害是伤害及中毒者暂时不能从事原岗位的伤害。

11. 什么叫永久性部分失能伤害？

永久性失能伤害是指伤害及中毒者肢体或某些器官功能不可逆丧失的伤害。

12. 国家规定的对比色是什么？安全色相应的对比色是什么？

国家规定的对比色是黑白两种颜色。安全色及其相关的对比色是红色—白色；黄色—黑色；蓝色—白色；绿色—白色。

13. 国家规定的安全色是哪几种？

国家规定的安全色有红、蓝、黄、绿四种颜色。含义是：红色表示禁止、停止(也表示防火)；蓝色表示指令；必须遵守的规定；黄色表示警告、注意；绿色表示提示、安全状态通行。

14. 使用有毒有害原料有什么要求？

在生产工艺中，当必须使用有毒有害原料时，除在工艺上采取机械化和自动化外，还应从管理和生产设备、生产工艺的安全防护等方面采取综合防范措施，使其符合国家劳动安全卫生标准。

15. 什么情况下可以缩短工作时间？

从事严重有毒作业和特别繁重体力劳动的工种，应适当缩短工作时间，一般每天要实行 4~6 小时工作制。

16. 什么是安全生产方针？

我国的安全生产方针，又称劳动保护方针，在 1952 年第二次全国劳动保护工作会议上提出了劳动保护工作必须贯彻安全生产的方针。在 1987 年全国劳动检查会议上又进一步规定为"安全第一"，"预防为主"的方针，并一直沿用至今。

17. 酒精浓度与驾驶？

实验表明汽车驾驶员血液中的酒精浓度达到 0.03% 时，驾驶能力开始下降。达到 0.08% 时，误动作比常人增加 1.6%。达到 0.09% 时，判断力比常人下降 25%。超过 0.1% 时，大祸很快就要临头了。

18. 什么是职业病？

职业病是职业危害因素作用于人体的强度和时间超过一定限度，导致人体功能性与器质性病理改变，从而出现的相应的临床症状，这类疾病称职业病。

19. 什么是职业安全？

职业安全是指人们进行生产过程中没有人员伤亡、职业病、设备损坏或财产损失发生的状态，是一种带有特定含义和范畴的"安全"。

20. 安全生产"五字经"的具体内容是什么？

"五字经"指的是新、准、快、全、包。具体内容是：①安全意识求"新"；②反馈信息求"准"；③纠正三违求"快"；④观察问题求"全"；⑤安全问题求"包"。

21. 每年的哪一天是中国中小学安全教育日？

1996 年，国家教委、劳动部、公安部、交通部、铁道部、国家体委、原卫生部联合发布关于全国中小学生安全教育的通知，确定每年 3 月最后一周的星期一为全国中小学生的安全教育日。

22. "劳动安全卫生标志"的图案及含义是什么？

"劳动安全卫生标志"以代表劳动安全卫生的绿十字为中心，周围用变性的齿轮和橄榄枝叶构成一个图案，左侧的齿轮象征劳动、长城和中国，右侧的橄榄叶象征着和平、美满和幸福。

23. 录用未成年工与童工有什么原则？

未成年工与童工的区别在于未成年工年龄为 16 周岁到 18 周岁是允许在一定条件下录用的，但要给予特殊保护；而童工的年龄小于未成年工，是法律禁止录用的。

24. 车间隐患整改制度中的"四不交"指的是什么？

①个人能解决的不交班组;②班组能解决的不交工段;③工段能解决的不交车间;④车间能解决的不交厂部。

25. 劳动保护用品的作用是什么?

使用劳动保护用品,通过采取阻隔、封闭、吸收、分散、悬浮等措施,能起到保护机体的局或全部免受外来侵害的作用,在一定条件下,使用个人防护用品是主要的防护措施。防护用品严格保证质量,安全可靠,而且穿戴要舒适方便,经济耐用。

26. 劳动安全卫生标志的引伸含义是什么?

图案意在提醒人们要时刻注意劳动安全卫生工作,认真贯彻"安全第一,预防为主"的方针,以保障劳动者的安全健康。

27. 危险预知活动分哪几个阶段进行?

①发现危险的因素;②确定重要的危险因素;③制定对策;④确定立即实施的对策。

28. 企业管理工作中安全检查的目的是什么?

了解企业安全生产管理状况,发现生产现场的不安全行为以及潜在的职业危害,以及采取措施及时纠正,改善劳动条件,防止伤亡事故和职业病的发生。

29. 对待安全问题,职工有什么权利?

①对违章指挥有权拒绝操作;②险情严重时有权停止作业;③对漠视职工安全健康的领导者,有权批评,检举和控告。

30. 工作中哪些行为属于不安全行为?

错误操作使安全装置失效、使用不安全设备、用手代替工具、冒险进入危险场地、站坐不安全位置,不按规定使用防护用具、不安全装束均属于不安全行为。

31. 《劳动法》中规定劳动者应履行哪些义务?

①完成劳动任务的义务;②提高职业技能的义务;③执行劳动安全卫生规程,遵守劳动纪律和职业道德的义务;④法律法规规定的其他义务和劳动合同约定的义务。

32. 对特定工种的劳动保护用品发放使用有何规定?

对于生产中必不可少的安全帽、安全带、绝缘用品必须根据工种的要求配备齐全,并保证质量;对此类特种保护用品建立定期经验制度,不合格的失效的一律不准使用。

33. 为防止有害物质对人体的危害,应采取哪些措施?

①改进生产工艺,以无毒,低毒的原料代替有毒、高毒原料;②改进生产设备,实现生产过程的密闭化;③搞好通风排毒;④隔离操作。

34. 防止静电事故的基本措施有哪些?

对容易产生静电的场所,要保持地面潮湿,或者铺导电性能好的地面;工作人员要穿防静电的衣服和鞋、靴,让静电及时导入大地,防止静电积聚,产生火花。

35. 国家标准规定安全帽的三项永久性标记是什么?

①制造厂名称及商标、型号;②制造年、月;③许可证编号。

36. 起重机"十不吊"的内容是什么?

指挥信号不明和多人指挥不吊;超负荷不吊;工件捆扎不牢不吊;吊物上有人不吊;安全装置失灵不吊;物件埋在地下不吊;歪拉斜吊不吊;物件锐角不垫软物不吊;物件下有人不吊;照明不足不吊。

37. 临街施工有什么规定?

凡在城市内临街近巷、民房附近施工时,必须采取封闭施工或搭设坚固隔离防护棚,强化技术管理和安全管理,确保行人和居民的安全。

38. 如何做好危险作业区域的安全工作?

施工现场的危险区域,要采用围栏,盖板等措施或醒目的"安全""禁止通行"等安全标志及安全宣传,夜间应设红灯警示,非危险区内作业人员不得擅自进入危险区域。

 人生絮语

人生的意思

一天,我感到抑郁,就看起了清少纳言的《四时的情趣》:春天是破晓的时候最好。渐渐发白的山顶,有点亮了起来,紫色的云彩细微地飘在那里,这是很有意思的。夏天是夜里最好。有月亮的时候不必说了,就是暗夜里,许多萤火虫到处飞着,或只有一两个发出微光点点,也是很有趣味的。飞着流萤的夜晚连下雨也有意思。

秋天是傍晚最好。夕阳辉煌地照着,到了很接近山边的时候,鸟儿都有要归巢去了,三四只一起,两三只一起,急匆匆地飞去了。这也是很有意思的。而且更有大雁排成行列飞去,随后越看变得越小了,也真是有趣。到了日落以后,风的声响以及虫类的鸣声,不消说也都是特别有意思的。

冬天是早晨最好。在下了雪的时候自不必说了,有时只是下了霜,或者就是没有霜雪但也觉得很冷的天气,赶快生起火来,拿了炭到处分送,很有点冬天的模样……

原来人生是这么有意思呀!但是清少纳言说的这些"情趣",我怎么很少体会到呢?原来,春天的破晓时分我在睡觉,夏天的夜里我在看电视,秋天的傍晚和冬天的早晨我在地铁里。是病态的现代生活方式把人生的意思给剥夺了。怪不得现在连小孩子都说"活着真没劲儿"呢!

从今天开始,做一个幸福的人。

 小结

通过本章的学习,同学们已经了解并掌握了劳动法、劳动合同、劳动保护和安全卫生的相关知识,学会了如何签订劳动合同以及遇到劳动纠纷应该如何处理,学会了如何进行劳动保护以及遇到安全卫生问题应该如何处理,这将为同学们今后的事业成功奠定良好的基础。

 思考与训练

1. 劳动法的概念是什么?劳动法调整的是哪一种劳动关系?

2. 为什么说劳动法是保护劳动者的法律?

3. 公民的劳动权利能力和劳动行为能力与公民的民事权利能力和民事行为能力有何区别?

4. 劳动者享有的劳动权利有哪些?

5. 劳动保护的概念是什么？

6. 劳动保护工作的意义和指导方针是什么？

7. 劳动保护工作的任务和方法是什么？

8. 劳动安全卫生中各方的权利和义务有哪些？

9. 我国劳动保护的方针是什么？

10. 就业法律法规案例解答题

如果你对就业有关的法律法规常识已经比较熟悉，那么你就可以称作一个小小的律师了，以下案例，你能解答吗？

(1) 条件变了合同能改变吗？

小律师：

2000年底，我与一家软件销售公司签了为期3年的劳动合同。去年年底，公司老板与一家外商洽谈成功，双方合作销售某种化学用品，原来的职工继续留用。现在我已经在新岗位工作两个月了，觉得新工作跟原来的工作不一样，空气里有有毒的气体，时间长了就感觉头晕胸闷，工作强度也加大了。我觉得有必要修改合同，对劳动保护、工作时间以及劳动报酬等问题重新协商拟定。但我又拿不准能否在中途变更合同。请问我有权要求变更合同吗？如果可以变更，法律上有什么规定？

江西 吴先生

(2) 这样的合同能签订吗？

小律师：

2000年8月我从中等卫生职业学校毕业后，到一家药厂应聘业务销售员。面试合格后，厂方拿出一份拟定好的劳动合同让我签。劳动合同十分简单，主要条款只有工作内容、劳动报酬和解除合同的条件。当时我只是感到这份合同很不规范，但自己也不知道应该有多少具体内容，虽心不情愿，最终也签了字。请问这样的合同能签吗？另外签订一份规范的劳动合同应该坚持什么原则？应该有哪些具体的内容？

河南 李女士

(3) 用人单位可以解除我的劳动合同吗？

小律师：

2000年7月，我与一家电脑公司签订了为期3年的劳动合同，工作是电脑操作员。今年年初在骑自行车上班途中，因雪大路滑，不慎摔倒，摔断了3个手指。伤愈后，手指僵硬不灵活，打字速度下降。公司以我已不适应工作岗位为由，解除了我的劳动合同。请问，在这种情况下公司可以解除我的劳动合同吗？《劳动法》对解除劳动合同有哪些法律规定？

吉林 刘先生

(4) 劳动合同"免责条款"是否有效？

小律师：

我高职毕业后没有找到工作，心里十分焦急。最近，经面试和笔试，我幸运地被一单位招用。单位拿给我的劳动合同中有："工作期间发生损害后果自行承担"的不合理规定，但急于找工作的我不得不接受。请问，若我真的因工受伤，单位真的不用负责吗？

山东 林先生

11. 下面是一份正规的劳动合同样表，请根据你所学的劳动法和劳动合同的有关知识,你个人的情况以及你对目前就业形势的了解,练习填写。填写完毕后与其他同学交流批改。

劳动合同书

用人单位(甲方):_____

法定代表人:_____ 职务:_____

地址:_____

电话:_____

劳动者(乙方):_____ 性别:_____ 年龄:_____

住址:_____

电话:_____ 身份证号码:_____

根据《中华人民共和国劳动法》及国家有关规定,甲乙双方经平等协商一致,自愿签订本合同,建立劳动关系,并共同遵守合同所列条款。

第一条:

第二条:

第三条:

……

甲方(签字或盖章)   乙方(签字或盖章)

日期   日期

12. 劳动保护案例解答题

(1) 一家设在上海的某外资服装企业雇用了 200 名女工生产服装,合同期为 2 年。该服装厂生产车间只有一个大的房间,200 个人、200 台缝纫机都在其中,十分拥挤。且该厂通风设备不好,空气污浊,里面电线密布,未设任何消防设备,且工作时铁门紧锁。消防部门曾责令港方老板限期整改,但其怕花钱,一直拖着不予办理。工人曾向老板多次交涉,都遭拒绝。

某日,厂房内不慎起火,因扑灭及时,才未酿成火灾。工人要求增设消防设备,老板表面上答应,但仍一直拖着不办。3 名女工害怕火灾,决定不干了,告知厂房要求解除合同,要求结清工钱后离厂。厂方以合同未到期为由拒绝发给工钱,后在多次交涉之下,才发了 3 名女工工钱,但每人扣 500 元作为解除合同的赔偿金。这 3 名女工自然不愿意辛辛苦苦打工挣的钱被厂方克扣,遂在律师的帮助下到服装厂所在地的劳动争议仲裁委员会申请仲裁,全厂女工都支持她们,纷纷作证。

问:该案该如何处理?

(2) 向某、张某在某煤矿从事采掘工作。一日早上,矿主带领向某、张某去山上放炮炸洞。点了两条导火线,却未能引爆。矿主认为这只是两个瞎炮,不会有事,要求向某、张某等进入采矿面作业。向某、张某等则认为必须排除瞎炮精辟才能工作,故一直未进入采矿面工作。为此,矿领导以向某、张某等未完成当天采煤任务为由扣发每人当天工资和当月奖金 650 元。

问:本案该如何处理?

(肖孟春)

第八章　创业实践

学习目标

1. 掌握创业计划的实施。
2. 熟悉创业项目的选择、创业风险及对策。
3. 了解创业成功的条件。

目前,在中等卫生职业学校的毕业生积极参与人才市场竞争,通过择业而获得称心的就业岗位的同时,他们也可以发挥自身创业能力,以适应社会的变革。那么,如何选择适合自己的创业项目并成功实施,将是毕业生所面临的新选择、新课题。基于这个目的,本章对创业成功的条件、创业项目的选择、创业计划的实施和创业风险及对策做了论述。

励志格言

创业的过程,实际上就是恒心和毅力坚持不懈的发展过程,这其中并没有什么秘密,要真正做到中国古老的格言所说的勤和俭也不太容易。

——李嘉诚

课堂思考

王欢是某卫生学校的学生,今年刚刚毕业,但不知道21世纪创业者需要什么样的能力和素质?希望了解一个成功的创业者需要具备哪些成功的条件?您能帮助她吗?

第一节　创业成功的条件

一、创业者的能力

(一) 创新能力

创新能力是指一种能够顺利实现创业目标的能力,是高层次的综合职业能力,是带有创新特征的能力。当今的时代,是充满机遇与挑战的时代。科技的进步、社会生产、生活方式的转变,为一切有志之士提供了创新良机,也为中职毕业生在职业生涯中实现自身价值提供了可能。

1. 创业者只有通过创新才能创业　产品创新、工艺创新和市场创新是三种常见的创业途径。产品创新可以为消费者提供新的产品，满足消费者新的需求，因而生产新产品的单位在创新初期享有新产品在市场上的垄断优势，只要把握时机，就可以使生产单位在短期内得到迅速发展；工艺创新可以使生产单位以比其他单位高的效率生产商品，因而生产单位具有成本优势，这样一来，新创立的单位就有一定的生存空间；市场创新是指新的生产单位发掘新创市场或采用新的营销手段等，使自己的产品比较容易获得市场的接受和认可。

2. 创业者是创新事业策划者　通过创新实现自己创业和致富的目的，世界著名的管理大师彼得·德鲁克在《创业与创业精神》一书中指出创业家都从事创新。创新是展现创业精神的特殊工具。创新活动赋予资源一种新的能力，使它能创造财富，创新活动本身创造了资源，在经济体系里，没有比购买力更重要的资源了，但购买力却是企业家创新的结果。他还举了这样的例子：在19世纪早期，美国的农民事实上没有什么购买力，没有能力购买农业机械。当时，虽然市场上已经出现了许多收割机，但是不论农民多么想要它们，却没有钱来购买。后来，收割机的发明者之一的麦考密克发明了分期付款制度，这种方式使得农民能够以未来的收入来购买收割机，而不必靠过去的储蓄。于是，突然之间，农民就有了农业机械的购买力。而发明收割机的这些人也同样得到了好处。可见，成功的创业者必然是善于捕捉创新机会的人。

3. 捕捉住创新机会　彼得·德鲁克在分析创新机会时归纳了创新机会的七大来源。现分别简介如下：

(1) 从意料之外的事件中捕捉创新机会：意料之外的事件可以是意外的成功，也可以是意外的失败以及一些意外的外在事件。实践证明，意外的成功提供的创新机会是众多来源中最多的，而且它提供了创新机会的风险也要比其他来源的风险更低，其获得过程也相对比较简单。如20世纪20年代以前一直局限于制造军火和炸药的杜邦公司，在一个偶然的意外中发现了如何制造尼龙，从而发展为当今全世界最大的化学公司。而当时研究化学聚合物中一直处于领先地位的德国一些大型化学公司，在实验室中虽然这样意外也出现过好几次，而且出现的时间比杜邦公司早，但却因忽视了这一意外的机会而丧失了在化学工业方面的世界领先权。与意外成功所提供的创新机会相比，意外的失败是人们不得不注意的，但很少有人认为它们是创新的机会。但是，它们的确也是创新机会的重要来源之一。由此可见，意外的成功和失败，都是一种创新机会，创业者只有拥有清醒的头脑和敏锐的洞察力才能捕捉和把握到。

(2) 从实际与预期的结果不一致中寻找创新机会：实际结果与预期的结果不一致本身就蕴藏着创新机会。因为这种不一致的状况蕴涵着一种错误在里面，它创造出了一种不稳定，在这种不稳定中，只要稍微下一些功夫，就可以产生巨大的效用。美国的大型金融机构普遍认为，证券交易所之所以有吸引力，就在于它迎合了顾客投资致富的心理。但这个证券交易公司却发现，这种"普遍认为"对这里的一小部分人来说是对的，而对大多数人来说则不对。因为当时美国西部地区有很多有钱人存在着储蓄偏好，也有大量的商人和农民没有时间，也没有知识靠投资致富。因而这个证券公司只用八分之一的力量从事证券交易业务，而把大部分精力迎合那些赚得多的并有适度花钱习惯的人保护钱财的心理，为这些人提供能够使人安心的储蓄。现在，这个成功的公司已经家喻户晓，被列入了大型和迅速发展的证券公司之列。

(3) 从过程的需要中捕捉创新机会：过程的需要是指在某一商业的过程中或替换薄弱的

环节,或根据新知识重新对现有的过程进行设计,或提供"缺少的环节",从而使一个过程得以实现的一种创新活动。简言之,所谓过程和需要,是指现存的工作过程存在着某些缺陷,需要完善。这主要是针对实现既定任务而言的。利用过程的需要可以发展为一种创新。比如,在很多年前,摄影师在摄影前,需要携带笨重而又易碎的玻璃感光板以及沉重的照相机,很多人针对这种情况提出了各种建议,但都没有引起重视或予以采纳。直到 19 世纪 80 年代中期,柯达公司的创始人乔治·伊斯曼利用当时的新知识,用分量很轻、即使摔打也不会受影响的赛璐珞胶片代替了笨重的玻璃感光板,并制出了应用此胶片的轻型照相机。这一创新使柯达公司领导了摄影领域的一场革命。

(4) 从行业与市场结构的变化中捕捉创新机会:行业和市场结构发生变化的时候,也是创新的大好机会来临的时候,20 世纪初汽车工业的发展变化很能说明这个问题。到 1900 年为止,早期汽车基本上是有钱人的一种奢侈品。然而,由于汽车工业的迅速发展,"上层阶级"这一狭窄市场就很难吸收日益增加的汽车了。但当时的汽车制造公司都仍坚持生产具有"高贵阶层特征"的汽车。年轻的享利·福特看到了市场结构正在变化,汽车在美国已不再是富人的奢侈品。于是他设计了有名的"T 型"汽车。这种汽车可以主要由半熟练工人进行大批量生产,车主可以自己驾驶和修理,并且该车的价格只有当时市场上最便宜汽车价格的 1/5,只略高于美国机械师一年的工资。因而,这种汽车一问世便取得了巨大的成功。现在,福特汽车公司已是世界上最大的汽车公司之一。美国通用汽车公司的成功也得益于对当时行业和市场结构变化的把握。行业和市场结构在发生变化前有 4 个迹象,密切注意这 4 个迹象,将有助于创业者捕捉良机,从而实现创新。这 4 个迹象是:①某一行业的发展速度大大超过整个经济的增长速度。彼得·德鲁克认为,结构的急剧变化将在该行业的营业额翻一番时出现。②在某行业迅速增长达到翻番时,它明显地使人们感到原先对于市场的认识和市场服务的方法多半变得不合适了,它不再反映和适应现实情况,只反映和适应过去。③迄今为止,一直被认为是毫不相干的许多技术汇聚到了一起。许多不相干技术的汇聚表明将有重大的突破,行业和市场结构的变化因此也是显而易见了。④如果某一行业的经营方式在迅速变化,那么该行业进行基本结构变化的时机也就到来了。

(5) 从人口状况的变化中捕捉创新机会:人口状况的变化包括人口数量、人口构成、就业、教育状况和收入变化。从人口状况的变化中,也是可以捕捉到创新机会的。①人口结构变化将对人们购买什么商品、什么人购买和购买多少有着重大影响;②随着人口老龄化趋势的出现和日益加强,那些经济发达和较发达的国家中退休不久的人将形成一个巨大的旅游和度假市场,国内的趋势也是如此,加之随之而来的医疗保健服务也要适应变化等等。创业者必须善于从这种变化中捕捉创新的良机。

(6) 从观念和认识的变化中捕捉创新机会:观念和认识的变化能够带来许多重大的创新机会。①以往人们的饮食主要是由身份、地位和收入水平决定的。普通人就是"吃饭",而富人或体面的人则称"用膳"。今天,人们的认识发生了变化,既"吃饭"又"用膳"而且还"进食",即以最简单方便的办法摄取必需的营养。正是利用了这种认识的变化,方便食品、盒式快餐以及麦当劳快餐店的汉堡包、肯德基油炸鸡等才迅速遍布全球各地。②"Bic 圆珠笔"的出现也正是利用了观念变化的结果。以往人们的消费观念是"经久耐用",与这种观念相适应的是加油圆珠笔统治市场。后来,人们的观念发生变化了,由经久耐用变为新颖、简洁、方便等。马赛尔·比克正是利用了这种观念的变化,试制成功了一种用完墨便扔掉的一次性圆珠笔"Bic 圆珠笔",它一诞生就在市场上走俏,在美国几乎人均一支半。

应该指出的是,利用观念变化进行创新需要抓住时机。过早地利用观念变化有时很危险,因为许多看起来似乎是观念变化的事物,其实只是一时的风尚,可能转瞬即逝。当然,过晚的利用观念和认识的变化也不行,因为当你起步时,别人已经抢在前面了。另外,以新知识为基础的创新往往具有划时代的意义。但是,这类创新一是所需时间很长,二是从来不基于单独一门知识,因而风险性较大。

(二) 公关能力

孙子兵法说过,知己知彼,百战不殆。其意是说作战者只有充分了解自己和对方,才能在交战中立于不败之地。对于创业者来说,道理也是一样。一个成功的创业者,首先需要学会对自己进行客观的估价,对自己的能力和潜质有一个科学的定位,还要对外部客观条件进行准确分析和判断,具有善于发现和抓住机遇的能力,从而实现自身的人生目标。

对创业者来说,根据创业条件的不同,我们要做那种具备了一定条件、经过努力可以成功的事情。其创业条件大体可分为社会条件和自然条件。它们对创业者的创业活动和培养公关能力起着不可替代的作用。

1. 利用社会条件的公关能力 社会条件主要是指创业主体所处的社会环境,如政策条件、家庭条件、人际关系等。创业者应充分利用好这些条件,丰富公关能力是创业者打开创业局面,顺利进入创业角色的基础。

(1) 政策条件:政策条件主要是指国家为创业者提供宽松的政治环境,使创业者能在法定的范围内顺利完成创业活动的有利条件。党的十五大以来,中央明确指出社会主义初级阶段的基本经济制度,即以社会主义公有制经济为主体,引导和鼓励其他经济成分共同存在和发展。这为创业者提供了广阔的创业舞台,使我国非公有制经济得到空前发展。这不仅繁荣了城乡市场,丰富了人民生活,增加了人们的收入,也拓宽了就业渠道和增强了综合国力,同时,也造就了一大批优秀企业家、管理者,使许多创业者在各自不同的行业上获得成功。相反,"文革"期间,人们谈私色变,使许多有创业能力的人只能安分守己地同其他人一起吃大锅饭,过着平庸的生活。可见,政策条件对创业者来说是保护伞,它可以使创业者全身心地从事创业活动。

(2) 家庭条件:家庭是创业者早期接受启蒙教育和健康成长的摇篮。每个创业者的家庭条件都因人而异,无论家庭条件好坏,对创业者来说都有可以利用的有利因素。有的家庭条件相对好一些,如家庭主要成员在社会上具有一定的地位和影响,使创业者早期便能结识一些有利于创业者将来从事创业生活的关键人物。有的家庭是继承并在不断扩大私人诊所。多年的经营,为创业者提供了医疗经验,加之医疗技术的传统影响力,使创业者在创业活动中往往容易成功。

也有一些创业者家庭条件很一般,有的甚至较差,但这并没有影响创业者的自信心和创业活动。从古到今仍有许多创业者,他们克服了重重困难,通过自身的艰苦创业而实现了自己的理想和抱负。以个人命名的诊所、餐馆、律师事务所随处可见,这样的事例可以说遍布神州。一个成功的创业者应正确面对客观存在的家庭条件,充分挖掘一切潜在的有利因素,利用一切可以利用的有利条件,克服盲目攀比及自卑心理,发挥个人主观能动性,尽快形成创业的早期公关能力。

(3) 人际关系条件:人际关系条件对创业者来说十分重要。尤其是在当前市场经济条件下,搞好人际关系、丰富公关能力,对创业者顺利完成创业活动将起到积极的促进作用。所谓的人际关系条件主要是指创业者在工作、生活的空间内,通过交往逐步形成的相对稳定的联系,对创业者从事创业活动有促进和影响的各种有利条件。人具有社会属性和自然属性,其社会属性主要通过人的社会行为体现出来,具体表现在个体的人在衣食住行等方面都不可能脱离这个社会群体,总要直接或间接地与他人发生联系。这样,创业者总在自己的生活范围内逐步形成一个相对稳定的关系网络。诸如与政府、工商、税务、医药、卫生局打交道等等。这个网络对于创业者来说,是一笔不可多得的财富。同时,作为创业者还要学会充分利用和调动这些有利因素,使其能最大限度地为创业活动提供援助。众所周知,三国中的刘备早期不过是个卖草鞋的没落皇家后裔,之所以能在后来成为三国鼎立之一的一方霸主,其主要原因是利用好了几个关系:一是宗族关系。因为刘备自称是汉皇后裔,因此,世人及宗族中多予同情,其中荆州避难就说明了这个道理。二是结盟关系。关、张为刘备赢得一方天下立了汗马功劳,二人之所以能做到舍命保刘备,是因为"桃园三结义"的原因。三是人情关系。三国局面的出现,诸葛亮功不可没,其之所以能做到"鞠躬尽瘁,死而后已"无非是为了报答刘备三顾茅庐之恩。因此,尽管刘备文不及孔明,武不及关、张,但由于他能充分利用各种关系,才使其功成名就。可见良好的人际关系条件,公关能力对创业者来说是十分重要的。

2. 利用自然条件的公关能力　自然条件主要包括创业者的生存环境和创业者自身条件。生存环境条件对创业者从事的行业往往影响较大,而创业者的自身条件,在很大程度上决定着创业者的创业活动能否获得成功。

(1) 客观生存条件:有道是靠山吃山、靠水吃水,这表明我们的祖先对自己赖以生存的自然条件的认识和分析是全面的,利用是合理的。人的生存总离不开一定的自然地域和社会空间。就地域而言,有平原、山区、城市、乡镇。但无论是什么样的区域,只要有人类居住,就说明这个区域能为人的生存提供相应的能量与资源。就我国产业结构的分布情况看,二、三产业多分布于城市,这主要是由于城市地少,人口相对集中,劳动力资源丰富,适合规模较大的企事业生产经营。而农村则是地广人稀,便于耕种和生存。因此说,就人类的生存地域状况来说,不能简单地就说城市比乡镇好,而应辩证地分析各自的优势。如城市尽管繁华,但由于人口集中,居住的空间和生存的环境相对比农村就差一些。农村尽管山清水秀、空气新鲜,但往往是交通不便利,信息滞后,群体文化素质低些。就创业而言,农村与城市对不同的创业者来说都是理想的创业场所,都是大有可为的。

(2) 自身素质条件:创业者的自身素质条件决定了创业者的创业活动性质和经营范围,也决定了创业者最终成功与否。创业者自身素质应包括其文化素质、身体素质和心理素质等一些智力因素和非智力因素。在当今社会,一个成功的创业者首先要有较高的文化素质,如从事行业的技能和文化水平;其次是身体素质。同样,非智力因素对创业者来说也是很重要,如创业者的性格、人品和心理健康情况等等都很重要。如创业者意志薄弱或品行不端、心理不健康等,都很难成就大事。

(3) 提高各种能力:新世纪,人们生存与发展的竞争更加激烈。作为一名创业者,尤其是将来想成就一番事业的青年学生,在学好专业技能的同时,也可根据个人的爱好和特长,多掌握一些生存本领,多磨炼自己的意志,在不断提高自身素质的同时提高创业的公关能力。王选院士说"同学们在创业的道路上会碰到这样或那样的困难,要有长期忍受痛苦的思想准备,要耐得住寂寞,能够经得起各种困难的考验,并有百折不挠的精神,努力使自己成为一名学识丰富、意志坚强、一专多能的复合型人才,且能在复杂的竞争环境中保持清醒头脑,驾驭自我、笑傲人生的人。"

（三）专业技术能力

专业技术能力是创业者掌握和运用专业知识进行专业生产的能力。掌握专业知识就是要懂得专业生产的理论依据、生产规律、检测方法和评估手段等等。运用专业知识就是在创业实践活动中用专业知识指导具体操作，形成技能技巧。比如：养猪就是以种猪和育肥猪为劳动对象，以猪的自然生育为基础，把猪的生长繁育过程和饲养过程结合起来，这里用到的专业知识有解剖生理、胚胎发育、营养物质的需要、疾病防治、幼猪的管理、饲料的配方，等等。这些知识掌握得越牢靠、越全面，能运用自如、得心应手，说明专业技能就越强，创业成功的把握就越大。可见，专业技术能力是以专业知识和专业操作技巧为基础的工作能力，也是创业必须具备的基本条件。专业技术能力的形成要把握好 4 个关键：

1. 专业基础知识要过关 专业基础知识是掌握专业知识和形成专业技能的基础，如同高楼的地基。专业基础知识过关必须遵循渐进性原则，扎扎实实地学。学好了专业基础知识，不仅有利于其他专业知识的学习，而且对于拓宽专业知识，学习与本专业相近的边缘学科的专业知识也十分有利。

2. 重点专业课程要过关 每个专业所涉及的专业课有许多门，有些课程只需要一般性了解，但有些课程则需要精通，有些课程学完后就可以发展成为某种能力。如学过材料力学、机械原理、机械制图后就可以发展成为设计能力；学习过电视机原理、电视机的故障排除与维修就可以发展成为开办家电维修部的能力。重点专业课程直接影响到专业技术能力的形成，对于这一类课程要一个一个问题的弄懂、理解、消化，变成自己的知识。

3. 关键技术要过关 专业生产涉及的专业技术很多，有些比较简单，有些比较复杂，有些是独立的，有些则是互相联系着的。对于简单的技术一般人都能学会，而对于复杂技术必须经过专门训练。如畜牧兽医专业的阉割技术、诊治技术、家电维修专业的电视机故障排除、计算机专业的程序编排都很复杂，属于关键技术。对于这一类技术只有加强实践操作，反复训练，才能熟练生巧，运用自如。

4. 职业技能要过关 职业技能是指职业岗位所必须具有的能力。如商品营销这个职业，除了应有的专业技能外，还要求做到"五个一"即打一手好算盘、写一手好字、操一副好口才、练一手好技艺、写一手好文章；"五熟知"即熟知商品流通环节、熟知商品性能与作用、熟知商业心理与商品陈列、熟知商品安装与维修、熟知柜组经营与核算。对于类似职业技能，创业者要能过关。

专业技术能力的形成具有很强的实践性。许多专业知识和专业技巧要在实践中摸索，逐步提高、发展、完善。有些内容书本上根本没有，书本上有的有些用不上，这就需要我们在"游泳中学会游泳"。因此，我们要十分重视创业过程中所积累的专业技术方面的经验和教训，注重在创业过程中的职业技能训练，对于书本上介绍过的知识和经验在加深理解的基础上予以提高、拓宽；对于书本上没有介绍过的知识和经验要进行探索，在探索过程中要认真记录、分析、总结，形成自己的经验特色。这样，专业技术能力就会不断提高。

（四）社会实践能力

社会实践能力也就是社会活动能力，即使有了一定的专业技术能力、经营管理能力而缺乏社会活动能力，创业成功也是不可能的。有些社会知识（经验）没有现成的书本，没有固定的教学模式，完全依赖于人参与社会各种活动进行学习，不断积累和总结社会经验而得出。社会实践能力的形成：一是要积极投身到社会实践中去。中等职业学校的毕业生要敢于创业，敢于与不熟悉的人和事打交道，敢于冒险和接受挑战，敢于承担责任和压力，对自己的决定和想法要充满信心、充满希望。二是养成观察与思考的习惯。社会上存在着许多复杂的人和事,在复杂的人和事面前要注意多观察多思考。观察的过程实质上是调查的过程,是掌握信息的过程,是掌握第一手材料的过程,观察得越仔细,找到的信息就越准确。观察实为思考作准备,观察之后必须进行思考,做到三思而后行。三是要处理好各种关系。可以说,社会活动是靠各种关系来维持的,处理好关系要善于应酬。应酬是职业上的"道具",是处事、待人、接物的表现。心理学家称:应酬的最高境界是在毫无强迫的气氛里,把诚意转达给别人,使别人受到感应产生共识,自愿接受自己的观点。搞好应酬要做到严于律己,宽以待人,尽量做到既了解对方的立场又让对方了解自己的立场。四是在社会实践活动中要善于把握机遇。把握机遇首先要识别机遇,给予就是对自己的创业发展提供最为有利的时机。有位研究成功学的学者说过:在 80% 的人都认同并从事的事情,就不再有机遇,而是残酷的竞争了。把握机遇要从社会环境、市场变化、国家发展战略、资金和人员等方面进行综合分析和确认。一旦确认机遇到了,就要当机立断、果断决策、放开手脚、大干一场。

社会实践能力并不是天生的,而是走上社会后慢慢积累社会经验、逐步学习社会知识而形成的。一般而言,刚刚毕业的学生社会实践能力和活动能力并不是很强,而是走上社会后,在实践中不断增长才干、积累经验逐渐提高的。这里所介绍的知识只是提供一个路标、展示一个方向,真正的社会实践能力还要靠自己走上社会后慢慢去体会、去总结、去形成。

(五)经营管理能力

经营管理能力是指创业者在创业活动中对规划、决策、实施、管理、评估、信息反馈及进行调控的能力。它涉及人员的选择、使用、组合和优化,也涉及资金筹集、核算、分配、使用、流动。因此,经营管理能力是一种较高层次的综合能力,是运筹性能力,直接影响到创业者的发展方向、经济效益。经营管理能力的形成要从学会经营、学会管理、学会用人、学会理财等几个方面去努力。

1. 学会经营 创业者一旦确立了创业目标,就要组织实施,学会经营。首先要学会识别天时、地利,学会分析各方面的优势和劣势,学会审时度势。比如,开店办厂的地址选择,就要通过精心挑选,从交通运输、原材料堆放、流动顾客和固定顾客的多少等因素来权衡利弊。其次,要学会形成自己的特色。在茫茫的商海中、在激烈的竞争中只有搞出自己的特色,搞出与众不同的风格,才能立于不败之地。这就要求创业者有强烈的创新意识,不断出台新的产品、新的品牌、新的宣传方式、新的销售方式,逐步形成自己的特色与风格。再次,要掌握诀窍。主要学会灵活的经营手段、经营方式,做到因人而异、因事而异、因时而异、因地而异。美国前总统布什应邀在中国驻美使馆做客时,指着手腕上的手表说"这是中国制造的"海鸥"表,是一位中国友人送的,已经戴了 3 年了,走时准确。"他曾经戴着这块手表去迈阿密海滩钓鱼,海水把他全身都打湿了,但手表走时毫无影响。当时天津手表厂的厂长见到这则消息后,立即通过我驻美使馆转赠总统夫妇一对新型"海鸥"双历石英电子表,并向这对忠实用户致意。之后,引起新闻媒介纷纷报道这则消息,"海鸥"表从此名声大噪、生意兴旺。日本西铁城钟表商为了在澳大利亚打开市场,出人意料地从直升机将手表投到地面上,谁拾得就送给谁,人们见手表从高空中扔下仍安然无恙,足见其防震性能之优,"西铁城"从此名声大振,市场被打开。可见,他们同样是经营手表,因时、因地、因人不同而采取不同的经营方式。这里表现经营的诀窍。

2. 学会管理 创业者往往既是生产者又是管理者,要学会管理。首先,要学会决策。在创业活动中要善于根据实际情况,对生产经营中的有关问题及时做出正确的决策。其次,要学会质量管理。要始终坚持质量第一的思想。质量不仅是物质生产部门的生命,也是从事服务业和其他工作的生命,创业者必须树立牢固的质量观。高质量的生产服务,来源于严格要求、严格管理和精湛的技艺。高质量的产品和服务,可以赢得广大顾客和广阔市场,可以获得更高的经济效益。第三,要学会效益管理,要始终坚持效益最佳原则。无论是创办养殖场还是种植场,或加工厂或其他企业都要讲究效益,效益最佳是创业的最终目标。可以说,无效益的管理是失败的管理,无效益的创业是失败的创业。做到效益最佳要求在创业活动中人、物、资金、场地、时间和设备,都要选择最佳方案运作。做到不闲人员和资金、不空设备和场地、不浪费原料和材料,使创业活动有条不紊地运转。

同时,学会管理还要敢于负责,创业者要对本企业、员工、消费者、顾客以及对整个社会都要有高度的责任感。

3. 学会用人 市场经济的竞争是人才的竞争,谁拥有人才,谁就能拥有市场、拥有顾客。唐太宗曾对臣下说"为政指导,为在用人,用非其才,必难致治。今所任用,必须以德行、学识为本。"为政如此,干大小事业也如此。一个学校没有品学兼优的教师,这个学校必然办不好;一个企业没有优秀的管理人才、技术人才,这个企业就不会有好的经济效益;一个创业者不吸纳德才兼备、志同道合的人共创事业,创业就难以成功。因此,必须学会用人。要善于吸纳比自己强或有某种专长的人共同创业。

4. 学会理财 学会理财首先要学会开源节流。开源就是培植财源,在创业过程中除了抓紧主要项目创收外,还要注意广辟资金来源。比如,利用边角废料及原材料的每次利用来提高效益、增加收入。节流就是节省不必要的开支,树立节约每一个铜板、每一滴水、每一度电的思想。大凡百万富翁、亿万富翁都是从几百元、几千元起家的,都经历了积少成多、勤俭节约的历程。勤俭节约是中华民族的光荣传统,是劳动人民的本色。其次,要学会管理资金。一是要把握好资金的预决算,做到心中有数;二是要把握好资金的进出和周转,每笔资金的来源和支出都要记账,做到有账可查;三是把握好资金投入的论证,每一笔资金的投入都要进行可行性论证,有利可图才投入,大利多投入,小利少投入,保证使用好每一笔资金。总之,创业者心中时刻装有一个算盘,每做一件事、每用一笔钱,都要掂量一下是否有利于事业的发展、有没有效益、会不会使资金增值,这样,才能理好财。

二、创业者的素质

(一) 心理素质

随着知识经济时代的到来,人类社会科学化、知识化、技术化的程度越来越高,对人的心理素质要求也会越来越高。在同等条件下的竞争就看谁的心理素质好,人才竞争在很大程度上取决于人的心理素质。就个人创业而言,创业的成功在很大程度上也取决于自身的心理素质。良好的心理素质除了先天的条件外主要靠后天培养、锻炼和发展。

创业心理素质是指在创业实践过程中对人的心理行为起调节作用的个性特征。研究表明,下列心理素质对创业实践影响较大。

1. 独立思考的心理素质 创业既为社会积累物质财富,又是谋生和立业。创业者首先要走出依附于他人的生活圈子,走上独立的生活道路。因此,独立性是创业者最基本的个性素质。这种素质主要体现在:①自主抉择:在选择开拓创新,不因循守旧,步人后尘。人生道路,选择创业目标时,有自己的见解和主张。②自主行为:在行动上很少受他人影响和支配,能按自己的主张将决策贯彻到底。③行为独创:我们提倡的创业者具有独立性的人格,但这种独立性并不等于孤独,更不是孤僻。因为,创业活动尽管是个体的实践活动,但其本质是社会性的活动,是在人与人之间交往、配合、协调中发生、发展并且取得成功的。因而,离开集体,任何活动都会受阻。为此,创业者除具有独立性素质的同时还应具有善于交流、合作的心理素质。

2. 组织协调的心理素质　在创业道路上,必须摒弃"同行是冤家"的狭隘观念,学会合作与交往。通过语言、文字等多种形式与周围的人们进行有效的交流与沟通,可以提高办事效率,增加成功的机会。在创业过程中,需要与公众和媒体打交道,与外界客户打交道,与单位内部员工打交道,这些交往、沟通,可以排除障碍、化解矛盾、降低工作难度、增加信任度,有助于创业的发展。

3. 开拓进取的心理素质

(1) 机会与风险并存:在市场经济中,机会与风险共存。只要从事创业活动,就必然会有某种风险伴随,而且事业的范围和规模越大,取得成就越大,伴随的风险也就越大。立志创业,必须敢闯敢干、有胆有识,才能变理想为现实。

(2) 看准目标:只要看准目标,判断有据,方法得当,就应敢于实践,敢冒风险。对看准的目标敢于起步,对选定的事业敢冒风险的心理素质又称敢为性;有敢为性的人对事业总是表现出一种积极的心理状态,不断地寻找新的起点并及时付诸行动,表现出自信、果断、大胆和一定的冒险精神,当机会出现的时候,往往能激起心理冲动。

(3) 科学分析:敢为不是盲目冲动,不能凭感觉冲动冒进,而是建立在对主客观条件科学分析的基础上的。

(4) 评估风险:成功的创业者总是事先对成功的可能性和失败的风险性进行分析比较,选择成功的可能性大而失败的可能性小的目标。创业者还要具备评估风险程度的能力,具有驾驭风险的有效方法和策略。

4. 坚持不懈的心理素质

(1) 毅力和意志:创业者需要百折不挠、坚持不懈的毅力和意志。要能够根据市场的需要和变化,确定正确而且令人奋进的目标,战胜逆境实现目标。创业者的恒心、毅力和坚忍不拔的意志,是十分可贵的个性素质。遇事要沉着冷静、思虑周全,一旦做出行动决定,便盯住目标,坚持不懈。

(2) 努力奋斗:创业过程是一个长期坚持努力奋斗的过程,立竿见影、迅速见效的事是极少的。在方向目标确定后,创业者就要朝着既定的目标一步步走下去,纵有千难万险,也不轻易改变初衷、半途而废。

5. 主动适应的心理素质

(1) 灵活适应:古人云:"水因地而制流,兵因敌而制胜。故兵无常势,水无常形;能因敌变化而取胜者,谓之神。"面对激烈竞争,创业者能否因客观变化而"动",灵活地适应变化是创业成功的关键所在。

(2) 以变应变:创业者必须以极强的信息意识和对市场趋向的敏锐洞察力,瞄准行情、抓住机遇,不失时机地、灵活地进行调整。在外部环境和创业条件变化时,能主动适应、以变应变。

(3) 自我调节:善于自我调节、冷静分析、找出原因,用积极态度对待压力、控制压力、缓解压力,甚至消除压力,保持良好的心态,勇敢地面对压力,将不利变有利,将被动变主动,变压力为动力。

（4）主动适应：做到"胜不骄，败不馁"。要善于总结和汲取教训，做出主动适当的调整和"退却"，为将来的"进攻"积蓄力量。认识失败，承认失败，利用失败，在困难和挫折中前进，转败为胜。

（5）总结经验：对取得的成绩和阶段性的成功，要善于总结，找出问题，明确方向。找出保持成功势头和继续不断发展壮大的成功经验，避免骄傲自满，故步自封，方能做到"善胜者不败"。

（二）文化素质

文化素质是一个看不着但能感觉到的品质，是在知识社会中长久保持成功所必须具备的品质。不过中专学历的创业者也不必过分担忧自己的文化素质，文化素质是可以通过多读书、勤思考逐步培养起来的。文化素质的内容十分广泛，几乎无所不包。一个创业者在每天辛勤工作的同时，要想全方位地提高自己的文化修养，只要认真学习文化修养的主要内容即可。一个人的文化素质一般表现为善于在工作中学习，集中体现在思想道德、专业知识和思维方式上。

1. 终身学习　　未来的社会是科技的社会、知识的社会、终身学习的社会。作为一个创业者，不仅要肯于学习，还必须善于学习，具有学习能力。古人都知道"活到老，学到老"的哲理，在科技进步对职业演变影响越来越大的今天，终身学习更是创业者的立身之本。只有不断补充、更新自己的知识和技能，才能在竞争激烈的社会中立足，才能使自己有一个成功创业生涯。现代社会是个终身学习的社会，要树立学无止境的观念，只有肯学习、会学习的创业者，才能在创业生涯中取得成功。

终身学习有以下几种途径：

（1）求学也应该围绕自己的职业生涯规划安排。求学有两种方式：一种是就业后，选择函授的途径学习本专业知识和技能，注重实用性，注意连续性。比如有位护士能做到一边在社区从事护理工作，一边利用工作之余函授学习。另一种是升学，取得高一级或更高一些的学历，以提高职业生涯的起点。当前，中等卫生职业教育是一座"立交桥"，毕业生可以根据自己的奋斗目标和实际情况，既可以选择立即就业，又可以考虑以后是否深造，也可以选择毕业后参加"对口招生"，考取上一级院校学习。

（2）中等职业卫生学校毕业生提升学历的途径主要有4条：①参加"高职"入学考试，进入高等医学院校；②参加成人高考，进入成人高等医学院校；③参加普通高考，进入普通高等医学院校；④参加自学考试，积累单科学分，取得自学高等学历。此外，部分中等职业卫生学校为学生提供了"直通车"，通过5年学习，直接取得"高职"学历。

2. 思想道德　　思想道德素质是创业者文化素质中最主要的方面，是青年人创业成功的必备条件。现代社会创业的特点是"相互依存"，完全依靠个人的力量是难以成功的，只有通过真诚的合作才能得到真正的利益。尤其是医学工作者的思想道德修养，或者叫职业道德养成十分重要。当今社会，众多医疗单位将病人当作上帝，一切以"病人为中心"，目的是为病人提供最优质服务的同时也给自己的单位带来最好的"两个效益"，即经济效益、社会效益。但是有的医疗单位唯利是图，采取繁杂的诊断程序对待病人，甚至使用假劣药物或成倍加价用药以谋取暴利，最终闹得媒体曝光，门可罗雀。作为人民的医疗机构决不能有愚弄病人的想法，只能以先进的技能、优质的服务、真诚的呵护弱势群体，才能赢得病人的称赞、社会的认可。谁能为病人带来更多的健康、微笑，谁就能在医疗市场上立于不败之地。因此，创业者在创办医疗机构的选择上，在医疗事业的运作经营上，不能只将心思全部用在如何赚钱上,而是要思考自己所创的事业是否给众多的病人带来了更多的健康和服务。因为创业者的辛苦劳动成果只有在实现社会价值时才能实现自身价值。

3. 思维方式　人的文化素质不仅体现在思想道德和专业知识方面,而且也集中体现在人的思维方式上,可以说人的思维方式是文化素质的最终表现形式。例如创业者要努力培养自己对事物的好奇心,时刻对周围事物保持强烈的好奇心是创业者不同于常人之处。有一个护士,她经常护理烫伤病人,见许多病人久治不愈而深思。她利用业余时间走访了许多中医,收集了大量资料,最终研制了一种药膏,经临床使用取得了国家专利。如今,她专治各种烫伤的诊所盛名远播,人们纷纷赞誉她是个天才。其实她并非是什么天才,只不过是个善于思考并勇于实践的卫校毕业生,只是对别人习以为常的问题多问些为什么而已。作为一个创业者,要时时刻刻勇于打破自己的思维定式,对一些宝贵的机遇视而不见,从而错过了许多机遇。创业者每当觉得事业没有转机的时候,就应有意识地跳出自己的思维模式,"难则思变",就会"柳暗花明"。

文化素质的修养非一日之功,需要创业者日积月累,遇到事情应勤思考、多总结。聪明的创业者经常能从繁杂的事务中解脱出来,认真思考一下哪些事情是必须要做的,尽量把自己的工作、生活条理化,每天抽些时间反思自己一天来的所作所为,进行分析总结。此外,留一段时间读些书,例如读些名人传记、历史、散文、小说等书籍,如此下去,创业者就会慢慢发现自己的工作、生活变得很有规律,而且自己的头脑变得清新灵活、善于思考,这也意味着创业者的文化素质得到了不断的提高。

(三) 身体素质

创业是最繁重、复杂的一项工作,创业者对此有可能估计不足。创业的初期是艰难的,没有一个好的身体素质很难做好每一件事。由于创业者是带头人,需要统筹一切,方方面面都要照顾到,因而总是非常忙。创业者刚开始都比较年轻,有一股冲劲在支撑身体,但时间长了,就会引起许多健康上的问题,如胃溃疡、神经衰弱、偏头痛之类的创业通病,严重者甚至导致精神失常。有鉴于此,创业者对健康风险要有充分的估计。

创业者面临的健康问题主要来自两个方面:

1. 身体健康　体力透支,过度疲劳有碍创业体力透支,有时饮食又没有规律,长期下来,创业者再好的身体也会被拖垮。成功创业者应具备的基本条件是心智健全、身体健康。一个天生弱智的人是无望获得成功的,因为成功的前提是要有学习的能力,但弱智的人不具备通过学习获得进步的能力。身体不健康,使一个人无法顺利、有效地工作,精力不济,很难成就大业。我们所看到的绝大多数创业成功者都是精力充沛、思维敏捷的人,都是有着健康的体魄、极强的免疫力。造成身体不健康的原因有很多种,如先天遗传因素、不良的饮食睡眠习惯、缺少锻炼、居住与工作环境恶劣、过度负面情绪以及过度自我放纵等等。避免这一情况的办法是在心理上就要做好处理各种纠纷和排解重重精神压力的准备。首先应从体力上、从睡眠上、从锻炼身体上入手,保持充沛的精力和健康的身体。

2. 心理健康　创业者不仅要修身,而且要修心。可以说修炼心态是每一位成功的创业者每天必做的事情。首先,创业者要树立正确的创业观,即创业只是自己生命中的一件事,但并不是自己生命的全部。自己从事创业,只是为活得更精彩,体现生命的价值,而非为了创业而创业。因此,以一种平和的心态来对待创业,不要将创业看得高于一切,高于自己的身体,高于自己的家庭和自己的幸福。创业只是排在健康、家庭之后的一件重要的事而已。这样,即使创业失败,也没有什么,也可以从头再来。其次,创业者要培养自己遇事冷静的习惯,因为只有保持清醒冷静的头脑,才能迅速分辨清周围的形势,做出最正确的选择。创业者一定要修炼成不管在什么情况下,都能以最佳的心态来处理各种事务,千万不要跟人斗气、赌气。要知道自己是为了创造一番事业,不是在与人斗气。因此,在任何情况下,创业者都要培养乐观、自信的心态、宽广坦荡的胸怀。只有修心,才能始终保证你的心理健康。

三、创业成功条件

创业者需要具备的条件包括个性特征、个人能力条件以及商业智慧。其中个性心理特征是创业成功的内驱力,而能力和商业智慧是创业成功的外延保障,它们就像稳定的铁三角,共同构成创业者成功的必需条件,三者缺一不可,互相影响。

(一) 个性特征

个性特征是个体所具备的某种或某些特定潜在的素质,这些素质与个体的知识和能力无关,但却是深层次的,持久性的,是决定个体能否在特定的领域取得突出成绩的关键特点。成功的创业者需要具备的个性特征包括:

1. 自信乐观 创业活动最大的特点就是存在较大的不确定性,创业者走的是其他人不敢走或者没有走过的路,只有自信才能顶住压力,坚持自己的目标,最终取得创业的成功。他们不相信会有外界事物能够阻碍追求并获得事业的成功,充满自信,相信自己的经验和能力,相信自己的所作所为可以改变一切,确信自己能够把握命运。

自信与乐观使他们在困难面前发挥主观能动性,激发潜能,争取事业的转机。即使创业失败,他们也能乐观地将失败看成一次考验与历练,在失败中慢慢成熟,靠自己的毅力成就一番事业。马云对两个人的评价非常高,他说"全世界商界只有两个人跌倒了能重新爬起来,一个是中国的史玉柱;另一个就是美国的乔布斯"。在历经多次沉浮之后,史玉柱感慨道:"我是一个著名的失败者。现在回过头来想想,我觉得我人生中最宝贵的财富就是那段永远也无法忘记的刻骨铭心的经历。段永基有句话说得特别好,他说成功经验的总结多数是扭曲的,失败教训的总结才是正确的。只要精神还在,完全可以再爬起来。我一直有一个概念,失败是成功之母,成功是失败之父。所以,我从来都不怕失败。"

2. 理性冒险 理性与冒险看似是一对矛盾的组合,但对于创业者来说,它并不冲突。冒险不等同于冒进,而需要理性地分析冒险的成本与收益,做到心中有数、在能力范围内进行冒险,而不是一味的激进。创业者在创业前都需要进行细致的市场调查与分析、做出周密的商业计划。伟大的创业者与平庸的创业者之间的差别就在于捕捉机会和规避风险的能力。创业者不是要万无一失地去做事情,而是要去尽量地规避风险获得高回报。

3. 富有激情 满腔热情,能够将不可能变为可能。它是创业家坚忍不拔,永远充满勇气的动力源泉。能使人在逆境中依然保持高昂的战斗力、在面对困难的时候不轻言放弃、在穷途末路时突发灵感、在短暂的失败面前依然感觉到乐趣与价值的存在、在繁重的工作中依然保持充沛的精力。激情源于强烈的个人兴趣,当人做自己喜欢做的事时,激情就会出现。对于创业者来说,做自己热爱的事业干起来肯定更有干劲。如果一个人觉得自己的工作没有意义、不值得去做,往往会保持冷嘲热讽,敷衍了事的态度。这不仅使得成功的几率很小,而且就算成功,他也不会觉得有多大的成就感。

4. 开放的心态 著名管理学家罗宾斯在人格五大模型中将经验的开放性描述成个体在新奇方面的兴趣和热衷程度的一个维度。开放性非常高的人富有创造性、凡事好奇、具有艺术的敏感性;处于开放性维度另一个极端的人很保守,对熟悉的事物感到舒适和满足。开放性程度高代表较容易接受新鲜事物,存在强烈的满足内在需求的欲望,具有创新动力。创业家的创新活动源于其内在的、强烈希望得到满足的需要,因此经验的开放性程度高是创新的一个驱动力,会驱使创业者探索未知领域,促进创新的实现,这种人能够更好地处理组织变革,更容易适应变化的环境,因而也更容易在创业中取得成功。

5. 高成就需要 成就感需要是指争取成功、追求优越感,希望做得最好的需要。在马斯洛需求理论中的是居于最高层次的需求——自我实现的需求,也即体现自我价值的需求。高成就需要者通常会为自己设定有挑战性的目标,然后通过自身的努力去实现,并希望在短时间内得到结果反馈以证明自己的成功。他们渴望将事情做得更为完美,提高工作效率,获得更大的成功,追求的是在争取成功的过程中克服困难、解决难题、努力奋斗的乐趣,以及成功之后的个人的成就感,并不看重成功所带来的物质奖励。

(二)个人能力

具备了以上个性心理特征的创业者仅仅具备了一定的内驱力,能力素质和商业智慧作为外延保障可以有效促进创业成功实现。创业过程中必不可少经营、管理、决策、交际沟通、学习、组建与管理团队的能力。

1. 经营能力 经营是对外的,追求的是效益,追求从企业外部获取资源和建立影响,是扩张性的,关键要积极进取、抓住机会。经营活动是将创业计划变成现实的手段,创业的成功在于把创新思路及计划付诸实践,最后转化为现实,经营能力是创业者实现创业梦想的手段。经营能力包括市场调查能力、市场分析能力等。

2. 管理能力 管理是对内的,强调对内部资源的整合和建立秩序,追求的是效率,是收敛性的,要谨慎稳妥、评估和控制风险。管理能力主要包括战略管理能力、营销管理能力、财务管理能力和资源整合能力等。

3. 决策能力 "决策"的含义是决定对策,决定对策的目的是寻找出最佳方案实现最佳利益。决策在创业过程中可谓无处不在,它贯穿于创业的全过程。最初选择是否创业需要权衡创业的风险,选择在哪个行业中创业需要考虑哪个行业对自己更为有利,选择在何时何地创业能获得最佳效益,选择何种融资方式等等都是决策的过程,决策在管理中扮演的角色也是极其重要的。越是生死攸关的决策越是无章可循的,需要依靠决策者的魄力与经验判断,也即对创业者特别重要的决策能力,有时一个错误的决策会导致满盘皆输,所以决策能力尤为重要。

4. 交际与沟通能力 创业要实现利益,必然要与外部相关利益者进行交流以获得支持,如供应商、顾客、政府、投资者等。创业者需要与供应商沟通供货的时间与数量,需要与顾客沟通以实现销售,需要与政府沟通以获得政策支持、了解行业信息,需要与投资者沟通以获得投资,需要与员工沟通与完成日常公司事务,沟通是最为普遍的一种交际方式。掌握沟通的技巧能够使得沟通信息被信息接收者接收得更完整、理解得更正确,避免发生误解,确保沟通的有效性。因此创业者必须要具备一定的交际与沟通能力。交际能力运用到创业过程中,可以表现为激励能力、沟通能力、谈判能力以及演讲能力。一番慷慨激昂的讲话能够作为一种激励方式,激励员工面对公司困难时仍然可以齐心协力、斗志昂然,不计较个人得失得为组织付出,这或许可以拯救一个企业于死亡的边缘。在公司正常运作过程中,也需要与员工加强交流,唤起他们工作的热情,让他们看到工作的意义与目标,使他们全身心投入到工作中。

5. 学习能力 学习能力是指以快捷、简便、有效的方式获取准确知识、信息,并将它转化为自身能力的本事。在工作中,学习能力表现为积极地获取与工作有关的信息和知识,并对获取的信息进行加工和理解,从而不断地更新自己的知识结构、提高自己的工作技能。每个人的学习能力存在不同,要想在创业中赶超别人获得成功就得有很强的学习能力。创业中很讲究悟性与学习,因为创业不是一个有老路可走的过程,需要从其他的事物中总结经验,领悟其中的奥秘、举一反三,能否做到这些取决于创业者的学习能力。

6. **团队组建及管理能力** 创业需要整体的综合能力,相比较单个创业者的个人能力是有限的,因而需要组建一个优势互补的团队,发挥集体的智慧,避免个人主观臆断造成损失。团队创业中,创业团队的质量是影响创业成败的关键因素,为了提高创业成功的概率,特别需要关注组建与管理创业团队的方法。创业团队的组建工作为创业搭建平台,是一项复杂而慎重的工程。一个好的创业团队能够达到 1+1>2 的效果,反之,团队成员不能形成合力,会影响到整个创业的成效,其至导致创业项目的破产。组建团队前,创业者要确定招募人员的标准,包括硬件标准与软件标准(硬件标准 = 创业所需资源 + 已有资源 + 外部资源支持;软件标准 = 兴趣爱好 + 价值观 + 生活背景),在确定标准之后有针对性地寻找出潜在的合作伙伴,提供一定的诱因诱使其加入创业团队。已组建的团队是一个动态组织,团队成员的流动性、工作态度以及成员间的冲突直接影响创业绩效,最好的办法是激励与管理成员,保持团队的合力与团队成员的士气,发挥最大效用。掌握激励技巧的关键点是依据成员的需求选择激励的方式,团队管理的关键点是要正确辨认团队内部冲突性质并区别对待,构造自由的环境鼓励认知性冲突、加强沟通避免情感性冲突、设立科学程序调解情感性冲突、采取措施避免认知性冲突转化为情感性冲突,管理的另一个关键点是合理运用制度及组织的力量将团队成员规范地组合在一起,使团队有规范而不乱。

(三)商业智慧

企业定向及经营运作中的决策易受创业者个体的影响,多依据创业者的商业眼光、对行业的把握能力以及人格魅力而定,有时候甚至由创业者本身在某一时段的状态、价值观所左右,因此创业成败与否又增加了很多偶然因素,这就是创业的魅力所在。

1. **商业眼光** 商业眼光是运用已有的经验和知识,对问题从总体上直接加以认识和把握,以一种高度简练、浓缩的方式洞察问题的实质,并迅速解决问题或对问题作出某种猜测的思维形式。眼光在寻求商机和科学发现等创新行为中具有极为重要的作用,商业眼光是一种内在本能,但本能不是天生的,来自于经验的积累。通过以往的工作经历,善于总结各种经验,对宏观微观经济形势以及各种商业运营的态势做到心中有数,善于把握做生意的基本技术和技巧。这样,对商机和市场的判断,创业者就可以在很大程度上靠自己丰富的想象力、直觉和灵感,且应是正确的时候多于错误的时候。因为,所谓的商业眼光其实就是经验和水平的一种厚积薄发的表现。

2. **行业把握能力** 每个行业都有其自身的经营之道,创业者首选自己比较熟悉的行业会有一定的优势,因为行业知识的积累是一个比较漫长的过程,同时也是潜在进入者的进入壁垒,一定程度上可以起到保护作用。很多创业者一辈子工作在同一个行业中,因为他们在这个行业积累了丰富的经验,对行业的把握能力比较强,熟悉行业的规则。

3. **个人魅力** 创业者的个人魅力是指道德风范、知识修养、心理素质、仪表等方面的综合体现,是一种权力、职位之外的对他人的影响力、感染力和号召力的总和,它是领导者与员工建立良好关系的基础。人格魅力一旦形成和塑造起来,能够让下属及团队信服和敬仰,在创业者实践中会产生多方面的积极效应,为创业者建立良好的人缘奠定坚定基础。

总之，创业者是企业的灵魂，创业者的条件关乎企业的生死命脉，条件未成熟前切忌贸然行动。每个创业者都应提前审视自己，正确做出自我定位、找出差距并努力提升自己直至具备必需的创业条件。

 就业经历

创业成功案例分析

创业者：乔治

成功经历及解析：

乔治不是外国人，而是个地道的中国人。10年前，乔治还是南京街头的一个问题少年，喜欢跟人动拳头打架。长大以后的乔治决定干点正经事，他参加了厨师培训班，技术学得不错，但是快毕业时，他却发现自己对烹调没有什么兴趣。他感兴趣的是理发，现称美发。他发现当一个发型师是那么美妙的一件事情。所以，他放下勺子，拿起剪子，先在南京，后又到上海，苦练起了美发技术，并且很快就显露出过人的才华。1996年，香港明星张敏在上海开了一家名叫露莎莲妮的高档发型屋，乔治正式出师，当上了露莎莲妮的一个技师，帮人洗发烫发染发，但是没几天老板就发现了他在发型设计上的天分，破格将他晋升为发型师，与从香港、法国、新加坡聘请来的发型师平起平坐。后来乔治又辗转于杭州等地一些发屋做发型师，目的是磨炼自己的技术。时机成熟后，乔治开始了自己的创业生涯。因为缺乏资金，他无力租赁繁华的店面，只能在杭州一个偏僻的角落接下一家别人经营不下去的发型屋，改造后打出了自己的名头：乔治发型设计中心，时为2000年3月18日。开始时因为地段不好，乔治的生意很不景气，但过了不久，就有很多过去乔治在别的发型屋做设计师时的忠实"fans"跟踪而来，这样一传十、十传百，不久大家就都知道杭州那个发型做得最好的"乔治"现在自己开了一家发型设计中心。乔治很快就走出了困境。仅仅过了一年多，乔治的发型中心就变成了发型广场，面积达500多平方米，紧跟杭州那些财大气粗的美发巨无霸如新爱情故事、阿伟、东方名剪等，成为杭州美发市场的一个后起之秀。

对于创业者和投资者来说，有一句不得不记住的老话，叫做"不熟不做"。创业最简单的方法就是从自己熟悉或有专长的事情做起，一般可以起到事半功倍的效果，大大减少创业过程中的波折。这样的案例有很多，不必到报纸上、电视上去寻找，在我们身边就俯拾即是。为了提高成功的机会，减少失败概率，在动手之前，你必须：第一，冷静评估你所拥有的资源，包括你的社会关系、你的专业特长，并评估其所蕴含的商业价值，寻找你创业和投资的着力点。有时候有些人可能拥有很好的软硬件资源，却因为没有找好着力点，第一步就踏错了地方，导致创业过程跌宕起伏，经受了许多原本可以轻易避免的波折，甚至有人因此而一蹶不振。第二，资源可以建立，知识可以学习。如果经评估，你现在还不具备创业的必要资源和必要特长，那么，你可以先不忙于动手。你可以给自己宽容一段时间，来为自己将来的创业组建资源，学习必要的技术和其他方面的知识，就像乔治所做的一样。乔治如果没有在以前为别人打工时积累的大量"fans"，后来的创业很难说会是什么样子，至少是绝对不可能那么快就取得成功。在这方面，技术是乔治拥有的硬资源，大量"fans"则是他拥有的软资源。前者是因，后者是果。到乔治自己动手开始创业时，前两者都变成了因，而成功则变成了果，这就是事物的逻辑。小本创业者大多底子薄,经不起太多折腾,在这方面一定要慎之又慎,不打无准备之仗。第三,不是任何资源包括专业知识、技术特长都有商业价值。创业者和投资者在评估自己所拥有的资源时要尽量避免"自我感觉"。很多创业者和中小投资者因为缺乏经验,容易凭"感觉"行事,有时候这样做确实有助于抓住机会,但多数时候这样做有害无益。如果你对自我评估没有信心,那么,你可以请你的朋友和家人一起来帮你进行评估。

 课堂思考

某卫校毕业生根据自身的条件认为可以独立创业,但是不知道如何选择创业项目? 您能帮她提个建议?

第二节 创业项目的选择

创业最忌讳盲目跟风,准确选择项目是成功创业的关键,如果项目不可行,即使付出再大的努力,最终还是失败。那么,如何选择项目? 本节介绍了"中职生的创业优势"、"项目选择前的市场调查"、"项目选择途径与方法"以及"项目评估",同时就时下热议的"大众创业万众创新"政策进行了介绍和解读。

一、中职生的创业优势

(一) 大众创业、万众创新是时代要求

1. **政策提出** 2015 年 2 月 10 日,李克强总理邀请 60 余名外国专家举行座谈。关注中国"大众创业、万众创新"的诺贝尔经济学奖得主埃德蒙德·菲尔普斯提到,中国经济新引擎将带来的"非物质性好处"。他说:"如果大多数中国人,因为从事挑战性工作和创新事业获得成就感,而不是通过消费得到满足的话,结果一定会非常美好。"

李克强总理提出"大众创业、万众创新",以简政放权的改革为市场主体释放更大空间,让国人在创造物质财富的过程中同时实现精神追求,这是本届政府一直努力的方向。

为贯彻落实《国务院关于大力推进大众创业万众创新若干政策措施的意见》有关精神,共同推进大众创业万众创新蓬勃发展,国务院同意建立由发展改革委牵头的推进大众创业万众创新部际联席会议制度。

2015 年 5 月 7 日,中共中央政治局常委、国务院总理李克强先后来到中国科学院和北京中关村创业大街考察调研。他强调,推动大众创业、万众创新是充分激发亿万群众智慧和创造力的重大改革举措,是实现国家强盛、人民富裕的重要途径,要坚决消除各种束缚和桎梏,让创业创新成为时代潮流,汇聚起经济社会发展的强大新动能。

2. **政策解读** 对大众创业、万众创新来说,"专业人士"也不是天生的,而是在市场历练中培养成长的。"双创"可以促使众人的奇思妙想变为现实,涌现出更多各方面的"专业人士",让人力资源转化为人力资本,更好地发挥我国人力资源雄厚的优势。另一方面,采取包括"双创"在内的各种方式,允许和鼓励全社会勇于创造,大力解放和发展生产力,有助于

社会最终实现共同富裕。

当前,大众创业、万众创新的理念正日益深入人心。随着各地各部门认真贯彻落实,业界学界纷纷响应,各种新产业、新模式、新业态不断涌现,有效激发了社会活力,释放了巨大创造力,成为经济发展的一大亮点。

"双创"有助于推动我国经济结构调整、打造发展新引擎、增强发展新动力、走创新驱动发展道路。要使经济实现健康持续发展,离不开大量的市场参与者、灵活高效的调节机制和竞争有序的市场格局。无论是大众创业,还是万众创新,都少不了一个"众"字。对于中国这样一个庞大经济体而言,如果只有少数市场主体参与,显然难以满足全国统一市场的需要。许多地方经过发展认识到,"活力增长财力,人气带来财气"。推进"双创",既可以在最大范围内推动人财物等各种市场要素自由流动,更可以倒逼不合理的体制实现改革突破,最终提升整个经济的运行效率。

更为难得的是,各种新兴技术尤其是"互联网+"的快速发展,已经让普通人有了更多的创新创业机会。近年来,宽带网络速度大幅提升、移动通信终端广泛普及、生产管理的自动化程度提高,众筹等新的商业形态有助于形成风险共担、利益分享机制,这让有梦想、有意愿、有能力的人有了广阔的平台施展拳脚。

（二）青年人敢想敢干,适合创业

中职毕业生年龄一般在18~20岁之间,精力充沛,具有好动、好奇、好胜等特点,有利于青年人的创业活动。古往今来,不少青年人凭借初生牛犊不怕虎的精神,大胆创新,勇于实践,取得了事业的成功。正所谓自古英雄出少年:伽利略17岁发现了钟摆原理;爱迪生21岁取得了第一项发明专利。

实际上,这一代人应该被称为是具有创业精神的一代人。根据巴布森学院的一项调查,年龄在25~34岁的美国人中有近10%积极致力于创办自己的公司,至少是其他年龄段人的3倍。创业成功的典范比尔·盖茨说"这是一个绝好的生存时代,从来也没有这么多的机会让人去完成以前根本无法做到的事情"。这个时代是创业的时代,是青年人发展的时代。青年人有自身的创业优势在,好好利用自身的优势就完全可以在商机无限的市场上胜出。

（三）中职生具有创业的知识技能

中职生通过在校的学习,不但具有一定的专业理论水平,而且又具有一定的实践技能。同时中职生的表达能力、社交能力和运用现代化工具等能力在学校已得到初步的训练。当这些知识和技能达到一定程度时,就可以转化为一种职业能力。这种职业能力是创业者必备能力,它可以在创业实践中发挥作用。大连美容学校中职生姜学杰,对所学专业执著追求,二年级就参加了省级美容大赛,获得第三名的好成绩。他职校毕业后,拒绝了高薪聘请,自己创业办起了美容店。由于他技艺高超,服务周到,美容院生意非常红火,用自己的行动为中职生树立了创业者的形象。中职生创业大有作为。

中职生创业必须具备一定的创业素质,中职生通过接受创业教育,可以提高自己的创业素质,具备一定的创业能力。在《就业与创业指导》课上,学习了创业的基本知识,形成创业意识,增强创业的心理品质,提高创业能力。在创业课上获得创业能力,对今后自主创业将产生巨大的推动作用。

二、项目选择前的市场调查

市场是生产经营的前提,是企业生存和发展的空间,没有市场,创业就是一句空话。选择项目要注意市场调研,创业项目的选择要依靠数据的理性分析而不能仅凭感性的主观意识。市场调查的目的在于发现可开发的市场空间,可选择的产品或服务,在市场调查过程中寻找机会,寻找项目。只有通过市场调查,才能搞清应该做什么,可以做什么。有一位创业者在南方打工十多年,决定回乡创业,准备投资开办一家高档卫生洁具店,那么他首先要考虑的问题,就是在他所处的这个地区有没有消费市场,市场容量有多大,市场饱和程度及可否进入等。项目选择取决于三个要素,即需求+专长+资源,专长是创业者主观方面的因素,需要对自己有一个全面的评价,而需求和资源,则需要通过市场调查。选择项目一般应从以下几个方面开展调查:

(一)供求状况调查

这是对市场主体的调查,包括对生产者和消费者两级的调查。首先是需求量的调查,包括实物需求量和购买力的调查,目的在于了解所选项目是否有需求,有没有能力实现需求;其次是供应量的调查,即目前市场上某种产品生产者投放市场出售的商品量,目的在于了解市场饱和程度,进入市场后的发展空间。同时,还要了解作为生产经营者可从市场上获得的原材料或货源量,这是制约企业发展规模的重要因素。

(二)商品变动调查

这是对市场客体的调查,包括供求变化、产品更新换代变化、替代品的变化、价格的变化等。商品变动情况调查,实质上是对商品生命周期进行的调查,通过调查以了解所选择的产品或服务的生命周期处在哪一个阶段,如果处在萌芽期或成长期,那么进入的价值就大。同时,与其相关的可替代品有什么变化,对所选择的项目有什么影响等等。

(三)消费者行为调查

这里主要是指消费者购买行为,包括消费者购买动机、购买行为趋势及购买行为特性,目前及未来消费者的消费水平、消费心理、消费行为的变化以及影响消费心理和消费行为的各种因素。同一产品或服务,会因不同区域不同、人群不同、消费行为不同而表现出极大的差异性,在甲地区可行,但在乙地区不一定可行,消费者行为调查的目的,就在于确保项目选择能遵循消费行为的变化规律。

(四)竞争者调查

这是对即将进入行业的调查,竞争者是指与企业生产经营相同或类似产品的企业和个人。企业的生产营销活动总会受到一群竞争对手的包围和影响,企业要想进入到某一领域并在市场竞争中获得成功,就必须了解竞争对手。选择创业项目,必须是建立在对同行全面了解的基础上,才能确定是否可以进去,是否有发展空间,是否有能力参与竞争,是否有发展前途等,这是至关重要的不可或缺的环节。否则,进去后再退出来损失就大了。

(五)市场环境调查

市场环境是与企业生产经营活动相关的各种因素和条件,企业生产经营的关键,就在于企业能否适应不断变化着的市场环境。市场环境包括宏观环境和微观环境:宏观环境是一定区域人口、经济、政治法律、社会文化以及生态环境等一些大范围的社会约束力;微观环境是对企业的生产经营活动产生直接影响的环境因素,主要包括企业内部环境、供应商、中间商和服务商、顾客、竞争者等。此外,还有行业背景,包括行业发展规模、阶段、饱和程度,行业的区域分布、各类型所占份额等。

(六)市场预测

经营的关键在决策,决策的关键在预测。调查的结果是要对未来市场做出准确的判断,市场预测就是运用科学的方法,在对市场进行充分调查研究的基础上,分析和预见其发展趋势,为项目选择提供可靠依据。市场预测包括市场潜量预测、市场销售水平预测、生产经营资源预测、产品竞争能力预测以及价格即成本预测等。

三、项目选择途径与方法

(一)项目选择途径

项目选择一般有以下几个途径:一是从消费需求变化趋势中寻找项目,如私家车消费发展、软件业发展等;二是从某个固定消费群体寻找,如企业集中的生活区、高校大学生群体等;三是从市场空隙寻找,初次创业最好是从干小事、求小利干起,做别人不做的事,当然,虽然是小事但一定是有发展前途的;四是从经济社会发展趋势寻找,如国家一定时期重大决策、地方政府发展规划。作为创业者,要关注时事政治,关心国家、地方政府做出的社会经济发展规划,尤其是中央、国务院每年召开的经济工作会议、农村工作会议,因为这些会议都是对新的一年所做的部署和安排。

(二)目标市场选择

目标市场是生产经营服务对象的一个或几个细分市场。细分市场是根据顾客之间需求的差异性,把一个产品市场整体划分为若干个顾客群体,每一个由需求特点相似的顾客组成的群体构成一个子市场,如服装市场可按年龄分为儿童市场、青年市场、中年市场、老年市场。没有任何一个企业能够满足所有消费者的需求,企业只能根据自身的技术力量、物质资源及管理能力等条件,在正确细分市场的基础上,找准适合自己的、有自身优势的项目,满足消费者的特定需要。选择目标市场,应具有一定的市场发展潜力,避免"扎堆",要符合自己的目标和能力,具有内在竞争力。

(三)经营类型选择

选择项目,在很大程度上还决定于企业类型和规模,对资金有限的创业者建议考虑选择:①所需投资不多的劳动密集型行业,如服装、食品加工、印刷包装、工艺品、电子仪器等;②为某些大企业进行零配件加工的行业;③维修、快递、家政、清洗、保健等便民、利民服务行业;④开餐厅、面店、小百货店等;⑤加盟连锁经营,药店,化妆品店等。

在农村创业,还可考虑选择:①承包土地,实现集约化、规模化经营;②举办特种养殖和种植;③举办家庭副业,如开办农家乐;④从事生产经营服务,如农资销售服务、农机专业服务等;⑤建立专业合作组织等。

四、项目评估

1. **市场评估**　在市场调查基础上,对所选项目的市场需求、市场发展前景、市场利益空间、市场可占有份额等进行的综合分析和评价。

2. **条件评估**　主要是对创业项目所需人、财、物、技术等的可能性进行的论证,有需求、有钱赚,但不一定有能力做,如开办加工厂,包括场地、资源与原材料、燃料电力、交通通讯以及周边环境等,缺一不可。

3. **经济规模评估**　投资的直接目的是以最少的投入获取最大的效益,经济规模评估就是根据技术、资金、市场等条件,论证所选项目可能达到的规模,这一生产经营规模对投资效益目标的可实现程度。

4. **投资概算与筹措**　亦即资金需求、筹资方案(自有资金、借入资金)等。柳传志有一句名言:"没钱赚的事不能干！有钱赚但是投不起钱的事不能干！有钱赚也投得起钱但是没有可靠的人去做,这样的事也不能干！"很是值得初创者借鉴。

5. 效益分析　包括项目生命周期、成本费用、销售收入、税收利润等,效益分析建立在对两个项目对比分析基础上,通过对比,选择最优项目。

6. 环境评估　从国家、地区、行业发展导向和趋势角度,对所选项目生产经营所处的政治、经济、社会等有利与不利因素进行分析,以决定你的项目能够走多远。如政策与法律环境,创业项目应该是国家和法律允许准入的行业和领域。

7. 风险评估　创业意味着投资,投资就有风险。制约企业发展的风险因素包括市场风险、自身风险和其他风险,一般情况下报酬率相同时人们会选择风险小的项目;风险概率相同时,人们会选择报酬率高的项目。

 创业经历

网上开店来卖菜

上海信息技术学校中职生张昕毕业没几年,开了家农产品店,继而又开办"绿悠悠"电子商务网站,称得上是首批蔬菜农作物"网上超市"之一。近日,"绿悠悠"网站引进风险投资,创业前景看好。

张昕在中职校学的是计算机专业。2004年毕业那年,他集结同学中的"电脑高手"成立了一家"电脑设计工作室",当时接洽了几宗"大生意",帮索尼等企业制作官方网站。毕业后,他开了家IT公司,从事广告设计。

2007年10月,和朋友思想"碰撞"后,张昕想在"网上超市"进行尝试。张昕做了小型的市场调查,发现当时淘宝等电子商务网站上农产品还是个空白点,因为它的网上购物人群还没形成。家庭买菜的多以老人为主,他们不是网络购物的主力消费者。于是,张昕把创业范围缩小在"有机蔬菜"领域,定位于白领家庭。2008年初,张昕投资30万元,在安远路开了间180m²的"绿悠悠"农产品店。

因为年轻,张昕的想法与众不同。一次市场考察中,江西农业局一位负责人向他介绍:他们那儿的鸡蛋是绿色的壳,蛋清和蛋白更有营养。民间有一种说法更吸引人:土鸡中极少有产绿壳蛋的,母亲都留给最疼爱的孩子和最尊敬的老人食用,因为它能提高小孩免疫力,治疗老人头晕、目眩等疾病。张昕听后顿受启发——现在卖东西都是卖商品,我能不能"卖故事"？

回上海后,张昕将店里几十种商品一一归类,从网上搜集了从产地到用途等的各种信息,编成一个个"产品故事",教消费者怎样从颜色、大小、形状等细节分辨农产品的好坏,并把一些有机农作物和各项身体健康指标"对号",比如东北某个品牌的黑木耳吃了可以软化血管等。用这些方法张昕的网上菜店越来越红火,销售额直线上升。

 课堂思考

李敏卫校毕业后,在父亲的帮助下想自主创业,她想办一个小企业独立经营,在摸索中壮大,对于如何实施创业计划,您能给她一些建议吗？

第三节　创业计划的实施

　　创业是一个说的人多，做的人少，成功的人更少的一件事。很多的中职生都是在一时的冲动之下去准备创业，结果由于没有什么准备落得个惨败而归，不仅经济受损，信心也受到打击。先要创业成功，很多的前期准备工作做好了，必会实现事半功倍的效果。那么，如何尽可能地提高中职生创业的成功率，应该从以下几个方面入手：

一、创业项目筹备

（一）有一份完整的创业计划书

　　创业必须制订一个完整的、可执行的创业计划书，即可行性报告，主要回答你所选的项目能否赚钱、赚多少钱、何时赚钱、如何赚钱以及所需条件等。回答这些问题必须建立在现实、有效的市场调查基础上，不能凭空想象，主观判断。根据计划书的分析，我们再要制定出企业目标并将目标分解成各阶段的分目标，同时订出详细的工作步骤。

　　1. 编制计划书的意义和原则　经过深思熟虑形成的计划是创业者作为未来执行、追踪、考核、修正及控制的依据，一份合理的创业计划书，可以使创业者少走弯路，节约时间和精力，更有效地实现预期的目标。其意义在于：

　　（1）展示创业者的能力和决心：一份好的创业计划书就是一份创业的可行性报告。计划制订建立在创业者对小企业调查研究的基础上，也是建立在对自身创业条件和能力分析基础上的，计划制订的本身展示创业者的能力和决心。

　　（2）增加创业的成功率：创业计划书应该包括创业目标和实现目标的措施等，创业的过程实际上是实施计划的过程。制订创业计划可以进一步明确创业目标，落实创业措施，减少失误，增加创业的成功率。

　　（3）保证创业有序进行：创业计划反映了创业者的经营思想、经营策略以及对创业项目的心智投入。创业过程中先做什么，后做什么都是按计划要求进行的，创业计划书可以保证创业工作有序地进行。

　　要编制一份内容翔实、准确，对今后的经营活动有指导意义的创业计划书，需要体现以下原则：

　　（1）信息的正确性：处在信息社会的今天，创业者可以通过许多方式获得信息。对于收集到的信息进行去伪存真，去粗取精，选择对自己创业有价值的信息加以保存、使用。正确的信息可确保计划的准确。

　　（2）内容的完整性：创业计划书要详细描述企业的方方面面和创业者的想法。一份内容完整、详细的计划包括封面、目录、执行摘要、业务概览、经营性计划、销售计划、财务计划、法律要求、企业创办者的计划及附录等十个方面。

　　（3）叙述的简洁性：计划书的行文应当语言平实，通俗流畅，避免使用过多的专业术语或华丽辞藻，使阅读者看不懂。

　　（4）计划的可实施性：计划是对未来行动的一种预测，要将预测变为指导未来行动的依据，就需要对计划进行不断的评估，脱离实际的企业构思，是创业的陷阱，通过经常性的评估，可确保创业项目的正常运转。

　　2. 创业计划书的主要内容　信息的准确性和计划内容的简洁性是制订企业计划书的

两个重要因素。完整的企业计划书要针对阅读对象,内容上有所侧重。一般来讲,一份较为完备的创业计划书的内容应包括以下九个方面:

(1)封面:封面应标明企业的名称、地址、电话、电子邮件地址、网址、制定日期、作者等。

(2)目录:目录实际是计划导读图,企业计划应分成若干部分,并把各页都标上页码。目录中应该列出主要内容及页码。如果计划需要保密,可在目录的末尾显著位置写明保密声明。

(3)执行摘要:执行摘要是向读者提供公司的概览,主要说明以下内容:对企业的表述;说明企业的类型、介绍提供什么样的产品或服务、企业的远景目标;企业的核心管理层:包括企业的所有者、主管人或者经理的姓名;企业的经营宗旨及企业文化;项目所需资金及预计从何处获取。

(4)业务概览:业务概览主要概括企业的经营目标,要求说明以下内容:企业所确定的短期、中期和长期目标及实现这些目标的期限;该项目设立的依据;企业将采取何种所有制结构及具体的公司类型;企业主要管理人员以及他们的背景资料。

(5)经营计划:经营计划就是把战略计划中的大目标落实为小目标和任务,通常经营计划考虑 12 个月范围之内的事情,处理的是企业业务面临的比较迫切的问题;不管公司属于何种行业,都必须说明需要多少员工和资金来完成日常业务;在经营计划的最后部分,提出影响企业经营发展的关键问题以及处理与解决这些问题的策略。

(6)销售计划:销售计划应包括以下内容:市场调查与分析的结果;对竞争对手的分析,包括:有哪些竞争对手、经营了多长时间、市场占有率、产品内容;确定目标市场,订立长期合同客户的详细情况,促销及广告战略;说明本企业具备哪些竞争优势及如何利用这些优势;有关现有市场的范围、人数、销售额,以及市场性质、形势的详细情况;企业提供的产品和服务;公司业务的周期性和季节性;有关销售方式的详细情况;公司的选址、费用情况以及阐明选址的原因;举例说明价格政策;未来的市场走势及机遇。

(7)财务计划:财务计划应包括以下内容:所需的固定资金、固定资产的详细情况;所需流动资金及计算资金数额的方法;已有资金及来源,资金缺口及筹措方向;资金周转预测;盈亏预测。

(8)法律要求:将国家、地方的有关法规要求以及对许可证、注册和特别资格要求的相关文件附在上面。

(9)企业创办者的计划:企业创办者个人资料不但有助于阅读者增强信心,而且良好的履历有助于同员工之间的沟通和获得贷款等帮助。个人计划包括:经营公司的收益与风险;评价自身的长处与短处;如何管理自己,包括时间的管理及如何应对外来压力等;个人目标;培训计划。

3. 创业计划书的可行性评估　计划是对未来行动的一种预测,要想使这种预测转变为指导未来行动的可靠依据,就需要实施评估。计划的评估要请有经验的专业人士进行,以确保评估的准确性、及时性。

对计划的评估应当是经常性的,并贯彻在计划的细节中。在计划的执行过程中,要随时根据企业的外部环境的特点和内部因素,对计划不断进行调整。通常,外部环境对计划的影响具有导向性作用;内部因素则可以通过不断考核企业的财务、销售、经营、人员效率、设备设施的运转等方面的情况,随时加以评估。只有经过不断修改、调整的计划,才能适应市场,才能对企业的经营起到指导作用。

(二) 要有周密的资金运作计划

资金如同企业的粮食,要保证企业每天有饭吃,不能饿肚子,就要制订周密的资金运作计划。在企业刚启动时,一定要做好3个月以上或到预测盈利期之前的资金准备。但开业后由于各种情况会发生变化,比如销售不畅、人员增加、费用增加等等,因此要随时调整资金运作计划。而且,由于企业资金运作中有收入和支出,始终处于动态之中,创业者还要懂得一些必要的财务知识。

(三) 为自己营造一个好的氛围

中职生创业由于缺少社会经验和商业经验,如果把自己独立放到整体商业社会,往往会难以把握。这时可以先给自己营造一个小的商业氛围,进入行业协会是比较有效的一条途径。创业者可以借助行业协会了解行业信息,结识行业伙伴,建立广泛合作,促成自己在行业中的地位和影响。同时,创业者可选择一个能提供有效配套服务的创业园区落户,借助其提供的优惠政策、财务管理、营销支持等服务,使企业稳定发展。另外,还可以找一个经验丰富的企业管理咨询师做企业顾问,并学会借助各种资源,学会和各方面的人合作,千方百计给自己营造一个好的商业氛围,这对创业者的起步十分重要。

(四) 从亲历亲为到建立团队

企业不是想出来的,是干出来的。中职生年富力强、头脑灵、点子多,但在创业的初期,受资金的限制,在没有形成运作团队之前,方方面面的事情必须自己去做。只有明确目标不断行动,才能最终实现目标。在做事的过程中,要分清主次轻重,抓住关键重要的事情先做。当企业立了足,并有了资金后,就应该建立一个团队。创业者应从自己亲历亲为,转变为发挥团队中每一个人的作用,把合适的工作交给合适的人去做。一旦形成了一个高效稳定的团队,企业就会跨上一个台阶,进入一个相对稳定的发展阶段。

以上的四个方面,可以说是你在创业的初期必须要做好的准备,只有做好了准备,才能在创业的这场战争中获得最终的胜利,实现你的目的。

二、创业项目运营

创业既需要志向和胆识,也需要智慧和实干。创业成功离不开切实可行的创业途径,每一个创业者都要根据自己的实际情况和市场需要选择适合的项目和方式,也要了解一些创业过程中的基本程序和必备条件。

(一) 小企业的类型

小企业的组织形式和经营方式是许多创业者的共同的选择。本课主要介绍小企业的形式、特点,创办小企业的程序、方法以及资金的筹集和员工的招聘等,能帮助我们走上创业的成功之路。

1. 小企业的形式　创业者在初创企业时,由于资金和经验的缺乏,一般不容易设立大型企业,所以小企业就是大多数创业者的首选。小企业一般是指规模较小或处于创业和成长阶段的企业,包括规模在规定标准以下的法人企业和自然人企业。在我国,小企业的法律形式主要有4种:个人业主制企业、合伙制企业、有限责任公司和特许经营。它们在责任、风险、税收义务以及政府的管制方面有所不同,各有利弊。

(1) 个人独资企业:也称个人业主制企业,是指依法在中国境内设立的,由一个自然人投资,财产为投资人个人所有,投资人以其个人财产对企业债务承担无限责任的经营实体。

(2) 合伙企业:指依法在中国境内设立的,由合伙人订立合伙协议,共同出资,合伙经营,共享收益,共担风险,并对合伙企业债务承担无限连带责任的营利性组织。合伙企业常常采用书面协议,即以合伙经营合同的形式确立收益分享或亏损责任。这类企业仍属"自然人企业",合伙人以其家庭财产对企业债务负有无限连带责任。

(3)有限责任公司:有限责任公司是"股东以其出资额为限对公司承担责任,公司以其全部资产对公司的债务承担责任"的企业法人。

(4)特许经营:特许经营是介于独立企业家和受雇于人之间的一种经营方式。与经营其他小企业相比,既有许多独立经营的吸引力,同时又避免了一些风险。例如,特许权授予方和接受方的失败率都远低于小企业的总体平均值。例如各种服装专卖店、家电专卖店、药店等。特许经营主要有以下几种形式:代销、制造许可证、使用名人名字、商标、经营方式等。

2. 小企业的特点 我们把小企业作为一个整体,与大型企业相比较,具有一些共同的特点:

(1)规模小,投资少,见效快:这一特点适合创业者初期资金缺乏,经营管理经验不足的实际情况。一般而言,小企业所需的资金额和技术力量"门槛"较低,投入少,见效快,投资与见效的周期相对较短,创业者可以通过较少的投资和小规模的企业积蓄资金,丰富经验,熟悉市场,为将来的发展奠定基础。

(2)对市场反应灵敏,经营灵活:小企业经营灵活,形式多样,应变能力较强,具有以新取胜的内在动力和保持市场活力的能力。而且可以选择的经营项目较多,进入市场比较容易,经营手段灵活多变,适应性强。小企业可以根据市场变化较快的特点调整其产品结构,改变生产方向,甚至转行,从而较快地适应市场新的需要。

(3)数量众多,分布面广,环境适应能力强:对资源获取的要求不高,能广泛地分布于各种环境条件中。小企业数量众多,分布面广。小企业的经营范围很广,几乎涉及所有的竞争性行业和领域,尤其是集中在一般加工制造业、农业、采掘业、建筑业、运输业、批发和零售贸易业、餐饮业和其他社会服务业等。

(4)管理水平较低,竞争力较弱:受市场和外部冲击的影响较大,在获取资本、信息、技术等服务方面处于劣势,管理水平较低。由于小企业在生产规模和资本积累方面的劣势,使其劳动生产率低,生产成本高,在市场上缺乏竞争力。小企业缺乏足够的资本积累,创业资本和营业资本相对匮乏,而且因资信程度较低,筹措资金十分困难。产品和技术大多数属于模仿性质,独创和有特色的产品少,很难与拥有充足资金、技术成熟的大型企业、外资企业相抗衡。加上小企业缺乏全面引进设备和技术的资金来源,而自身又难以承担基础研究和科研创新的任务,就使得小企业在市场竞争中始终处于被动局面,倒闭的可能性就大,在经济衰退时期,小企业受到的打击尤其严重。

(二)创建小企业的程序

1. 企业名称的确定 创建企业首先考虑的问题是为你的企业起一个适宜的名称,企业名称的确定还要符合有关法律法规的要求。企业名称是依法在工商行政管理机关登记注册的经济组织的名称。它是由文字形式表示的区别于其他经济组织的特定标志。企业名称由企业的投资人依法提出申请,经过工商行政管理部门依法核准注册,企业的申请和工商行政管理部门的核准都应当遵循《企业名称登记管理规定》。一经核准后,在规定范围内享有专用权,受国家法律保护,其他企业或社会组织不得假冒、使用和盗用。企业名称的作用有两点:一是可将不同的企业以及企业与其他经济组织区别开来;二是使社会通过企业名称可以了解企业所在地域、所从事的行业、经营特点、经营形式、企业规模等。

2. 企业地点的选择　创建小企业,特别是零售型商店和生产型企业,地点的选择对于企业效益甚至企业的成败有着至关重要的影响。所以有人说选择一个理想的位置,企业就等于成功了一半。不同性质、不同类型的企业,对经营场所的要求不尽相同。

3. 建立小企业的手续　创建一个企业,它的开办与经营需要得到国家有关职能部门的认可与批准,需要办理各种手续,如验资、营业执照、商标注册、银行开户、税务登记、卫生许可证等。只有把这些手续全部办完,才能成为一个合法的企业。

(1) 到会计师事务所验资:经营者需带下列材料去会计师事务所验资:资金来源根据(现款、存折、支票);设备(购买设备的发票、财产转移单、房产权证明、无形资产评估);企业章程;上述条件经有关单位批准的文件。验资完毕,带验资报告及有关文件去工商部门申请登记。

(2) 商标注册:向工商管理机关提出注册申请。需要取得商标权的,或者国家规定必须申请商标注册的,应有申请人或其代理人向所在地市、县工商行政管理机关提交商标注册申请。经依法审定,予以公告。

(3) 银行开户:经营者将所拥有的资金存进自己选定的银行,并开设银行账户。

(4) 到国家质量技术监督局办理法人代码证书:根据现代化管理的需要和保护企业法人权利免遭侵犯的需要,经营者还须到当地国家质量技术监督部门办理《法人代码证书》。

(5) 到税务局办理税务登记:依法纳税是每一个企业应尽的义务。所以当经营者拿到营业执照后,应携带营业执照(副本)复印件、居民身份证复印件、经营场所房屋产权证书复印件或房屋租赁合同复印件到当地的地方税务局办理《税务登记证》。

(6) 到卫生防疫站办理卫生许可证:需要体检的企业员工到所在地卫生局的卫生防疫部门进行培训,以便办理个人健康合格证。

(7) 到环境保护局办理环境保护申请登记表。

(8) 到公安局办理特种经营许可证。

(9) 其他手续:企业经营者还要到电力、供水、燃料等部门办理相应的手续。如果雇用外来人员还要到公安局办理临时户口。

(10) 到工商行政管理部门申请营业执照,准备开业。

(三) 资金的筹集

建立企业必须有足够的资金,没有足够的资金是很难启动创业的。据国外一些中小企业发展机构的评估,半数以上的企业创业失败是由于资金不足造成的。创业初期大多数企业都只能投入部分资金,这样创业者就应想办法走筹资这条路,通过筹资实现自己创业的梦想。那么,这笔资金从何而来,如何筹措呢?

1. 自有资金　是指投资人自己拥有的资金,它是个人投入资金或合伙人集资的一种基本资金筹集方式。如果是合伙办企业则需要拟就一份合同来保护个人和企业的利益,要列清资金的金额数目,明确利润分配的办法、比例和所承担的风险等。

2. 从自己的人际圈找　筹资首选当然是亲朋好友,找相信你的人借钱。当然你首先应当预测到当创业失败而还不起钱时,可能会彻底毁了你们的友谊。

3. 寻找投资者　创业之初,前景未定,企业信用更是无从谈起。只有靠创业者的个人才能去说服投资人。创业者个人的经历、教育、工作经验可能是增强投资人信心的佐证。如果有良好的个人信用,也可以短期使用一下,借此增强投资人的信心,帮助筹资。如今有很多大公司、大集团,甚至个人手中都掌握了大量的闲置资金,他们也十分希望能找到一个可靠的投资对象。假如你有好项目,不妨找找看。可以通过亲朋好友介绍,也可以委托专门投资公司代理,还可以适当做点寻资广告或者上网发布信息。

4. 争取创业贷款 贷款经营对企业有很大风险,但只要经营项目选得准,产品畅销,同样可取得好的收益。特别对经营者而言,资金不足是实现创业理想的主要难题。因此,向银行或信用社贷款是借钱生财的最好办法。

5. 争取政策性资金 作为调节产业导向的有效手段,各地政府部门每年都会拿出一些资金,例如近年来许多城市建立了高科技园,把发展高科技作为重点工程来抓,建立了一些"孵化基地",为有发展前途的高科技人才提供免费的创业园,并拨出数目相当可观的扶持资金。假如你的项目是高科技项目,不妨争取这样的政策性扶持,一旦成功,资金问题便迎刃而解。

(四) 雇员的招聘

创业团队成员的选择,是关系到创业团队能否和谐发展的前提。适合创业企业的成员被吸收进创业团队,会有利于企业的管理运作与长远发展;而不适合创业的人被吸收进创业团队,则会给企业的管理和发展带来巨大的潜在危机。因此,招聘员工、选择创业团队成员意义重大。

雇员招聘,是根据创业者经营目标、人员编制计划及企业对所需要员工的工作要求(即录用条件),进行征聘、考核与挑选的业务活动过程。招聘原则是"任人唯贤,择优录用"以确保合格的、高质量的人才进入自己的企业。

招聘的一般步骤是:

1. 准备 创业者在招聘雇员时首先要收集有关人才信息,包括劳动力市场和同行业人才需求信息,作为制订招聘计划的依据。计划一般包括本企业需要的部门和工种,所需员工的人数和岗位要求;雇员来源、渠道和对应的招聘方式;实施招聘的具体方案。其中招聘人员数量和招聘渠道是计划的重点。确定计划后,应到劳动部门索取《招用职工登记表》。

2. 选择 创业者在招聘启事中,规定应聘报名的方式,一般多以函件邮寄个人资料进行书面报名或在约定的时间由应聘者亲自到企业接受面试报名,创业者可以从中选择适合自己企业要求的人员,正式填写《招用职工登记表》,并参加之后的笔试或操作技术考核。

在选择雇员的工作中,创业者还可以对应聘者进行面试以了解他们的职业特点,如雇员的机敏性、岗位工作的经验、工作态度、爱好、社会知识、行为举止、对雇主的态度、学习态度等,这样就能更好地帮助创业者掌握应聘人员的全面情况。

3. 录用 对参加企业招聘人员进行一系列测试之后,创业者从中挑选出一批适合本企业招聘条件的人员,可以对他们一一排队分析、评定,最后提出招聘雇员的最佳方案,并为录用人员向招工职能部门办理就业上岗手续,对一些企业在用工时必须体检的工种,还要求被录用人员到指定医院或防疫部门体检。

4. 签约 为了保证雇员队伍的相对稳定,雇主与雇员之间一定要签订协议或合同,建立正式的劳动关系,以减少劳务纠纷。

5. 培训 被招聘上岗的人员都必须接受培训。小企业员工培训,大多数是对口上岗,多采用岗前培训和上岗后轮训的方式。

具体的培训内容主要包括:

（1）企业概况介绍：包括企业的规模、设备和生产经营项目、管理形式、岗位设置等，帮助新员工尽快地熟悉企业内部情况。

（2）企业及经营项目的基本要求：企业对雇员素质的要求，企业形象的树立、生产经营管理知识、职业习惯和意识的养成等。

（3）安全保卫工作的培训：加强安全意识教育，减少事故发生。

（4）学习《员工守则》和各种规章制度：经过培训后，创业者对雇员进行口头或者书面形式的考试，并通过实际操作考核岗位技能。试题应按工种的应知应会要求进行考核。

上述内容是创建小企业的基本程序，创业者在操作过程中还应按政府有关职能部门的要求，办理好各种开业手续，为今后创业过程能健康顺利进行奠定基础。

 创业经历

老字号里的 80 后女掌柜

穿着一身简单工作服的王茜一到茶庄就来了神儿，一上午的时间很快就消失在清点、填装、整理之中，每当有顾客到来，王茜就麻利地把茶罐一个接一个地搬出来让他们找寻符合自己的品种。"你服务太周到了"，成了顾客脱口而出的一句话。

现在的王茜已经把自己的工作重心转移到东城区的新店上。对于这个 1 月 16 日刚刚开业的"新据点"，王茜和同事现在利用中午的时间免费向路人发放环保袋，袋子里放上一份"张一元"的宣传单，以扩大店铺的宣传。

在做好店铺经营管理的同时，王茜另一个重要任务就是把有关茶叶的技能一项一项地传给身边的 3 位同事，从产品介绍到称重、包茶叶，甚至是接待顾客的"一招一式"，王茜都毫无保留地传授给新人，而这，也依循了这位年轻的"老店长"的成长路线。

2008 年，王茜从北京财贸职业学院工商企业管理专业毕业，通过学校招聘来到了百年老字号"北京张一元茶叶有限责任公司"右安门店。经过一周的培训后，上岗实习第一天的遭遇就让她难以忘怀。由于业务不是很熟，加上刚开始有点紧张，王茜在给一位顾客包茶叶时显得有些生疏，对面顾客不耐烦地"火"了起来，埋怨她包得又慢又差，最后店里的一位老师傅上前道歉说是新来的实习生才得以解围。

"开始是挑战，后来也就变成动力了。"王茜说。

现在的王茜能够一直以平和的心态面对工作和同事，这是源于在学校时，她就是班里的心理疏导委员，经常帮助同学调节关系。在王茜看来，这是自己能取得今天的成绩所必不可少的因素。

经历了工作上的第一次尴尬之后，王茜知道要在店里工作必须提高自己的业务能力，为此她苦练技能，每天要包几十斤的茶叶，平日里只要一有机会，她就向师傅们讨教包装技巧、茶叶知识、销售技巧。工作之余她还买了很多有关茶叶知识方面的书籍，以此进一步充实自己。

其实，在学校时，王茜的学习成绩虽然不是十分突出，但始终为自己积蓄着力量。学校老师也会经常让学生以 PPT 的形式去完成作业，并在课堂上进行展示。正是由于在校期间的积累，使得她凭借已有的基础，很快地掌握了对茶庄管理和茶叶买卖过程的电子化操作等技术。

经过半年的实习、考核，2008年8月初，王茜正式转正并被调到"张一元"的前门总店。总店是全公司乃至全国单店销售最高的门店，业务量之大可想而知，一般的新员工很难适应这里的快节奏，王茜却胜任了。这还要得益于她在学校期间就经常利用假期时间去肯德基打工，"我以前是个很慢的人，但是在一个流水线似的工作环境中，就得逼着自己快起来"。

经过2008年北京奥运会和2009年春节的繁忙之后，王茜已经适应了自己的工作，业务能力也突飞猛进。

2009年年初，北京市商务委员会、北京市人力资源和社会保障局等部门联合推出"北京市商业服务业岗位服务技能系列活动"，这对于茶叶行业来说，是近20年才有的一次练兵机会，仅"张一元"一家就有200多人报名参赛。作为公司新人的王茜，毫不犹豫地报名参加了。

出乎所有人意料的是，王茜在初赛时就连跳两级拿到了"中级营业员"证书，并被通知可以进行下一轮的竞赛。确认这是事实之后，她十分兴奋。因为，这时她来张一元加上实习刚一年半的时间。在100多名选手中，只有15个名额可以参加最后的市级决赛。经过比拼，王茜最终取得了全市第9名的好成绩，并取得了"二级技师"。激动的不只是她一个人，店里的同事、公司领导，都说王茜是一匹"黑马"。

比赛后不到两个月，王茜就接到公司的新任务，决定外派她和几位同事到天津开拓老字号的新天地。

2009年8月23日到天津，王茜和同事们面对的首要任务是8月28日3家新店同时开业。可是这3家店的装修进程竟然没有结束，这就意味着她们必须用4天的时间，同施工队一起赶工，完成门店卫生、上货、新员工简单茶叶包装培训。

王茜带领大家上午、晚上搞卫生，中午到下午时段她要教员工包茶叶，那几天每天只睡三四个小时，终于在28日，3家店顺利开业，打响了"张一元"进军天津的第一炮。

2011年8月，在天津两年的王茜回到了北京，现在她的职务是刚刚开业的灯市口分店店长，开始了自己工作中新的历程。她近期的目标是努力把分店做好，赢得更多顾客的口碑，并将其打造成北京东城区的示范店。

对于4年来的成长，王茜认为这源于对工作的热爱和踏实肯干的毅力，以及善于调整心态的能力，而她也一直努力地以一颗平常心对待周围的人和事。

课堂思考

自从1999年我国高校扩招以来，大中专毕业生数量逐年递增，就业压力也越来越大；与此同时由于我国经济正处于飞速发展阶段，政府也出台不少政策和措施鼓励大中专毕业生自主创业；再加上改革开放以来我国经济的高速发展，国际创业浪潮的兴起，以及比尔·盖茨、张朝阳等国内外创业英雄的明星效应，越来越多的人选择了自主创业。

中职毕业生在创业过程中遇到的主要风险有哪些呢？如何应对？

第四节　创业风险及对策

一、创业风险

（一）什么是创业风险

创业风险是指在企业创业过程中存在的风险，是指由于创业环境的不确定性、创业机会与创业企业的复杂性，创业者、创业团队与创业投资者的能力与实力的有限性而导致创业活动偏离预期目标的可能性。

（二）创业风险的来源

创业环境的不确定性，创业机会与创业企业的复杂性，创业者、创业团队与创业投资者的能力与实力的有限性，是创业风险的根本来源。研究表明，由于创业的过程往往是将某一构想或技术转化为具体的产品或服务的过程，在这一过程中，存在着几个基本的、相互联系的缺口，它们是上述不确定性、复杂性和有限性的主要来源，也就是说，创业风险在给定的宏观条件下，往往就直接来源于这些缺口。

1. 融资缺口　融资缺口存在于学术支持和商业支持之间，是研究基金和投资基金之间存在的断层。其中，研究基金通常来自个人、政府机构或公司研究机构，它既支持概念的创建，还支持概念可行性的最初证实；投资基金则将概念转化为有市场的产品原型（这种产品原型有令人满意的性能，对其生产成本有足够的了解并且能够识别其是否有足够的市场）。创业者可以证明其构想的可行性，但往往没有足够的资金将其实现商品化，从而给创业带来一定的风险。通常，只有极少数基金愿意鼓励创业者跨越这个缺口，如富有的个人专门进行早期项目的风险投资，以及政府资助计划等。

2. 研究缺口　研究缺口主要存在于仅凭个人兴趣所做的研究判断和基于市场潜力的商业判断之间。当一个创业者最初证明一个特定的科学突破或技术突破可能成为商业产品基础时，他仅仅停留在自己满意的论证程度上。然而，这种程度的论证后来不可行了，在将预想的产品真正转化为商业化产品（大量生产的产品）的过程中，即具备有效的性能、低廉的成本和高质量的产品，在能从市场竞争中生存下来的过程中，需要大量复杂而且可能耗资巨大的研究工作（有时需要几年时间），从而形成创业风险。

3. 信息和信任缺口　信息和信任缺口存在于技术专家和管理者（投资者）之间。也就是说，在创业中，存在两种不同类型的人：一是技术专家；二是管理者（投资者）。这两种人接受不同的教育，对创业有不同的预期、信息来源和表达方式。技术专家知道哪些内容在科学上是有趣的，哪些内容在技术层上是可行的，哪些内容根本就是无法实现的。在失败类案例中，技术专家要承担的风险一般表现在学术上、声誉上受到影响，以及没有金钱上的回报。管理者（投资者）通常比较了解将新产品引进市场的程序，但当涉及具体项目的技术部分时，他们不得不相信技术专家，可以说管理者（投资者）是在拿别人的钱冒险。如果技术专家和管理者（投资者）不能充分信任对方，或者不能够进行有效的交流，那么这一缺口将会变得更深，带来更大的风险。

4. 资源缺口　资源与创业者之间的关系就如颜料和画笔与艺术家之间的关系。没有了颜料和画笔，艺术家即使有了构思也无从实现。创业也是如此。没有所需的资源，创业者将一筹莫展，创业也就无从谈起。在大多数情况下，创业者不一定也不可能拥有所需的全部资源,这就形成了资源缺口。如果创业者没有能力弥补相应的资源缺口,要么创业无法起步,要么在创业中受制于人。

5. 管理缺口　管理缺口是指创业者并不一定是出色的企业家,不一定具备出色的管理才能。进行创业活动主要有两种:一是创业者利用某一新技术进行创业,他可能是技术方面的专业人才,但却不一定具备专业的管理才能,从而形成管理缺口;二是创业者往往有某种"奇思妙想",可能是新的商业点子,但在战略规划上不具备出色的才能,或不擅长管理具体的事务,从而形成管理缺口。

(三) 创业过程中常见的风险

创业过程中面临的风险主要有自身因素的原因及社会环境各方面的影响,具体来说,主要包括以下因素:

1. 自身心态不成熟,难以承受挫折　眼高手低,纸上谈兵是创业者最常见的创业风险,创业者长期待在校园里,对社会缺乏了解,更缺少创业经验,其创业思想往往是因一时创业激情而起,把创业问题简单化、理想化,对创业过于自信和自负,对困难估计不足,认为自己有学历,成绩好,获得过各种奖励,动手创业就能成功。还有些过分夸大创业困难,过高估计创业压力,过低估计自身价值,妄自菲薄,没有信心和勇气面对创业,根本不愿意动手尝试。另外,创业者没有经受过挫折的考验,心理承受能力和自我调节能力较差,创业受挫后产生强烈的挫折感,忧心忡忡,胆怯心虚,不能正确认识自己的创业优势,甚至把自身的长处看成短处,在创业竞争中信心不足,自我设限,错失许多机会,严重影响了创业的成功。

2. 创业优惠政策落实不到位,创业起步步履维艰　为支持鼓励创业,相关部门出台了许多优惠政策,涉及融资、税收、创业培训、创业指导等诸方面,各地也推出了相应的配套措施,为创业者提供便利。但有些创业优惠政策和措施过于笼统,缺乏针对性、规范性和可操作性。如在金融贷款方面为加大自主创业贷款支持力度,规定对于能提供有效资产抵押或优质客户担保的,金融机构优先给予信贷支持,实践中,多数金融机构并没有开办中职学生自主创业贷款业务,因为中职生刚毕业,缺少社会经验,又无法提供有效资产作抵押或质押,自主创业贷款相对其他贷款风险高,金融机构一般不会轻易放贷。针对中职生创业的优惠政策不能落实到位,无疑增加了创业难度,使中职生创业刚开始便步履维艰,挫伤了创业的积极性,不利于自主创业。

3. 融资渠道单一,创业企业发展缺乏动力　快速、高效筹措到资金是创业成功的重要因素。初次创业者往往没有资金来源,更无资金积累,再加上,社会关系简单,人际交往单一,很少能够从同学处筹措到创业资金,并且想轻松地从银行贷到资金十分困难。目前创业者资金更多的是靠父母、亲戚的帮助,融资渠道单一,资金来源不稳定,资金数额较小,创业之初资金的局限性为后期企业发展埋下隐患。企业创办起来后,由于缺少发展资金,造成企业的现金流中断,不能支持企业的正常运作,使企业发展缺乏动力,企业发展停滞不前甚至倒闭,出现创业失败的悲惨结局。

4. 创业企业形态选择盲目,缺乏针对性　实践中,创业的类型模式是多种多样的,常见的有加盟连锁经营型、网络创业型、大赛创业型、概念创业型等,可供选择的企业形态也有多种形式,如个体工商户、合伙企业、个人独资企业、有限责任公司以及股份有限责任公司等。创业激情度高,但创业选择盲目,多数没有进行前期调查及绩效分析,看到别人干什么自己也跟着模仿,缺乏针对自己特长及条件的调查分析,企业形态选择盲目。如加盟连锁经营型创业模式虽可以直接享受知名品牌的影响,复制他人的成功经验,并能获得资源支持,降低经营成本,但也存在着虚假宣传、交纳高额加盟费,甚至以合法形式掩盖非法目的等不良现象,创业者一旦被天花乱坠的宣传广告所迷惑,没有收集资料,也不进行实地考察和市场分析,盲目选择加盟连锁,由于不适宜自己的实际情况,企业发展风险较大,影响创业成功。

5. 管理经验不足,创业缺乏团队观念 高效的管理经验,团结的管理队伍,是创业成功的关键因素。创业者主要精力是在校园内学习,虽有满腹经纶的管理理论,但缺少实际管理经验,在理财、营销、沟通、协调等方面普遍能力不足,往往会造成经营理念单薄,产品营销方式呆滞,信息闭塞等,不能驾驭企业游走于复杂多变的市场经济之中。再者,创业者处于特殊的年龄阶段,思维中感性色彩丰富,个性化、自信力较强,甚至自以为是,刚愎自用,不能与他人团结共事。殊不知优势互补、合作共赢是创业成功的不二法则,缺乏团队观念和合作意识是创业最大的风险之一。

6. 法律观念不强,维权意识淡薄 创业者社会经验不丰富,市场敏感度不强,法律观念薄弱,在创业开始乃至整个过程中都有可能深陷法律陷阱,甚至对企业造成致命的打击。如个人合伙制企业投资者要承担无限连带责任,如果企业对他人的人身造成损害或对财产造成损失,企业不但以自身财产赔偿对方损失,在企业财产不足以赔偿对方损失时,投资合伙人还要以个人财产赔偿对对方造成的损失,所以,创业者选择合伙制企业模式一定要慎重考虑。创业者在与客户签订合同时不注意审查对方主体资格,不调查了解对方的信用、履行合同的能力以及还债能力等情况,往往会造成合同无效,对方无力履行合同甚至钱款或货物被骗等情况发生。在权利被受到侵害时,创业者维权意识淡薄,不是通过法律途径解决,更多的是托人情、找关系,私下解决,法律风险极大。

二、创业风险的对策

创业虽存在诸多风险,但机遇和挑战并存,唯有冷静地分析风险,勇敢地面对挑战,创业者才能防范风险,克服困难,走向创业成功。针对创业过程中遇到的风险,可以从以下方面加以管控:

(一)调整心态,做好创业准备

对自己充分了解,是创业者进行创业的前提。创业时要对自己的个性特征、特长等有充分的了解,选择适合自己个性特征,符合个人兴趣爱好的项目进行创业,同时创业者要掌握广博知识,具有一专多能的知识结构,才能进行创造性思维,作出正确的创业决策。创业前还要积累一些有关市场开拓、企业运营方面的经验,通过在企业打工或者实习,参加创业培训,接受专业指导,来积累创业知识,提高创业成功率。创业者还应当锻炼受挫能力,遇到挫折后应放下心理包袱,仔细寻找失利的原因,属于主观原因的,要适当调整自己的动机、追求和行为,避免下次出现同样的错误;属于客观或社会因素中自己无能为力的因素的,也不要过于自责、自卑或固执,应坦然面对,灵活处理,争取新的机会。即使失败,也要振作起来,使自己始终保持昂扬的斗志、必胜的信心,直至创业成功。

(二)审时度势,创业应有选择的量力而行

创业路途充满艰辛,绝不是一撮而就、毕其功于一役就能成功的。因此,创业应找到合适的切入点,选择合适的时机、合适的项目和合适的规模来进行。职业学校学生创业大多手中资金较少,创业经验不足,可以选择起点低、启动资金少的项目进行创业。如被中

央电视台《实话实说》栏目推为"自主创业典型"的修鞋状元李培栋,从路边生意、微不足道的修鞋做起,靠过硬的技术,诚信经营,把修鞋发展为全国首家的连锁项目,并发展到全国120多家连锁店,受到中央电视台的采访报道,成为自主创业成功的典范,实现了自主创业的成功。再者,创业要选择一种适合自己的企业法律形态,创业者选择个体工商户、合伙制企业的形态模式时,虽没有最低注册资本的要求,但创业者或投资人要对企业承担无限连带责任,企业如果经营不善欠下债务,股东要对企业的债务承担继续偿还的责任,创业时应慎重选择;创业时如果设立的是有限责任公司,公司具备法人资格,能够独立承担法律责任,公司如果资不抵债宣告破产,对公司不能清偿的债务,股东仅以其出资额承担法律责任,超出的部分不承担法律责任。同时有些人为的因素,会导致合伙人之间,股东之间可能会因经营理念、利益分割、甚至性格上发生冲突,因此,创业者在选择这些企业法律形态时,应注意选择志同道合、善于沟通、以企业利益为重的合作者,这是非常重要的。

(三)多渠道融资,降低创业资金风险

虽然中职生创业融资渠道相对较少,但社会相关各方仍能为中职生创业提供资金。中职生创业还可以得到各类创业基金的资金支持。目前,由中国社会福利教育基金会发起的中国大学生创业基金,由共青团中央发起的中国青年创业就业基金,由社会知名人士郑泽等人发起的中国大学生西部创业基金等,可以帮助中职生解决部分创业资金的短缺。中职生创业者还可以引入风险投资,虽然风险投资风险高,但回报也高,风险投资者比较关注创业管理团队的构成、管理者的素质、创业者自身持续奋斗的精神等,具有良好的创业团队,独一无二的技术支撑,光芒的市场前景的创业项目,有可能得到风险投资家的青睐,从而获得创业资金。

(四)树立团队意识,与他人合作共赢

新东方教育集团总裁俞敏洪认为,创业除了自己成功,还要与别人一起成功。一个人的能力是有限的,创业一定要抛弃单打独斗、孤军奋战的个人英雄主义思想,牢固树立团队合作共赢的理念。中职生创业应建立一个由各方面专才组成的合作团队,大家既有共同的理想,又能有效地使技术创新与经济管理互补,保证团队形成最大合力,在市场竞争中取胜,推动企业发展,取得创业成功。

(五)重法治淡人情,在法律规则中稳步发展

市场经济是法制经济,从企业的产生到发展必须在法律框架下进行,符合法律规定。虽然中国人很重视人情、关系,但要想使企业稳步发展,把企业做大做强,中职生创业者从开始就应该依法办事,淡化人情,让法律成为创业者成功的基石。具体说,创业之初选择企业形态要慎重,合伙制企业一定要制定合伙章程,明确合伙人之间的权利义务以及盈利或亏损的分配方式,最好找专业法律人士审查把关;企业形态最好选择有限责任公司的模式,分清公司责任和个人责任,降低个人风险;企业运营应严格遵守法律规定,安分守己,合法经营,切不可为小利而做违法乱纪之事;依法为企业员工交纳社会保险,降低企业风险;出现纠纷最好通过法律途径解决,依法维护企业的合法权益。

在社会发展的汹涌大潮中,创业已成为时代选择。随着社会各方对创业者创业的理解和支持,以及创业者自身身心发展日趋成熟,知识结构更加完善,中职生创业遇到的风险会随之减少,风险管控能力更强,中职生创业必将发展到一个新阶段。

创业失败案例分析

创业者：小侯

失败经历及解析：

2004年8月中旬，小侯走上了创业之路。因为喜欢汽车，他把目标锁定了与汽车有关的项目，一家属于他自己的汽车饰品店在一番忙碌之后诞生了。但是仅仅半年，他就鸣金收兵，败下阵来。回忆那段创业的日子，让小侯很是痛苦：付出了很多，回报太少。

其实，创业之前，小侯是做了充分准备的。因为喜欢汽车，他就琢磨着在汽车方面找路子。他先到网上搜集了一些关于汽车消费品的创业项目，然后根据实际情况，考虑到随着人们生活水平的提高，买车的人越来越多，而爱车的人一般都比较注重车内装饰，那么，开一家汽车饰品店，生意应该不错吧。

觉得自己的想法还是比较顺应市场发展的，小侯高高兴兴地开始了第二步工作。他先从网上搜索了一些经营汽车饰品的代理商，并对各家的产品质量和价位进行了比较，然后选定一家太原的代理商。经过联系，他和那家代理商签好了协议，交了6000元的加盟费，就开始租房子、装修、进货，脑子里满是憧憬的小侯很快就成了老板。但是现实给小侯的热情浇了一盆冷水，开张后，顾客寥寥。尽管他店里的饰品很吸引眼球，无奈饰品店所处的位置比较偏，路过的车倒是不少，但也仅仅是路过，而且大部分是大货车，根本不会在这样一个地段停车，也不会来买车内饰品。小侯每天都早早开店，很晚才打烊，商品的价位也定得很低，就这样，开业半年，总共才卖出两三千元的货。这时，房租也到期了，小侯不敢再恋战，把剩下的货放到朋友空着的车库里，从此不提开店的事。

商场如战场，比喻虽老，但却贴切，战场之上，胜败乃兵家常事。每个创业者在创业之初都会经历几次失败，但若从中吸取经验教训，为二次创业积累经验，即使失败也是虽败犹荣。在风云变幻的商海中，经验就是利器，如何利用好利器见招拆招，才是战场上的最高策略！

创业者：老李

失败经历及解析：

老李是个下岗职工，现在一家公司里当司机。老李开店不容易，因为是个下岗职工，还拖家带口，所以从资金和心理上，老李都有很大压力。在权衡许久之后，老李看上了一个投资小回报快的项目——风味灌汤包。虽说店面不大，但投资却也不少，房租、设备、原料、员工，还有学习技术的费用，林林总总加起来也花去三四万，为了开店，除了把自己的储蓄拿出来，老李还向朋友借了一万多的外债。但不管怎么样，老李总算是把自己的店开起来了。开张的一个多月里，老李的生意好得不得了，可能是因为有风味小吃的诱惑，老李的店每天都是顾客盈门，可是就在这一个多月内，风味灌汤包的小吃店如雨后春笋般出现在太原的大街小巷，没过几个月，老李小店前的顾客数量明显减少，老李在朋友的建议下，在小店里也开始卖其他风味小吃，但生意还是没有多大的起色。

在连续亏了两个月后,老李的店就关门大吉了,老李说他还了外债之后,赔了一万多,对一个下岗职工来说,这并不是个小数目。老李失败后,没有再选择创业,而是选择给别人打工。老李说,给别人打工虽说赚得少些,但心里踏实。老李的失败原因很显而易见——没有做好市场调查和市场预测。选择创业项目一定要有自己的特色,老李的失败是在项目选择上,他选择的项目没有很大的市场潜力,同时该项目也已经有些市场饱和,缺乏发展潜力。过来者说:老李很清楚自己的失败原因,他劝想创业的人,在准备创业的时候,一定要学会一些必要的技能,如市场营销、市场调查等,老李说他最大的失败是没有认识到自己应该学习之后再去创业,以至于盲目跟风,导致创业失败。

 小结

本章从创业的基本知识等宏观方面进行了描述。对毕业生创业素质、创业能力、创业方法以及创业项目的选择进行了较为翔实的阐述。并就创业实践中小企业的形式、特点、创办小企业的程序、方法以及资金的筹集和员工的招聘等进行了讲解。最后对创业过程中可能出现的风险以及对策进行了介绍。本章希望同学们了解和熟悉创业实践,为今后自主创业打下良好的基础。

 思考与训练

1. 创业需要哪些优良的心理品质?
2. 创业前为什么要进行信息收集? 主要收集哪些内容? 应做好哪些准备?
3. 中职生的创业优势有哪些?
4. 市场调查的方法有哪些?
5. 小企业的形式主要有几种?
6. 建理一个小企业应办理哪些手续?
7. 结合自己所学的专业,设计一份创业计划书。

（孙秀明）

参 考 文 献

［1］单从凯.就业与创业指导.2 版.北京:北京师范大学出版社,2015.

［2］单津辉.大学生就业与创业指导.北京:高等教育出版社,2013.

［3］卢志鹏.大学生就业与创业指导.北京:北京理工大学出版社,2010.

［4］刘雪芬.大学生就业与创业指导.北京:人民邮电出版社,2015.

［5］王仁伟.大学生就业与创业指导.2 版.北京:机械工业出版社,2015.

［6］聂强.就业与创业指导.北京:北京理工大学出版社,2011.

［7］曾雄兵.就业指导与创业教育.2 版.北京:人民邮电出版社,2013.

［8］邹红艳.创业与就业指导.北京:水利水电出版社,2014.

［9］高居红.就业与创业指导.北京:电子工业出版社,2007.

［10］吴从娟.就业与创业指导.2 版.北京:化学工业出版社,2012.

［11］苏文平.职业生涯规划与就业创业指导.北京:中国人民大学出版社,2016.

［12］张强.职业生涯规划与就业创业指导.重庆:重庆大学出版社,2017.

［13］温树田.就业与创业指导.2 版.北京:人民卫生出版社,2008.

［14］高居红.就业与创业指导.北京:电子工业出版社,2016.

［15］戴裕崴.职业生涯规划与就业创业指导.3 版.北京:高等教育出版社,2015.

［16］李振杰.我的未来我做主.厦门:厦门大学出版社,2014.

［17］黄飞奇.就业与创业指导.郑州 河南大学出版社,2016.

［18］高静.职业发展与就业创业指导.济南:山东人民出版社,2015.

［19］张腻光.就业指导与创业教育.北京:北京理工大学出版社,2011.

［20］苏文平.职业生涯规划与就业创业指导.北京:人民大学出版社,2016.

［21］刘家骈.就业与创业指导.北京:北京师范大学出版社,2010.

［22］李惠芳.就业与创业指导.北京:人民邮电出版社,2013.

［23］刘旻生.就业创业指导与职业生涯规划.上海:华东师范大学出版社,2016.

［24］蒋乃平.就业与创业指导.北京:北京师范大学出版社,2010.

［25］李炜.就业与创业指导.北京:机械工业出版社,2012.

［26］范永丽.就业与创业指导.北京:科学出版社,2013.

［27］许本洲.就业与创业指导.北京:电子工业出版社,2009.

［28］马淑萍.创业与就业指导.北京:中国水利水电出版社 2011.

［29］杨丽敏.职业生涯规划与就业创业指导.长沙:湖南大学出版,2015.

［30］孙志河.就业与创业指导.北京:经济科学出版社,2015.

［31］刘翠英.职业生涯设计与就业创业指导.2 版.北京:机械工业出版社,2015.

附录 相关政策、法规、条例

一、中华人民共和国劳动法

1994 年 7 月 5 日第八届全国人民代表大会
常务委员会第八次会议通过

第一章 总 则

第一条 为了保护劳动者的合法权益,调整劳动关系,建立和维护适应社会主义市场经济的劳动制度,促进经济发展和社会进步,根据宪法,制定本法。

第二条 在中华人民共和国境内的企业、个体经济组织(以下统称用人单位)和与之形成劳动关系的劳动者,适用本法。

国家机关、事业组织、社会团体和与之建立劳动合同关系的劳动者,依照本法执行。

第三条 劳动者享有平等就业和选择职业的权利、取得劳动报酬的权利、休息休假的权利、获得劳动安全卫生保护的权利、接受职业技能培训的权利、享受社会保险和福利的权利、提请劳动争议处理的权利以及法律规定的其他劳动权利。

劳动者应当完成劳动任务,提高职业技能,执行劳动安全卫生规程,遵守劳动纪律和职业道德。

第四条 用人单位应当依法建立和完善规章制度,保障劳动者享有劳动权利和履行劳动义务。

第五条 国家采取各种措施,促进劳动就业,发展职业教育,制定劳动标准,调节社会收入,完善社会保险,协调劳动关系,逐步提高劳动者的生活水平。

第六条 国家提倡劳动者参加社会义务劳动,开展劳动竞赛和合理化建议,鼓励和保护劳动者进行科学研究、技术革新和发明创造,表彰和奖励劳动模范和先进工作者。

第七条 劳动者有权依法参加和组织工会。

工会代表和维护劳动者的合法权益,依法独立自主地开展活动。

第八条 劳动者依照法律规定,通过职工大会、职工代表大会或者其他形式,参与民主管理或者就保护劳动者合法权益与用人单位进行平等协商。

第九条 国务院劳动行政部门主管本行政区域内的劳动工作。

第二章 促 进 就 业

第十条 国家通过促进经济和社会发展,创造就业条件,扩大就业机会。

国家鼓励企业、事业组织、社会团体在法律、行政法规规定的范围内兴办产业或者拓展经营,增加就业。

国家支持劳动者自愿组织起来就业和从事个体经营实现就业。

第十一条　地方各级人民政府应当采取措施,发展多种类型的职业介绍机构,提供就业服务。

第十二条　劳动者就业,不因民族、种族、性别,宗教信仰不同而受歧视。

第十三条　妇女享有与男子平等的就业权利。不录用职工时,除国家规定的不适合妇女的工种或者岗位,不得以性别为由拒绝录用妇女或者提高对妇女的录用标准。

第十四条　残疾人、少数民族人员、退出现役的军人的就业、法律、法规有特别规定的,从其规定。

第十五条　禁止用人单位招用未满十六周岁的未成年人。

文艺、体育和特种工艺单位招用未满十六周岁的未成年人,必须依照国家有关规定,履行审批手续,并保障其接受义务教育的权利。

第三章　劳动合同和集体合同

第十六条　劳动合同是劳动者与用人单位确立劳动关系、明确双方权利和义务的协议。

建立劳动关系应当订立劳动合同。

第十七条　订立和变更劳动合同,应当遵循平等自愿、协商一致的原则,不得违反法律、行政法规的规定。

劳动合同依法订立即具有法律约束力,当事人必须履行劳动合同规定的义务。

第十八条　下列劳动合同无效:

(一)违反法律、行政法规的劳动合同:

(二)采取欺诈、威胁等手段订立的劳动合同。

无效的劳动合同,从订立的时候起,就没有法律约束力。确认劳动合同部分无效的,如果不影响其余部分的效力,其余部分仍然有效。

劳动合同的无效,由劳动争议仲裁委员会或者人民法院确认。

第十九条　劳动合同应当以书面形式订立,并具备以下条款:

(一)劳动合同期限;

(二)工作内容;

(三)劳动保护和劳动条件;

(四)劳动报酬;

(五)劳动纪律;

(六)劳动合同终止和条件;

(七)违反劳动合同的责任。

劳动合同除前款规定的必备条款外,当事可以协商约定其他内容。

第二十条　劳动合同的期限分为固定期限、无固定期限和以完成一定的工作期限。

劳动者在同一用人单位连续工作满十年以上,当事人双方同意续延劳动合同的,如果劳动者提出订立无固定期限的劳动合同,应当订立无固定期限的劳动合同。

第二十一条　劳动合同可以约定试用期。试用期最长不得超过六个月。

第二十二条　劳动合同当事人可以在劳动合同中约定保守用人单位商业秘密的有关事项。

第二十三条　劳动合同期满或者当事人约定的劳动合同终止条件出现,劳动合同即行终止。

第二十四条　经劳动合同当事人协商一致,劳动合同可解除。

第二十五条　劳动者有下列情形之一的,用人单位可以解除劳动合同:

(一)在试用期间被证明不符合录用条件的;

(二)严重违反劳动纪律或者用人单位规章制度的;

(三)严重失职,营私舞弊,对用人单位利益造成重大损害的;

(四)被依法追究刑事责任的。

第二十六条　有下列情形之一的,用人单位可以解除劳动合同,但是应当提前三十日以书面形式通知劳动者本人;

(一)劳动者患病或者非因工负伤,医疗期满后,不能从事原工作也不能从事由用人单位另外安排的工作的。

(二)劳动者不能胜任工作,经过培训或者调整工作岗位,仍不能胜任工作的。

(三)劳动合同订立时所依据的客观情况发生重大变化,致使原劳动合同无法履行,经当事人协商不能就变更劳动合同达成协议的。

第二十七条　用人单位濒临破产进行法定整顿期间或者生产经营状况发生严重困难,确需裁减人员的,应当提前三十日向工会或者全体职工说明情况,听取工会或者职工的意见,经向劳动行政部门报告后,可以裁减人员。

用人单位依据本条规定裁减人员,在六个月内录用人员的,应当优先录用被裁减的人员。

第二十八条　用人单位依据本法第二十四条、第二十六条、第二十七条的规定解除劳动合同的,应当依照国家有关规定给予经济补偿。

第二十九条　劳动者有下列情形之一的,用人单位不得依据本法第二十条、第二十七条的规定解除劳动合同:

(一)患职业病或者因工负伤并被确认丧失或者部分丧失劳动能力的;

(二)患病或者负伤、在规定的医疗期内的;

(三)女职工在孕期、产期、哺乳期内的;

(四)法律、行政法规规定的其他情形。

第三十条　用人单位解除劳动合同,工会认为不适当的,有权提出意见。如果用人单位违反法律、法规或者劳动合同,工会有权要求重新处理;劳动者申请仲裁或者提起诉讼的,工会应当依法给予支持和帮助。

第三十一条　劳动者解除劳动合同,应当提前三十日以书面形式通知用人单位。

第三十二条　有下列情形之一的,劳动者可以随时通知用人单位解除劳动合同:

(一)在试用期内的;

(二)用人单位以暴力、威胁或者非法限制人身自由的手段强迫劳动的;

(三)用人单位未按劳动合同约定支付劳动报酬或者提供劳动条件的。

第三十三条　企业职工一方与企业可以就劳动报酬、工作时间、休息休假、劳动安全卫生、保险福利等事项,签订集体合同,集体合同草案应当提交职工代表大会或者全体职工讨论通知。

集体合同由工会代表与企业签订;没有建立工会的企业,由职工推举的代表与企业签订。

第三十四条 集体合同签订后应当报送劳动行政部门;劳动行政部门自收到集体合同文本之日起十五日内未提出异议的,集体合同即行生效。

第三十五条 依法签订的集体合同对企业和企业全体职工具有约束力。职工个人与企业订立的劳动合同中劳动条件和劳动报酬等标准不得低于集体合同的规定。

第四章 工作时间和休息休假

第三十六条 国家实行劳动者每日工作时间不超过八小时、平均每周工作不超过四十四小时的工时制度。

第三十七条 对实行计件工作的劳动者,用人单位应当根据本法第三十六条规定的工时制度合理确定其劳动定额和计件报酬标准。

第三十八条 用人单位应当保证劳动者每周至少休息一日。

第三十九条 企业因生产特点不能实行本法第三十六条、第三十八条规定的,经劳动行政部门批准,可以实行其他工作和休息办法。

第四十条 用人单位在下列节日期间应当依法安排劳动者休假:

(一)元旦;

(二)春节;

(三)国际劳动节;

(四)国庆节;

(五)法律、法规规定的其他休假节日。

第四十一条 用人单位由于生产经营需要,经与工会和劳动者协商后可以延长工作时间,一般每日不得超过一小时;因特殊原因需要延长工作时间的。在保障劳动者身体健康的条件下延长工作时间每日不得超过三小时,但是每月不得超过三十六小时。

第四十二条 有下列情形之一的,延长工作时间不受本法第四十一条规定的限制:

(一)发生自然灾害、事故或者因其他原因,威胁劳动者生命健康和财产安全,需要紧急处理的;

(二)生产设备、交通运输线路、公共设施发生故障,影响生产和公众利益,必须及时抢修的。

(三)法律、行政法规规定的其他情形。

第四十三条 用人单位不得违反本法规规定延长劳动者的工作时间。

第四十四条 有下列情形之一的,用人单位应当按照下列标准支付高于劳动者正常工作时间工资的工资报酬:

(一)安排劳动者延长工作时间的,支付不低于工资的百分之一百五十的工资报酬;

(二)休息日安排劳动者工作以不能安排补休的,支付不低于工资的百分之二百的工资报酬;

(三)法定休假日安排劳动者工作的,支付不低于工资的百分之三百的工资报酬。

第四十五条 国家实行带薪休假制度。

劳动者连续工作一年以上的,享受带薪休假。具体办法由国务院规定。

第五章　工　资

第四十六条　工资分配应当遵循按劳分配的原则,实行同工同酬。

工资水平在经济发展的基础上逐步提高。国家对工资总量实行宏观调控。

第四十七条　用人单位根据本单位的生产经营特点和经济效益,依法自主确定本单位的工资分配方式和工资水平。

第四十八条　国家实行最低工资保障制度。最低工资的具体标准由省、自治区、直辖市人民政府规定,报国务院备案。

用人单位支付劳动者的工资不得低于当地最低工资标准。

第四十九条　确定和调整最低工资标准应当综合参考下列因素:

(一)劳动者本人及平均赡养人口的最低生活费用;

(二)社会平均工资水平;

(三)劳动生产率;

(四)就业状况;

(五)地区之间经济发展水平的差异。

第五十条　工资应当以货币形式按月支付给劳动者本人,不得不克扣或者无故拖欠劳动者的工资。

第五十一条　劳动者在法定休假日和婚丧期间以及依法参加社会活动期间,用人单位应当依法支付工资。

第六章　劳动安全卫生

第五十二条　用人单位必须建立、健全劳动安全卫生制度,严格执行国家劳动安全卫生规程和标准,对劳动者进行劳动安全卫生教育,防止劳动过程中的事故,减少职业危害。

第五十三条　劳动安全卫生设施必须符合国家规定的标准。

新建、改建、扩建工程的劳动安全卫生设施必须与主体工程同时设计、同时施工、同时投入生产和使用。

第五十四条　用人单位必须为劳动者提供符合国家规定的劳动安全卫生条件和必要的劳动防护用品,对从事有职业危害作业的劳动者应当定期进行健康检查。

第五十五条　从事特种行业的劳动者必须经过专门培训并取得特种作业资格。

第五十六条　劳动者在劳动过程中必须严格遵守安全操作规程。

劳动者对用人单位管理人员违章指挥、强令冒险作业,有权拒绝执行;对危害生命安全和身体健康的行为,有权提出批评,检举和控告。

第五十七条　国家建立伤亡事故和职业病统计报告和处理制度。县级以上各级人民政府劳动行政部门、有关部门和用人单位应当依法对劳动者在劳动过程中发生的伤亡事故和劳动者的职业状况,进行统计,报告和处理。

第七章　女职工和未成年工实行特殊劳动保护

第五十八条　国家对女职工和未成年工实行特殊劳动保护

未成年工是指年满十六周岁未满十八周岁的劳动者。

第五十九条　禁止安排女职工从事矿山井下,国家规定的第四级体力劳动强度的劳动和其他禁忌从事的劳动。

第六十条　不得安排女职工在经期从事高处、低温,冷水作业和国家规定的第三级体力劳动强度的劳动。

第六十一条　不得安排女职工在怀孕期间从事国家规定的第三级体力劳动强度的劳动和孕期禁忌从事的劳动。对怀孕七个月以上的女职工,不得安排其延长工作时间和夜班劳动。

第六十二条　女职工生育享受不少于九十天的产假。

第六十三条　不得安排职工在哺乳未满一周岁的婴儿期间从事国家规定的第三级体力劳动强度的劳动和其他禁忌从事的劳动。

第六十四条　不得安排未成年工从事矿山井下、有毒有害、国家规定的第四级体力劳动强度的劳动和其他禁忌从事的劳动。

第六十五条　用人单位应当对未成年工定期进行健康检查。

第八章　职业培训

第六十六条　国家通过各种途径,采取各种措施,发展职业培训事业,开发劳动者的职业技能,提高劳动者素质,增强劳动者的就业能力和工作能力。

第六十七条　各级人民政府应当把发展职业培训纳入社会经济发展的规划,鼓励和支持有条件的职业培训。

第六十八条　用人单位应当建立职业培训制度,按照国家规定提取和使用职业培训经费,根据本位实际,有计划地对劳动者进行职业培训。

从事技术工种的劳动者,上岗前必须经过培训。

第六十九条　国家确定职业分类,对规定的职业制定职业技能标准,实行职业资格证书制度,由经过政府批准的考核鉴定机构负责对劳动者实施职业技能考核鉴定。

第九章　社会保险和福利

第七十条　国家发展社会保险事业,建立社会保险制度,设立社会保险基金,使劳动者在年老、患病、工伤、失业,生育等情况下获得帮助和补偿。

第七十一条　社会保险水平应当与社会经济发展水平和社会承受能力相适应。

第七十二条　社会保险基金按照保险类型确定资金来源,逐步实行社会统筹。用人单位和劳动者必须依法参加社会保险,缴纳社会保险费。

第七十三条　劳动者在下列情形下,依法享受社会保险待遇:

(一)退休;

(二)患病、负伤;

(三)因工伤残或者患职业病;

(四)失业;

(五)生育。

劳动者死亡后,其遗属依法享受遗属津贴。

劳动者享受社会保险待遇的条件和标准由法律,法规规定。

劳动者享受的社会保险金必须按时足额支付。

第七十四条　社会保险基金经办机构依照法律规定收支、管理和运营社会保险基金,并负有使社会保险基金保值增值的责任。

社会保险基金监督机构依照法律规定,对社会保险基金的收支、管理和运营实施监督。

社会保险基金经办机构和社会保险基金监督机构的设立和职能由法律规定。

任何组织和个人不得挪用社会保险基金。

第七十五条 国家鼓励用人单位根据本单位实际情况为劳动者建立补充保险。

国家提倡劳动者个人进行储蓄性保险。

第七十六条 国家发展社会福利事业,兴建公共福利设施,为劳动者休息、休养和疗养提供条件。

用人单位应当创造条件,改善集体福利,提高劳动者的福利待遇。

第十章 劳 动 争 议

第七十七条 用人单位与劳动者发生劳动争议,当事人可以依法申请调解、仲裁、提起诉讼,也可以协商解决。

调解原则适用于仲裁和诉讼程序。

第七十八条 解决劳动争议,应当根据合法、公正、及时处理的原则,依法维护劳动争议当事人的合法权益。

第七十九条 劳动争议发生后,当事人可以向本单位劳动争议调解委员会申请调解;调解不成,当事人一方要求仲裁的,可以向劳动争议仲裁委员会申请仲裁。当事人一方也可以直接向劳动争议仲裁委员会申请仲裁。对仲裁裁决不服的,可以向人民法院提起诉讼。

第八十条 在用人单位内,可以设立劳动争议调解委员会。劳动争议调解委员会由职工代表、用人单位代表和工会代表组成。劳动争议调解委员会主任由工会代表担任。

劳动争议经调解达成协议的,当事人应当履行。

第八十一条 劳动争议仲裁委员会由劳动行政部门代表、同级工会代表、用人单位方面的代表组成。劳动争议仲裁委员会主任由劳动行政部门代表担任。

第八十二条 提出仲裁要求的一方应当自劳动争议发生之日起六十日内向劳动争议仲裁委员会提出书面申请。仲裁裁决一般应在收到仲裁申请的六十日内做出。对仲裁裁决无异议的,当事人必须履行。

第八十三条 劳动争议当事人对仲裁裁决不服的,可以自收到仲裁裁决书之日起十五日内向人民法院提起诉讼。一方当事人在法定期限内不起诉又不履行仲裁裁决的。另一方当事人可以申请人民法院强制执行。

第八十四条 因签订集体合同发生争议,当事人协商解决不成的,当地人民政府劳动行政部门可以组织有关各方协调处理。

因履行集体合同发生争议,当事人协商解决不成的,可以向劳动争议仲裁委员会申请仲裁;对仲裁裁决不服的,可以自收到仲裁裁决书之十五日内向人民法院提起诉讼。

第十一章 监 督 检 查

第八十五条 县级以上各级人民政府劳动行政部门依法对用人单位遵守劳动法律、法规的情况进行监督检查,对违反劳动法律、法规的行为有权制止,并令改正。

第八十六条 县级以上各级人民政府劳动行政部门监督检查人员执行公务,有权进入用人单位了解执行劳动法律、法规的情况,查阅必要的资料,并对劳动场所进行检查。县级以上各级人民政府劳动行政部门监督检查人员执行公务,必须出示证件,秉公执法并遵守有关规定。

第八十七条　县级以上各级人民政府有关部门在各自职责范围内,对用人单位遵守劳动法律、法规的情况进行监督。

第八十八条　各级工会依法维护劳动者的合法权益,对用人单位遵守劳动法律、法规的情况进行监督。

任何组织和个人对于违反劳动法律、法规的行为有权检举和控告。

第十二章　法　律　责　任

第八十九条　用人单位制定的劳动规章制度违反法律、法规规定的,由劳动行政部门给予警告,责令改正;对劳动者者造成损害的,应当承担赔偿责任。

第九十条　用人单位违反本法规定,延长劳动者工作时间的,由劳动行政部门给予警告,责令改正,并可以处理以罚款。

第九十一条　用人单位有下列侵害劳动者合权益情形之一的,由劳动行政部门责令支付劳动者的工资报酬、经济补偿,并可以责令支付赔偿金。

（一）克扣或者无故拖欠劳动者工资的;

（二）拒不支付劳动者延长工作时间工资报酬的;

（三）低于当地最低工资标准支付劳动者工资的;

（四）解除劳动合同后,未依照本法规定给予劳动者经济补偿的。

第九十二条　用人单位的劳动安全设施和劳动卫生条件不符合国家规定或者未向劳动者提供必要的劳动防护用品和劳动保护设施的由劳动行政部门或者有关部门责令改正,可以处以罚款;情节严重的,提请县以上人民政府决定责令停产整顿;对事故隐患不采取措施,致使发生重大事故,造成劳动者生命和财产损失的,对责任人员比照刑法第一百八十七条的规定追究刑事责任。

第九十三条　用人单位强令劳动者违章冒险作业,发生重大伤亡事故,造成严重后果的,对责任人员依法追究刑事责任。

第九十四条　用人单位非法招用未满十六周岁的未成年人的,由劳动行政部门责令改正,处以罚款;情节严重的,由工商行政管理部门吊销营业执照。

第九十五条　用人单位违反本法对女职工和未成年工的保护规定,侵害其合法权益的,由劳动行政部门责令改正,处以罚款;对女职工或未成年人造成损害的,应当承担赔偿责任。

第九十六条　用人单位有下列行为之一的,由公安机关对责任人处以十五日以下拘留、罚款或警告;构成犯罪的,对责任人员依法追究刑事责任:

（一）以暴力、威胁或者非法限制人身自由的手段强迫劳动的。

（二）侮辱、体罚、殴打,非法搜查和拘禁劳动者的。

第九十七条　由于用人单位的原因订立的无效合同,对劳动者造成损害的,应当承担赔偿责任。

第九十八条　用人单位违反本法规定的条件解除劳动合同或者故意拖延不签订立劳动合同的,由劳动行政部门责令改正;对劳动者造成损害的,应当承担赔偿责任。

第九十九条　用人单位招用尚未解除劳动合同的劳动者,对原用人单位造成经济损失的,该用人单位应当依法承担连带赔偿责任。

第一百条　用人单位无故不缴纳社会保险费的,由劳动行政部门责令其限期缴纳;逾期不缴的,可以加收滞纳金。

第一百零一条　用人单位无理阻挠劳动行政部门、有关部门及其工作人员行使监督检查权,打击报复举报人员的,由劳动行政部门处以罚款;构成犯罪的,对责任人员依法追究刑事责任。

第一百零二条　劳动者违反本法规定的条件解除劳动合同或者违反劳动合同中的约定的保密事项,对用人单位造成经济损失的,应当依法承担赔偿责任。

第一百零三条　劳动行政部门或者有关部门的工作人员滥用职权、玩忽职守、徇私舞弊,构成犯罪的,依法追究刑事责任;不构成犯罪的,给予行政处分。

第一百零四条　国家工作人员和社会保险基金经办机构的工作人员挪用社会保险基金,构成犯罪的,依法追究刑事责任。

第一百零五条　违反本法规定侵害劳动者合法权益,其他法律、法规已规定处罚的,依照该法律、行政法规的规定处罚。

第十三章　附　　则

第一百零六条　省、自治区、直辖市人民政府根据本法和本地区的实际情况,规定劳动合同制度的实施步骤,报国务院备案。

第一百零七条　本法自 1995 年 1 月 1 日起施行。

二、劳动部关于实行劳动合同制度若干问题的通知

各省、自治区、直辖市劳动(劳动人事)厅(局),国务院有关部委、直属机构,解放军总后勤部生产管理部,新疆生产建设兵团:

《劳动法》实施以来,全国推行劳动合同制度的工作进展顺利,但部分地区、企业在实行劳动合同制度过程中提出一些问题,需要予以明确。为此,经研究,现就有关问题通知如下:

1. 在签订劳动合同时,按照《劳动法》的规定,只要当事人双方协商一致,即可签订有固定期限、无固定期限或以完成一定工作为期限的劳动合同。

2. 在固定工制度向劳动合同制度转变过程中,用人单位对符合下列条件之一的劳动者,如果其提出订立无固定期限的劳动合同,应当与其订立无固定期限的劳动合同:

(1) 按照《劳动法》的规定,在同一用人单位连续工作满十年以上,当事人双方同意续延劳动合同的;

(2) 工作年限较长,且距法定退休年龄十年内的。

(3) 复员、转业军人初次就业的。

(4) 法律、法规规定的其他情形。

3. 按照《劳动法》的规定,劳动合同中可以约定不超过六个月的试用期。劳动合同期限在六个月以下的试用期不得超过十五日;劳动合同期限在六个月以上一年以下的,试用期不得超过三十日;劳动合同期限在一年以上两年以下的试用期不得超过六十日。

试用期包括在劳动合同期限中。

4. 用人单位对工作岗位没有发生变化的同一劳动者只能试用一次。

5. 劳动合同可以规定合同的生效时间。没有规定劳动合同生效时间的,当事人签字之

日即视为该劳动合同生效时间。

劳动合同的终止时间,应当以劳动合同期限最后一日的二十四时为准。

6. 生产经营发生严重困难的企业应当与劳动者签订劳动合同,但劳动合同中有关工作岗位,劳动报酬等内容可在协商一致的基础上通过签订专项协议来规定。专项协议作为劳动合同的附件,具有与劳动合同同等的约束力。

7. "停薪留职"的职工愿意回原单位工作的,用人单位应当与其签订劳动合同,明确权利义务关系。如果用单位不能安排工作岗位,而职工又愿意到其他单位工作并继续与原单位保留劳动关系的,应当按照劳动部《关于贯彻实施〈中华人民共和国劳动法〉若干问题的意见》第 7 条规定办理,即职工与原单位保持劳动关系但不在岗的,可以变更劳动合同相关内容。

8. 用人单位应与本单位富余人员签订劳动合同,对待岗或放长假的应当变更劳动合同相关内容,并就有关内容协商签订专项协议。

9. 企业法定代表人的变更,不影响劳动合同的履行用人单位和劳动不需因此重新签订劳动合同。

10. 在固定工制度向劳动合同制度转变过程中,对已经患有精神病但病情得到控制的职工,用人单位应当安排适当工作,签订劳动合同;对病情严重不能控制的,应当送医院治疗。医疗终结后,按照国家有关规定办理退休或退职手续。

11. 用人单位对新招用的职工,在试用期内发现并经有关机构确认患有精神病的,可以解除劳动合同。

12. 已办理厂内离岗休养或退养手续的原固定工,用人单位应当与其签订劳动合同,明确权利义务关系,其离岗休养或退养的有关文件作为劳动合同的附件。

13. 已享受养老保险待遇的离退休人员被再次聘用时,用人单位应当与其签订书面协议,明确聘用期内的工作内容、报酬、医疗,劳保待遇等权利和义务。

14. 有固定期限的劳动合同期满后因用人单位方面的原因未办理终止或续订手续而形成事实劳动关系的,视为续订劳动合同。用人单位应及时与劳动者协商合同期限,办理续订劳动手续。由此给劳动者造成损失的,该用人单位应当依法承担赔偿责任。

15. 在劳动者履行了有关义务终止、解除劳动合同时,用人单位应当出具终止、解除劳动合同证明书,作为该劳动者按规定享受失业保险待遇和失业登记、求职登记的凭证。

证明书应写明劳动合同期限、终止或解除的日期、所担任的工作。如果劳动者要求,用人单位可在证明中客观地说明解除劳动合同的原因。

16. 职工劳动合同期限届满,终止劳动合同后符合退休条件的,可以办理退休手续,领取养老保险金;不符合退休条件的,应当到就业服务机构进行失业登记,按规定领取失业救济金。

17. 用人单位招用职工时应查验终止、解除劳动合同证明,以及其他能证明该职工与任何用人单位不存在劳动关系的凭证,方可与其签订劳动合同。

18. 职工解除劳动合同,应当严格按照《劳动法》的规定,提前三十日以书面形式向用人单位提出。职工自动离职属于违法解除劳动合同,应当按照《违反〈劳动法〉有关劳动合同规定的赔偿办法》承担赔偿责任。

19. 按照《劳动法》第二十七条的规定,进行经济性裁员的企业在六个月内录用人员的,应当优先从被裁减的人员中录用。因经济性裁员而被用人单位裁减的职工,在六个月内又被原单位重新录用的,对职工裁减前和重新录用后的年限应当连续计算为本单位工作时间。

20. 劳动者按照《劳动法》第二十四条的规定,主动提出解除劳动合同的,用人单位可以不支付经济补偿金。

21. 劳动者在劳动合同期限内,由于主管部门调动或转移工作单位而被解除劳动合同,未造成失业的,用人单位可以不支付经济补偿金。

22. 劳动者患病或者非因工负伤,合同期满终止劳动合同的,用人单位应当支付不低于六个月工资的医疗补助费;对患重病或绝症的还应适当增加医疗补助费。

(1996 年 10 月 31 日)

三、就业登记规定

第一条　为了规范就业登记行为,准确掌握劳动力供求状况,实现劳动力社会化管理,保证就业服务各项工作的实施,根据有关法律、法规的规定,制定本规定。

第二条　就业登记包括失业登记,求职登记和对用人单位用人需求的登记。

第三条　城镇劳动者失业、求职和城镇用人单位招聘应按照本规定进行登记。

第四条　县级以上劳动行政部门主管本行政区域内的就业登记工作。

县级以上劳动行政部门所属劳动就业服务机构负责组织实施本行政域内的就业登记工作,并履行以下职责:

(一)协调、指导,规范就业登记工作。

(二)指导基层劳动就业服务机构和非劳动部门职业介绍机构开展就业登记工作。

(三)定期统计、上报本地区就业登记各项数据,并建立相应的信息数据库。

(四)法律、法规规定的其他职责。

第五条　凡到职业介绍机构求职的人员都应进行求职登记,填写求职登记表,领取求职登记卡。

在法定劳动年龄内有劳动能力,有就业要求的城镇失业人员应进行失业登记。失业登记视为求职登记。

第六条　县级以上劳动就业服务机构应指定承担失业登记的职业介绍机构,也可委托乡镇、街道和企业的就业服务机构代办。

第七条　失业人员进行失业登记应持户口簿(身份证)和证明原身份的有关证件,到本人户口所在地的失业登记机构进行失业登记,填写失业人员登记表,领取失业证。失业人员凭失业证享受就业服务。办理就业手续。凡符合享受失业保险待遇条件的,可凭失业证申领失业救济金。

第八条　失业证由省、自治区、直辖市劳动就业服务机构在劳动行政部门指导监督下,按照劳动部规定的样式印制,并由负责失业登记的机构发放。

第九条　失业人员被招聘后,失业证应由劳动就业服务机构加盖印章,交用人单位保管。如再次失业,经失业登记机构核准,原失业证可继续使用。

失业人员入伍、升学或从事个体经营,失业证由原登记机构予以收回。

失业证遗失后应及时申请补办。

第十条　农村劳动者跨省流动就业按有关规定执行。经批准,在原务工地转换职业的跨省流动就业的农村劳动者,应持流动就业证办理求职登记手续。

农村劳动者在省内流动就业,应持本人身份证和乡镇劳动就业服务机构出具的有关证明(证卡)办理求职登记手续。

第十一条 职业介绍机构应了解和掌握用人单位工作岗位空缺和招聘用人情况,并进行登记。

职业介绍机构可采取通讯、登门服务、在企事业单位聘请信息员和举办劳务洽谈会等多种方式进行用人登记。

第十二条 用人单位应主动将岗位空缺和拟招聘人员情况提供给当地劳动部门职业介绍机构。

用人单位招聘人员后,应向劳动部门备案,并办理相应手续。

第十三条 下列人员用人单位招聘人员,必须到劳动部门职业介绍机构进行登记:

(一)由政府部门或劳动部门认定的生产自救企业。

(二)进行经济性裁员的,在6个月内需要招聘人员的企业。

(三)由劳动部门对其富余人员进行社会调剂或出资承担安置的企业。

第十四条 不按规定进行失业登记的人员,不得享受失业保险待遇。

第十五条 凡涂改、伪造、转借或重领失业证者,除没收其证件外,还可根据情节轻重予以处罚。

第十六条 省、自治区、直辖市劳动行政部门可根据本规定制定实施办法。

乡镇劳动服务站(所)开展就业登记工作、农村劳动者在乡村进行求职登记以乡镇企业招聘人员登记可参照本规定执行。

第十七条 本规定自颁布之日起施行。1984年3月20日发布的《关于城镇待业人员登记管理办法》同时废止。

(原劳动部1995年9月12日印发)

四、人才市场管理规定

(2001年9月11日人事部、国家工商行政管理总局令第1号公布 根据2005年3月22日《人事部、国家工商行政管理总局关于修改〈人才市场管理规定〉的决定》第一次修订 根据2015年4月30日《人力资源社会保障部关于修改部分规章的决定》第二次修订)

第一章 总 则

第一条 为了建立和完善机制健全、运行规范、服务周到、指导监督有力的人才市场体系,优化人才资源配置,规范人才市场活动,维护人才、用人单位和人才中介服务机构的合法权益,根据有关法律、法规,制定本规定。

第二条 本规定所称的人才市场管理,是指对人才中介服务机构从事人才中介服务、用人单位招聘和个人应聘以及与之相关活动的管理。

人才市场服务的对象是指各类用人单位和具有中专以上学历或取得专业技术资格的人员,以及其他从事专业技术或管理工作的人员。

第三条 人才市场活动应当遵守国家的法律、法规及政策规定,坚持公开、平等、竞争、择优的原则,实行单位自主用人,个人自主择业。

第四条 县级以上政府人事行政部门是人才市场的综合管理部门,县级以上工商行政管理部门在职责范围内依法监督管理人才市场。

第二章　中介服务机构

第五条　本规定所称人才中介服务机构是指为用人单位和人才提供中介服务及其他相关服务的专营或兼营的组织。

人才中介服务机构的设置应当符合经济和社会发展的需要，根据人才市场发展的要求，统筹规划，合理布局。

第六条　设立人才中介服务机构应具备下列条件：

（一）有与开展人才中介业务相适应的场所、设施，注册资本（金）不得少于 10 万元；

（二）有 5 名以上大专以上学历、取得人才中介服务资格证书的专职工作人员；

（三）有健全可行的工作章程和制度；

（四）有独立承担民事责任的能力；

（五）具备相关法律、法规规定的其他条件。

第七条　设立人才中介服务机构，可以通过信函、电报、电传、传真、电子数据交换和电子邮件等方式向政府人事行政部门提出申请，并按本规定第六条的要求提交有关证明材料。其中设立固定人才交流场所的，须做专门的说明。

未经政府人事行政部门批准，不得设立人才中介服务机构。

第八条　设立人才中介服务机构应当依据管理权限由县级以上政府人事行政部门（以下简称审批机关）审批。

国务院各部委、直属机构及其直属在京事业单位和在京中央直管企业、全国性社团申请设立人才中介服务机构，由人事部审批。中央在地方所属单位申请设立人才中介服务机构，由所在地的省级政府人事行政部门审批。

人才中介服务机构设立分支机构的，应当在征得原审批机关的书面同意后，由分支机构所在地政府人事行政部门审批。

政府人事行政部门应当建立完善人才中介服务机构许可制度，并在行政机关网站公布审批程序、期限和需要提交的全部材料的目录，以及批准设立的人才中介服务机构的名录等信息。

第九条　审批机关应当在接到设立人才中介服务机构申请报告之日起二十日内审核完毕，二十日内不能作出决定的，经本行政机关负责人批准，可以延长十日，并应当将延长期限的理由告知申请人。

批准同意的，发给《人才中介服务许可证》（以下简称许可证），并应当在作出决定之日起十日内向申请人颁发、送达许可证，不同意的应当书面通知申请人，并说明理由。

第十条　互联网信息服务提供者专营或兼营人才信息网络中介服务的，必须申领许可证。

第十一条　开展人才中介或者相关业务的外国公司、企业和其他经济组织在中国境内从事人才中介服务活动的，必须与中国的人才中介服务机构合资经营。设立中外合资人才中介机构应当符合国家中外合资企业法律法规的规定，由拟设机构所在地省级政府人事行政部门审批，颁发许可证，并报人事部备案，同时按有关规定办理其他手续。

香港特别行政区、澳门特别行政区、台湾地区的投资者在内地设立合资人才中介机构，参照前款执行。法律法规另有规定的，依照其规定执行。

第十二条　经批准获得许可证的人才中介服务机构,应当按照有关规定,属事业单位的到机构编制管理部门办理登记手续,属企业的到工商行政管理部门办理登记注册手续。

其中到工商行政管理部门办理登记注册的,其机构名称应当在申领许可证前,由工商行政管理部门预先核准。

第十三条　人才中介服务机构可以从事下列业务:

(一)人才供求信息的收集、整理、储存、发布和咨询服务;

(二)人才信息网络服务;

(三)人才推荐;

(四)人才招聘;

(五)人才培训;

(六)人才测评;

(七)法规、规章规定的其他有关业务。

审批机关可以根据人才中介服务机构所在地区或行业的经济、社会发展需要以及人才中介服务机构自身的设备条件、人员和管理情况等,批准其开展一项或多项业务。

第十四条　人才中介服务机构应当依法开展经营业务活动,不得超越许可证核准的业务范围经营;不得采取不正当竞争手段从事中介活动;不得提供虚假信息或作虚假承诺。

第十五条　人才中介服务机构应当公开服务内容和工作程序,公布收费项目和标准。收费项目和标准,应当符合国家和省、自治区、直辖市的有关规定。

第十六条　审批机关负责对其批准成立的人才中介服务机构依法进行检查或抽查,并可以查阅或者要求其报送有关材料。人才中介服务机构应接受检查,并如实提供有关情况和材料。审批机关应公布检查结果。

第十七条　人才中介服务机构有改变名称、住所、经营范围、法定代表人以及停业、终止等情形的,应当按原审批程序办理变更或者注销登记手续。

第十八条　人才中介服务机构可以建立行业组织,协调行业内部活动,促进公平竞争,提高服务质量,规范职业道德,维护行业成员的合法权益。

第三章　人 事 代 理

第十九条　人才中介服务机构可在规定业务范围内接受用人单位和个人委托,从事各类人事代理服务。

第二十条　开展以下人事代理业务必须经过政府人事行政部门的授权。

(一)流动人员人事档案管理;

(二)因私出国政审;

(三)在规定的范围内申报或组织评审专业技术职务任职资格;

(四)转正定级和工龄核定;

(五)大中专毕业生接收手续;

(六)其他需经授权的人事代理事项。

第二十一条　人事代理方式可由单位集体委托代理,也可由个人委托代理;可多项委托代理,也可单项委托代理;可单位全员委托代理,也可部分人员委托代理。

第二十二条　单位办理委托人事代理,须向代理机构提交有效证件以及委托书,确定委托代理项目。经代理机构审定后,由代理机构与委托单位签订人事代理合同书,明确双方的权利和义务,确立人事代理关系。

个人委托办理人事代理,根据委托者的不同情况,须向代理机构提交有关证件复印件以及与代理有关的证明材料。经代理机构审定后,由代理机构与个人签订人事代理合同书,确立人事代理关系。

第四章　招聘与应聘

第二十三条　举办人才交流会应当按照管理权限经县以上政府人事行政部门批准。其中举办全省(自治区、直辖市)范围内的人才交流会,须经所在地省级政府人事行政部门批准;举办名称冠以"中国"、"全国"等称谓的人才交流会,由人事部或其授权的省级人事行政部门批准。未经批准,任何单位和个人不得举办人才交流会。

第二十四条　人才交流会应当由具备国家和当地政府规定条件的人才中介服务机构举办。举办者应当对参加人才交流会的招聘单位进行资格审查,对招聘中的各项活动进行管理。

第二十五条　用人单位可以通过委托人才中介服务机构、参加人才交流会、在公共媒体和互联网发布信息以及其他合法方式招聘人才。

第二十六条　用人单位公开招聘人才,应当出具有关部门批准其设立的文件或营业执照(副本),并如实公布拟聘用人员的数量、岗位和条件。

用人单位在招聘人才时,不得以民族、宗教信仰为由拒绝聘用或者提高聘用标准;除国家规定的不适合妇女工作的岗位外,不得以性别为由拒绝招聘妇女或提高对妇女的招聘条件。

第二十七条　用人单位招聘人才,不得以任何名义向应聘者收取费用,不得有欺诈行为或采取其他方式谋取非法利益。

第二十八条　人才中介服务机构通过各种形式、在各种媒体(含互联网)为用人单位发布人才招聘广告,不得超出许可业务范围。广告发布者不得为超出许可业务范围或无许可证的中介服务机构发布人才招聘广告。

第二十九条　用人单位不得招聘下列人员:

(一)正在承担国家、省重点工程、科研项目的技术和管理的主要人员,未经单位或主管部门同意的;

(二)由国家统一派出而又未满轮换年限的赴新疆、西藏工作的人员;

(三)正在从事涉及国家安全或重要机密工作的人员;

(四)有违法违纪嫌疑正在依法接受审查尚未结案的人员;

(五)法律、法规规定暂时不能流动的其他特殊岗位的人员。

第三十条　人才应聘可以通过人才中介服务机构、人才信息网络、人才交流会或直接与用人单位联系等形式进行。应聘时出具的证件以及履历等相关材料,必须真实、有效。

第三十一条　应聘人才离开原单位,应当按照国家的有关政策规定,遵守与原单位签定的合同或协议,不得擅自离职。

通过辞职或调动方式离开原单位的,应当按照国家的有关辞职、调动的规定办理手续。

第三十二条　对于符合国家人才流动政策规定的应聘人才,所在单位应当及时办理有关手续,按照国家有关规定为应聘人才提供证明文件以及相关材料,不得在国家规定之外另行设置限制条件。

应聘人才凡经单位出资培训的,如个人与单位订有合同,培训费问题按合同规定办理;没有合同的,单位可以适当收取培训费,收取标准按培训后回单位服务的年限,按每年递减20%的比例计算。

第三十三条 应聘人才在应聘时和离开原单位后,不得带走原单位的技术资料和设备器材等,不得侵犯原单位的知识产权、商业秘密及其他合法权益。

第三十四条 用人单位与应聘人才确定聘用关系后,应当在平等自愿、协商一致的基础上,依法签定聘用合同或劳动合同。

第五章 罚 则

第三十五条 违反本规定,未经政府人事行政部门批准擅自设立人才中介服务机构或从事人才中介服务活动的,由县级以上政府人事行政部门责令停办,并处10 000元以下罚款;有违法所得的,可处以不超过违法所得3倍的罚款,但最高不得超过30 000元。

违反本规定,未经政府人事行政部门批准擅自设立中外合资人才中介机构的,由省级以上政府人事行政部门按照前款规定予以处罚。

第三十六条 人才中介服务机构违反本规定,擅自扩大许可业务范围、不依法接受检查或提供虚假材料,不按规定办理许可证变更等手续的,由县级以上政府人事行政部门予以警告,可并处10 000元以下罚款;情节严重的,责令停业整顿,有违法所得的,没收违法所得,并可处以不超过违法所得3倍的罚款,但最高不得超过30 000元。

第三十七条 违反本规定,未经政府人事行政部门授权从事人事代理业务的或者未经批准擅自组织举办人才交流会的,由县级以上政府人事行政部门责令立即停办,并处10 000元以下罚款;有违法所得的,可处以不超过违法所得3倍的罚款,但最高不得超过30 000元;情节严重的,并责令停业整顿。

第三十八条 才中介服务机构违反本规定,超出许可业务范围接受代理业务的,由县级以上政府人事行政部门予以警告,限期改正,并处10 000元以下罚款。

第三十九条 用人单位违反本规定,以民族、性别、宗教信仰为由拒绝聘用或者提高聘用标准的,招聘不得招聘人员的,以及向应聘者收取费用或采取欺诈等手段谋取非法利益的,由县级以上政府人事行政部门责令改正;情节严重的,并处10 000元以下罚款。

第四十条 个人违反本规定给原单位造成损失的,应当承担赔偿责任。

第四十一条 用人单位、人才中介服务机构、广告发布者发布虚假人才招聘广告的,由工商行政管理部门依照《广告法》第三十七条处罚。

人才中介服务机构超出许可业务范围发布广告、广告发布者为超出许可业务范围或无许可证的中介服务机构发布广告的,由工商行政管理部门处以10 000元以下罚款;有违法所得的,可处以不超过违法所得3倍的罚款,但最高不得超过30 000元。

第四十二条 人才中介活动违反工商行政管理规定的,由工商行政管理部门依照有关规定予以查处。

第六章 附 则

第四十三条 本规定由人事部、国家工商行政管理总局负责解释。

第四十四条 本规定自 2001 年 10 月 1 日起施行。1996 年 1 月 29 日人事部发布的《人才市场管理暂行规定》(人发[1996]11 号)同时废止。

五、职业技能鉴定规定

(1993 年 7 月 9 日 劳动部发[1993]134 号)

第一章 总 则

第一条 为适应社会主义市场经济发展的需要,进一步完善职业技能鉴定制度,实现职业技能鉴定的社会化管理,促进职业技能开发,提高劳动者素质,根据《工人考核条例》,制定本规定。

第二条 本规定所称职业技能鉴定是指劳动者进行技术等级的考核和技师,高级技师(以下统称技师)资格的考评。

第三条 职业技能鉴定实行政府指导下的社会化管理体制。

(一)劳动部综合管理全国职业技能鉴定工作,制定规划、政策和标准;审查批准有关行业的职业技能鉴定机构。

(二)各省、自治区、直辖市劳动行政部门综合管理本地区职业技能鉴定工作,审查批准各类职业技能鉴定指导中心和站(所),制定以下有关规定和办法:

1. 参加技能鉴定人员的申报条件和鉴定程序;

2. 专业技术知识,操作技能考核办法;

3. 考务、考评人员工作守则和考评小组成员组成原则及其管理办法;

4. 职业技能鉴定站(所)考场规则;

5.《技术等级证书》的印鉴和核发办法。

(三)职业技能鉴定指导中心负责组织、协调,指导职业技能鉴定工作。

(四)职业技能鉴定站(所),具体实施对劳动者职业技能的鉴定。

第四条 本规定适用于各级劳动行政部门和各级职业技能鉴定指导中心,职业技能鉴定站(所)。

第二章 职业技能鉴定机构

第五条 劳动部所属职业技能鉴定指导中心主要职责是:参与制定国家职业技能标准和组建国家职业技能鉴定题库;开展职业分类、标准、技能鉴定理论研究及咨询服务;推动全国职业技能竞争活动。

第六条 各省、自治区、直辖市劳动行政部门所属职业技能鉴定指导中心,主要职责是:开展职业技能鉴定有关问题的研究和咨询服务;推动本地区职业技能竞赛活动。

第七条 经劳动部批准,有关行业可建立行业的职业技能鉴定指导中心,主要职责是:参与制定国家职业技能标准以外非社会通用的本行业特有工种的职业技能标准;组织本行业特有工种的职业技能鉴定工作考评中的资格培训;开展职业技能鉴定及有关问题的研究和咨询服务;推动本行业的职业技能竞赛活动。

第八条 职业技能鉴定指导中心的事业性机构,在管理上实行中心主任负责制。

第九条 职业技能鉴定站(所)是具体承担对待业人员、从业人员、军地两用人才、各级各类职业技术院校和其他职业培训的机构的毕(结)业生,进行职业技能鉴定的事业性机构。在管理上实行站(所)长负责制。

第三章　职业技能鉴定的组织和实施

第十条　建立职业技能鉴定站(所)。

(一) 建立职业技能鉴定站(所)的条件是:

1. 具有与所鉴定工种(专业)及其等级或类别相适应的考核场地和设备;

2. 具有与所鉴定工种(专业)及其等级或类别操作技能考核相适应的,符合国家标准的检测仪器。

3. 有专(兼)职的组织管理人员和考评员;

4. 有完善的管理办法。

(二) 申请建立职业技能鉴定站(所)的单位,根据上述条件和省、自治区、直辖市的具体规定,报当地劳动行政部门审查批准并由其发给《职业技能鉴定许可证》,明确鉴定的工种(专业)范围、等级各类别;同时授予统一的职业技能鉴定站(所)标牌。

(三) 鉴定技术等级的职业技能鉴定站(所)。由省、自治区、直辖市劳动行政部门规定审批权限;鉴定技师资格的职业技能鉴定站(所),由省、自治区、直辖市劳动行政部门审批,并报劳动部备案。

(四) 行业特有工种的职业技能鉴定站(所),一般由省、自治区、直辖市劳动行政部门审批;跨地区的行业特有工种的职业技能鉴定站(所)和中央、国家机关、解放军总部机关直属单位的职业技能鉴定站(所),由劳动部审批。

第十一条　职业技能鉴定站(所),享有独立进行职业技能鉴定的权利,有权拒绝任何组织或个人更改鉴定结果的非正当要求。

第十二条　劳动部门组织有关行业或单位的专家、名师、根据现行《工人技术等级标准》和《国家职业技能标准》,统一编制职业技能鉴定试题。建立职业技能鉴定题库。

第十三条　职业技能鉴定站(所),必须遵守劳动行政部门的有关规定、实施办法。职业技能鉴定试题必须从国家规定的试题库提取,不得自行编制试题。

第十四条　职业技能鉴定站(所),应受理一切符合申报条件、规定手续人员的职业技能鉴定,要严执行考评员对亲属的职业技能鉴定回避制度。

第十五条　职业技能鉴定的对象:

(一) 各类职业技术学校和培训机构毕(结)业生,凡属技术等级考核的工种,逐步实行职业技能鉴定;

(二) 企业、事业单位学徒期满的学徒工,必须进行职业技能鉴定;

(三) 企业、事业单位的职工以及社会各类人员,根据需要,自愿申请职业技能鉴定。

第十六条　申报职业技能鉴定的单位或个人,可向当地职业技能鉴定站(所)提出申请,由职业技能鉴定站(所)签发准考证,按规定的时间,方式进行考核或考评。

第十七条　国家实行职业技能鉴定证书制度。

(一) 对技术等级考核合格者,发给相应的《技术等级证书》;对技师资格考评合格者,发给相应的《技师合格证书》或《高级技师合格证书》;

(二)《技术等级证书》、《技术合格证书》和《高级技师合格证书》是劳动者职业技能水平的凭证,同时,按照劳动部、司法部[1991]1 号《对出国工人技术等级、技术职业证书公证

的规定》,是我国公民境外就业、劳动输出法律公证的有效证件;

(三)上述证书由劳动部统一印刷,劳动行政部门按规定核发。

第十八条 单位或个人申报职业技能鉴定,均应按规定交纳鉴定费用。

(一)职业技能鉴定费用支付项目是:组织职业技能鉴定场地、命题、考务、阅卷、考评、检测及原材料、能源、设备消耗的费用;

(二)职业技能鉴定收费标准,由省、自治区、直辖市劳动行政部门按照财政、劳动部(92)财工字第 68 号《关于工人考核费用开支的规定》,与当地财政、物价部门做出具体规定。

第四章 职业技能鉴定考评员

第十九条 职业技能鉴定考评员必须具有高级工或技师、中级专业技术职务以上的资格;鉴定技师资格的考评员必须具有高级技师、高级 专业技术职务的资格。

第二十条 考评员由职业技能鉴定指导中心进行资格考核,由劳动行政部门核准并颁发考评员资格证书和带有本人照片的职业技能鉴定资格胸卡。

第二十一条 鉴定技术等级的考评员的资格认定和合格证书的核发权限,由省、自治区、直辖市劳动行政部门具体规定;鉴定技师资格的考评员资格认定和合格证书的颁发,由省、自治区、直辖市劳动行政部门核准。

第二十二条 职业技能鉴定站(所)要在取得考评员资格证书的人员中聘任相应工种、等级或类别的考评员,聘期三年,并应采取不定期轮换、调整考评员的方式组成专业考评小组。

第二十三条 考评员要严格遵守考评员工作守则和执行考场规则。

第五章 罚 则

第二十四条 劳动行政部门对职业技能鉴定机构实行监督、检查。

第二十五条 职业技能鉴定指导中心和职业技能鉴定站(所)的工作人员,在职业技能鉴定工作中弄虚作假、徇私舞弊的,视情节轻重,由其所在单位根据人事管理权限给予行政处分,并停止其在指导中心或鉴定站(所)的工作;考评人员如有上述行为者,吊销考评资格证书。

第二十六条 违反本规定第十三条、第十四条和第十八条(二),造成不良影响的职业技能鉴定站(所),由劳动行政部门吊销其《职业技能鉴定许可证》;对乱收费的,没收其非法所得费用。没收的费用,专项用于职业技能鉴定事业。

第二十七条 违反本规定第三条(二)中第五项和第十七条(三),伪造、仿制或滥发《技术等级证书》、《技师合格证书》、《高级技师合格证书》的,除宣布其所发证书无效外,还应视情节轻重,由其上级主管部门或监察机关对主要责任者给予行政处分;对其中通过滥发证收取非法收入的,应没收其非法所得,并处以非法所得五倍以下的罚款,构成犯罪的,应依法追究刑事责任。

第六章 附 则

第二十八条 本规定由劳动部负责解释。

第二十九条 本规定自颁发之日起施行。

六、职业指导办法

(1994 年 10 月 27 日　劳动部发〔1994〕434 号)

第一条　为促进劳动者就业,规范和推动介绍工作,根据《中华人民共和国劳动法》的有关规定,制定本办法。

第二条　职业指导的主要任务是向劳动者和用人单位提供咨询和服务,促其实现双向选择。

第三条　职业指导工作必须依法进行,并遵循公平,自愿的原则。

第四条　职业指导可采取个人面谈、集体座谈、报告会、授课,通讯联系等多种形式。

第五条　职业介绍机构应开展职业指导工作,配备专(兼)职职业指导工作人员,向劳动者的用人单位提供指导咨询和服务。

就业训练机构应开设职业指导课程,配备专(兼)职教师,对参加就业与转业训练的劳动者开展职业指导。

第六条　职业指导工作包括以下内容:

(一)调查分析社会职业变动趋势和劳动力市场供求状况;

(二)开展对劳动者个人素质和特点的测试,并对其职业能力进行评价;

(三)帮助劳动者了解职业状况,掌握求职方法,确定择业方向,增强择业能力;

(四)向劳动者提出培训建议,并负责向就业训练机构推荐;

(五)对妇女、残疾人、少数民族人员及退出现役的军人等特殊群体提供专门的职业指导服务;

(六)指导用人单位选择招聘方法,确定用人条件和标准;

(七)对从事个体劳动和开办私营企业的劳动者,提供开业和生产经营方面的咨询服务;

(八)对就业训练机构的培训方向、训练规模和专业设置等,提供导向;

(九)对在校学生的职业指导工作,提供咨询服务。

第七条　职业指导工作人员应具备以下条件:

(一)有较强的事业心、责任感,热爱职业指导工作;

(二)熟悉有关劳动就业的法规与政策,掌握劳动力市场供求信息,了解职业分类和职业特征;

(三)具有与职业指导工作的心理、教育、社会等学科知识;

(四)在劳动部门工作两年以上,具有大专以上文化水平;

(五)经过相应的业务资格培训并考核合格,持有劳动部门颁发的"职业指导资格证书"。

第八条　职业指导工作人员的职责范围:

(一)宣传国家有关劳动就业的法律、法规和政策;

(二)向劳动者和用人单位提供咨询服务,协调劳动力供求双方的相互关系;

(三)指导劳动者依法确定劳动关系,维护自身合法权益;

(四)组织用人单位与求职的劳动者开展多种形式的交流;

(五)负责与职业介绍、就业训练等方面的工作联系。

第九条　各级劳动就业服务机构应为职业指导提供相应的设施和条件,推动职业指导工作的开展,加强对职业指导工作的宣传。

第十条　本办法适用于劳动部门所属就业服务机构。非劳动部门就业服务机构开展职业指导工作参照本办法执行。

第十一条　各省、自治区、直辖市劳动部门可根据本办法制定实施细则,并报劳动部备案。

第十二条　本办法自 1995 年 1 月 1 日起施行。

七、职业资格证书规定

(1994 年 2 月 22 日　劳动部发[1994]98 号)

第一条　为了深化劳动,人事制度改革,适应社会主义市场经济对人才的需要,制定本规定。

第二条　职业资格是对从事某一职业所必备的学识,技术和能力的起点标准。执业资格是指政府对某些责任较大,社会通用性强,关系公共利益的专业实行准入控制,是依法独立开业或从事某一特定专业(工种)学识,技术和能力的必备标准。

第三条　职业资格分别由国务院劳动、人事行政部门通过学历认定、资格考试、专家评定、职业技能鉴定等方式进行评价,对合格者授予国家职业资格证书。

第四条　职业资格证书是国家对申请人专业(工种)学识、技术、能力的认可,是求职、任职、独立开业和单位录用的主要依据。

第五条　职业资格证书制度遵循申请自愿、费用自理,客观公正的原则。凡中华人民共和国公民和获准在我国境内就业的其他国籍的人员都可按照国家有关政策规定和程序申请相应的职业资格。

第六条　职业资格证书实行政府指导下的管理体制,由国务院劳动、人事行政部门综合管理。

若干专业技术资格和职业技能鉴定(技师、高级技师考评和技术等级考核)纳入职业资格证书制度。

劳动部负责以技能为主的职业资格鉴定和证书的核发与管理(证书的名称、各类按现行规定执行)。

人事部负责专业技术人员的职业资格评价和证书的核发与管理。

各省、自治区、直辖市劳动、人事行政部门负责本地区职业资格证书制度的组织实施。

第七条　国务院劳动,人事行政部门会同有关行业主管部门研究和确定职业资格的范围、职业(专业、工种)分类,职业资源标准以及学历认定、资格考试、专家评定和技能鉴定的办法。

第八条　国家职业资格证书参照国际惯例,实行国际双边或多边互认。

第九条　本规定适用于国家机关、团体和所有企事业单位。

第十条　国务院劳动、人事行政部门按职责范围分别制定实施细则。

第十一条　本规定由国务院劳动、人事行政部门按职责范围负责解释。

第十二条　本规定自颁布之日起实施。

八、中华人民共和国劳动争议调解仲裁法

中华人民共和国主席令　　　第八十号

《中华人民共和国劳动争议调解仲裁法》已由中华人民共和国第十届全国人民代表大会常务委员会第三十一次会议于2007年12月29日通过,现予公布,自2008年5月1日起施行。

2007年12月29日

第一章　总　　则

第一条　为了公正及时解决劳动争议,保护当事人合法权益,促进劳动关系和谐稳定,制定本法。

第二条　中华人民共和国境内的用人单位与劳动者发生的下列劳动争议,适用本法:

(一)因确认劳动关系发生的争议;

(二)因订立、履行、变更、解除和终止劳动合同发生的争议;

(三)因除名、辞退和辞职、离职发生的争议;

(四)因工作时间、休息休假、社会保险、福利、培训以及劳动保护发生的争议;

(五)因劳动报酬、工伤医疗费、经济补偿或者赔偿金等发生的争议;

(六)法律、法规规定的其他劳动争议。

第三条　解决劳动争议,应当根据事实,遵循合法、公正、及时、着重调解的原则,依法保护当事人的合法权益。

第四条　发生劳动争议,劳动者可以与用人单位协商,也可以请工会或者第三方共同与用人单位协商,达成和解协议。

第五条　发生劳动争议,当事人不愿协商、协商不成或者达成和解协议后不履行的,可以向调解组织申请调解;不愿调解、调解不成或者达成调解协议后不履行的,可以向劳动争议仲裁委员会申请仲裁;对仲裁裁决不服的,除本法另有规定的外,可以向人民法院提起诉讼。

第六条　发生劳动争议,当事人对自己提出的主张,有责任提供证据。与争议事项有关的证据属于用人单位掌握管理的,用人单位应当提供;用人单位不提供的,应当承担不利后果。

第七条　发生劳动争议的劳动者一方在十人以上,并有共同请求的,可以推举代表参加调解、仲裁或者诉讼活动。

第八条　县级以上人民政府劳动行政部门会同工会和企业方面代表建立协调劳动关系三方机制,共同研究解决劳动争议的重大问题。

第九条　用人单位违反国家规定,拖欠或者未足额支付劳动报酬,或者拖欠工伤医疗费、经济补偿或者赔偿金的,劳动者可以向劳动行政部门投诉,劳动行政部门应当依法处理。

第二章　调　　解

第十条　发生劳动争议,当事人可以到下列调解组织申请调解:

(一)企业劳动争议调解委员会;

(二)依法设立的基层人民调解组织;

（三）在乡镇、街道设立的具有劳动争议调解职能的组织。

企业劳动争议调解委员会由职工代表和企业代表组成。职工代表由工会成员担任或者由全体职工推举产生，企业代表由企业负责人指定。企业劳动争议调解委员会主任由工会成员或者双方推举的人员担任。

第十一条　劳动争议调解组织的调解员应当由公道正派、联系群众、热心调解工作，并具有一定法律知识、政策水平和文化水平的成年公民担任。

第十二条　当事人申请劳动争议调解可以书面申请，也可以口头申请。口头申请的，调解组织应当当场记录申请人基本情况、申请调解的争议事项、理由和时间。

第十三条　调解劳动争议，应当充分听取双方当事人对事实和理由的陈述，耐心疏导，帮助其达成协议。

第十四条　经调解达成协议的，应当制作调解协议书。

调解协议书由双方当事人签名或者盖章，经调解员签名并加盖调解组织印章后生效，对双方当事人具有约束力，当事人应当履行。

自劳动争议调解组织收到调解申请之日起十五日内未达成调解协议的，当事人可以依法申请仲裁。

第十五条　达成调解协议后，一方当事人在协议约定期限内不履行调解协议的，另一方当事人可以依法申请仲裁。

第十六条　因支付拖欠劳动报酬、工伤医疗费、经济补偿或者赔偿金事项达成调解协议，用人单位在协议约定期限内不履行的，劳动者可以持调解协议书依法向人民法院申请支付令。人民法院应当依法发出支付令。

第三章　仲　　裁

第一节　一般规定

第十七条　劳动争议仲裁委员会按照统筹规划、合理布局和适应实际需要的原则设立。省、自治区人民政府可以决定在市、县设立；直辖市人民政府可以决定在区、县设立。直辖市、设区的市也可以设立一个或者若干个劳动争议仲裁委员会。劳动争议仲裁委员会不按行政区划层层设立。

第十八条　国务院劳动行政部门依照本法有关规定制定仲裁规则。省、自治区、直辖市人民政府劳动行政部门对本行政区域的劳动争议仲裁工作进行指导。

第十九条　劳动争议仲裁委员会由劳动行政部门代表、工会代表和企业方面代表组成。劳动争议仲裁委员会组成人员应当是单数。

劳动争议仲裁委员会依法履行下列职责：

（一）聘任、解聘专职或者兼职仲裁员；

（二）受理劳动争议案件；

（三）讨论重大或者疑难的劳动争议案件；

（四）对仲裁活动进行监督。

劳动争议仲裁委员会下设办事机构，负责办理劳动争议仲裁委员会的日常工作。

第二十条　劳动争议仲裁委员会应当设仲裁员名册。

仲裁员应当公道正派并符合下列条件之一：

（一）曾任审判员的；

（二）从事法律研究、教学工作并具有中级以上职称的；

（三）具有法律知识、从事人力资源管理或者工会等专业工作满五年的；

（四）律师执业满三年的。

第二十一条　劳动争议仲裁委员会负责管辖本区域内发生的劳动争议。

劳动争议由劳动合同履行地或者用人单位所在地的劳动争议仲裁委员会管辖。双方当事人分别向劳动合同履行地和用人单位所在地的劳动争议仲裁委员会申请仲裁的，由劳动合同履行地的劳动争议仲裁委员会管辖。

第二十二条　发生劳动争议的劳动者和用人单位为劳动争议仲裁案件的双方当事人。

劳务派遣单位或者用工单位与劳动者发生劳动争议的，劳务派遣单位和用工单位为共同当事人。

第二十三条　与劳动争议案件的处理结果有利害关系的第三人，可以申请参加仲裁活动或者由劳动争议仲裁委员会通知其参加仲裁活动。

第二十四条　当事人可以委托代理人参加仲裁活动。委托他人参加仲裁活动，应当向劳动争议仲裁委员会提交有委托人签名或者盖章的委托书，委托书应当载明委托事项和权限。

第二十五条　丧失或者部分丧失民事行为能力的劳动者，由其法定代理人代为参加仲裁活动；无法定代理人的，由劳动争议仲裁委员会为其指定代理人。劳动者死亡的，由其近亲属或者代理人参加仲裁活动。

第二十六条　劳动争议仲裁公开进行，但当事人协议不公开进行或者涉及国家秘密、商业秘密和个人隐私的除外。

第二节　申请和受理

第二十七条　劳动争议申请仲裁的时效期间为一年。仲裁时效期间从当事人知道或者应当知道其权利被侵害之日起计算。

前款规定的仲裁时效，因当事人一方向对方当事人主张权利，或者向有关部门请求权利救济，或者对方当事人同意履行义务而中断。从中断时起，仲裁时效期间重新计算。

因不可抗力或者有其他正当理由，当事人不能在本条第一款规定的仲裁时效期间申请仲裁的，仲裁时效中止。从中止时效的原因消除之日起，仲裁时效期间继续计算。

劳动关系存续期间因拖欠劳动报酬发生争议的，劳动者申请仲裁不受本条第一款规定的仲裁时效期间的限制；但是，劳动关系终止的，应当自劳动关系终止之日起一年内提出。

第二十八条　申请人申请仲裁应当提交书面仲裁申请，并按照被申请人人数提交副本。

仲裁申请书应当载明下列事项：

（一）劳动者的姓名、性别、年龄、职业、工作单位和住所，用人单位的名称、住所和法定代表人或者主要负责人的姓名、职务；

（二）仲裁请求和所根据的事实、理由；

（三）证据和证据来源、证人姓名和住所。

书写仲裁申请确有困难的，可以口头申请，由劳动争议仲裁委员会记入笔录，并告知对方当事人。

第二十九条　劳动争议仲裁委员会收到仲裁申请之日起五日内，认为符合受理条件的，应当受理，并通知申请人；认为不符合受理条件的，应当书面通知申请人不予受理，并说明理由。对劳动争议仲裁委员会不予受理或者逾期未作出决定的，申请人可以就该劳动争议事项向人民法院提起诉讼。

第三十条　劳动争议仲裁委员会受理仲裁申请后,应当在五日内将仲裁申请书副本送达被申请人。

被申请人收到仲裁申请书副本后,应当在十日内向劳动争议仲裁委员会提交答辩书。劳动争议仲裁委员会收到答辩书后,应当在五日内将答辩书副本送达申请人。被申请人未提交答辩书的,不影响仲裁程序的进行。

第三节　开庭和裁决

第三十一条　劳动争议仲裁委员会裁决劳动争议案件实行仲裁庭制。仲裁庭由三名仲裁员组成,设首席仲裁员。简单劳动争议案件可以由一名仲裁员独任仲裁。

第三十二条　劳动争议仲裁委员会应当在受理仲裁申请之日起五日内将仲裁庭的组成情况书面通知当事人。

第三十三条　仲裁员有下列情形之一,应当回避,当事人也有权以口头或者书面方式提出回避申请:

(一)是本案当事人或者当事人、代理人的近亲属的;

(二)与本案有利害关系的;

(三)与本案当事人、代理人有其他关系,可能影响公正裁决的;

(四)私自会见当事人、代理人,或者接受当事人、代理人的请客送礼的。

劳动争议仲裁委员会对回避申请应当及时作出决定,并以口头或者书面方式通知当事人。

第三十四条　仲裁员有本法第三十三条第四项规定情形,或者有索贿受贿、徇私舞弊、枉法裁决行为的,应当依法承担法律责任。劳动争议仲裁委员会应当将其解聘。

第三十五条　仲裁庭应当在开庭五日前,将开庭日期、地点书面通知双方当事人。当事人有正当理由的,可以在开庭三日前请求延期开庭。是否延期,由劳动争议仲裁委员会决定。

第三十六条　申请人收到书面通知,无正当理由拒不到庭或者未经仲裁庭同意中途退庭的,可以视为撤回仲裁申请。

被申请人收到书面通知,无正当理由拒不到庭或者未经仲裁庭同意中途退庭的,可以缺席裁决。

第三十七条　仲裁庭对专门性问题认为需要鉴定的,可以交由当事人约定的鉴定机构鉴定;当事人没有约定或者无法达成约定的,由仲裁庭指定的鉴定机构鉴定。

根据当事人的请求或者仲裁庭的要求,鉴定机构应当派鉴定人参加开庭。当事人经仲裁庭许可,可以向鉴定人提问。

第三十八条　当事人在仲裁过程中有权进行质证和辩论。质证和辩论终结时,首席仲裁员或者独任仲裁员应当征询当事人的最后意见。

第三十九条　当事人提供的证据经查证属实的,仲裁庭应当将其作为认定事实的根据。

劳动者无法提供由用人单位掌握管理的与仲裁请求有关的证据,仲裁庭可以要求用人单位在指定期限内提供。用人单位在指定期限内不提供的,应当承担不利后果。

第四十条　仲裁庭应当将开庭情况记入笔录。当事人和其他仲裁参加人认为对自己陈述的记录有遗漏或者差错的,有权申请补正。如果不予补正,应当记录该申请。

笔录由仲裁员、记录人员、当事人和其他仲裁参加人签名或者盖章。

第四十一条　当事人申请劳动争议仲裁后,可以自行和解。达成和解协议的,可以撤回仲裁申请。

第四十二条　仲裁庭在作出裁决前,应当先行调解。

调解达成协议的,仲裁庭应当制作调解书。

调解书应当写明仲裁请求和当事人协议的结果。调解书由仲裁员签名,加盖劳动争议仲裁委员会印章,送达双方当事人。调解书经双方当事人签收后,发生法律效力。

调解不成或者调解书送达前,一方当事人反悔的,仲裁庭应当及时作出裁决。

第四十三条　仲裁庭裁决劳动争议案件,应当自劳动争议仲裁委员会受理仲裁申请之日起四十五日内结束。案情复杂需要延期的,经劳动争议仲裁委员会主任批准,可以延期并书面通知当事人,但是延长期限不得超过十五日。逾期未作出仲裁裁决的,当事人可以就该劳动争议事项向人民法院提起诉讼。

仲裁庭裁决劳动争议案件时,其中一部分事实已经清楚,可以就该部分先行裁决。

第四十四条　仲裁庭对追索劳动报酬、工伤医疗费、经济补偿或者赔偿金的案件,根据当事人的申请,可以裁决先予执行,移送人民法院执行。

仲裁庭裁决先予执行的,应当符合下列条件:

(一)当事人之间权利义务关系明确;

(二)不先予执行将严重影响申请人的生活。

劳动者申请先予执行的,可以不提供担保。

第四十五条　裁决应当按照多数仲裁员的意见作出,少数仲裁员的不同意见应当记入笔录。仲裁庭不能形成多数意见时,裁决应当按照首席仲裁员的意见作出。

第四十六条　裁决书应当载明仲裁请求、争议事实、裁决理由、裁决结果和裁决日期。裁决书由仲裁员签名,加盖劳动争议仲裁委员会印章。对裁决持不同意见的仲裁员,可以签名,也可以不签名。

第四十七条　下列劳动争议,除本法另有规定的外,仲裁裁决为终局裁决,裁决书自作出之日起发生法律效力:

(一)追索劳动报酬、工伤医疗费、经济补偿或者赔偿金,不超过当地月最低工资标准十二个月金额的争议;

(二)因执行国家的劳动标准在工作时间、休息休假、社会保险等方面发生的争议。

第四十八条　劳动者对本法第四十七条规定的仲裁裁决不服的,可以自收到仲裁裁决书之日起十五日内向人民法院提起诉讼。

第四十九条　用人单位有证据证明本法第四十七条规定的仲裁裁决有下列情形之一,可以自收到仲裁裁决书之日起三十日内向劳动争议仲裁委员会所在地的中级人民法院申请撤销裁决:

(一)适用法律、法规确有错误的;

(二)劳动争议仲裁委员会无管辖权的;

(三)违反法定程序的;

(四)裁决所根据的证据是伪造的;

(五)对方当事人隐瞒了足以影响公正裁决的证据的;

(六)仲裁员在仲裁该案时有索贿受贿、徇私舞弊、枉法裁决行为的。

人民法院经组成合议庭审查核实裁决有前款规定情形之一的,应当裁定撤销。

仲裁裁决被人民法院裁定撤销的,当事人可以自收到裁定书之日起十五日内就该劳动争议事项向人民法院提起诉讼。

第五十条　当事人对本法第四十七条规定以外的其他劳动争议案件的仲裁裁决不服的,可以自收到仲裁裁决书之日起十五日内向人民法院提起诉讼;期满不起诉的,裁决书发生法律效力。

第五十一条　当事人对发生法律效力的调解书、裁决书,应当依照规定的期限履行。一方当事人逾期不履行的,另一方当事人可以依照民事诉讼法的有关规定向人民法院申请执行。受理申请的人民法院应当依法执行。

第四章　附　　则

第五十二条　事业单位实行聘用制的工作人员与本单位发生劳动争议的,依照本法执行;法律、行政法规或者国务院另有规定的,依照其规定。

第五十三条　劳动争议仲裁不收费。劳动争议仲裁委员会的经费由财政予以保障。

第五十四条　本法自 2008 年 5 月 1 日起施行。

九、人事争议处理暂行规定

(1997 年 8 月 8 日)

第一章　总　　则

第一条　为公正及时地处理人事争议,保护单位和个人的合法权益,保证单位和个人依法行使权利,维护社会稳定,制定本规定。

第二条　本规定适用于下列人事争议:

(一) 国家行政机关与工作人员之间因录用、调动,履行聘任合同发生的争议。

(二) 事业单位与工作人员之间因辞职,辞退以及履行聘任合同或聘用合同发生的争议。

(三) 企业单位与管理人员和专业技术人员之间因履行聘任合同或聘用合同发生的争议。

(四) 依照法律、法规、规章规定可以仲裁的人才流动争议和其他人事争议。

第三条　当事人在人事争议处理中的地位平等,适用法律,法规平等。

第四条　处理人事争议,应当遵循及时、公平、合理的原则,以事实为依据,以法律为准绳。

第二章　组 织 机 构

第五条　人事部设立人事仲裁公正厅,处理管辖范围内的人事争议。

省(自治区、直辖市)、副省级市、地(市)、县(市、区)设立人事争议仲裁委员会,分别负责处理管辖范围内的人事争议。

第六条　仲裁委员会由主任一人,副主任二至四人和委员若干人组成。仲裁委员会的主任可以由同级人民政府分管人事工作的负责人或者政府人事行政部门的主要负责人担任,副主任,委员可以聘请有关方面的人员担任。

仲裁委员会组成人员应当是单数。

第七条　仲裁委员会下设办事机构,负责案件受理、仲裁文书送达、档案管理、仲裁费用的收取与管理等日常工作,办理仲裁委员会授权的其他事宜。

仲裁委员会办事机构在同级人民政府人事行政部门。

第八条　仲裁委员会处理人事争议案件,实行仲裁庭制度。仲裁庭由三名以上(含三名)的单数仲裁员组成,仲裁委员会指定一名仲裁员担任首席仲裁员;简单的人事争议案件,仲裁委员会可以指定一名仲裁员独任处理。

第九条　仲裁委员会可以聘任政府有关部门的人员、专家学者和律师为专职或兼职仲裁员。

兼职仲裁员与专职仲裁员在执行仲裁公务时享有同等权利。

兼职仲裁员进行仲裁活动时,所在单位应当给予支持。

第三章　管　辖

第十条　国务院各部委、国务院直属事业单位以及各部委直属在京事业单位的人事争议,跨省(自治区、直辖市)的人事争议,由人事部人事仲裁公正厅负责处理。

第十一条　省(自治区、直辖市)、副省级市、地(市)、县、(市、区)仲裁委员会的管辖范围,由省(自治区、直辖市)确定。

第四章　处　理　程　序

第十二条　当事人应当在争议发生之日起60日内,以书面形式向仲裁委员申请仲裁,并按被申请人数递交副本。

仲裁申请书应当载明下列事项:

(一)申请人的姓名、性别、年龄、职业、工作单位和住所。如果申请人是单位,则应写明单位的名称、住所、法定代表人或者主要负责人的姓名,职务。

被申请人的姓名、性别、年龄、职业、工作单位和住所。如果被申请人是单位,则应写明单位的名称、住所、法定代表人或者主要负责人的姓名,职务。

(二)仲裁请求和所根据的事实,理由。

(三)依据和证据来源,证人姓名和住所。

第十三条　仲裁委员收到仲裁申请书后,应当在15日内做出受理或者不予受理的决定。决定不予受理的,应当书面通知当事人,并说明不予受理的理由。决定受理的,应当在7日内将仲裁申请书副本送达到被申请人并组成仲裁庭。

被申请人应当在收到仲裁申请书副本之日起15日内提交答辩书和有关证据。被申请人没有按时或者不提交答辩书的,不影响仲裁程序的进行。

第十四条　仲裁庭处理人事争议应先行调解,在查明事实、分清责任的基础上促使当事人双方自愿达成协议。协议内容不得违反法律、法规。

第十五条　调节达成协议的,仲裁庭应当根据协议内容制作调解书。调解书应当写明仲裁请求和当事人协议的结果。调解书由仲裁成员签名,加盖仲裁委员会印章,送达双方当事人。调解书经双方当事人签收后,即发生效力。调解未达成协议或调解书送达前当事人反悔的,仲裁应当及时进行仲裁。

第十六条　仲裁应当开庭进行。当事人协议不开庭,或者仲裁庭认为不宜开庭的,可以书面仲裁。

第十七条　决定开庭处理的,仲裁庭应当于开庭前5日内将开庭时间、地点等书面通知当事人。仲裁申请人经书面通知,无正当理由不到庭或者未经仲裁许可中途退庭的,可以视为撤回仲裁申请。被申请人经书面通知,无正当理由不到庭或者未经仲裁许可中途退庭的,可以缺席仲裁。

第十八条 当事人应当对自己的主张提供证据。

仲裁庭认为有必要,可以自行收集证据。

只有经过质证认定的事实,才可以作为仲裁的证据。

第十九条 当事人在仲裁过程中有权进行辩论。辩论终结时,首席仲裁员或者独任仲裁员应当征询当事人的最后意见。

第二十条 裁决应当按照多数仲裁员的意见做出,少数仲裁员的不同意见可以记入笔录。仲裁庭不能形成多数意见时,裁决应当按照首席仲裁员的意见做出。

第二十一条 仲裁庭对重大的或者疑难的人事争议案件的处理,可以提交仲裁委员会讨论决定;仲裁委员会的决定,仲裁庭必须执行。

第二十二条 仲裁庭应当在裁决做出后5日内制作裁决书。裁决书应当写明仲裁请求、争议事实、裁决理由、裁决结果、仲裁费用的负担和裁决日期。裁决书由仲裁成员加盖仲裁委员会的印章。裁决书一经送达,即发生效力。

第二十三条 仲裁庭处理人事争议案件,一般应当在仲裁庭组成之日起60日内结案。案情复杂需要延期的,经仲裁委员会批准,可以适当延期,但是延长的期限不得超过30日。

第二十四条 当事人参加仲裁活动可以委托一至二人代理。委托他人代理的必须向仲裁委员会提交有委托人签名或盖章的委托书。委托书应当明确委托事项和权限。

第二十五条 有下列情形之一的,仲裁员应当自行申请回避,当事人和代理人有权以口头或书面方式申请其回避:

(一)是本案的当事人或者当事人、代理人近亲属的。

(二)与本案有利害关系的。

(三)与本案当事人、代理人有其他关系的,可能影响公正裁决的。

仲裁委员会对回避申请应当及时做出决定,并通知当事人。

第五章 执行与监督

第二十六条 发生效力的调解书、裁决书当事人必须执行。

第二十七条 当事人有证据证明裁决有下列情形之一的,可以自收到裁决书之日起10日内向做出裁决的仲裁委员会申请复议:

(一)仲裁庭的组成或者仲裁的程序是违反法定程序的。

(二)裁决所依据的证据是伪造的。

(三)对方当事人隐瞒了足以影响公正裁决的证据的。

(四)仲裁员在仲裁案件时有受贿、徇私舞弊、枉法裁决行为的。

仲裁委员会经审查核实裁决有前款规定情形之一的,应当另行组成仲裁庭处理。

复议时间,不影响裁决的执行。

第二十八条 仲裁委员会主任对本委员会发生效力的裁决书,发现确有错误,需要重新仲裁的,应当提交仲裁委员会讨论决定。仲裁委员会决定重新仲裁的,应当另行组成仲裁庭处理。

第六章 法律责任

第二十九条 当事人及有关人员在仲裁过程中有下列行为之一的,仲裁委员会可以予

以批评教育、责令改正;情节严重的,依照《中华人民共和国治安管理条例》的有关规定处罚;构成犯罪的,依法追究刑事责任:

（一）干扰仲裁活动,阻碍仲裁工作人员执行公务的。

（二）拒绝提供有关文件、资料和其他证明材料的。

（三）提供虚假情况的。

（四）对仲裁工作人员、仲裁参加人、证人进行打击报复的。

第三十条 仲裁工作人员在仲裁活动中徇私舞弊、收受贿赂、敲诈勒索、滥用职权、侵犯当事人合法权益的,由所在单位或上级机关给予行政处分;构成犯罪的,依法追究刑事责任。

第七章 附　　则

第三十一条 人事争议当事人申请仲裁,应当按照有关规定交纳仲裁费。收取仲裁费的标准的办法,由人事部会同国务院有关部门另行制定。

第三十二条 省、自治区、直辖市可以根据本规定制定实施办法。

第三十三条 本规定自发布之日起施行。

十、中华人民共和国就业促进法

(2007 年 8 月 30 日第十届全国人民代表大会常务委员会第二十九次会议通过)

目　　录

第一章 总　　则

第一条 为了促进就业,促进经济发展与扩大就业相协调,促进社会和谐稳定,制定本法。

第二条 国家把扩大就业放在经济社会发展的突出位置,实施积极的就业政策,坚持劳动者自主择业、市场调节就业、政府促进就业的方针,多渠道扩大就业。

第三条 劳动者依法享有平等就业和自主择业的权利。

劳动者就业,不因民族、种族、性别、宗教信仰等不同而受歧视。

第四条 县级以上人民政府把扩大就业作为经济和社会发展的重要目标,纳入国民经济和社会发展规划,并制定促进就业的中长期规划和年度工作计划。

第五条 县级以上人民政府通过发展经济和调整产业结构、规范人力资源市场、完善就业服务、加强职业教育和培训、提供就业援助等措施,创造就业条件,扩大就业。

第六条 国务院建立全国促进就业工作协调机制,研究就业工作中的重大问题,协调推动全国的促进就业工作。国务院劳动行政部门具体负责全国的促进就业工作。

省、自治区、直辖市人民政府根据促进就业工作的需要,建立促进就业工作协调机制,协调解决本行政区域就业工作中的重大问题。

县级以上人民政府有关部门按照各自的职责分工,共同做好促进就业工作。

第七条 国家倡导劳动者树立正确的择业观念,提高就业能力和创业能力;鼓励劳动者自主创业、自谋职业。

各级人民政府和有关部门应当简化程序,提高效率,为劳动者自主创业、自谋职业提供便利。

第八条 用人单位依法享有自主用人的权利。

用人单位应当依照本法以及其他法律、法规的规定,保障劳动者的合法权益。

第九条 工会、共产主义青年团、妇女联合会、残疾人联合会以及其他社会组织,协助人民政府开展促进就业工作,依法维护劳动者的劳动权利。

第十条 各级人民政府和有关部门对在促进就业工作中作出显著成绩的单位和个人,给予表彰和奖励。

第二章 政 策 支 持

第十一条 县级以上人民政府应当把扩大就业作为重要职责,统筹协调产业政策与就业政策。

第十二条 国家鼓励各类企业在法律、法规规定的范围内,通过兴办产业或者拓展经营,增加就业岗位。

国家鼓励发展劳动密集型产业、服务业,扶持中小企业,多渠道、多方式增加就业岗位。

国家鼓励、支持、引导非公有制经济发展,扩大就业,增加就业岗位。

第十三条 国家发展国内外贸易和国际经济合作,拓宽就业渠道。

第十四条 县级以上人民政府在安排政府投资和确定重大建设项目时,应当发挥投资和重大建设项目带动就业的作用,增加就业岗位。

第十五条 国家实行有利于促进就业的财政政策,加大资金投入,改善就业环境,扩大就业。

县级以上人民政府应当根据就业状况和就业工作目标,在财政预算中安排就业专项资金用于促进就业工作。

就业专项资金用于职业介绍、职业培训、公益性岗位、职业技能鉴定、特定就业政策和社会保险等的补贴,小额贷款担保基金和微利项目的小额担保贷款贴息,以及扶持公共就业服务等。就业专项资金的使用管理办法由国务院财政部门和劳动行政部门规定。

第十六条 国家建立健全失业保险制度,依法确保失业人员的基本生活,并促进其实现就业。

第十七条 国家鼓励企业增加就业岗位,扶持失业人员和残疾人就业,对下列企业、人员依法给予税收优惠:

(一)吸纳符合国家规定条件的失业人员达到规定要求的企业;

(二)失业人员创办的中小企业;

（三）安置残疾人员达到规定比例或者集中使用残疾人的企业；

（四）从事个体经营的符合国家规定条件的失业人员；

（五）从事个体经营的残疾人；

（六）国务院规定给予税收优惠的其他企业、人员。

第十八条　对本法第十七条第四项、第五项规定的人员，有关部门应当在经营场地等方面给予照顾，免除行政事业性收费。

第十九条　国家实行有利于促进就业的金融政策，增加中小企业的融资渠道；鼓励金融机构改进金融服务，加大对中小企业的信贷支持，并对自主创业人员在一定期限内给予小额信贷等扶持。

第二十条　国家实行城乡统筹的就业政策，建立健全城乡劳动者平等就业的制度，引导农业富余劳动力有序转移就业。

县级以上地方人民政府推进小城镇建设和加快县域经济发展，引导农业富余劳动力就地就近转移就业；在制定小城镇规划时，将本地区农业富余劳动力转移就业作为重要内容。

县级以上地方人民政府引导农业富余劳动力有序向城市异地转移就业；劳动力输出地和输入地人民政府应当互相配合，改善农村劳动者进城就业的环境和条件。

第二十一条　国家支持区域经济发展，鼓励区域协作，统筹协调不同地区就业的均衡增长。

国家支持民族地区发展经济，扩大就业。

第二十二条　各级人民政府统筹做好城镇新增劳动力就业、农业富余劳动力转移就业和失业人员就业工作。

第二十三条　各级人民政府采取措施，逐步完善和实施与非全日制用工等灵活就业相适应的劳动和社会保险政策，为灵活就业人员提供帮助和服务。

第二十四条　地方各级人民政府和有关部门应当加强对失业人员从事个体经营的指导，提供政策咨询、就业培训和开业指导等服务。

第三章　公平就业

第二十五条　各级人民政府创造公平就业的环境，消除就业歧视，制定政策并采取措施对就业困难人员给予扶持和援助。

第二十六条　用人单位招用人员、职业中介机构从事职业中介活动，应当向劳动者提供平等的就业机会和公平的就业条件，不得实施就业歧视。

第二十七条　国家保障妇女享有与男子平等的劳动权利。

用人单位招用人员，除国家规定的不适合妇女的工种或者岗位外，不得以性别为由拒绝录用妇女或者提高对妇女的录用标准。

用人单位录用女职工，不得在劳动合同中规定限制女职工结婚、生育的内容。

第二十八条　各民族劳动者享有平等的劳动权利。

用人单位招用人员，应当依法对少数民族劳动者给予适当照顾。

第二十九条　国家保障残疾人的劳动权利。

各级人民政府应当对残疾人就业统筹规划，为残疾人创造就业条件。

用人单位招用人员，不得歧视残疾人。

第三十条　用人单位招用人员，不得以是传染病病原携带者为由拒绝录用。但是，经医学鉴定传染病病原携带者在治愈前或者排除传染嫌疑前,不得从事法律、行政法规和国务院卫生行政部门规定禁止从事的易使传染病扩散的工作。

第三十一条　农村劳动者进城就业享有与城镇劳动者平等的劳动权利,不得对农村劳动者进城就业设置歧视性限制。

第四章　就业服务和管理

第三十二条　县级以上人民政府培育和完善统一开放、竞争有序的人力资源市场,为劳动者就业提供服务。

第三十三条　县级以上人民政府鼓励社会各方面依法开展就业服务活动,加强对公共就业服务和职业中介服务的指导和监督,逐步完善覆盖城乡的就业服务体系。

第三十四条　县级以上人民政府加强人力资源市场信息网络及相关设施建设,建立健全人力资源市场信息服务体系,完善市场信息发布制度。

第三十五条　县级以上人民政府建立健全公共就业服务体系,设立公共就业服务机构,为劳动者免费提供下列服务:

(一)就业政策法规咨询;

(二)职业供求信息、市场工资指导价位信息和职业培训信息发布;

(三)职业指导和职业介绍;

(四)对就业困难人员实施就业援助;

(五)办理就业登记、失业登记等事务;

(六)其他公共就业服务。

公共就业服务机构应当不断提高服务的质量和效率,不得从事经营性活动。

公共就业服务经费纳入同级财政预算。

第三十六条　县级以上地方人民政府对职业中介机构提供公益性就业服务的,按照规定给予补贴。

国家鼓励社会各界为公益性就业服务提供捐赠、资助。

第三十七条　地方各级人民政府和有关部门不得举办或者与他人联合举办经营性的职业中介机构。

地方各级人民政府和有关部门、公共就业服务机构举办的招聘会,不得向劳动者收取费用。

第三十八条　县级以上人民政府和有关部门加强对职业中介机构的管理,鼓励其提高服务质量,发挥其在促进就业中的作用。

第三十九条　从事职业中介活动,应当遵循合法、诚实信用、公平、公开的原则。

用人单位通过职业中介机构招用人员,应当如实向职业中介机构提供岗位需求信息。禁止任何组织或者个人利用职业中介活动侵害劳动者的合法权益。

第四十条　设立职业中介机构应当具备下列条件:

(一)有明确的章程和管理制度;

(二)有开展业务必备的固定场所、办公设施和一定数额的开办资金;

(三)有一定数量具备相应职业资格的专职工作人员;

(四)法律、法规规定的其他条件。

设立职业中介机构,应当依法办理行政许可。经许可的职业中介机构,应当向工商行政部门办理登记。

　　未经依法许可和登记的机构,不得从事职业中介活动。

　　国家对外商投资职业中介机构和向劳动者提供境外就业服务的职业中介机构另有规定的,依照其规定。

　　第四十一条　职业中介机构不得有下列行为:

　　(一)提供虚假就业信息;

　　(二)为无合法证照的用人单位提供职业中介服务;

　　(三)伪造、涂改、转让职业中介许可证;

　　(四)扣押劳动者的居民身份证和其他证件,或者向劳动者收取押金;

　　(五)其他违反法律、法规规定的行为。

　　第四十二条　县级以上人民政府建立失业预警制度,对可能出现的较大规模的失业,实施预防、调节和控制。

　　第四十三条　国家建立劳动力调查统计制度和就业登记、失业登记制度,开展劳动力资源和就业、失业状况调查统计,并公布调查统计结果。

　　统计部门和劳动行政部门进行劳动力调查统计和就业、失业登记时,用人单位和个人应当如实提供调查统计和登记所需要的情况。

第五章　职业教育和培训

　　第四十四条　国家依法发展职业教育,鼓励开展职业培训,促进劳动者提高职业技能,增强就业能力和创业能力。

　　第四十五条　县级以上人民政府根据经济社会发展和市场需求,制定并实施职业能力开发计划。

　　第四十六条　县级以上人民政府加强统筹协调,鼓励和支持各类职业院校、职业技能培训机构和用人单位依法开展就业前培训、在职培训、再就业培训和创业培训;鼓励劳动者参加各种形式的培训。

　　第四十七条　县级以上地方人民政府和有关部门根据市场需求和产业发展方向,鼓励、指导企业加强职业教育和培训。

　　职业院校、职业技能培训机构与企业应当密切联系,实行产教结合,为经济建设服务,培养实用人才和熟练劳动者。

　　企业应当按照国家有关规定提取职工教育经费,对劳动者进行职业技能培训和继续教育培训。

　　第四十八条　国家采取措施建立健全劳动预备制度,县级以上地方人民政府对有就业要求的初高中毕业生实行一定期限的职业教育和培训,使其取得相应的职业资格或者掌握一定的职业技能。

　　第四十九条　地方各级人民政府鼓励和支持开展就业培训,帮助失业人员提高职业技能,增强其就业能力和创业能力。失业人员参加就业培训的,按照有关规定享受政府培训补贴。

　　第五十条　地方各级人民政府采取有效措施,组织和引导进城就业的农村劳动者参加技能培训,鼓励各类培训机构为进城就业的农村劳动者提供技能培训,增强其就业能力和创业能力。

第五十一条　国家对从事涉及公共安全、人身健康、生命财产安全等特殊工种的劳动者,实行职业资格证书制度,具体办法由国务院规定。

第六章　就 业 援 助

第五十二条　各级人民政府建立健全就业援助制度,采取税费减免、贷款贴息、社会保险补贴、岗位补贴等办法,通过公益性岗位安置等途径,对就业困难人员实行优先扶持和重点帮助。

就业困难人员是指因身体状况、技能水平、家庭因素、失去土地等原因难以实现就业,以及连续失业一定时间仍未能实现就业的人员。就业困难人员的具体范围,由省、自治区、直辖市人民政府根据本行政区域的实际情况规定。

第五十三条　政府投资开发的公益性岗位,应当优先安排符合岗位要求的就业困难人员。被安排在公益性岗位工作的,按照国家规定给予岗位补贴。

第五十四条　地方各级人民政府加强基层就业援助服务工作,对就业困难人员实施重点帮助,提供有针对性的就业服务和公益性岗位援助。

地方各级人民政府鼓励和支持社会各方面为就业困难人员提供技能培训、岗位信息等服务。

第五十五条　各级人民政府采取特别扶助措施,促进残疾人就业。

用人单位应当按照国家规定安排残疾人就业,具体办法由国务院规定。

第五十六条　县级以上地方人民政府采取多种就业形式,拓宽公益性岗位范围,开发就业岗位,确保城市有就业需求的家庭至少有一人实现就业。

法定劳动年龄内的家庭人员均处于失业状况的城市居民家庭,可以向住所地街道、社区公共就业服务机构申请就业援助。街道、社区公共就业服务机构经确认属实的,应当为该家庭中至少一人提供适当的就业岗位。

第五十七条　国家鼓励资源开采型城市和独立工矿区发展与市场需求相适应的产业,引导劳动者转移就业。

对因资源枯竭或者经济结构调整等原因造成就业困难人员集中的地区,上级人民政府应当给予必要的扶持和帮助。

第七章　监 督 检 查

第五十八条　各级人民政府和有关部门应当建立促进就业的目标责任制度。县级以上人民政府按照促进就业目标责任制的要求,对所属的有关部门和下一级人民政府进行考核和监督。

第五十九条　审计机关、财政部门应当依法对就业专项资金的管理和使用情况进行监督检查。

第六十条　劳动行政部门应当对本法实施情况进行监督检查,建立举报制度,受理对违反本法行为的举报,并及时予以核实处理。

第八章　法 律 责 任

第六十一条　违反本法规定,劳动行政等有关部门及其工作人员滥用职权、玩忽职守、徇私舞弊的,对直接负责的主管人员和其他直接责任人员依法给予处分。

259

第六十二条　违反本法规定,实施就业歧视的,劳动者可以向人民法院提起诉讼。

第六十三条　违反本法规定,地方各级人民政府和有关部门、公共就业服务机构举办经营性的职业中介机构,从事经营性职业中介活动,向劳动者收取费用的,由上级主管机关责令限期改正,将违法收取的费用退还劳动者,并对直接负责的主管人员和其他直接责任人员依法给予处分。

第六十四条　违反本法规定,未经许可和登记,擅自从事职业中介活动的,由劳动行政部门或者其他主管部门依法予以关闭;有违法所得的,没收违法所得,并处一万元以上五万元以下的罚款。

第六十五条　违反本法规定,职业中介机构提供虚假就业信息,为无合法证照的用人单位提供职业中介服务,伪造、涂改、转让职业中介许可证的,由劳动行政部门或者其他主管部门责令改正;有违法所得的,没收违法所得,并处一万元以上五万元以下的罚款;情节严重的,吊销职业中介许可证。

第六十六条　违反本法规定,职业中介机构扣押劳动者居民身份证等证件的,由劳动行政部门责令限期退还劳动者,并依照有关法律规定给予处罚。

违反本法规定,职业中介机构向劳动者收取押金的,由劳动行政部门责令限期退还劳动者,并以每人五百元以上二千元以下的标准处以罚款。

第六十七条　违反本法规定,企业未按照国家规定提取职工教育经费,或者挪用职工教育经费的,由劳动行政部门责令改正,并依法给予处罚。

第六十八条　违反本法规定,侵害劳动者合法权益,造成财产损失或者其他损害的,依法承担民事责任;构成犯罪的,依法追究刑事责任。

第九章　附　　则

第六十九条　本法自 2008 年 1 月 1 日起施行。

十一、医疗事故处理条例

第一章　总　　则

第一条　为了正确处理医疗事故,保护患者和医疗机构及其医务人员的合法权益,维护医疗秩序,保障医疗安全,促进医学科学的发展,制定本条例。

第二条　本条例所称医疗事故,是指医疗机构及其医务人员在医疗活动中,违反医疗卫生管理法律、行政法规、部门规章和诊疗护理规范、常规,过失造成患者人身损害的事故。

第三条　处理医疗事故,应当遵循公开、公平、公正、及时、便民的原则,坚持实事求是的科学态度,做到事实清楚、定性准确、责任明确、处理恰当。

第四条　根据对患者人身造成的损害程度,医疗事故分为四级:

一级医疗事故:造成患者死亡、重度残疾的;

二级医疗事故:造成患者中度残疾、器官组织损伤导致严重功能障碍的;

三级医疗事故:造成患者轻度残疾、器官组织损伤导致一般功能障碍的;

四级医疗事故:造成患者明显人身损害的其他后果的。

具体分级标准由国务院卫生行政部门制定。

第二章 医疗事故的预防与处置

第五条 医疗机构及其医务人员在医疗活动中,必须严格遵守医疗卫生管理法律、行政法规、部门规章和诊疗护理规范、常规,恪守医疗服务职业道德。

第六条 医疗机构应当对其医务人员进行医疗卫生管理法律、行政法规、部门规章和诊疗护理规范、常规的培训的医疗服务职业道德教育。

第七条 医疗机构应当设置医疗服务质量监控部门或者配备专(兼)职人员,具体负责监督本医疗机构的医务人员的医疗服务工作,检查医务人员执业情况,接受患者对医疗服务的投诉,向其提供咨询服务。

第八条 医疗机构应当按照国务院卫生行政部门规定的要求,书写并妥善保管病历资料。

因抢救急危患者,未能及时写病历的,有关医务人员应当在抢救结束后6小时内据实补记,并加以注明。

第九条 严禁涂改、伪造、隐匿、销毁或者抢夺病历资料。

第十条 患者有权复印或者复制其门诊病历、住院志、体温单、医嘱单、化验单(检验报告)、医学影像检查资料、特殊检查同意书、手术同意书、手术及麻醉记录单、病理资料、护理记录以及国务院卫生行政部门规定的其他病历资料。

患者依照前款规定要求复印或者复制病历资料的,医疗机构应当提供复印或者复制服务并在复印或者复制的病历资料上加盖证明印记。复印或者复制病历资料时,应当有患者在场。

医疗机构应患者的要求,为其复印或者复制病历资料,可以按照规定收取工本费。具体收取标准由省、自治区、直辖市人民政府价格主管部门会同同级卫生行政部门规定。

第十一条 在医疗活动中,医疗机构及其医务人员应当将患者的病情、医疗措施、医疗风险等如实告知患者,及时解答其咨询;但是,应当避免对患者产生不利后果。

第十二条 医疗机构应当制定防范、处理医疗事故的预案,预防医疗事故的发生,减轻医疗事故的损害。

第十三条 医务人员在医疗活动中发生或者发现医疗事故、可能引起医疗事故的医疗过失行为或者发生医疗事故争议的,应当立即向所在科室负责人报告,科室负责人应当及时向医疗服务质量监控的部门或者专(兼)职人员报告;负责医疗服务质量监控的部门或者专(兼)职人员接到报告后,应当立即进行调查、核实,将有关情况如实向医疗机构的负责人报告,并向患者通报、解释。

第十四条 发生医疗事故的,医疗机构应当按照规定向所在地卫生行政部门报告。

发生下列重大医疗过失行为的,医疗机构应当在12小时内向所在地卫生行政部门报告:

(一)导致患者死亡或者可能为二级以上的医疗事故;

(二)导致3人以上人身损害后果;

(三)国务院卫生行政部门和省自治区、直辖市人民政府卫生行政部门规定的其他情形。

第十五条 发生或者发现医疗过失行为,医疗机构及其医务人员应当立即采取有效措施,避免或者减轻对患者身体健康的损害,防止损害扩大。

第十六条 发生医疗事故争议时,死亡病例讨论记录、疑难病例讨论记录、上级医师查房记录、会诊记录应当在医患双方在场的情况下封存和启封。封存的病例可以是复印件,由医疗机构保管。

第十七条　疑似输液、输血、注射、药物等引起不良后果的,医患双方应当共同对现场实物进行封存和启封,封存的现场实物由医疗机构保管;需要检验的,应当由双方共同指定的、依法具有检验资格的检验机构进行检验;双方无法共同指定时,由卫生行政部门指定。

疑是输血引起不良后果,需要对血液进行封存保留的,医疗机构应当通知提供该血液的采血机构派员到场。

第十八条　患者死亡,医患双方当事人不能确定死因或者对死因有异的,应当在患者死亡后48小时内进行尸检;具备尸体冻存条件的,可以延长至7日。尸检应当经死者近亲属同意并签字。

尸检应当由按照国家有关规定取得相应资格的机构和病理解剖专业技术人员进行。承担尸检任务的机构和病理解剖专业技术人员有进行尸检的义务。

医疗事故争议双方当事人可以请法医病理学人员参加尸检,也可以委派代表观察尸检过程。拒绝或者拖延尸检,超过规定时间,影响对死因判定的,由拒绝或者拖延的一方承担责任。

第十九条　患者在医疗机构内死亡的,尸体应当立即移放太平间。死者尸体存放时间一般不得超过2周。逾期不处理的尸体。经医疗机构所在地卫生行政部门批准,并报经同级公安部门备案后,由医疗机构按照规定进行处理。

第三章　医疗事故的技术鉴定

第二十条　卫生行政部门接到医疗机构关于重大医疗过失行为的报告或者医疗事故争议当事人要求处理医疗事故争议的申请后,对需要进行医疗事故技术鉴定的,应当交由负责医疗事故技术鉴定工作的医学会组织鉴定;医患双方协商解决医疗事故争议,需要进行医疗事故技术鉴定的,由双方当事人共同委托负责医疗事故技术鉴定工作的医学会组织鉴定。

第二十一条　设区的市级地方医学会和省、自治区、直辖市直接管辖县(市)地方医学会负责组织首次医疗事故技术鉴定工作。省、自治区、直辖市地方医学会负责组织再次鉴定工作。

必要时,中华医学会可以组织疑难、复杂并在全国有重大影响的医疗事故争议的技术鉴定工作。

第二十二条　当事人对首次医疗事故鉴定结论不服的,可以自收到首次鉴定结论之日起15日内向医疗机构所在地卫生行政部门提出再次鉴定的申请。

第二十三条　负责组织医疗事故技术鉴定工作的医学会应当建立专家库。

专家库由具备下列条件的医疗卫生专业技术人员组成:

(一) 由良好的业务素质和执业品德;

(二) 受聘于医疗卫生机构或者医学教学、科研机构并担任相应专业高级技术职务3年以上。

符合前款第(一)项规定条件并具备高级技术任职资格的法医可以受聘进入专家库。

负责组织医疗事故技术鉴定工作的医学会依照本条例规定聘请医疗卫生专业技术人员和法医进入专家库,可以不受行政区域的限制。

第二十四条　医疗事故技术鉴定,由负责组织医疗事故技术鉴定工作的医学会组织专家鉴定组进行。

参加医疗事故技术鉴定的相关专业的专家,由医患双方在医学会主持下从专家库中随机抽取,在特殊情况下,医学会根据医疗事故技术鉴定工作的需要,可以组织医患双方在其他医学会建立的专家库中随机抽取相关专业的专家参加鉴定或者函件咨询。

符合本条例二十三条规定条件的医疗卫生专业技术人员和法医有义务受聘进入专家库,并承担医疗事故技术鉴定工作。

第二十五条 专家鉴定组进行医疗事故技术鉴定,实行合议制。专家鉴定组人数为单数,涉及的主要学科的专家一般不得少于鉴定组成员的二分之一;涉及死因、伤残等级鉴定的,并应当从专家库中随机抽法医参加专家鉴定组。

第二十六条 专家鉴定组成员有下列情形之一的,应当回避,当事人也可以以口头或者书面的方式申请其回避:

(一)是医疗事故争议当事人或者当事人的近亲的;

(二)与医疗事故争议有利害关系的;

(三)与医疗事故争议当事人有其他关系,可能影响公正鉴定的。

第二十七条 专家鉴定组依照医疗卫生管理法律、行政法规、部门规章和诊疗护理规范、常规,运用医学科学原理和专业知识,独立进行医疗事故技术鉴定,对医疗事故进行鉴别和判定,为处理医疗事故争议提供医学依据。

任何单位或者个人不得干扰医疗事故技术鉴定工作,不得威胁、利诱、辱骂、殴打专家鉴定组成员。

专家鉴定组成员不得接受双方当事人的财物或者其他利益。

第二十八条 负责组织医疗事故技术鉴定工作的医学会应当自受理医疗事故技术鉴定之日起 5 日内通知医疗事故争议双方当事人提交进行医疗事故技术鉴定所需要的材料。

当事人应当自收到医学会的通知之日起 10 日内提交有关医疗事故技术鉴定的材料、书面陈述及答辩。医疗机构提交的有关医疗事故技术鉴定的材料应当包括下列内容:

(一)住院患者的病程记录、死亡病例讨论记录、疑难病例讨论记录、会诊意见、上级医师查房记录等病历资料原件;

(二)住院患者的住院志、体温单、医嘱单、化验单(检验报告)、医学影像检查资料、特殊检查同意书、手术同意书、手术及麻醉记录单、病理资料、护理记录等病历资料原件;

(三)抢救急危患者,在规定时间内补记的病历资料原件;

(四)封存保留的输液、注射用物品和血液、药物等实物。或者依法具有检验资格的检验机构对这些物品、实物做出的检验报告;

(五)与医疗事故技术鉴定有关的其他材料。

在医疗机构建有病历档案的门诊、急诊患者,其病历资料由医疗机构提供;没有在医疗机构建立病历档案的,由患者提供。

医患双方应当依照本条例的规定提交相关材料。医疗机构无正当理由未依照本条例的规定如实提供相关材料、导致医疗事故技术鉴定不能进行的,应当承担责任。

第二十九条 负责组织医疗事故技术鉴定工作的医学会应当自接到当事人提交的有关医疗事故技术鉴定的材料、书面陈述及答辩之日起 45 日内组织鉴定并出具医疗事故技术鉴定书。

负责组织医疗事故技术鉴定工作的医学会可以向双方当事人调查取证。

第三十条 专家鉴定组应当认真审查双方当事人提交的材料,听取双方当事人的陈述及答辩并进行核实。

双方当事人应当按照本条例的规定如实提交进行医疗事故技术鉴定所需要的材料,并积极配合调查。当事人任何一方不予配合,影响医疗事故技术鉴定的由不予配合的一方承担责任。

第三十一条 专家鉴定组应当在事实清楚、证据确凿的基础上,综合分析患者的病情和个体差异,做出鉴定结论,并制作医疗事故技术鉴定书。鉴定结论以专家鉴定组成员的过半数通过。鉴定过程应当如实记载。

医疗事故技术鉴定书应当包括下列主要内容:

(一) 双方当事人的基本情况及要求;

(二) 当事人提交的材料和负责组织医疗事故技术鉴定工作的医学会的调查材料;

(三) 对鉴定过程的说明;

(四) 医疗行为是否违反医疗卫生管理法律、行政法规、部门规章和诊疗护理规范、常规;

(五) 医疗过失行为与人身损害后果之间是否存在因果关系;

(六) 医疗过失行为在医疗事故损害后果中的责任程度;

(七) 医疗事故等;

(八) 对医疗事故患者的医疗护理医学建议。

第三十二条 医疗事故技术鉴定办法由国务院卫生行政部门制定。

第三十三条 有下列情形之一的,不属于医疗事故:

(一) 在紧急情况下为抢救垂危患者生命而采取紧急医学措施造成不良后果的;

(二) 在医疗活动中由于患者病情异常或者患者体质特殊而发生医疗意外的;

(三) 在现有医学科学技术条件下,发生无法预料或者不能防范的不良后果的;

(四) 无过错输血感染造成不良后果的;

(五) 因患方原因延误诊疗导致不良后果的;

(六) 因不可抗力造成不良后果的。

第三十四条 医疗事故技术鉴定,可以收取鉴定费用。经鉴定,属于医疗事故的,鉴定费用由医疗机构支付;不属于医疗事故的,鉴定费用由提出医疗事故处理申请的一方支付。鉴定费用标准由省、自治区、直辖市人民政府价格主管部门会同同级财政部门、卫生行政部门、卫生行政部门规定。

第四章 医疗事故的行政处理与监督

第三十五条 卫生行政部门应当依照本条例和有关法律、行政法规、部门规章的规定,对发生医疗事故的医疗机构和医务人员做出行政处理。

第三十六条 卫生行政部门接到医疗机构关于重大医疗过失行为的报告后,除责令医疗机构及时采取必要的医疗救治措施,防止损害后果扩大外,应当组织调查,判定是否属于医疗事故;对不能判定是否属于医疗事故的,应当依照本条例的有关规定交由负责医疗事故技术鉴定工作的医学会组织鉴定。

第三十七条 发生医疗事故争议,当事人申请卫生行政部门处理的,应当提出书面申请。申请书应当载明申请人的基本情况、有关事实、具体请求及理由等。

当事人自知道或者应当知道其身体健康受到损害之日起 1 年内,可以向卫生行政部门提出医疗事故争议处理申请。

第三十八条　发生医疗事故争议,当事人申请卫生行政部门处理的,由医疗机构所在地的县级人民政府卫生行政部门受理。医疗机构所在地是直辖市的,由医疗机构所在地的区、县人民政府卫生行政部门受理。

有下列发情形之一的,县级人民政府卫生行政部门应当自接到医疗机构的报告或者当事人提出医疗事故争议处理申请之日起 7 日内移送上一级人民政府卫生行政部门处理:

(一)患者死亡;

(二)可能为二级以上的医疗事故;

(三)国务院卫生行政部门和省、自治区、直辖市人民政府卫生行政部门规定的其他情形。

第三十九条　卫生行政部门应当自收到医疗事故争议处理申请之日起 10 日内进行审查,做出是否受理的决定。对符合本条例规定,予以受理,需要进行医疗事故技术鉴定的,应当自做出受理决定之日起 5 日内将有关材料交由负责医疗事故技术鉴定工作的医学组织鉴定并组织鉴定并书面通知申请人;对符合本条例规定,不予受理的,应当书面通知申请人并说明理由。

当事人对首次医疗事故技术鉴定结论有异议,申请再次鉴定的,卫生行政部门应当自收到申请之日起 7 日内交由省、自治区、直辖市地方医学会组织再次鉴定。

第四十条　当事人既向卫生行政部门提出医疗事故争议处理申请,又向人民法院提起诉讼的,卫生行政部门不予受理;卫生行政部门已经受理的,应当终止处理。

第四十一条　卫生行政部门收到负责组织医疗事故技术鉴定工作的医学会出具的医疗事故技术鉴定书后,应当对参加鉴定的人员资格和专业类别、鉴定程序进行审核;必要时,可以组织调查,听取医疗事故争议双方当事人的意见。

第四十二条　卫生行政部门经审核,对符合本条例规定做出的医疗事故技术鉴定结论,应当作为对发生医疗事故的医疗机构和医务人员做出行政处理以及进行医疗事故赔偿调解的依据;经审核,发现医疗事故技术鉴定不符合本条例规定的,应当要求重新鉴定。

第四十三条　医疗事故争议由双方当事人自行协商解决的,医疗机构应当自协商解决之日起 7 日内向所在地卫生行政部门做出书面报告,并附具协议书。

第四十四条　医疗事故争议经人民法院调解或者判决解决的,医疗机构应当自收到生效的人民法院调解书或者判决书之日起 7 日内向所在地卫生行政部门做出书面报告,并附具调解书或者判决书。

第四十五条　县级以上地方人民政府卫生行政部门应当按照规定逐级将当地发生的医疗事故以及依法对发生医疗事故的医疗机构和医务人员做出行政处理的情况,上报国务院卫生行政部门。

第五章　医疗事故的赔偿

第四十六条　发生医疗事故的赔偿等民事责任争议,医患双方可以协商解决;不愿意协商或者协商不成的,当事人可以向卫生行政部门提出调解申请,也可以直接向人民法院提起民事诉讼。

第四十七条　双方当事人协商解决医疗事故的赔偿等民事责任争议的,应当制作协议书。协议书应当载明双方当事人的基本情况和医疗事故的原因、双方当事人共同认定的医疗事故等级以及协商确定的赔偿数额等,并由双方当事人在协议书上签名。

第四十八条 已确定为医疗事故的,卫生行政部门应医疗事故争议双方当事人请求,可以进行医疗事故赔偿调解。调解时,应当遵循当事人双方自愿原则,并应当依据本条例的规定计算赔偿数额。

经调解,双方当事人就赔偿数额达成协议的,制作调解书,双方当事人应当履行;调解不成或者经调解达成协议后一方反悔的,卫生行政部门不再调解。

第四十九条 医疗事故赔偿,应当考虑下列因素,确定具体赔偿数额:

(一)医疗事故等级;

(二)医疗过失行为在医疗事故损害后果中的责任程度;

(三)医疗事故损害后果与患者原有疾病状况之间的关系。

不属于医疗事故的,医疗机构不承担赔偿责任。

第五十条 医疗事故赔偿,按照下列项目和标准计算:

(一)医疗费:按照医疗事故对患者造成的人身损害进行治疗所发生的医疗费用计算,凭据支付,但不包括原发病医疗费用。结案后确实需要继续治疗的,按照基本医疗费用支付。

(二)误工费:患者有固定收入的,按照本人因误工减少的固定收入计算,对收入高于医疗事故发生地上一年度职工年平均工资3倍以上的,按照3倍计算;无固定收入的,按照医疗事故发生地上一年度职工年平均工资计算。

(三)住院伙食补助费:按照医疗事故发生地国家机关一般工作人员的出差伙食补助标准计算。

(四)陪护费:患者住院期间需要专人陪护的,按照医疗事故发生地上一年度职工年平均工资计算。

(五)残疾生活补助费:根据伤残等,按照医疗事故发生地居平均生活费计算,自定残之月起最长赔偿30年;但是,60周岁以上的,不超过15年;70周岁以上的,不超过5年。

(六)残疾用具费:因残疾需要配置补偿功能器具的,凭医疗机构证明,按照及型器具的费用计算。

(七)丧葬费:按照医疗事故发生地规定的丧葬费补助标准计算。

(八)被扶养人生活费:以死者生前或者残疾者丧失劳动能力前实际扶养且没有劳动能力的人为限,按照其户籍所在地或者居所地居民最低生活保障标准计算。对不满16周岁的,扶养到16周岁。对年满16周岁但无劳动能力的,扶养20年;但是,60周岁以上的,不超过15年;70周岁以上的,不超过5年。

(九)交通费:按照患者实际必需的交通费用计算,凭据支付。

(十)住宿费:按照医疗事故发生地国家机关一般工作人员的出差住宿补助标准计算,凭据支付。

(十一)精神损害抚慰金:按照医疗事故发生地居民年平均生活费计算。造成患者死亡的,赔偿年限最长不超过6年;造成患者残疾的,赔偿年限最长不超过3年。

第五十一条 参加医疗事故处理的患者近亲属所需交通费、误工费、住宿费,参照本条例第五十条的有关规定计算,计算费用的人数不超过2人。

医疗事故造成患者死亡的,参加丧葬活动的患者的配偶和直系亲属所需的交通费、误工费、住宿费,参照本条例第五十条的有关规定计算,计算费用的人数不超过2人。

第五十二条 医疗事故赔偿费用,实行一次性结算,由承担医疗事故责任的医疗机构支付。

第六章 罚 则

第五十三条 卫生行政部门的工作人员在处理医疗事故过程中违反本条例的规定,利用职务上的便利收受他人财物或者其他利益,滥用职权,玩忽职守,或者发现违法行为不予查处,造成严重后果的,依照刑法关于受贿罪、滥用职权罪、玩忽职守罪或者其他有关罪的规定,依法追究刑事责任;尚不够刑事处罚的,依法给予降级或者撤职的行政处分。

第五十四条 卫生行政部门违反本条例的规定,有下列情形之一的,由上级卫生行政部门给予警告并责令限期改正;情节严重的,对负有责任的主管人员和其他直接责任人员依法给予行政处分:

(一)接到医疗机构关于重大医疗过失行为的报告后,未及时组织调查的;

(二)接到医疗事故争议处理申请后,未在规定时间内审查或者移送上一级人民政府卫生行政部门处理的;

(三)未将应当进行医疗事故技术鉴定的重大医疗过失行为或者医疗事故争议移交医学会组织鉴定的;

(四)未按照规定逐级将当地发生的医疗事故以及依法对发生医疗事故的医疗机构和医务人员的行政处理情况上报的;

(五)未依照本条例规定审核医疗事故技术鉴定书的。

第五十五条 医疗机构发生医疗事故的,由卫生行政部门根据医疗事故等级和情节,给予警告;情节严重的,责令限期停业整顿直至由原发证部门吊销执业许可证,对负有责任的医务人员依照刑法关于医疗事故罪的规定,依法追究刑事责任;尚不够刑事处罚的,依法给予行政处分或者纪律处分。

对发生医疗事故的有关医务人员,除依照前款处罚外,卫生行政部门并可以责令暂停6个月以上1年以下执业活动;情节严重的,吊销其执业证书。

第五十六条 医疗机构违反本条例的规定,有下列情形之一的,由卫生行政部门责令改正;情节严重的对负有责任的主管人员和其他直接责任人员依法给予行政处分或者纪律处分:

(一)未如实告知患者病情、医疗措施和医疗风险的;

(二)没有正当理由,拒绝为患者提供复印或者复制病历资料服务的;

(三)未按照国务院卫生行政部门规定的要求书写和妥善保管病历资料的;

(四)未在规定时间内补记抢救工作病历内容的;

(五)未按照本条例的规定封存、保管和启封病例资料和实物的;

(六)未设置医疗服务质量监控部门或者配备专(兼)职人员的;

(七)未制定有关医疗事故防范和处理预案的;

(八)未在规定时间内向卫生行政部门报告重大医疗过失行为的;

(九)未按照本条例的规定向卫生行政部门报告医疗事故的;

(十)未按照规定进行尸检保存、处理尸体的。

第五十七条 参加医疗事故技术鉴定工作的人员违反本条例的规定,接受申请鉴定双方或者一方当事人的财物或者其他利益,出具虚假医疗事故技术鉴定书,造成严重后果的,依照刑法关于受贿罪的规定,依法追究刑事责任;尚不够刑事处罚的,由原发证部门吊销执业证书或者资格证书。

第五十八条　医疗机构或者其他有关机构违反本条例的规定,有下列情形之一的,由卫生行政部门责令改正,给予警告;对负有责任的主管人员和其他直接责任人员依法给予行政处分或者纪律处分;情节严重的,由原发证部门吊销执业证书或者资格证书:

(一)承担尸检任务的机构没有正当理由,拒绝进行尸检的;

(二)涂改、伪造、隐匿、销毁病历资料的。

第五十九条　医疗事故为由,寻衅滋事、抢夺病历资料,扰乱医疗机构正常秩序和医疗事故技术鉴定工作,依照刑法关于扰乱社会秩序罪的规定,依法追究刑事责任;尚未不够刑事处罚的,依法给予治安管理处罚。

第七章　附　　则

第六十条　本条例所称医疗机构,是指依照《医疗机构管理条例》的规定取得《医疗机构执业许可证》的机构。

县级以上城市从事计划生育技术服务的机构依照《计划生育技术服务管理条例》的规定开展与计划生育有关的临床医疗服务,发生的计划生育技术服务事故,依照本条例的有关规定处理;但是,其中不属于医疗机构的县级以上城市从事计划生育技术服务的机构发生的计划生育技术服务事故,由计划生育行政部门行使依照本条例有关规定由卫生行政部门承担的受理、交由负责医疗事技术鉴定工作的医学会组织鉴定和赔偿调解的职能;对发生计划生育技术服务事故的该机构及其有关责任人员,依法进行处理。

第六十一条　非法行医,造成患者人身损害,不属于医疗事故,触犯刑律的,依法刑事责任;有关赔偿,由受害人直接向人民法院提起诉讼。

第六十二条　军队医疗机构的医疗事故处理办法,由中国人民解放军卫生主管部门会同国务院卫生行政部门依据本条例制定。

第六十三条　本条例自2002年9月1日起施行。1987年6月29日国务院发布的《医疗事故处理办法》同时废止。本条例施行前已经处理结案的医疗事故争议,不再重新处理。

十二、个人独资企业登记管理办法

(2000年1月13日)

第一章　总　　则

第一条　为了确认个人独资企业的经营资格,规范个人独资企业登记行为,依据《中华人民共和国个人独资企业法》(以下简称《个人独资企业法》),制定本办法。

第二条　个人独资企业的设立、变更、注销,应当依照《个人独资企业法》和本办法的规定办理企业登记。

第三条　个人独资企业经登记机关依法核准登记,领取营业执照后,方可从事经营活动。

个人独资企业应当在登记机关核准的登记事项内依法从事经营活动。

第四条　工商行政管理机关是个人独资企业的登记机关。

国家工商行政管理局主管全国个人独资企业的登记工作。

省、自治区、直辖市工商行政管理局负责本地区个人独资企业的登记工作。

市、县工商行政管理局以及大中城市工商行政管理分局负责本辖区内的个人独资企业登记。

第二章　设　立　登　记

第五条　设立个人独资企业应当具备《个人独资企业法》第八条规定的条件。

第六条　个人独资企业的名称应当符合名称登记管理有关规定,并与其责任形式及从事的营业相符合。

个人独资企业的名称中不得使用"有限"、"有限责任"或者"公司"字样。

第七条　设立个人独资企业,应当由投资人或者其委托的代理人向个人独资企业所在地登记机关申请设立登记。

第八条　个人独资企业的登记事项应当包括:企业名称、企业住所、投资人姓名和居所、出资额和出资方式、经营范围及方式。

第九条　投资人申请设立登记,应当向登记机关提交下列文件:

(一)投资人签署的个人独资企业设立申请书;

(二)投资人身份证明;

(三)企业住所证明;

(四)国家工商行政管理局规定提交的其他文件。

从事法律、行政法规规定须报经有关部门审批的业务的,应当提交有关部门的批准文件。

委托代理人申请设立登记的,应当提交投资人的委托书和代理人的身份证明或者资格证明。

第十条　个人独资企业设立申请书应当载明下列事项:

(一)企业的名称和住所;

(二)投资人的姓名和居所;

(三)投资人的出资额和出资方式;

(四)经营范围及方式。

个人独资企业投资人以个人财产出资　或者以其家庭共有财产作为个人出资的,应当在设立申请书中予以明确。

第十一条　登记机关应当在收到本办法第九条规定的全部文件之日起15日内,做出核准登记或者不予登记的决定。予以核准的发给营业执照;不予核准的,发给企业登记驳回通知书。

第十二条　个人独资企业营业执照的签发日期为个人独资企业成立日期。

第三章　变　更　登　记

第十三条　个人独资企业变更企业名称、企业住所、经营范围及方式,应当在做出变更决定之日起１５日内向原登记机关申请变更登记。

个人独资企业变更投资人姓名和居所、出资额和出资方式,应当在变更事由发生之日起

15 日内向原登记机关申请变更登记。

第十四条　个人独资企业申请变更登记,应当向登记机关提交下列文件:

(一) 投资人签署的变更登记申请书;

(二) 国家工商行政管理局规定提交的其他文件。

从事法律、行政法规规定须报经有关部门审批的业务的,应当提交有关部门的批准文件。

委托代理人申请变更登记的,应当提交投资人的委托书和代理人的身份证明或者资格证明。

第十五条　登记机关应当在收到本办法第十四条规定的全部文件之日起 15 日内,做出核准登记或者不予登记的决定。予以核准的,换发营业执照或者发给变更登记通知书;不予核准的,发给企业登记驳回通知书。

第十六条　个人独资企业变更住所跨登记机关辖区的,应当向迁入地登记机关申请变更登记。迁入地登记机关受理的,由原登记机关将企业档案移送迁入地登记机关。

第十七条　个人独资企业因转让或者继承致使投资人变化的,个人独资企业可向原登记机关提交转让协议书或者法定继承文件,申请变更登记。

个人独资企业改变出资方式致使个人财产与家庭共有财产变换的,个人独资企业可向原登记机关提交改变出资方式文件,申请变更登记。

第四章　注 销 登 记

第十八条　个人独资企业依照《个人独资企业法》第二十六条规定解散的,应当由投资人或者清算人于清算结束之日起 15 日内向原登记机关申请注销登记。

第十九条　个人独资企业申请注销登记,应当向登记机关提交下列文件:

(一) 投资人或者清算人签署的注销登记申请书;

(二) 投资人或者清算人签署的清算报告;

(三) 国家工商行政管理局规定提交的其他文件。

个人独资企业办理注销登记时,应当缴回营业执照。

第二十条　登记机关应当在收到本办法第十九条规定的全部文件之日起 15 日内,做出核准登记或者不予登记的决定。予以核准的,发给核准通知书;不予核准的,发给企业登记驳回通知书。

第二十一条　经登记机关注销登记,个人独资企业终止。

第五章　分支机构登记

第二十二条　个人独资企业设立分支机构,应当由投资人或者其委托的代理人向分支机构所在地的登记机关申请设立登记。

第二十三条　分支机构的登记事项应当包括:分支机构的名称、经营场所、负责人姓名和居所、经营范围及方式。

第二十四条　个人独资企业申请设立分支机构,应当向登记机关提交下列文件:

(一) 分支机构设立登记申请书;

(二) 登记机关加盖印章的个人独资企业营业执照复印件;

(三) 经营场所证明;

（四）国家工商行政管理局规定提交的其他文件。

分支机构从事法律、行政法规规定须报经有关部门审批的业务的,还应当提交有关部门的批准文件。

个人独资企业投资人委派分支机构负责人的,应当提交投资人委派分支机构负责人的委托书及其身份证明。

委托代理人申请分支机构设立登记的,应当提交投资人的委托书和代理人的身份证明或者资格证明。

第二十五条　登记机关应当在收到本办法第二十四条规定的全部文件之日起15日内,做出核准登记或者不予登记的决定。核准登记的,发给营业执照;不予以登记的,发给登记驳回通知书。

第二十六条　个人独资企业分支机构申请变更登记、注销登记,比照本办法关于个人独资企业申请变更登记、注销登记的有关规定办理。

第二十七条　个人独资企业应当在其分支机构经核准设立、变更或者注销登记后15日内,将登记情况报该分支机构隶属的个人独资企业的登记机关备案。

第二十八条　个人独资企业向登记机关备案,应当提交下列文件:

（一）分支机构登记机关加盖印章的分支机构营业执照复印件、办理登记通知书或者注销登记通知书;

（二）国家工商行政管理局规定提交的其他文件。

第六章　年度检验和证照管理

第二十九条　个人独资企业应当按照登记机关的要求,在规定的时间内接受年度检验。

第三十条　登记机关依法对个人独资企业进行审查,以确认个人独资企业继续经营的资格。

第三十一条　个人独资企业营业执照分为正本和副本,正本和副本具有同等法律效力。

个人独资企业根据企业业务需要,可以向登记机关申请核发若干营业执照副本。

个人独资企业营业执照遗失的,应当在报刊上声明作废,并向登记机关申请补领。个人独资企业营业执照毁损的,应当向登记机关申请更换。

第三十二条　个人独资企业应当将营业执照正本置放在企业住所的醒目位置。

第三十三条　任何单位和个人不得伪造、涂改、出租、转让营业执照。

任何单位和个人不得承租、受让营业执照。

第三十四条　个人独资企业的营业执照正本和副本样式,由国家工商行政管理局制定。

第七章　法　律　责　任

第三十五条　未经登记机关依法核准登记并领取营业执照,以个人独资企业名义从事经营活动的,由登记机关责令停止经营活动,处以3000元以下的罚款。

第三十六条　个人独资企业办理登记时,提交虚假文件或者采取其他欺骗手段,取得企业登记的由登记机关责令改正,处以5000元以下罚款;情节严重的,并处吊销营业执照。

第三十七条　个人独资企业使用的名称与其在登记机关登记的名称不相符合的,责令限期改正,处以2000元以下的罚款。

第三十八条　个人独资企业登记事项发生变更,未依照本办法规定办理变更登记的,由登记机关责令限期改正;逾期不办理的,处以 2000 元以下的罚款。

第三十九条 个人独资企业不按规定时间将分支机构登记情况报该分支机构隶属的个人独资企业的登记机关备案的,由登记机关责令限期改正;逾期不备案的,处以 2000 元以下的罚款。

第四十条 个人独资企业不依照本办法的规定接受年度检验的,由登记机关责令限期接受年度检验,处以 3000 元以下的罚款。

个人独资企业在年度检验中,隐瞒真实情况,弄虚作假的,由登记机关责令改正,处以 3000 元以下的罚款。

第四十一条 个人独资企业营业执照遗失,不在报刊上声明作废的,由登记机关处以 500 元以下的罚款;个人独资企业营业执照遗失或者毁损,不向登记机关申请补领或者更换的,由登记机关处以 500 元以下的罚款。

第四十二条 个人独资企业未将营业执照正本置放在企业住所醒目位置的,由登记机关责令限期改正;逾期不改正的,处以 500 元以下的罚款。

第四十三条 个人独资企业涂改、出租、转让营业执照的,由登记机关责令改正,没收违法所得,处以 3000 元以下的罚款;情节严重的,吊销营业执照。

承租、受让营业执照从事经营活动的,由登记机关收缴营业执照,责令停止经营活动,处以 5000 元以下的罚款。

第四十四条 伪造营业执照的,由登记机关责令停业,没收违法所得,处以 5000 元以下的罚款;构成犯罪的,依法追刑事责任。

第四十五条 个人独资企业成立后,无正当理由超过 6 个月未开业,或者开业后自行停业连续 6 个月的,吊销营业执照。

第四十六条 登记机关对不符合法律规定条件的个人独资企业予以登记,或者对符合法律规定条件的个人独资企业不予登记的,对直接责任人员依法予以行政处分;构成犯罪的,依法追究刑事责任。

第四十七条 登记机关的上级部门有关主管人员强令登记机关对不符合法律规定条件的个人独资企业予以登记,或者对符合法律规定条件的个人独资企业不予登记,或者对登记机关的违法登记行为进行包庇的,对直接责任人员依法予以行政处分;构成犯罪的,依法追究刑事责任。

第八章 附 则

第四十八条 本办法施行前依据《中华人民共和国私营企业暂行条例》登记成立的私营独资企业,符合《个人独资企业法》规定的条件的,依据《个人独资企业法》和本办法登记为个人独资企业。

第四十九条 本办法自公布之日起施行。